VOYAGES

PITTORESQUES ET ROMANTIQUES

DANS L'ANCIENNE FRANCE.

Gide fils, Libraire, rue Saint-Marc, n° 20.
G. Engelmann, Cité-Bergère, n° 2.

VOYAGES

PITTORESQUES ET ROMANTIQUES

DANS L'ANCIENNE FRANCE

Par MM. Ch. NODIER, J. TAYLOR et Alph. DE CAILLEUX.

A PARIS.
DE L'IMPRIMERIE DE FIRMIN DIDOT FRÈRES,
IMPRIMEURS DE L'INSTITUT,
RUE JACOB, N° 24.

M. DCCC XXXIII.

Les orgues de St Etienne.
Toulouse.

Vue de la nef de l'église de Saint Étienne.
Toulouse

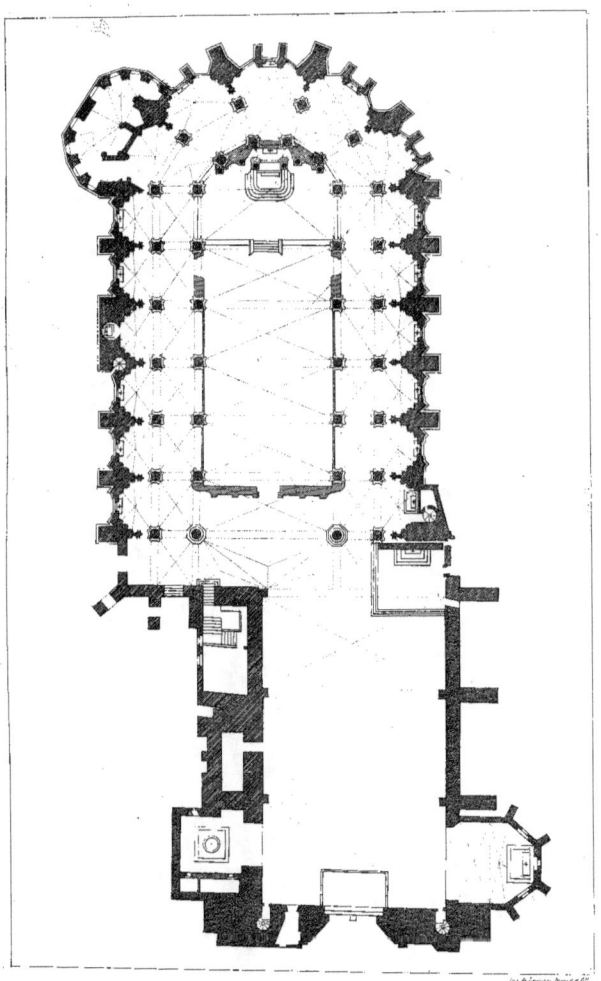

Plan de l'Eglise St Etienne
Toulouse
Languedoc

Chœur de Saturnin à Toulouse.
Languedoc.

St Servin, vue des croisillons.
Toulouse.

Galerie supérieure de la Nef de St Saturnin.
Languedoc.

Galerie Supérieure du Croisillon Méridional Eglise de Saint Saturnin
Toulouse Languedoc.

Vue Générale intérieure de l'abside de Saint Saturnin.
Toulouse (Languedoc)

Porte de l'un des bas-côté de la Nef de St Saturnin.
Languedoc.

Vue extérieure d'une partie de l'Abside de Saint Saturnin.
Languedoc.

Vue Générale extérieure de Saint Saturnin.
Languedoc.

Manuscrits de l'Evangéliaire de Charlemagne
Abbaye de S.t Sauveur de Flavie-Carpète

Manuscrit de l'Évangéliaire de Charlemagne.
Abbaye de St Sernin Ancien Languedoc.

Manuscrits de l'Évangéliaire de Charlemagne.
Abbaye de St Sernin, Toulouse Lagrèze.

Intérieur de l'église des Jacobins

Vue extérieure du Cloitre et de l'Église des Jacobins.
Languedoc.

Portail de l'Église de la Dalbade.

Hotel Catelan.
Languedoc.

Musée de Toulouse 1831. Cloitre des Augustins côté du Nord.

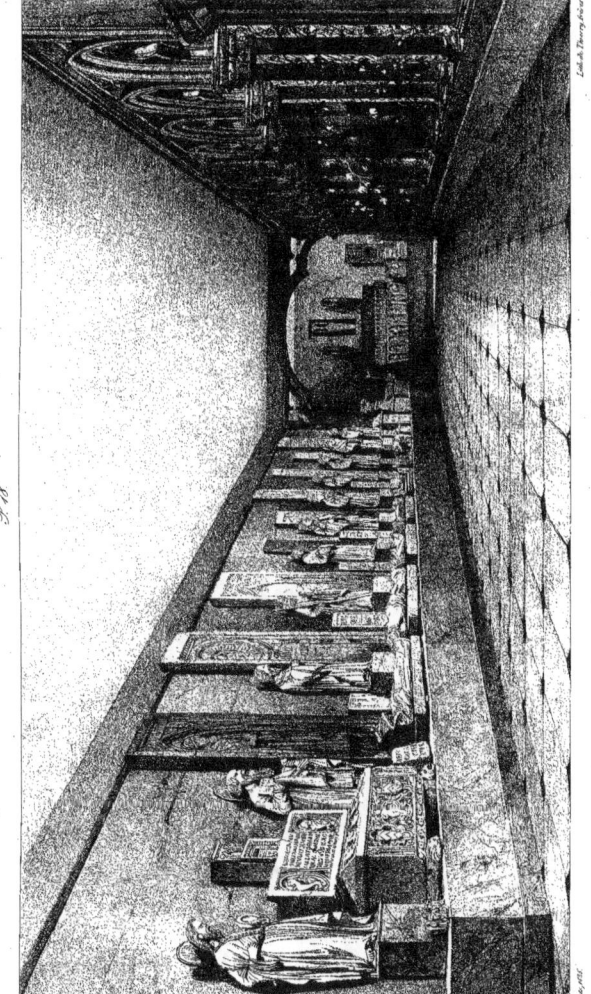

Musée de Toulouse 1835.
Cloître des Augustins, Côté du Midi.

Musée de Toulouse 1835.
Cloître des Augustins, côté de l'Ouest.

Musée de Toulouse 1831.
Cloître des Augustins, côté de l'Est.

Cloître des Augustins, Musée de Toulouse, Côté de l'Ouest.

Cloître des Augustins, Musée de Toulouse, Côté du Nord.

Hôtel d'Arsenal

Détails de l'Hôtel d'Asserat.
(Toulouse.)

Élévation d'une partie de l'hôtel d'Assezat
(Toulouse)

Cour de l'hôtel d'Assezat.
(Toulouse)

Cour du Collège rue des Balances
Toulouse

Portes de l'Hôtel Palamini

Pl. 21

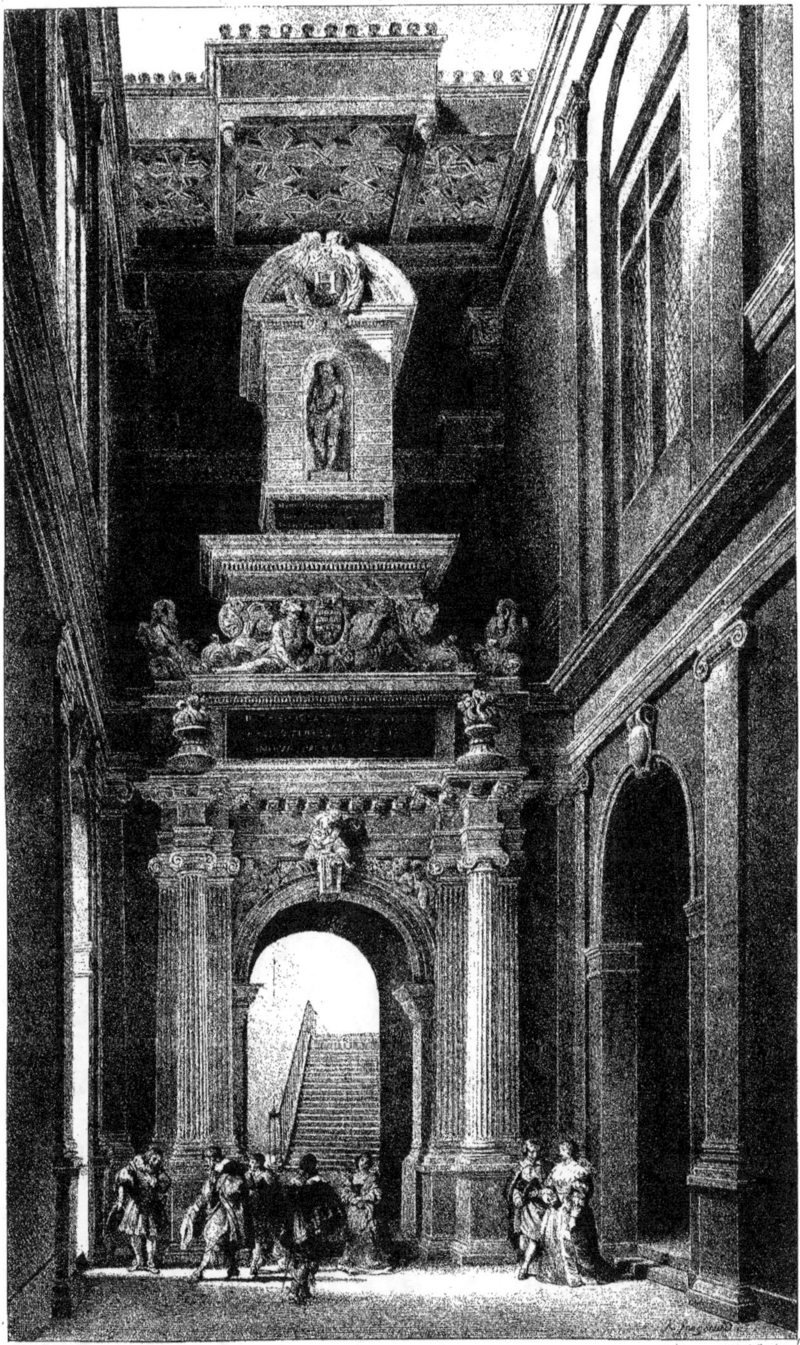

Fragonard 1833. Lith. de Engelmann

Cour du Palais du Capitole.

Toulouse.

Seconde cour du Capitol.

Capitole de Toulouse, Cour du Donjon.

Salle du petit Couvent
(Château de Fontainebleau)

Portail de l'Arsenal, 3me cour du Capitole.

Tombeau derrière l'ancienne Église St. Pierre.

Escalier de l'Arsenal.

La Consommation à Toulouse.
Languedoc.

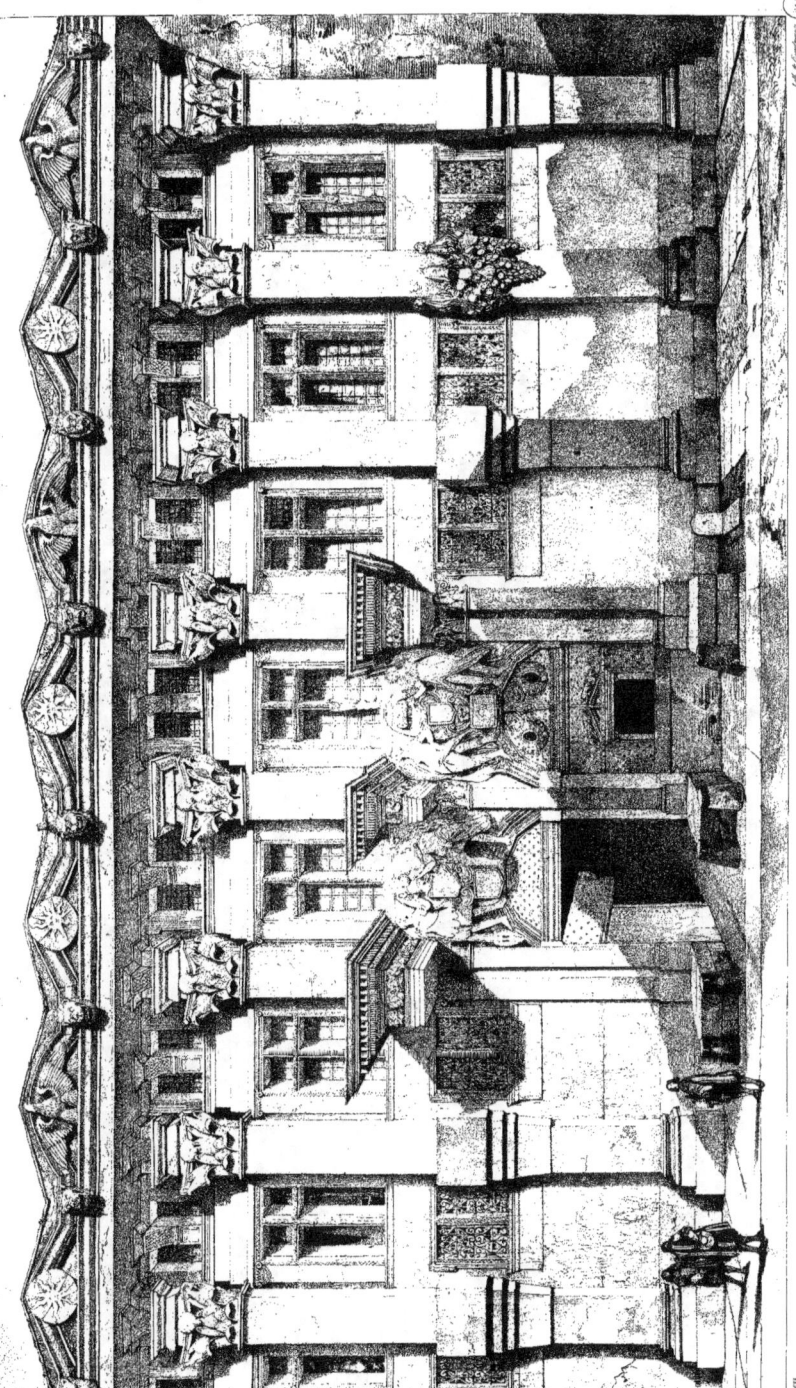

Hotel du President de Clary.

Hôtel Magnier Lasborde
Toulouse

Hôtel Maynier, porte d'entrée dans la cour.

Bas-relief de l'hôtel Mannier-Lamborde.

Pl. 29.

Détails extérieurs de St Saturnin,
Toulouse.

Détails du Cloître du Musée de Toulouse.
(Languedoc)

Fragments de tombeaux gothiques. Musée de Toulouse.

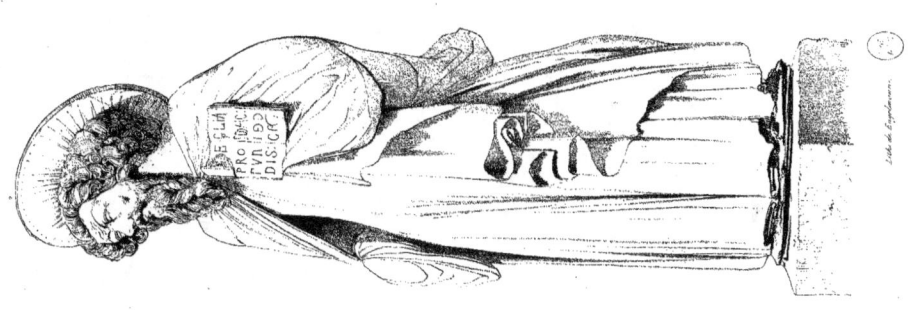
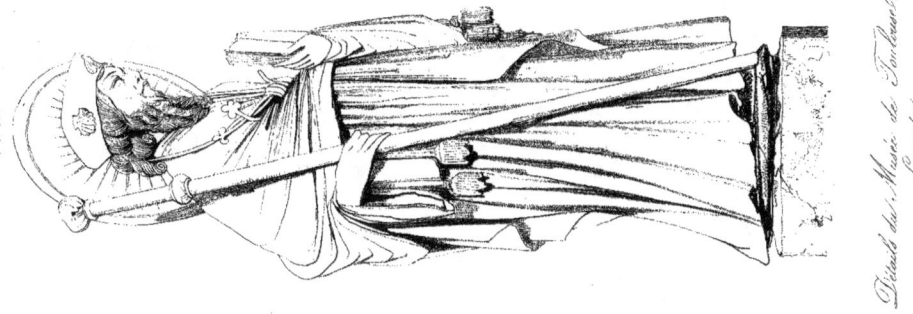
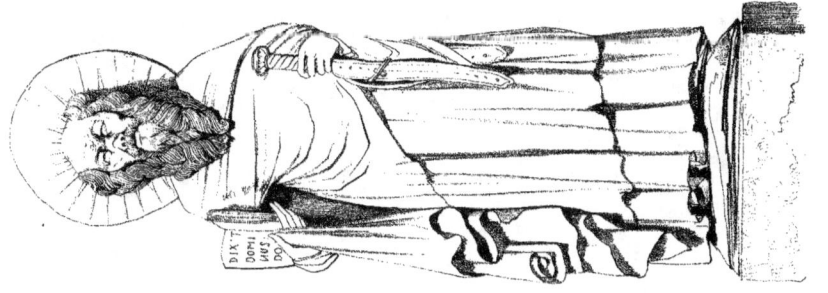

Détails du Musée de Toulouse.

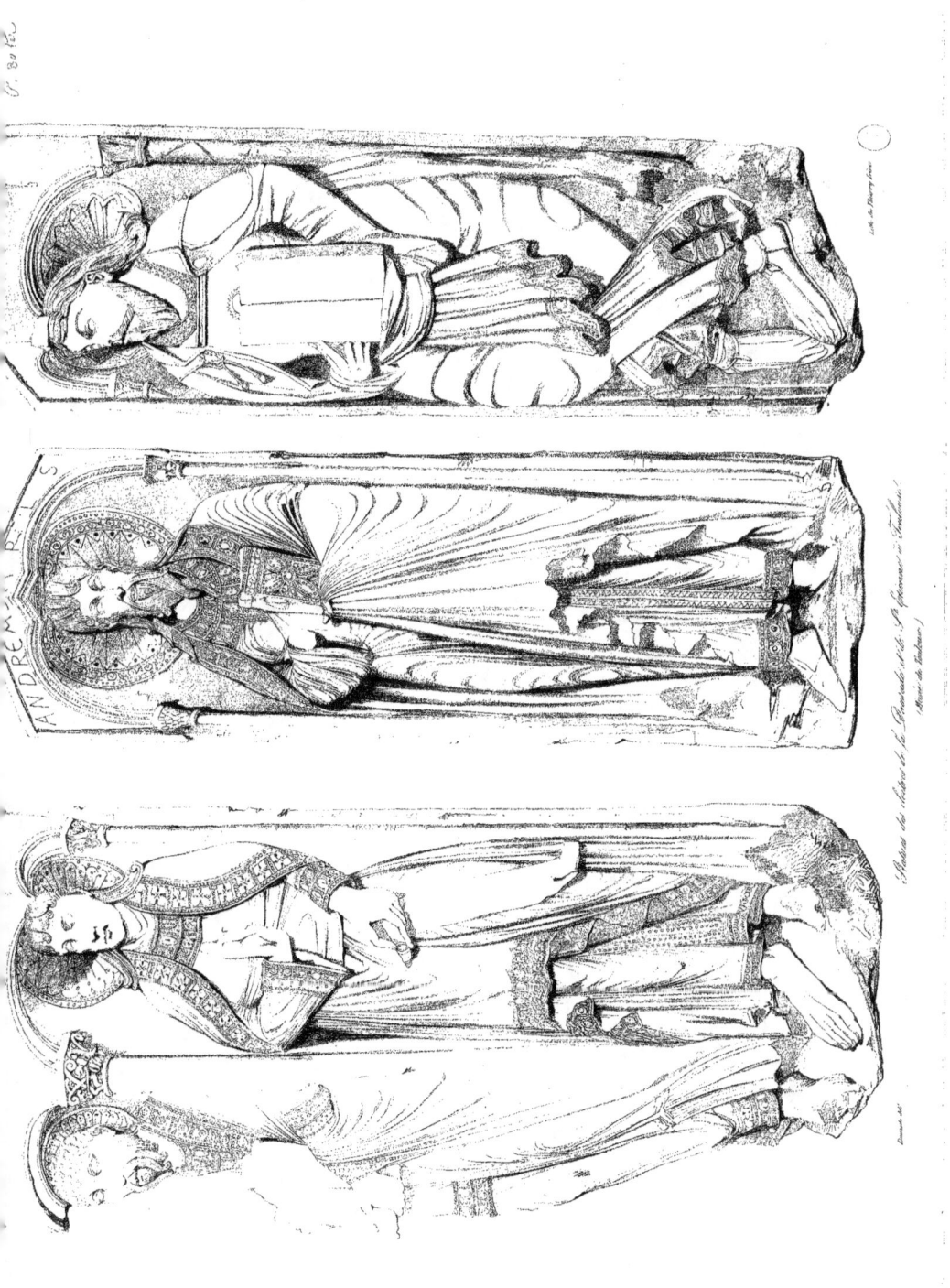

Statues des Rois de la Gaëtulie et de S. Etienne à Toulouse.
(Musée de Toulouse)

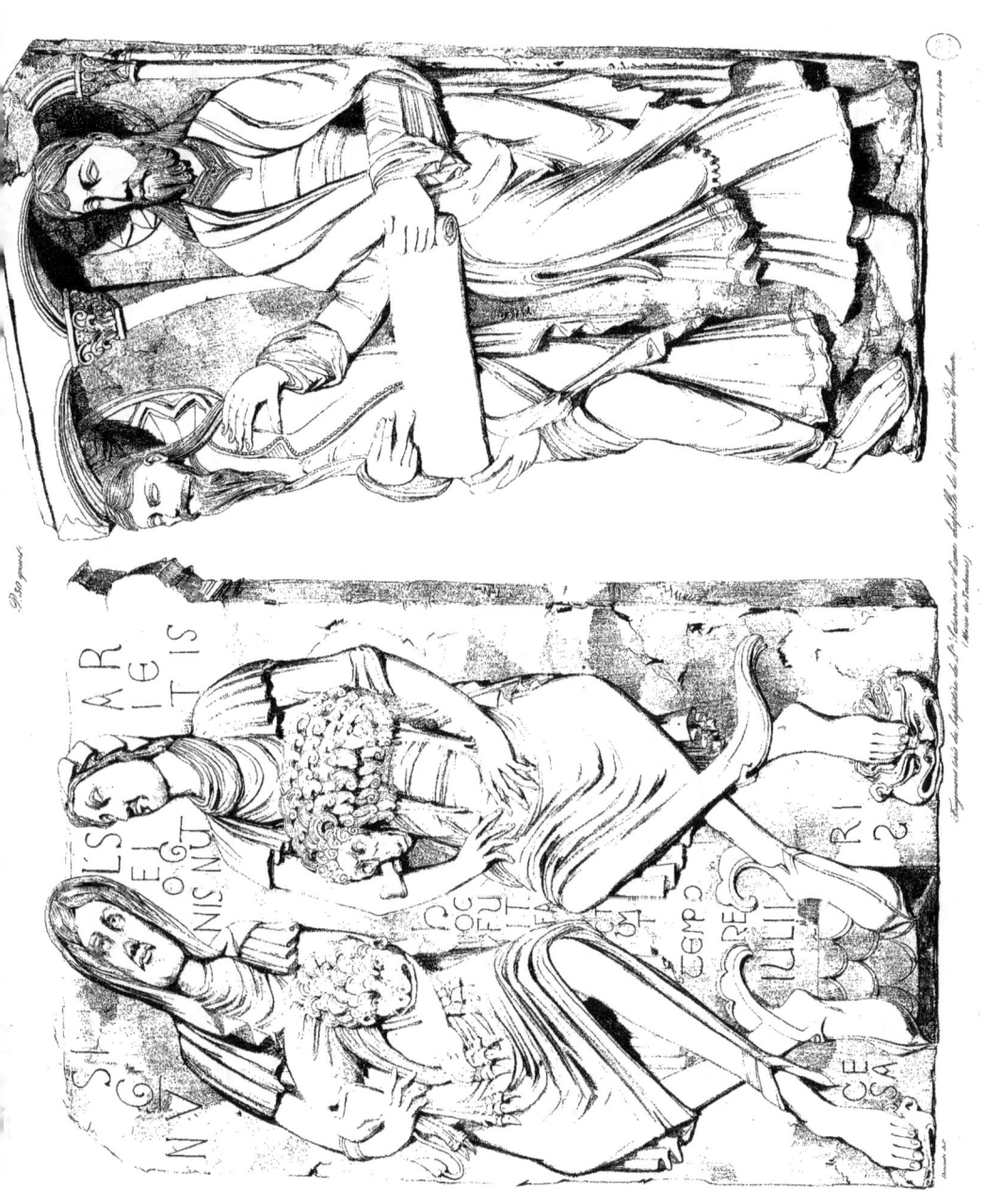

Musée de Toulouse.

Musée de Toulouse.

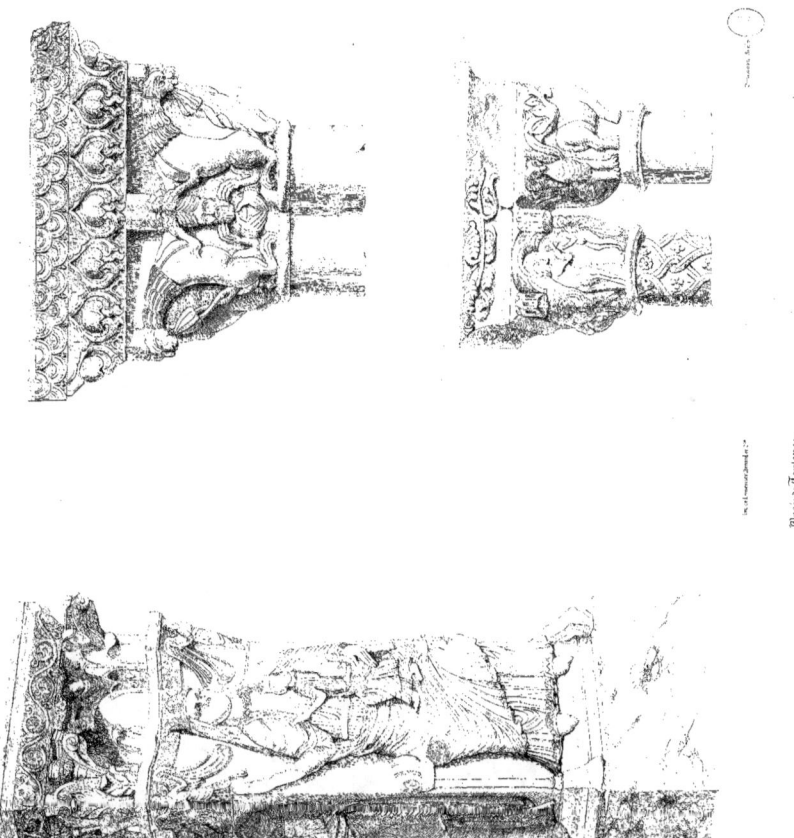

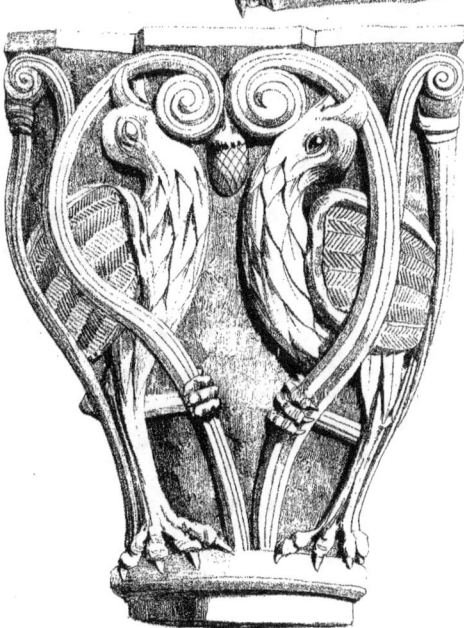

Musée de Toulouse.

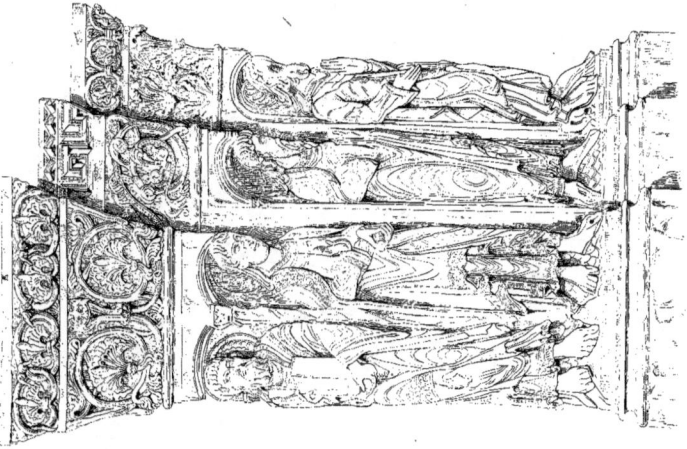

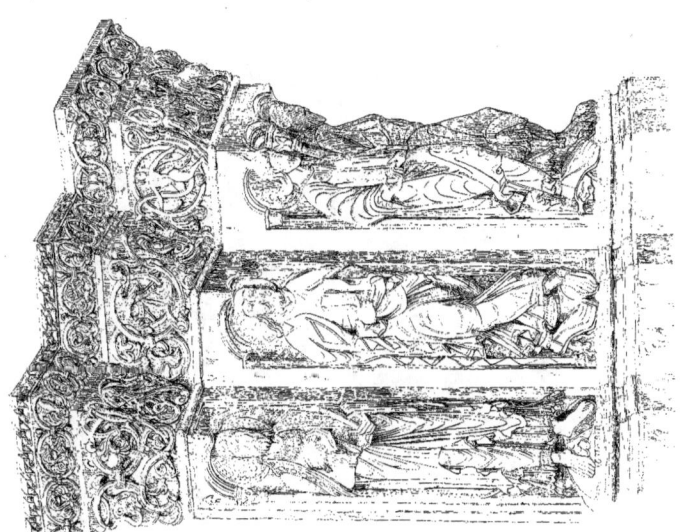

Portail de la Chapelle du Chapitre de St Etienne.
(Musée de Toulouse)

Monument et tombeau de la Renaissance

Meubles, Cabinet de M. Barrège à Toulouse
(Charpentier)

Meuble du cabinet de M. Pommié. Maison à Toulouse.

Détails. Meubles.

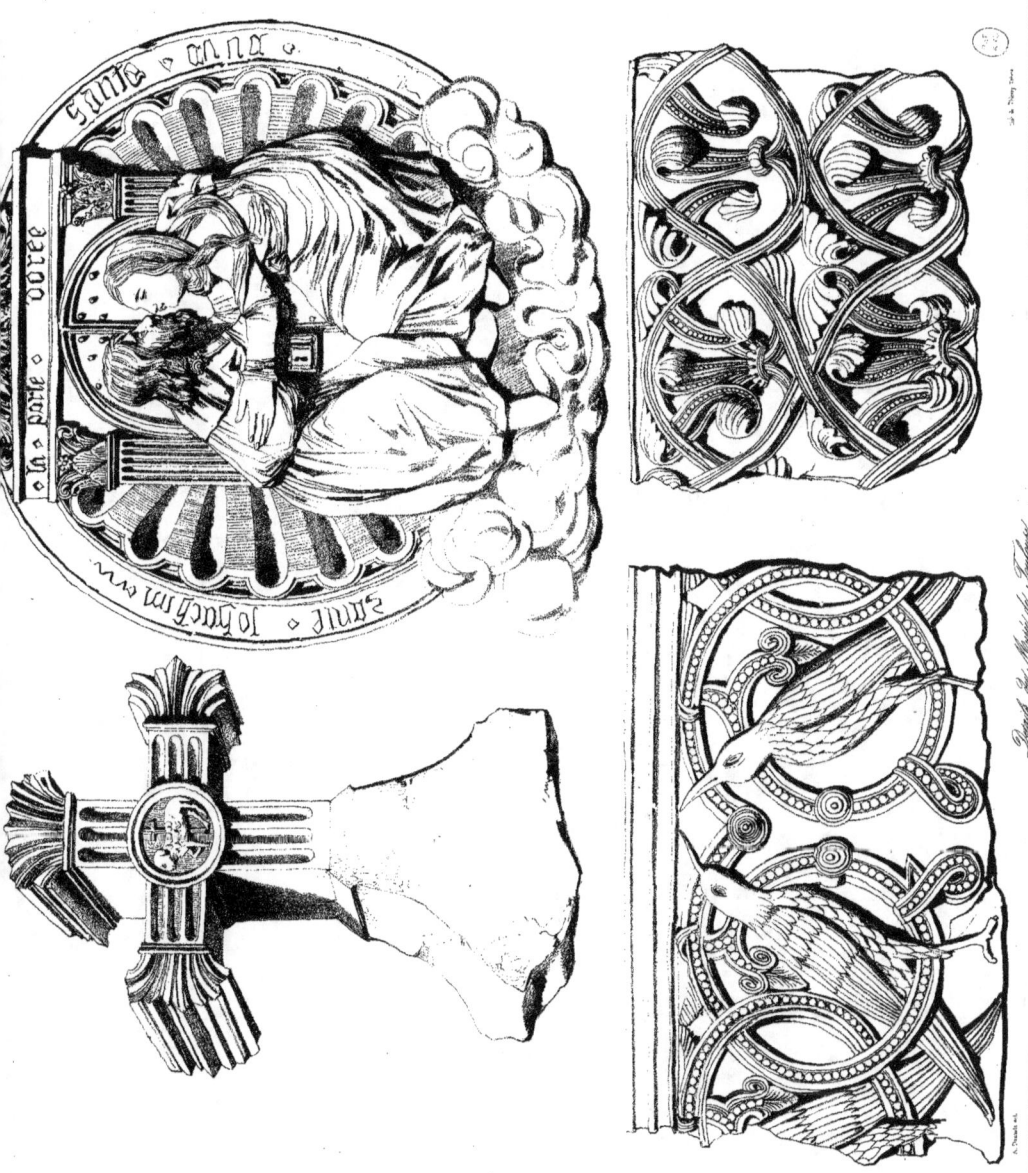

Meuble

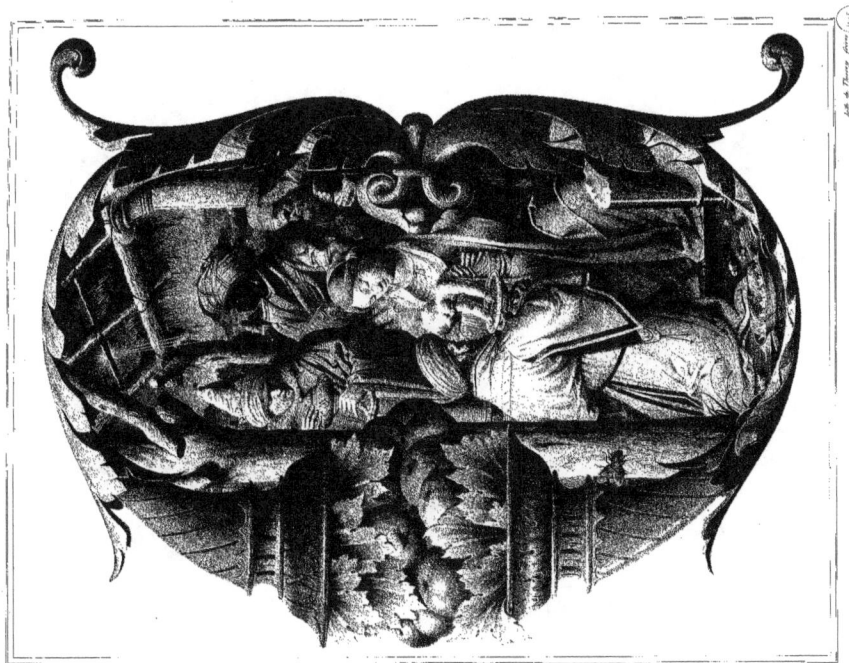

Miniatures d'un Antiphonaire.
Scenes evangeliques du musée de la France

Miniatures d'un Antiphonaire.

Entrée de Louis XIII à Toulouse.
Suivi des Capitouls.

Sortie de Louis XIII de Toulouse.
Suivi des Capitouls et Languedoc.

Livre des Capitoules.

Feuille du livre des Capitouls, Toulouse.

Feuille du livre des Capitouls Toulouse.

Feuillets du livre des Capitouls (1500).
(Cabinet de M. Bagnillet)
(Toulouse)

Feuille du livre des Capitouls

Feuillets du livre des Capitouls.

VOYAGES
PITTORESQUES ET ROMANTIQUES
DANS L'ANCIENNE FRANCE.

LANGUEDOC.

Toulouse.

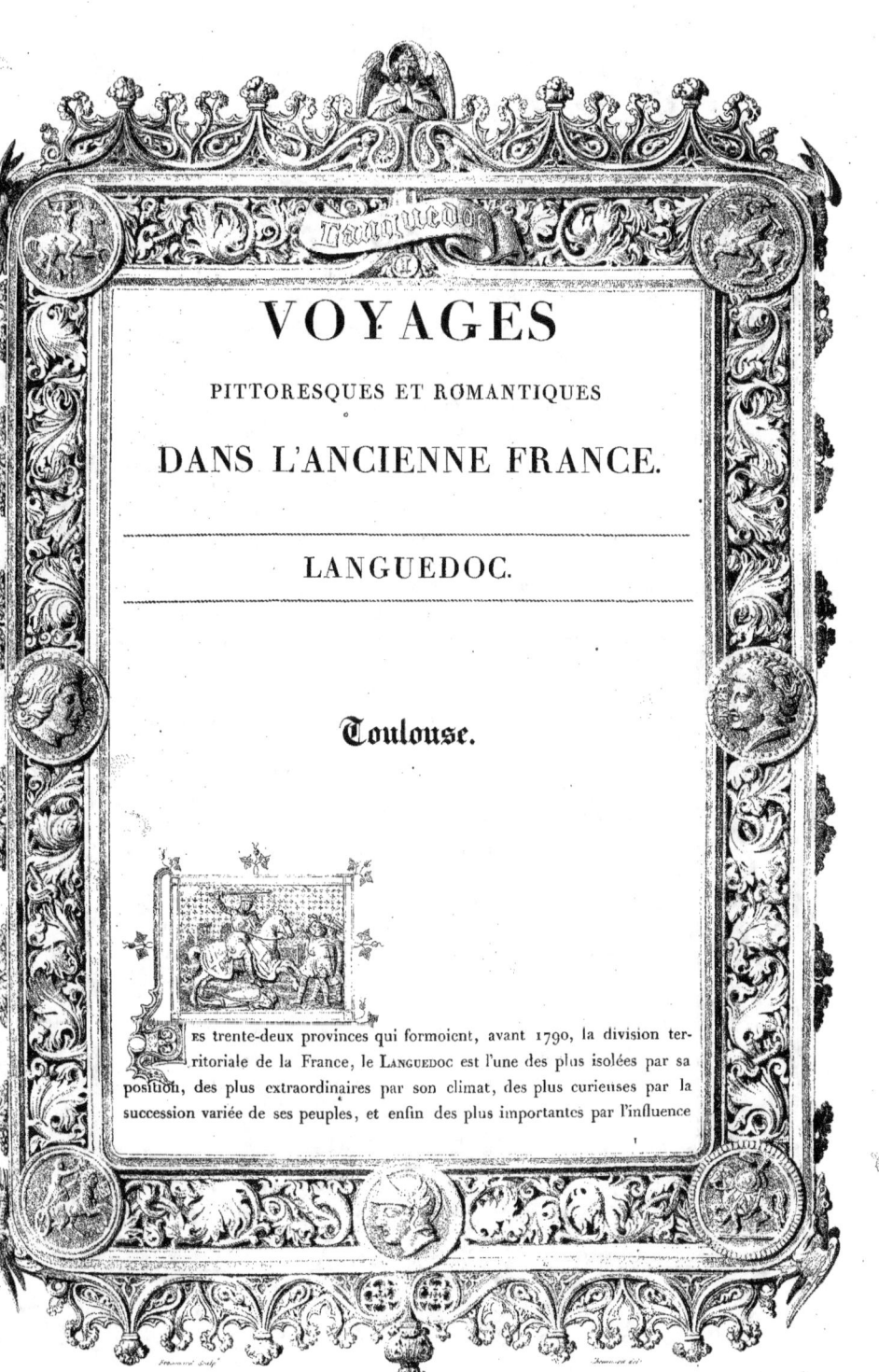

ES trente-deux provinces qui formoient, avant 1790, la division territoriale de la France, le LANGUEDOC est l'une des plus isolées par sa position, des plus extraordinaires par son climat, des plus curieuses par la succession variée de ses peuples, et enfin des plus importantes par l'influence que les écrivains qui y sont nés ont eue plusieurs fois sur le mouvement politique, religieux et littéraire du royaume.

Une courte description topographique donnera une idée de l'isolement dont nous venons de parler.

En effet, elle est limitée à l'est par les eaux rapides et capricieuses du Rhône, qui semblent, à la base des Alpes, un fossé creusé au pied d'un rempart.

A l'occident et en regard du fleuve, par les monts Cévennes, rameau qui, se détachant de l'arbre granitique des Pyrénées, sépare d'abord, par une suite de collines basses et moutonneuses, ses deux capitales Toulouse et Montpellier, se relève à Saint-Pons, et grandit si promptement, qu'arrivé au Vigan ses cimes déchirent les nuages, puis s'abaissant presque aussi rapidement qu'il s'est élevé, traverse les trois quarts de la France, passe devant Lyon, sa vice-reine, et va à Langres rejoindre les Vosges et se confondre avec elles.

Au midi par la Méditerranée, dont les eaux ont creusé dans son littoral ce vaste bassin circulaire, qu'on appelle le golfe de Lyon, et dans ce bassin trois mouillages : Port-Vendres, Cette et Aigues-Mortes.

Enfin au nord elle s'amincit entre les Cévennes et le Rhône, et se termine, quelques lieues avant Saint-Étienne, comme un fer de lance qui entre dans le Lyonnais.

Quant à son climat, c'est une singulière combinaison des climats de la France, de l'Italie et de l'Espagne; un vent âcre et fort lui vient de la Catalogne et de l'Aragon; de molles et tièdes bouffées d'air lui arrivent de la Provence et de la Lombardie : tantôt c'est le Siroco qui passe, et qui la couvre de sables enlevés aux plages d'Alger et de Tunis; tantôt c'est l'Autan qui accourt, et qui déroule sur elle les nuages ramassés à la surface de l'océan Atlantique et du golfe de Gascogne. Parfois enfin, en même temps, c'est le Siroco venant du midi et l'Autan venant de l'ouest, qui se rencontrent au dessus d'elle, et qui, heurtant leurs nuages et leurs sables, en font jaillir l'éclair et tomber la foudre.

Cependant ses vins généreux sont parfumés d'ambroisie; son sol y a vu d'élégans palmiers; ses vallées sont ombragées de milliers d'oliviers, et les haies de ses champs, entremêlées d'aloès, y sont couvertes de grenades éclatantes.

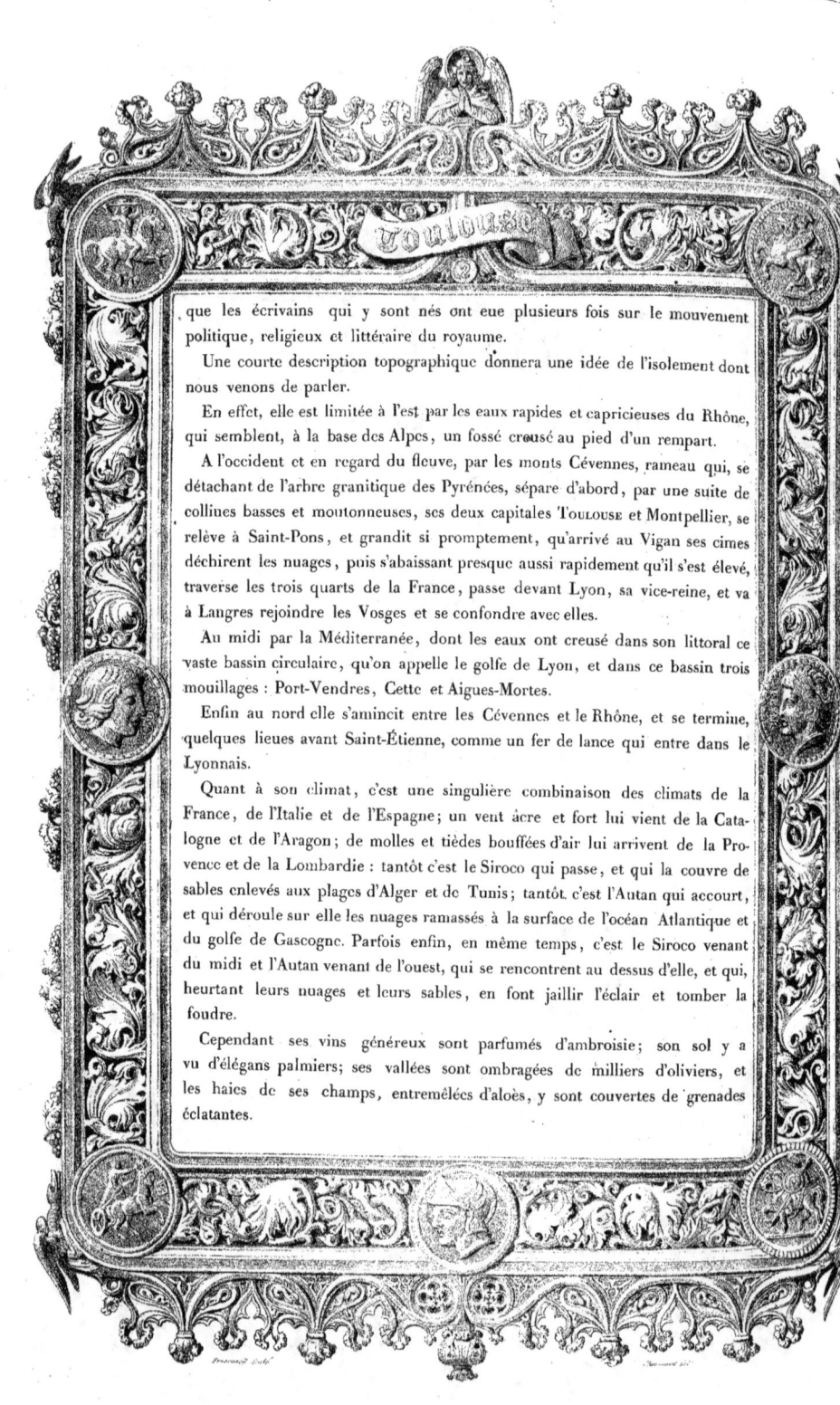

Toulouse

Enfin, quant à la succession des peuples qui l'ont tour à tour habitée, et des événemens qui y ont pris naissance, comme c'est une même histoire, nous y jetterons un même coup d'œil et la réunirons dans un seul récit.

Le Languedoc faisoit partie de la Gaule celtique. Ses premiers habitans furent les Volces-Tectosages (1), qui possédoient la partie de cette province à laquelle commandoit Toulouse, et les Volces-Arécomiques qui, dispersés sur les bords de la mer Sardique, avoient fait de Narbonne leur capitale; la langue des uns et des autres étoit le celtique.

Vers l'an 3400 du monde, 500 ans avant Jésus-Christ, vers l'époque où Rome, chassant les Tarquins, fondoit sa république, une colonie de Phocéens quitta la Grèce, aborda sur les côtes de Provence, bâtit Marseille, et établissant avec ses voisins les Tectosages et les Arécomiques des relations nécessitées par le commerce, leur donna d'abord des notions d'agriculture, d'arts et de science, et finit par glisser dans leur idiome quelques uns de ces mots mélodieux comme un écho des vagues d'Ionie, qui, perdus au milieu du langage barbare des Celtes, sembloient de pauvres exilés égarés sur une terre sauvage et étrangère.

Bientôt un accroissement considérable de population força les Gaulois cel-

---

(1) Selon Plutarque, « Les Gaulois étoient une nation celtique; le trop grand nombre de ceux qui la composoient les obligea de quitter leur pays, qui ne pouvoit plus les nourrir, et ils cherchèrent au loin des terres plus fertiles. Ils étoient des millions d'hommes en état de porter les armes, et il y avait encore un plus grand nombre de femmes et d'enfans. Les uns allèrent du côté de l'Océan septentrional, passèrent les monts Rinhéens, et occupèrent les extrémités de l'Europe; les autres s'établirent entre les Pyrénées et les Alpes. »

Les écrivains anciens qui font mention des Tectosages les comprennent toujours au nombre des Gaulois; des auteurs modernes, parmi lesquels il faut surtout distinguer Leibnitz, ont voulu cependant prouver que ce peuple n'appartenoit pas à la race celtique; « mais Strabon, qui nous apprend que les *Volcæ-Tectosages* habitoient cette partie de la Gaule méridionale qui s'étend vers les Pyrénées, ajoute que ce fut de ce point qu'une portion de cette tribu passa dans la Phrygie où elle s'établit. » Plus loin, en dénommant d'autres peuples, il dit « que ces nations étoient aussi parties de la Celtique, comme l'attestoit leur ressemblance avec les Tectosages. » Étienne de Bizance assure que les Tectosages étoient Gaulois. Justin dit qu'après la mort de Brennus et l'expédition de Delphes, plusieurs Tectosages retournèrent à Toulouse, leur ancienne patrie. Cicéron en parle, en reprochant aux peuples de la Narbonnaise les exploits de leurs ancêtres, et César atteste que les Tectosages, qui, de son temps, demeuroient encore dans la Germanie, étoient Gaulois d'origine.

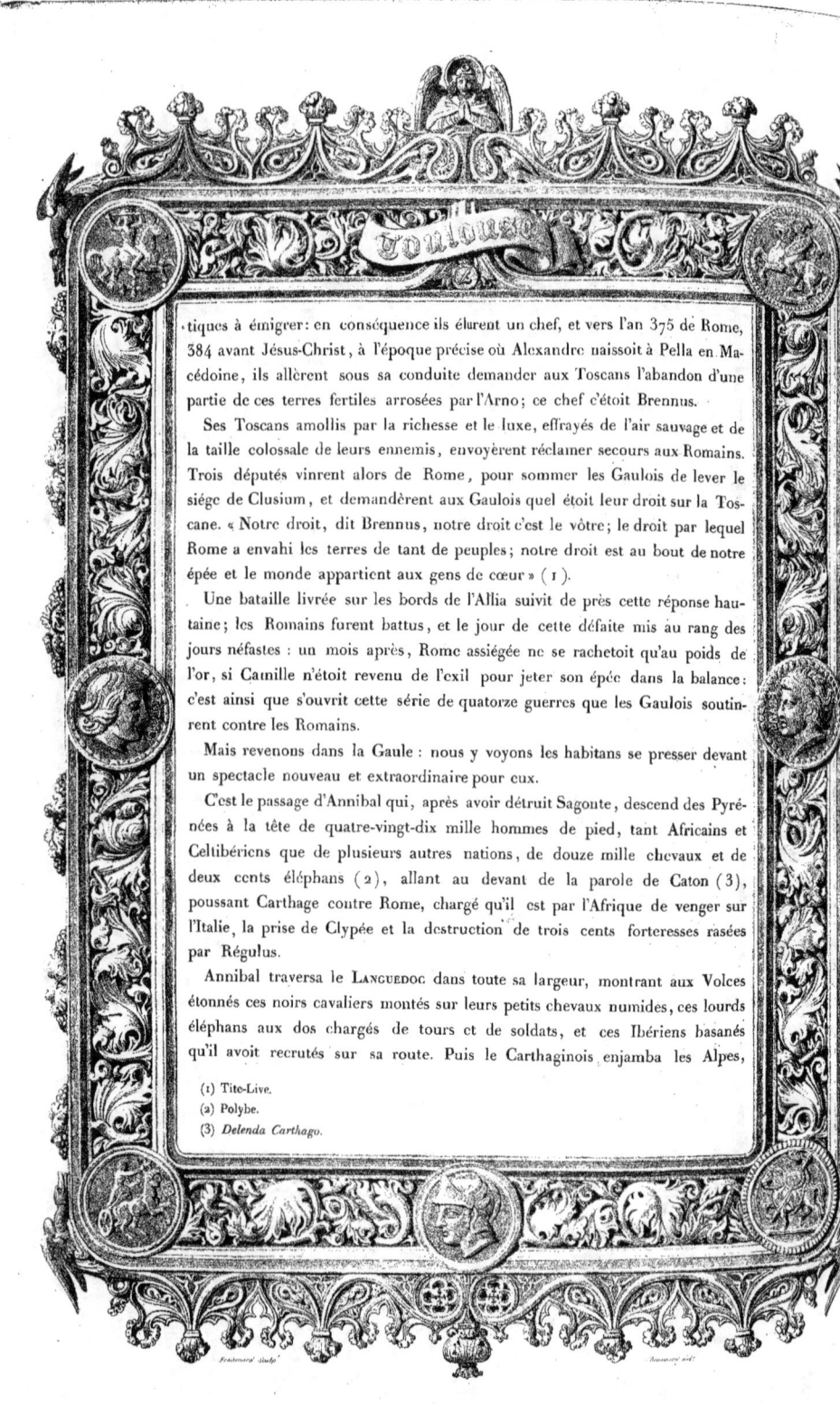

tiques à émigrer: en conséquence ils élurent un chef, et vers l'an 375 de Rome, 384 avant Jésus-Christ, à l'époque précise où Alexandre naissoit à Pella en Macédoine, ils allèrent sous sa conduite demander aux Toscans l'abandon d'une partie de ces terres fertiles arrosées par l'Arno; ce chef c'étoit Brennus.

Ses Toscans amollis par la richesse et le luxe, effrayés de l'air sauvage et de la taille colossale de leurs ennemis, envoyèrent réclamer secours aux Romains. Trois députés vinrent alors de Rome, pour sommer les Gaulois de lever le siége de Clusium, et demandèrent aux Gaulois quel étoit leur droit sur la Toscane. « Notre droit, dit Brennus, notre droit c'est le vôtre; le droit par lequel Rome a envahi les terres de tant de peuples; notre droit est au bout de notre épée et le monde appartient aux gens de cœur » (1).

Une bataille livrée sur les bords de l'Allia suivit de près cette réponse hautaine; les Romains furent battus, et le jour de cette défaite mis au rang des jours néfastes : un mois après, Rome assiégée ne se rachetoit qu'au poids de l'or, si Camille n'étoit revenu de l'exil pour jeter son épée dans la balance : c'est ainsi que s'ouvrit cette série de quatorze guerres que les Gaulois soutinrent contre les Romains.

Mais revenons dans la Gaule : nous y voyons les habitans se presser devant un spectacle nouveau et extraordinaire pour eux.

C'est le passage d'Annibal qui, après avoir détruit Sagonte, descend des Pyrénées à la tête de quatre-vingt-dix mille hommes de pied, tant Africains et Celtibériens que de plusieurs autres nations, de douze mille chevaux et de deux cents éléphans (2), allant au devant de la parole de Caton (3), poussant Carthage contre Rome, chargé qu'il est par l'Afrique de venger sur l'Italie, la prise de Clypée et la destruction de trois cents forteresses rasées par Régulus.

Annibal traversa le Languedoc dans toute sa largeur, montrant aux Volces étonnés ces noirs cavaliers montés sur leurs petits chevaux numides, ces lourds éléphans aux dos chargés de tours et de soldats, et ces Ibériens basanés qu'il avoit recrutés sur sa route. Puis le Carthaginois enjamba les Alpes,

(1) Tite-Live.
(2) Polybe.
(3) *Delenda Carthago.*

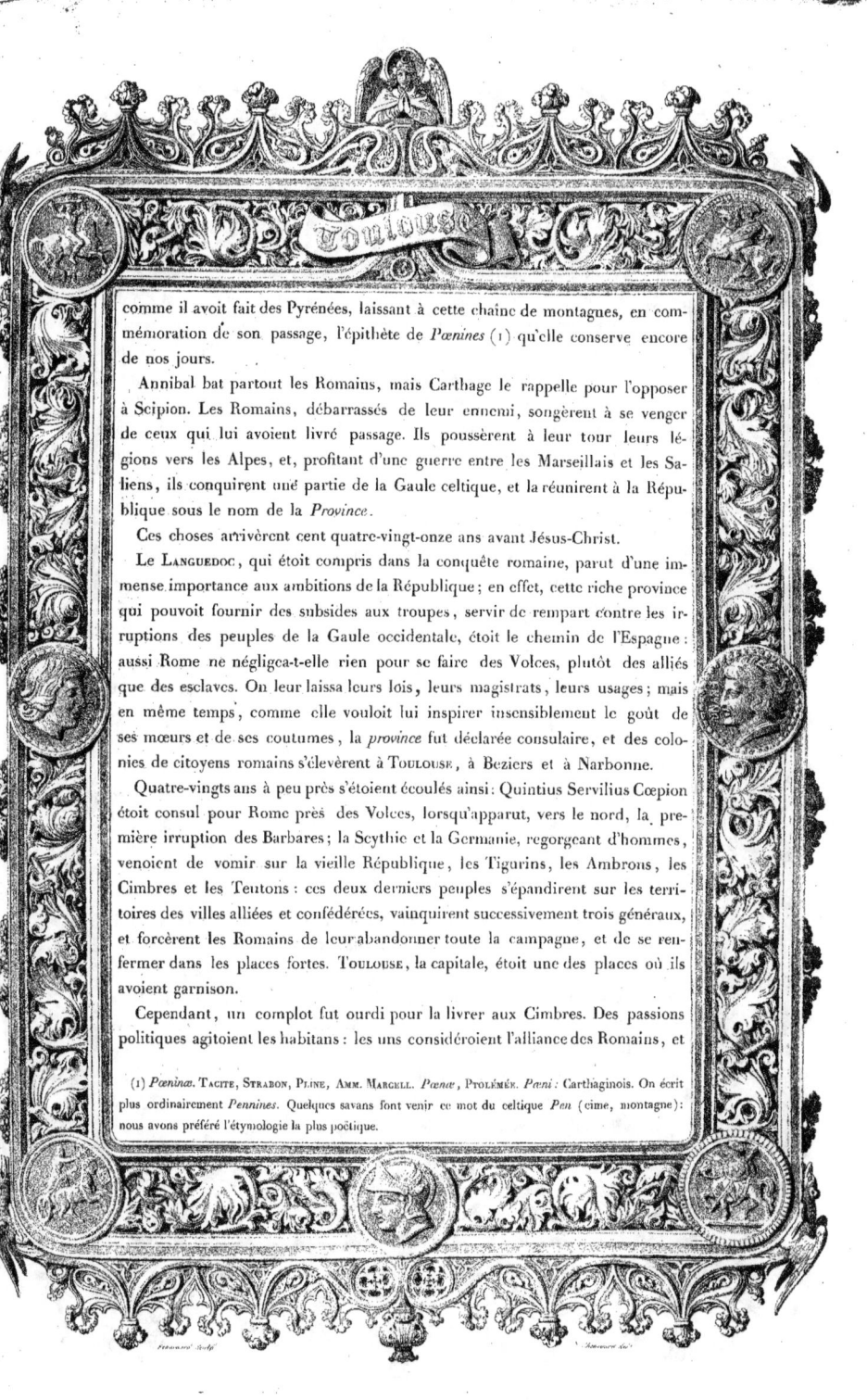

comme il avoit fait des Pyrénées, laissant à cette chaîne de montagnes, en commémoration de son passage, l'épithète de *Pœnines* (1) qu'elle conserve encore de nos jours.

Annibal bat partout les Romains, mais Carthage le rappelle pour l'opposer à Scipion. Les Romains, débarrassés de leur ennemi, songèrent à se venger de ceux qui lui avoient livré passage. Ils poussèrent à leur tour leurs légions vers les Alpes, et, profitant d'une guerre entre les Marseillais et les Saliens, ils conquirent une partie de la Gaule celtique, et la réunirent à la République sous le nom de la *Province*.

Ces choses arrivèrent cent quatre-vingt-onze ans avant Jésus-Christ.

Le Languedoc, qui étoit compris dans la conquête romaine, parut d'une immense importance aux ambitions de la République; en effet, cette riche province qui pouvoit fournir des subsides aux troupes, servir de rempart contre les irruptions des peuples de la Gaule occidentale, étoit le chemin de l'Espagne : aussi Rome ne négligea-t-elle rien pour se faire des Volces, plutôt des alliés que des esclaves. On leur laissa leurs lois, leurs magistrats, leurs usages; mais en même temps, comme elle vouloit lui inspirer insensiblement le goût de ses mœurs et de ses coutumes, la *province* fut déclarée consulaire, et des colonies de citoyens romains s'élevèrent à Toulouse, à Beziers et à Narbonne.

Quatre-vingts ans à peu près s'étoient écoulés ainsi : Quintius Servilius Cœpion étoit consul pour Rome près des Volces, lorsqu'apparut, vers le nord, la première irruption des Barbares; la Scythie et la Germanie, regorgeant d'hommes, venoient de vomir sur la vieille République, les Tigurins, les Ambrons, les Cimbres et les Teutons : ces deux derniers peuples s'épandirent sur les territoires des villes alliées et confédérées, vainquirent successivement trois généraux, et forcèrent les Romains de leur abandonner toute la campagne, et de se renfermer dans les places fortes. Toulouse, la capitale, étoit une des places où ils avoient garnison.

Cependant, un complot fut ourdi pour la livrer aux Cimbres. Des passions politiques agitoient les habitans : les uns considéroient l'alliance des Romains, et

---

(1) *Pœninæ*. Tacite, Strabon, Pline, Amm. Marcell. *Pœnæ*, Ptolémée. *Pœni* : Carthaginois. On écrit plus ordinairement *Pennines*. Quelques savans font venir ce mot du celtique *Pen* (cime, montagne) : nous avons préféré l'étymologie la plus poétique.

TOULOUSE

c'étoit le plus petit nombre, comme un gage de sécurité, de repos et d'ordre public, vouloient rester fidèles aux traités; d'autres, plus exaltés par l'amour ardent d'une entière liberté, n'y voyoient qu'asservissement. Cœpion, averti à temps de la trahison et de la révolte, repoussa les Cimbres déja prêts à entrer par la porte qu'on devoit leur livrer, et, en punition de son infidélité, abandonna Toulouse au pillage. La sainteté d'un temple dédié à Apollon ne le garantit pas de la vengeance consulaire, et ses immenses richesses passèrent entre les mains des soldats ; mais le hasard voulut que tous ceux qui avoient eu leur part de l'or sacré périrent misérablement : de là le proverbe romain qui faisoit dire d'un homme très-malheureux : « Il a de l'or de Toulouse. »

La situation du consul Cœpion réduit à la seule possession des villes étoit humiliante et intolérable. Il réunit toutes ses garnisons et livra bataille aux Barbares. Elle fut décisive : quatre-vingt mille Romains furent tués. Cœpion et le jeune Sertorius s'échappèrent presque seuls, et les Cimbres et les Teutons vainqueurs brisèrent les armes des vaincus, noyèrent leurs chevaux, égorgèrent les prisonniers, puis, franchissant les Pyrénées, se répandirent en Ibérie.

Aussitôt qu'ils se virent délivrés de la double occupation et tyrannie des Romains et des Barbares par la défaite des uns et la victoire des autres, les Tectosages et les Arécomiques se révoltèrent et se déclarèrent libres. Mais alors Sylla, qui n'étoit encore que lieutenant de Marius, s'avança contre eux et les fit rentrer dans l'obéissance. Bientôt les Teutons, refoulés de l'Espagne par Fulvius, reparurent au sommet des Pyrénées, et en face d'eux sur les Alpes, Marius et ses légions.

Les Teutons passèrent le Rhône, et attendirent les Romains. Marius marcha vers eux avec une armée harassée de fatigues et mourant de soif; et, comme ses soldats demandoient de l'eau avant que de se battre, Marius leur montra du doigt le fleuve qui couloit derrière leurs ennemis : « C'est là, dit-il, que « ceux qui ont soif trouveront de l'eau. » Aussitôt le combat s'engagea avec rage, dura six heures; enfin les Teutons, exterminés, comblèrent le fleuve de leurs cadavres, si bien que, lorsque les Romains se jetèrent sur la rive, ardens à se désaltérer, ils y burent au moins autant de sang que d'eau.

Cette bataille se livroit un siècle avant la venue du Christ.

TOULOUSE

Pendant les cinquante ans qui suivirent cette victoire, plusieurs gouverneurs se succédèrent dans cette province, qui va bientôt devenir tout-à-fait romaine, et par les mœurs et par les monumens. Les noms de trois de ses proconsuls sont parvenus jusqu'à nous. Le premier fut le concussionnaire Fonteius, que l'éloquence de Cicéron fit acquitter à grand'peine ; le second fut le préteur Flaminius Muréna, dont la douceur et l'équité apaisa les murmures qu'avoit fait naître de toute part le gouvernement de son prédécesseur ; le troisième enfin fut le consul Métellus, qui ne fit qu'apparoître ; puis vint César.

L'an de Rome 703, il partit de Narbonne pour asservir le reste de la Gaule. Il avoit à sa suite une légion entière composée de Volces-Tectosages et Arécomiques, auxquels il fit accorder le droit de citoyens romains, et qu'il employa à combattre leurs frères, comme ces chefs de l'Inde qui dressent des éléphans privés à dompter des éléphans sauvages ; toute la Gaule fut conquise, réunie à la puissance de Rome, que l'on nommoit encore la République, et divisée en dix-sept provinces. Le LANGUEDOC reçut le nom, dans cette division, de *Narbonnensis prima*.

Quoique César eût à lutter dans les Gaules contre quelques peuplades, et quoique cette lutte le retint loin de Rome, il n'en demanda pas moins, pour la seconde fois, le consulat, qui lui fut refusé. César alors résolut de prendre l'empire, et rentra en Italie.

Les consuls lui opposèrent Pompée ; et il chassa devant lui Pompée et les consuls. Las enfin de reculer toujours, ils l'attendirent dans les plaines de Pharsale, et Pompée, forcé de fuir, rencontra chez Ptolémée la mort que lui avoit refusée le champ de bataille.

Un moment les grands événemens de l'empire effacent ceux des provinces ou des colonies de Rome. César, en Thessalie, apprend que Pharnace, fils de Mithridate, s'est révolté contre les Romains : il traverse la mer Égée, le joint cinq jours après son arrivée, le bat quatre heures après que les deux armées sont en présence, se fait absoudre de la victoire de Pharsale par celle de Nicomédie, et montre Pharnace enchaîné à ceux qui lui demandent ce qu'il a fait de Pompée, en attendant que le poignard de Brutus lui demande ce qu'il a fait de Caton.

César tomba, léguant le triumvirat à Rome et la couronne à Octave. Quant à

Brutus, ne sachant à qui léguer son poignard, il se l'enfonça dans la poitrine.

A peine Octave, vainqueur d'Antoine, eut-il fermé les portes du temple de Janus, qu'il songea à la Province, qui deviendra chérie d'Auguste; car il va changer son nom d'Octave en celui de César-Auguste. Il y envoya comme gouverneur Vipsanius Agrippa. Ce fut sous ce préfet que Nismes agrandie vit bâtir les arènes, la maison carrée, le temple de Diane et le gigantesque pont du Gard.

Puis, voulant savoir de quels peuples il étoit empereur, Octave fixa ainsi les limites de l'empire romain :

A l'orient, l'Euphrate;

Au midi, les cataractes du Nil, les déserts de l'Afrique et le mont Atlas.

A l'occident, l'Océan;

Au nord, le Danube et le Rhin. C'étoit à peu près tout le monde connu et civilisé, le monde d'Annibal, de César et d'Auguste; mais il restoit au delà de toutes ces limites le monde inconnu et barbare, le monde d'Alaric, de Genséric et d'Attila : l'un étoit le passé, l'autre l'avenir.

Ce fut l'an 754 de Rome, Caïus César étant prince de la jeunesse, Auguste entrant dans son douzième consulat, « que celui-ci ayant donné l'ordre de « faire le dénombrement des habitans de toute la terre, »

« Joseph partit comme les autres de la ville de Nazareth, qui est en Gali« lée, et vint en Judée à la ville de David, Bethléem, parce qu'il étoit de la « maison et de la famille de David, »

« Pour se faire enregistrer avec Marie son épouse, qui étoit grosse. »

« Pendant qu'ils étoient en ce lieu, il arriva que le temps auquel elle de« voit accoucher s'accomplit. »

« Et elle enfanta son fils premier-né, et l'ayant emmaillotté, elle le coucha « dans une crèche, parce qu'il n'y avoit point de place pour eux dans l'hô« tellerie. »

Si un prophète fût alors venu dire à Rome, maîtresse de la terre, qu'il étoit né dans un coin de la Judée, au milieu d'une étable, sans autre courtisans que des bergers, un enfant qui donneroit la liberté aux esclaves, l'espoir au malheur, et au cœur de l'homme un amour inconnu; qu'un nouveau monde seroit découvert et adopteroit ses lois, et que cet enfant deviendroit le maître des deux mondes, Dieu, la pensée de Dieu, et qu'à cette question : Quel

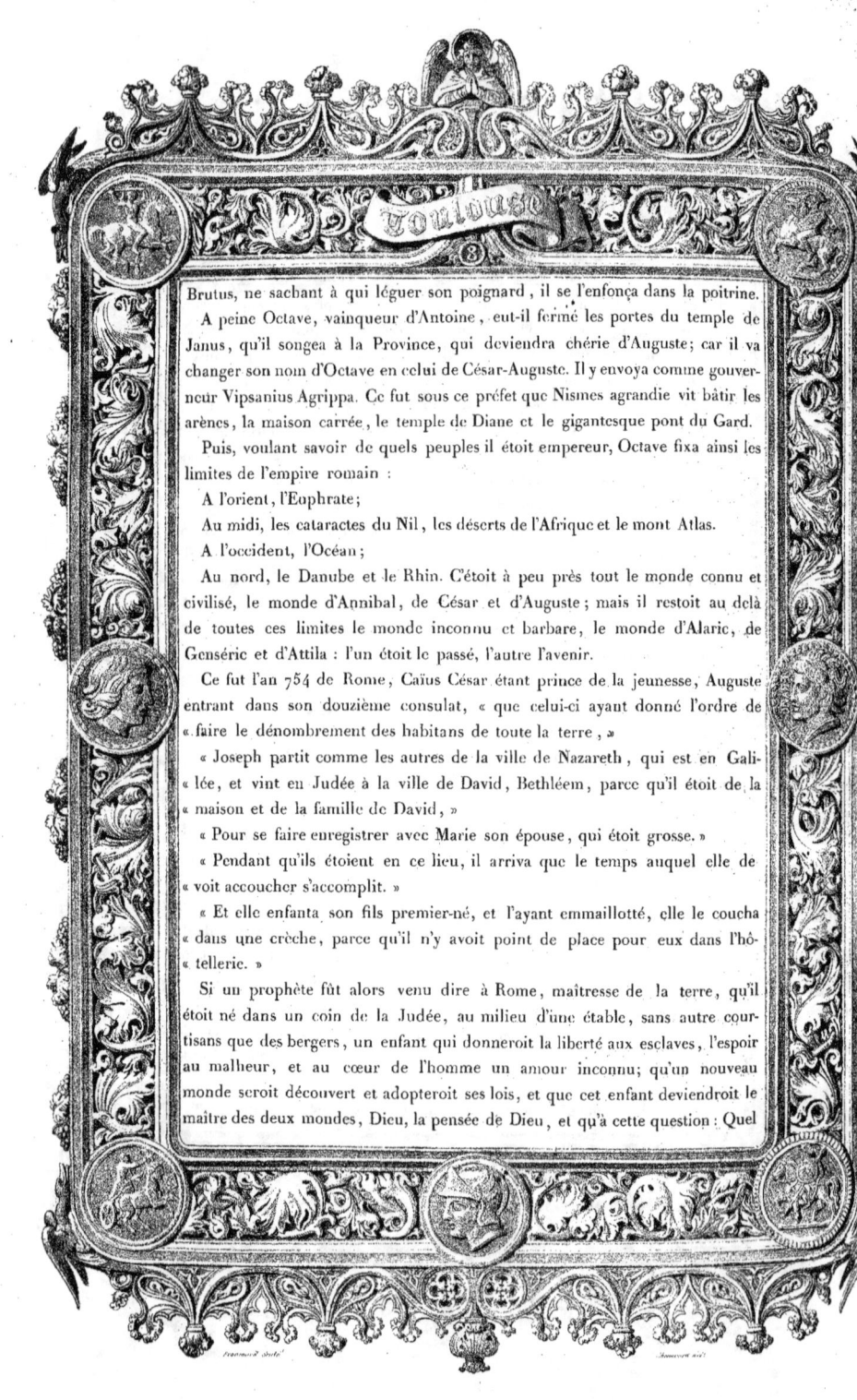

est son nom? le prophète eût répondu : Jésus, fils de Marie; certes, Auguste eût fait venir le prophète, qu'on auroit nommé le fou, un soir qu'il eût soupé entre Horace et Virgile, et lui eût ordonné de raconter une seconde fois cette histoire afin d'égayer le repas.

Cependant Rome alloit disparoître; la date de cette naissance sur les registres du monde effaçoit celle des empires, changeoit la chronologie des peuples, ouvroit une nouvelle ère et de nouvelles libertés au génie de l'homme.

Auguste mourut dans la soixante-sixième année de son âge, et dans la quatorzième de l'âge de Jésus-Christ.

Nous ne suivrons pas la Gaule Narbonnoise dans la fluctuation des partis politiques qu'elle a adoptés sous les douze Césars : se déclarant tantôt pour Galba contre Néron, tantôt pour Othon contre Vitellius, trop foible qu'elle étoit pour avoir une importance réelle et n'être pas toujours soumise par le plus fort.

Commode fut assassiné : sur son trône et sur son tombeau commença cette longue succession d'empereurs, nommés, déposés, massacrés selon les caprices des légions, ou l'avidité des prétoriens. Il arriva plus d'une fois que la Gaule Narbonnoise, située à deux cents lieues du siége de l'empire, apprit en même temps qu'elle avoit un nouvel empereur, et que cet empereur étoit mort; car, il y eut de ces Césars qui furent presque au même moment condamnés à la pourpre et à la mort, et dont le supplice dura plus long-temps que le règne.

Enfin le monde échappe aux mains mourantes de Théodore-le-Grand, se brise en deux, et va, roulant de chaque côté de son lit mortuaire, fonder le double empire d'Orient et d'Occident.

La Gaule Narbonnoise se trouve momentanément rattachée à ce dernier. Momentanément, disons-nous, car huit ans après la fondation de l'empire, les Goths, les Vandales, les Alains, les Suèves et les Allemands, traversèrent le Rhin, s'emparèrent de la Belgique, de la Gaule Celtique et de l'Aquitaine, et de là, passèrent dans la Narbonnoise occidentale, où TOULOUSE seule fut préservée de la dévastation universelle. On attribue cette miraculeuse exception à la sainteté de l'évêque Exupère; car depuis deux cent cinquante ans déjà, la Gaule Narbonnoise étoit chrétienne, et Béziers, Narbonne et TOULOUSE avoient leurs églises.

Ces barbares campèrent un instant au pied des Pyrénées, qu'ils ne purent franchir qu'au mois de septembre 409. La Province qui avoit vu passer sur sa terre parfumée, sous son beau ciel transparent et lumineux, cinq peuples barbares, au rude langage, au génie féroce, qui s'élevoient et se formoient sous de sombres forêts de chênes et de noirs sapins, peuples dont elle ignoroit même l'existence, se crut délivrée. Elle étoit loin de se douter que ce n'étoit que l'avant-garde des nations fauves qui alloient la dévorer, et que les Visigoths n'étoient qu'à quelques lieues de ses frontières.

Car c'étoit une époque étrange: Dieu, qui avoit besoin de purifier par le fer et par le feu un monde corrompu, qu'il ne vouloit pas détruire une deuxième fois, avoit soulevé à toutes les extrémités de la terre des peuples barbares. Il leur avoit montré du doigt la route qu'ils avoient à suivre, les champs qu'ils avoient à faucher; et, obéissant à cette voix puissante, ils venoient égorger les laboureurs et incendier les moissons, pour vivifier et ce monde et cette terre par le sang de leurs meurtres et par les cendres de leurs incendies.

Les Visigoths descendirent les Alpes, prirent Narbonne, couvrirent le Languedoc et l'Aquitaine de leur multitude. Les habitans du pays crurent qu'une confédération de tous les barbares fondoit sur eux. Ce n'étoit cependant qu'une portion de peuple, déplacée et refoulée par le passage d'Attila à travers la Gothie: c'étoient des mendians armés qui cherchoient un royaume.

Leur roi Ataulphe s'arrêta à Narbonne, pour répudier sa première femme, sœur d'Alaric, et pour célébrer ses noces avec Placidie, sœur d'Honorius; et Atale, ce fantôme d'empereur empourpré par Alaric, dut à son titre de César et d'Auguste, la faveur de chanter au repas des noces un épithalame en l'honneur des nouveaux époux.

Bientôt un traité d'alliance fut conclu entre Constance, général pour Rome dans la Province, et Allia, successeur d'Ataulphe, qui avoit été assassiné à Barcelone. Ce traité cédoit aux Visigoths sept villes du Languedoc; de là le nom de Septimanie.

Cependant Attila étoit entré dans la Gaule, et s'avançoit vers Lutèce. Aëtius, qui commandoit pour Rome dans la Gaule Celtique, appela à l'aide de l'empire tous les peuples que la marche d'Attila avoit déplacés sur son passage et poussés devant lui, depuis les Palus Méotides, jusqu'à la Belgique. Il fit venir les Francs des bords du Rhin et de l'Océan sous les ordres de Mérovée, leur chef. Il appela les Visigoths des rives du Rhône et de la Méditerranée, sous la conduite de Vallia, leur roi. Les Burghunds arrivèrent au rendez-vous des bords de la mer Baltique, les Allemands des rives du Danube, les Celtes de l'Océan Atlantique, les Alains de la mer Caspienne, et les Saxons de l'Océan des Germains. Enfin il joignit à ces peuples ce qu'il put rassembler de Romains.

Attila de son côté réunissoit à ses trois cent mille soldats, les Rugiens, les Érules, les Tunigiens, les Ostrogoths et les Gépides. Ces deux armées, où la moitié du monde avoit ses représentans, s'attaquèrent dans les plaines de la Champagne.

La bataille fut sans miséricorde, sans quartier, sans lendemain. En seize heures, cent soixante-deux mille morts furent couchés dans la plaine. Attila vaincu se retira derrière ses chariots, et toute la nuit il chanta, choquant ses armes. C'étoit le lion qui rugit à la porte d'une caverne où l'ont acculé les chasseurs (1).

Attila sortit des Gaules, mais les peuples barbares qu'Aëtius avoit appelés pour le vaincre y restèrent. Et comme le général romain rappelé par Valentinien, ne put s'opposer à leur entreprise, chacun prit sa part de la terre qu'il avoit défendue, s'établissant selon sa convenance, ou peut-être selon les souvenirs du sol natal, les uns au penchant des montagnes, les autres dans les plaines, ceux-ci au fond des vallées, ceux-là sur les rives des fleuves.

Les Visigoths qui étoient sortis du LANGUEDOC, y revinrent après la bataille, et leur roi Euric obtint bientôt de l'empereur Népos la cession de la province où il s'étoit établi. Rome sembloit un vieillard qui partage de son vivant ses biens entre ses héritiers, de peur qu'ils ne lui ôtent le peu de jours qui lui restent à vivre, afin d'en jouir plus tôt.

Bientôt l'empereur Népos fut détrôné par Oreste, maître de la milice, qui donna l'empire à son fils. Ce fut lui qui ferma cette longue liste d'empereurs, dont le premier s'appela Auguste et le dernier Augustule.

Nul ne tua l'empire, il mourut de vieillesse; seulement comme un valet qui éteint une lampe épuisée à la fin d'une orgie, un prince barbare, un Odoacre,

---

(1) *Strepens armis tubis canebat, incussionemque minabatur: velut leo venabulis pressus, speluncæ aditus obambulans.* Jornandès, cap. 40.

dit-on, roi des Turcelinges, souffla sur l'empire d'Occident et l'éteignit. Alors les derniers liens qui retenoient les peuples à la puissance romaine furent brisés : chacun s'affermit dans sa conquête, ou en tenta une nouvelle. Euric, roi des Visigoths, passa en Espagne et s'y empara de tout ce qui appartenoit aux Romains ; puis, revenant à Narbonne, il traversa le Rhône, prit Arles et Marseille, joignit la Provence au Languedoc, et mourut laissant son fils Alaric II maître d'un royaume que les Pyrénées partageoient par la moitié.

C'est à la cour de cet Alaric que vint se réfugier Siagrius : ce général avoit été vaincu par le chef d'une tribu barbare qui s'étoit établie entre la Seine et le Rhin. Ce chef, c'étoit Clovis; cette tribu, c'étoit celle des Francs. Des messagers du vainqueur vinrent bientôt réclamer le vaincu; Alaric ne voulut pas s'exposer à une guerre pour un misérable général romain, et Siagrius fut livré.

Ce n'étoit pas ce qu'espéroit, ce que vouloit Clovis : il convoitoit le royaume d'Alaric, plus encore que la tête d'un général romain sans nom, sans armée, battu : aussi le roi des Visigoths ne fit-il que retarder la guerre qui le menaçoit. Elle éclata enfin; Clovis et Alaric se rencontrèrent dans les plaines de Vouillé; les deux chefs se joignirent au milieu de la mêlée, et Clovis tua Alaric. Carcassonne, Toulouse et Narbonne ouvrirent leurs portes; le vainqueur y entra sur un char de triomphe, précédé de faisceaux et revêtu de la pourpre; car Anasthase, empereur d'Orient, venoit d'envoyer au barbare les insignes de Patrice et d'Auguste.

Cependant Clovis avoit conquis les Visigoths, mais ne les laissoit pas soumis: derrière lui, le peuple effaça les traces de sa marche triomphale. Sa présence les avoit contenus, son absence les affranchit, sa mort les délivra; cette seule partie du Languedoc qui touche à l'Aquitaine et qui est séparée du reste de la province par la chaîne de montagnes que nous avons indiquée, comme partant des Pyrénées et s'étendant jusqu'à l'Auvergne et au-delà, resta dans le domaine des rois francs avec le titre de royaume de Toulouse, jusqu'au moment où Dagobert changea ce titre en celui de duché, et donna ce duché à Bogghis, son neveu. Enfin, sous Amalric, le royaume visigoth se trouva comme auparavant, formé de la Provence, du Languedoc, moins le duché de Toulouse et du Rouergue.

Vient maintenant une longue suite de rois aux noms barbares et à peine connus.

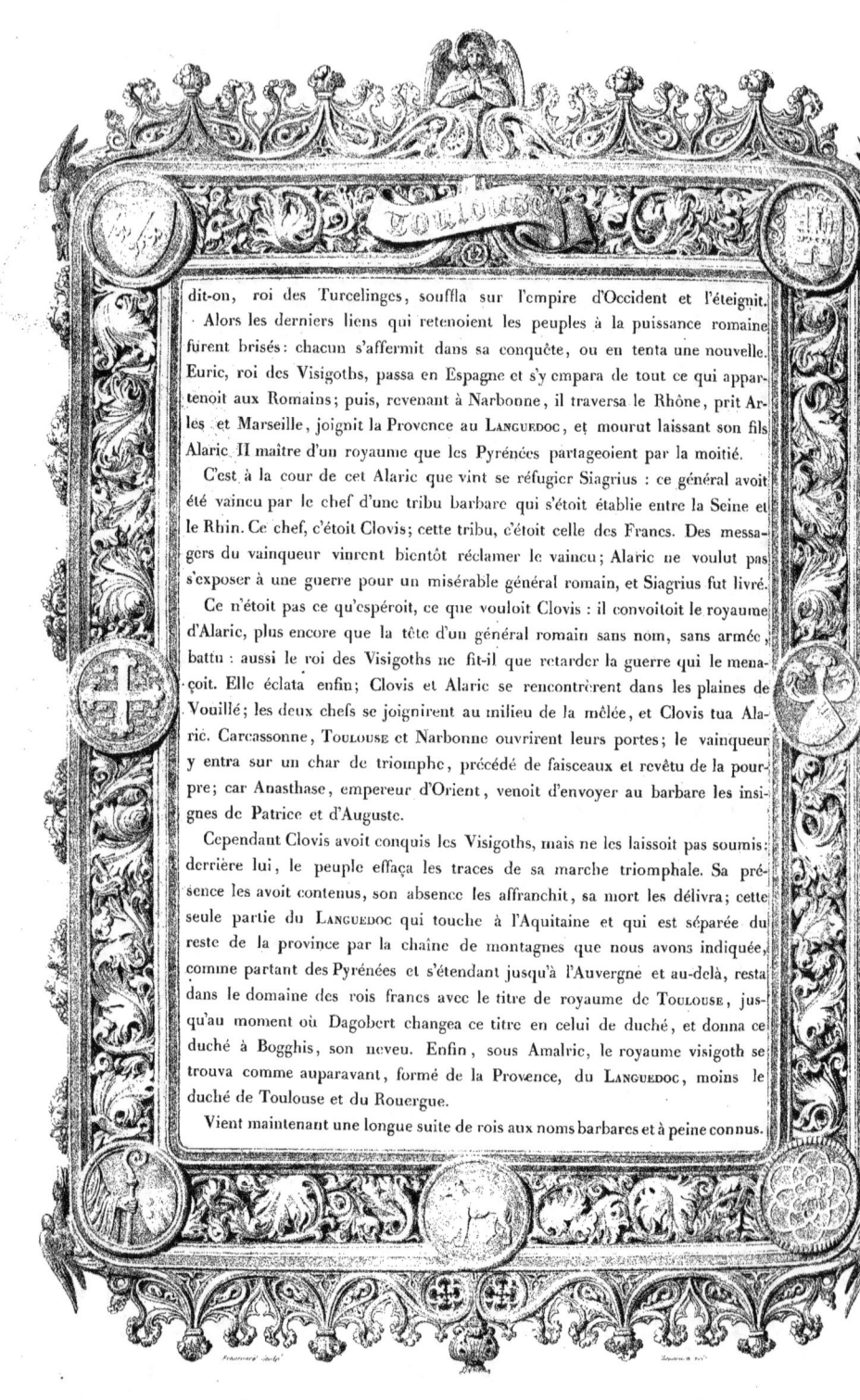

Vient une longue et sanglante lutte contre le royaume des Francs, qui, depuis sa fondation, tendit continuellement à s'agrandir, trop resserré qu'il est aujourd'hui dans ses limites d'hier, pour les flots de peuples que la Germanie verse incessamment dans son bassin. De temps en temps cette lutte est interrompue par des trèves et des alliances; mais ces trèves sont bientôt rompues, ces alliances sont momentanées, la guerre seule est continuelle, et chaque jour cette guerre ronge en-deçà des Pyrénées quelque chose du domaine et de la puissance des rois visigoths, jusqu'à ce qu'enfin un peuple nouveau et inconnu arrive tout à coup de l'Orient, comme les Barbares étoient venus du Nord, et termine, en confisquant les provinces en litige, ce grand procès à main armée, qui depuis deux siècles se plaide sur les champs de bataille.

Il apparut tout à coup au sommet des Pyrénées, avec son costume grave, son langage sonore à images brillantes comme son soleil, et sa religion nouvelle. Le souffle de Dieu avoit soulevé ce peuple, comme le simoun soulève le sable de ses déserts, et le poussoit d'Orient en Occident, afin de compléter le cercle de l'invasion et de réunir les deux bouts de la chaîne de Barbares avec laquelle il étreignoit le monde civilisé. Cette nouvelle migration sortant de l'Arabie, s'étoit avancée le long de l'Afrique, laissant vers sa droite l'antique Carthage, traversant la Gétulie et la Mauritanie; sautant le détroit de Gades, s'asseyant un moment au pied des colonnes d'Hercule, auxquelles un de ses chefs lègue son nom; inondant la Bétique, la Lusitanie et une partie de la Gallicie; effaçant sous la trace de ses pas le royaume des Visigoths d'Espagne, qui duroit depuis trois siècles, et qui fut anéanti en un seul jour, et par une seule bataille à Xérès. Puis enfin, descendant des Pyrénées, elle se répandit dans la Septimanie, qu'elle conquit; suivit le Rhône, occupa Lyon, Dijon et toute la Bourgogne jusqu'aux confins de l'Alsace; revint ensuite dans l'Aquitaine, prit TOULOUSE et Bordeaux, passa la Garonne, entra dans Poitiers et ne s'arrêta sur les bords de la Loire, près de Tours, que lorsqu'elle se heurta contre l'épée de Charles Martel.

Le vainqueur n'osa poursuivre les vaincus. Il se contenta de piller le camp abandonné. Les débris de l'armée d'Abdérame se retirèrent dans la Narbonnoise, s'y établirent à l'abri des places fortes, et étendant leur domination en Provence, s'emparèrent d'Arles et d'Avignon.

Charles Martel ne vit point leurs progrès sans crainte. Il marcha de nouveau vers ces lions du désert, mal tués dans un premier combat, assiégea et brûla Avignon; traversa le Rhône, vint mettre le siége devant Narbonne, et déja il lui avoit livré plusieurs assauts, lorsque la mort du roi Thierry le rappela à Paris. Forcé de se retirer, il voulut du moins n'avoir plus à faire, s'il revenoit dans le pays, une aussi rude besogne que celle qu'il venoit d'accomplir, et afin de n'être point arrêté dans une nouvelle invasion, il démantela Adge, incendia Beziers, ruina Maguelonne, et enfin mit le feu aux portes et à l'amphithéâtre de Nîmes.

Cependant ce ne fut que Pepin qui put achever l'œuvre de délivrance commencée par Martel. Il s'avança vers la Septimanie, battit les Sarrasins en deux rencontres, et les repoussa jusqu'à Narbonne, où ils se fortifièrent une seconde fois. Pendant sept ans, ils se défendirent à l'abri des murailles de la vieille capitale de la Gaule Celtique; enfin les chrétiens narbonnois, lassés de la longueur du siége, livrèrent la ville à Pepin. Les Sarrasins qui échappèrent au massacre se réfugièrent en Espagne, et la Septimanie fut réunie, pour la seconde fois, au domaine des rois francs.

La domination des Arabes avoit duré soixante ans. En Espagne ils ont laissé des monumens splendides et des traces profondes de leur civilisation; mais au-delà des Pyrénées septentrionales, ce ne fut qu'un champ de bataille, et le temps y a rongé et dévoré jusqu'aux derniers débris des os et des armures des combattans : il n'y a pas un monument arabe, et la poésie du Languedoc, inspirée sans doute par son beau ciel, appartient tout entière aux hommes d'Occident devenus ses enfans, quoiqu'il s'y trouve quelquefois une teinte de la passion que les Espagnols ont empruntée aux Maures, et d'autres fois une ingénieuse et musicale expression des pensées tendres de tous les peuples orientaux.

Charlemagne alla chercher les Arabes au-delà des Pyrénées, les refoula dans le califat d'Espagne, leur prit Pampelune, Jacca et Barcelone, leur prit cette partie de la Biscaye, de l'Aragon et de la Catalogne dont ses suc-

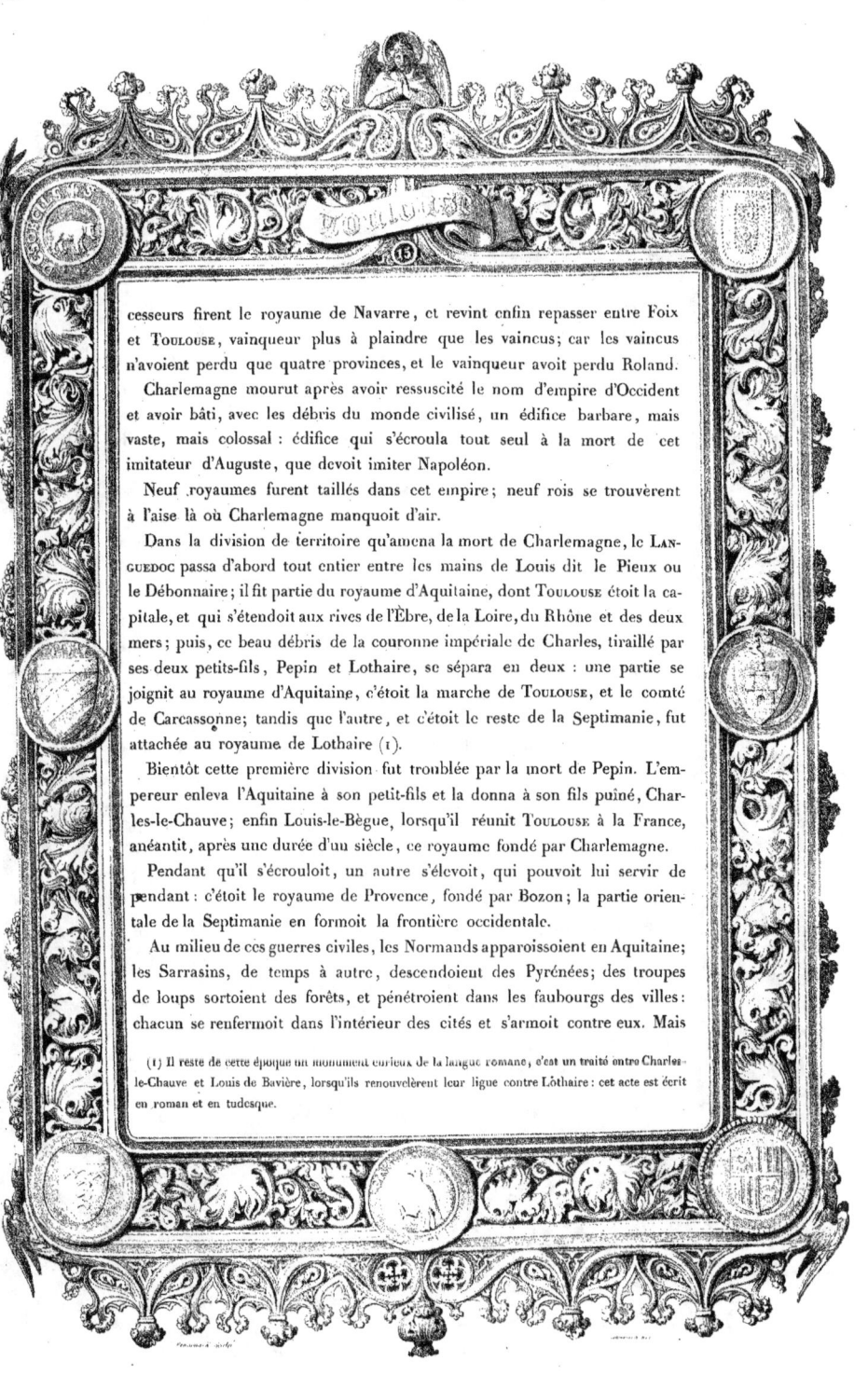

cesseurs firent le royaume de Navarre, et revint enfin repasser entre Foix et Toulouse, vainqueur plus à plaindre que les vaincus; car les vaincus n'avoient perdu que quatre provinces, et le vainqueur avoit perdu Roland.

Charlemagne mourut après avoir ressuscité le nom d'empire d'Occident et avoir bâti, avec les débris du monde civilisé, un édifice barbare, mais vaste, mais colossal : édifice qui s'écroula tout seul à la mort de cet imitateur d'Auguste, que devoit imiter Napoléon.

Neuf royaumes furent taillés dans cet empire; neuf rois se trouvèrent à l'aise là où Charlemagne manquoit d'air.

Dans la division de territoire qu'amena la mort de Charlemagne, le Languedoc passa d'abord tout entier entre les mains de Louis dit le Pieux ou le Débonnaire; il fit partie du royaume d'Aquitaine, dont Toulouse étoit la capitale, et qui s'étendoit aux rives de l'Èbre, de la Loire, du Rhône et des deux mers; puis, ce beau débris de la couronne impériale de Charles, tiraillé par ses deux petits-fils, Pepin et Lothaire, se sépara en deux : une partie se joignit au royaume d'Aquitaine, c'étoit la marche de Toulouse, et le comté de Carcassonne; tandis que l'autre, et c'étoit le reste de la Septimanie, fut attachée au royaume de Lothaire (1).

Bientôt cette première division fut troublée par la mort de Pepin. L'empereur enleva l'Aquitaine à son petit-fils et la donna à son fils puîné, Charles-le-Chauve; enfin Louis-le-Bègue, lorsqu'il réunit Toulouse à la France, anéantit, après une durée d'un siècle, ce royaume fondé par Charlemagne.

Pendant qu'il s'écrouloit, un autre s'élevoit, qui pouvoit lui servir de pendant : c'étoit le royaume de Provence, fondé par Bozon; la partie orientale de la Septimanie en formoit la frontière occidentale.

Au milieu de ces guerres civiles, les Normands apparoissoient en Aquitaine; les Sarrasins, de temps à autre, descendoient des Pyrénées; des troupes de loups sortoient des forêts, et pénétroient dans les faubourgs des villes: chacun se renfermoit dans l'intérieur des cités et s'armoit contre eux. Mais

(1) Il reste de cette époque un monument curieux de la langue romane, c'est un traité entre Charles-le-Chauve et Louis de Bavière, lorsqu'ils renouvelèrent leur ligue contre Lothaire : cet acte est écrit en roman et en tudesque.

nul centre d'union n'étoit établi; chacun se fioit à sa force personnelle, se détachoit du roi, qui ne pouvoit ni le protéger ni le punir, et remettoit à son courage et à son épée le soin de sa défense et de sa vie. De là les duchés et les comtés indépendans de Rasez, de Carcassonne et de Toulouse.

A cette époque, un plaid ou assemblée nationale se tint en Aquitaine. Les vassaux du roi devoient assister à ces plaids (1). Les *missi dominici*, les commissaires du prince y présidoient. Les évêques, les abbés, les vidames, *vice-domini;* les avocats du roi, les comtes, les vicaires ou vicomtes, *vice-comites;* les centeniers et les échevins, *nobiles viri*, ou autres juges que l'on avoit choisis parmi les plus notables de chaque comté, s'y réunirent. Sous Louis, le fils de Charles-le-Grand, ces diètes s'assembloient souvent à Toulouse dans son palais, pour délibérer sur les affaires du royaume; mais celle-ci fut plus particulièrement réunie pour aviser aux malheurs des temps; et elle a cela de remarquable pour l'histoire de la Province, aussi bien que pour l'histoire générale, que les ducs et les comtes y siégèrent pour la première fois, considérant leurs dignités comme une propriété et un bien héréditaire.

Cependant sous Raymond II, fils d'Eudes, le comté commença à prendre, par la réunion des marquisats de Gothie, de l'Albigeois, du Quercy et du Rouergue, cette importance qui finit par le faire indépendant de la couronne de France: bientôt son indépendance s'étendit sur le reste de la Septimanie, et la foiblesse de Charles-le-Simple ne le troubla pas dans l'accroissement de son territoire. Le Languedoc se trouva ainsi et de nouveau réuni sous un seul maître.

Raymond, fils de Guidinilde et de Raymond II, duc, comte et marquis (2), car depuis la mort de Guillaume-le-Pieux, duc et marquis de Sep-

(1) « Outre les assemblées générales, il y avoit encore de petits plaids, ou assemblées de comtés, « qui se tenoient dans une maison commune nommée *mallum publicum*. Le comte étoit obligé de « tenir ces assemblées au moins deux ou trois fois l'année, et pour l'ordinaire en été ou en au-« tomne. Il pouvoit choisir le *mallum* dans les divers lieux de son ressort, excepté dans les « églises et dans leur vestibule. » *Hist. gén. du Languedoc*, par D. Waissette et D. de Vic, t. I.er, liv. 8, pag. 439.

(2) On appeloit marquis les comtes ou gouverneurs qui commandoient les *marches* ou frontières,

timanie, la Septimanie étoit tombée dans la maison de Toulouse, eut à défendre ses États contre un nouveau peuple barbare. Les Hongrois, appelés de la Pannonie par Béranger, roi des Lombards, après avoir ravagé l'Italie, comme une volée d'oiseaux de proie, vinrent s'abattre sur les belles plaines de la Narbonnoise et du Toulousain. « Ces Barbares, originaires de la Scythie,
« s'étoient déja rendus formidables dans une partie de l'Europe. La férocité
« de leurs mœurs, la difformité de leurs visages et leur manière de com-
« battre, inspiroient également la terreur. Les enfans étoient à peine sortis
« du sein de leurs mères, qu'elles leur déchiroient le visage pour les accou-
« tumer de bonne heure à souffrir, ce qui les rendoit extrêmement hi-
« deux, et plus terribles à leurs ennemis. Ils coupoient leurs cheveux jus-
« qu'au sommet de la tête, se nourrissoient ordinairement de chair crue et
« buvoient le sang des animaux; ils étoient en un mot cruels, perfides, sans
« foi et sans religion. Les femmes, également féroces, faisoient comme leurs
« maris, leur principal métier de la guerre et du brigandage. Ces Barbares
« étoient moins propres à former des siéges qu'à courir et à ravager les
« campagnes, et cherchoient plutôt à se battre de loin que de près, parce
« qu'ils n'étoient pas si adroits à manier l'épée qu'à décocher des dards; ce
« qu'ils faisoient avec tant de justesse qu'ils ne manquoient jamais leur coup,
« même en fuyant devant leurs ennemis. Ils combattoient toujours à cheval,
« qu'ils poussoient avec une extrême vitesse; et quand au premier choc, ils
« éprouvoient de la résistance, ils feignoient alors de prendre la fuite;
« mais faisant aussitôt volte-face, ils revenoient à la charge avec plus de
« fureur (1). »

Cette tribu satanique s'empara de la Pannonie, après en avoir chassé les Huns, leurs anciens compatriotes. De là ils étendirent leurs courses dans les provinces voisines, et, après avoir ravagé la Germanie, ils passèrent vers

comme barons ceux qui commandoient sur une ligne plus reculée à l'intérieur les *bars* ou forteresses.

(1) Cette naïve description de ces peuples, imitée des anciens historiens, disent les doctes bénédictins Dom de Vic et Dom Vaissette dans leur admirable Histoire générale de Languedoc, est celle de tous les peuples sauvages et guerriers; c'est encore la manière de combattre des Arabes, des Maures, des Bérébères et des Cosaques, que nous avons rencontrés sur nos champs de bataille modernes.

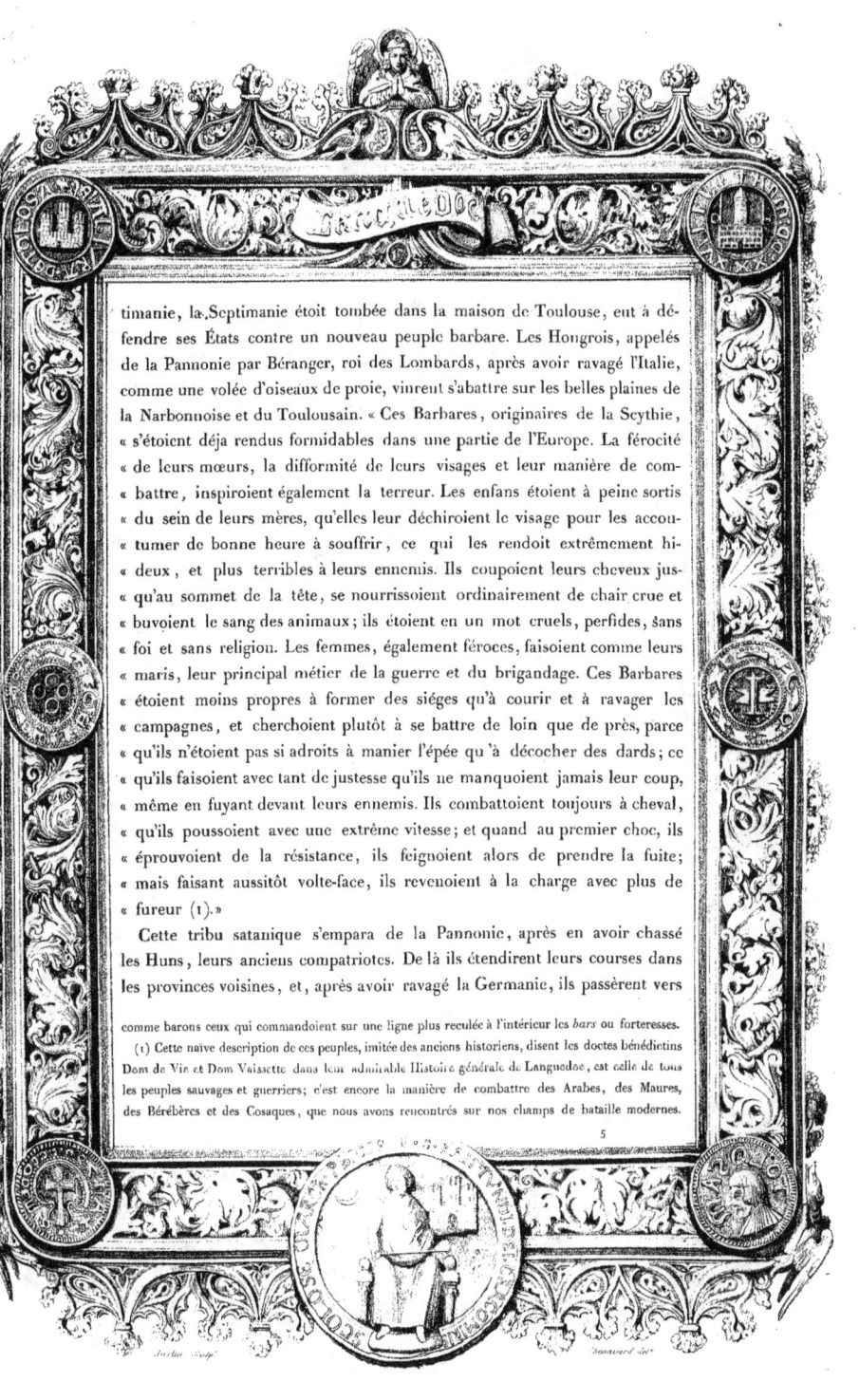

900 dans l'Italie, s'y établirent un moment pour la livrer plus tard au pillage; traversèrent les Alpes, se répandirent en Provence, s'avancèrent vers le Rhône, et entrèrent dans la Gothie. Mais une maladie épidémique, une espèce de peste les décimoit. Raymond-Pons réunit tout ce qu'il put trouver de troupes, et en extermina le reste dans les mêmes plaines où Marius, mille ans auparavant, avoit anéanti les Teutons. Les uns avoient ouvert et les autres fermé la liste de l'invasion.

Cette victoire accrut encore la puissance des comtes de TOULOUSE, et c'est dans leur maison que Robert, fils de Hugues Capet, vint chercher une femme lorsque l'excommunication de Grégoire le força de répudier Berthe.

La fille des ducs de TOULOUSE, qui devenoit la femme du roi de France, étoit une belle et altière jeune fille nommée Constance : on lui forma une cour splendide et digne de la puissance de ses pères, qui forma, en arrivant à Paris, un singulier contraste avec la cour sévère et religieuse du roi Robert: car elle conduisoit à sa suite de jeunes et beaux chevaliers, portant, dit Raoul Glaber, leurs cheveux coupés, leur barbe rasée comme celle des jongleurs, et des chaussures indécentes (1). Des musiciens faisoient partie de son cortége, disant, dans une langue amollie par les Grecs, brillantée par les Arabes, des chants d'amour et de guerre si doux, qu'ils sembloient être composés pour un peuple de femmes. Une révolution réelle éclata entre ceux qui tenoient à l'ancienne langue et à l'ancien costume, et ceux qui apportoient cette double innovation : enfin les Toulousains l'emportèrent; la cour des rois de France changea la coupe de ses habits, et la langue d'Oc fut la langue des poëtes.

Ce mariage consolida la puissance des comtes de TOULOUSE : elle étoit à son plus haut degré, lorsque l'appel de Pierre-l'Hermite retentit dans toute l'Europe. Il convoquoit le monde chrétien aux croisades, en criant : Dieu le veut. Il s'agissoit de délivrer les frères de Jérusalem de la tyrannie des Sarrasins et de chasser les infidèles couchés sur le sépulcre du Sauveur. La maison de TOULOUSE entendit une des premières cette grande voix de la religion éplorée, et se leva pour prendre part à cette réaction de l'Occident contre l'Orient,

(1) Des bottes.

et pour reporter aux Sarrasins la guerre que lui avoient apportée les Arabes. Dieu vouloit aussi de nouvelles lumières pour l'Occident.

Le nom de Raymond, comte de Toulouse, est doublement consacré par l'histoire et par la poésie, par Guillaume de Tyr et par le Tasse. Il avoit fait, en partant à la tête de cent mille hommes, le serment solennel de ne plus revenir en Europe : il accomplit religieusement ce vœu, et mourut près de Tripoli, dans un château qu'il avoit fait bâtir, et auquel il avoit donné le nom de Mont-Pèlerin, laissant à Bertrand, son fils, tout ce qu'il possédoit sur les terres de France : celui-ci se croisa à son tour, laissant le comté de Toulouse au jeune Alphonse.

Louis, voyant ce comté aux mains d'un si jeune homme, espéra le réunir facilement à la couronne, et profita d'un voyage qu'Alphonse fit en Espagne, pour venir mettre le siége devant Toulouse; mais les habitans de la ville se défendirent si vaillamment que le roi de France fut obligé de se retirer. Alphonse reconnaissant leur accorda à son retour divers priviléges, et entre autres l'abolition d'un droit onéreux sur les marchandises et les denrées, désigné sous le titre de *portaticum*, et la nomination de leurs magistrats municipaux, qui furent appelés Capitouls.

Ce fut vers cette époque qu'apparurent les fondateurs d'une secte nouvelle. Henri et Pierre de Bruys, après avoir parcouru la France, s'arrêtèrent dans le Languedoc pour y prêcher leur doctrine. Ils rejetoient la messe, l'adoration de la croix, le baptême des enfans et les prières pour les morts. Ils ne reconnoissoient pas la sainteté des temples, disant que le temple de Dieu, c'étoit le monde, et les autels les montagnes. Ce n'étoit retrancher de la religion chrétienne que le dogme, la foi, la poésie et les arts.

Pierre de Bruys mourut bientôt martyr de sa doctrine. Il fut brûlé à Saint-Gilles, sans procès, sans jugement. Ce crime devoit sanctifier sa croyance; de sa cendre devoient naître des apôtres. Henri se sauva à Toulouse, continua d'y prêcher sa religion, et la flamme du bûcher de Bruys éclaira la naissance d'une grande hérésie.

Quarante ans après, cette hérésie s'étoit répandue partout le Languedoc; le vicomte Roger II avoit embrassé la nouvelle doctrine, et la protégeoit

ouvertement, faisant d'Alby, la capitale de sa vicomté, le chef-lieu des hérétiques, ce qui fut cause, disent quelques auteurs, que l'on donna le nom d'Albigeois à ces sectaires; d'autres chroniqueurs prétendent qu'il leur vint de ce que leurs erreurs furent condamnées dans le concile tenu à Lombers en Albigeois : ce qu'il y a de certain, c'est qu'on les nomma d'abord Cathares, Poplicains, Ariens et Bulgares; dans le XIIe siècle, Toulousains, Agenois, hérétiques Provençaux; et enfin, dans le XIIIe siècle, Albigeois, parce que ceux qui vinrent les combattre, les trouvèrent plus nombreux dans les domaines du vicomte Raymond Roger, d'Alby, de Beziers, de Carcassonne et de Rasez.

Pierre, cardinal de Saint-Chrysogone, vint d'abord en missionnaire pour ramener au giron de l'Église ceux qui étoient égarés; mais Roger, loin de protéger cette mission de paix, mit la main sur l'évêque d'Alby, comme un autre Hérode, disent les vieux historiens orthodoxes, et le fit renfermer dans une étroite prison, parce que cet évêque lui avoit reproché ses mœurs et sa croyance. Plus tard, Arnaud de Citeaux et douze abbés de son ordre entreprirent une seconde mission; l'évêque d'Osma, et enfin saint Dominique, vinrent aussi au Languedoc, pour chercher à conjurer les orages qui alloient ravager ce beau pays: tout fut inutile. Il n'y avoit plus de paix possible; on eut recours aux armes.

Cette secte épouvantoit Rome, qui en demanda l'extermination à Philippe-Auguste. Celui-ci rassembla une armée de Normands, de Flamands, d'Aquitains et de Bourguignons; les papes en soulevant deux mondes l'un contre l'autre, les rois de France en se croisant contre les infidèles, avoient appris à se croiser contre les chrétiens.

L'abbé de Citeaux se mit à la tête de cette croisade, passa le Rhône et vint à Montpellier. Alors Raymond, comte de Toulouse, et Roger, vicomte de Beziers, offrirent leur soumission, des châteaux et des otages: tout fut refusé.

Roger mit garnison dans Beziers, et se retira à Carcassonne avec l'élite de ses soldats. L'abbé de Citeaux et son armée marchèrent sur la première de ces deux villes, sommèrent les catholiques de leur livrer les Albigeois, et sur le refus de ceux-ci, le général ordonna l'assaut. Après un combat de trois

heures, les fossés furent franchis, les murs escaladés et la ville prise; et comme le moine avoit ordonné de ne faire aucun quartier aux hérétiques, les chefs militaires lui firent demander à quel signe ils distingueroient les Albigeois des catholiques? « Tuez-les tous, répondit le prélat; Dieu reconnoîtra ceux qui sont à lui. »

Les croisés obéirent littéralement, et soixante mille hommes à peu près furent égorgés et brûlés.

Toutes les villes du Languedoc souffrirent de cette guerre terrible, de ces invasions sanglantes, que nous verrons se renouveler plus tard, sous différens prétextes et sous différens noms. Celui qui se fit le plus remarquer dans cette croisade d'extermination, par son courage et sa cruauté, fut Simon de Montfort, nommé le Judas Machabée de son siècle, mais qui avoit réellement la plupart des qualités qui distinguent l'homme supérieur et le grand capitaine. Il s'empara de tous les châteaux et forteresses du Languedoc, rasa les murs de Beziers et de Toulouse, tua Pierre, roi d'Aragon, que le comte de Toulouse avoit appelé à son aide, et ayant forcé ce dernier de se réfugier en Angleterre, vint au Pont-de-l'Arche, faire hommage de sa conquête à Philippe Auguste, qui lui donna l'investiture du comté de Toulouse, par une charte ainsi conçue :

« Au nom de la sainte et indivisible Trinité, Philippe, par la grâce de Dieu,
« roi des François : sachent tous présens et à venir, que nous avons reçu
« notre cher vassal, Simon de Montfort, pour notre homme lige, pour les fiefs
« et terres qui ont été conquis sur les hérétiques et ennemis de Jésus-Christ,
« dans le duché de Narbonne, le comté de Toulouse et la vicomté de Beziers
« et de Carcassonne; dans les fiefs que Raymond, autrefois comte de Tou-
« louse, tenoit de nous, et pour les terres qui sont de notre fief; sauf le droit
« d'autrui et celui de nos vassaux. Donné au Pont-de-l'Arche, l'année
« MCCXVI, la XXXVII⁰ de notre règne. »

Et quelques jours après ce second acte : « Philippe, par la grâce de Dieu,
« roi des François, à tous ses amis, vassaux et autres, auxquels les présentes
« parviendront, salut et dilection. Sachez que nous avons reçu pour notre
« homme lige, notre cher et féal Simon comte de Montfort, pour le duché

« de Narbonne, le comté de TOULOUSE, etc...... sauf le droit d'autrui, et celui
« de nos vassaux, pourvu qu'ils professent la foy chrétienne; c'est pourquoi
« nous vous défendons expressément de vous mêler de nos fiefs, ou de les
« saisir, sinon en faveur dudit Simon, auquel vous donnerez aide et conseil,
« lorsque vous en serez requis par lui. Fait à Melun, le X d'avril, de l'an
« MCCXVI. »

Les Bénédictins qui nous conservent ces documens, y ajoutent ce qui suit :
« C'est ainsi que Raymond VI, comte de TOULOUSE, fut dépouillé de tous
« ses états, et que ce prince, le plus grand terrien qui fût alors dans le
« royaume, sans en excepter le roi même, se vit enfin réduit à ne posséder
« plus un pouce de terre, sans que les liens du sang qui l'attachoient à
« presque tous les souverains de l'Europe, fussent capables de le mettre à
« l'abri des entreprises de ceux qui en vouloient plus à ses domaines qu'à
« sa croyance. » Philippe-Auguste étoit son cousin-germain et son souverain.

Ainsi fut exécutée la sentence illégale du concile de Latran.

Mais Simon de Montfort ne jouit pas long-temps du fruit de ses victoires;
au siége de TOULOUSE où étoit rentré Raymond, dans une attaque décisive, il
fut tué par un nain, disent les croyances du peuple, qui avoit toujours considéré Simon le héros comme un géant, parce que toutes les histoires de ces
temps-là sont des épopées pour le peuple. Amaulri, son fils, lui succéda, emportant avec lui à Carcassonne les dépouilles mortelles de son père, et les faisant ensevelir avec magnificence, à la manière de France, disent les anciens
historiens du LANGUEDOC.

Quant au vieux comte Raymond, il mourut à TOULOUSE en 1222. Les frères
hospitaliers de Saint-Jean jetèrent sur lui le manteau de leur ordre avec la
croix; il fut porté dans leur maison, mais il n'y fut pas inhumé, car il étoit
excommunié, et malgré les sollicitations de son fils, son corps resta sans
sépulture.

Dix ans après, le fils de Raymond reprit le comté de TOULOUSE sur le fils
de Montfort. Puis enfin, en 1229, Louis IX le reprit sur tous les deux; ce
ne fut cependant qu'en 1240, que le LANGUEDOC fut tout-à-fait pacifié : et Raymond mourant en 1249 sans enfans mâles, vit s'éteindre en lui la race illus-

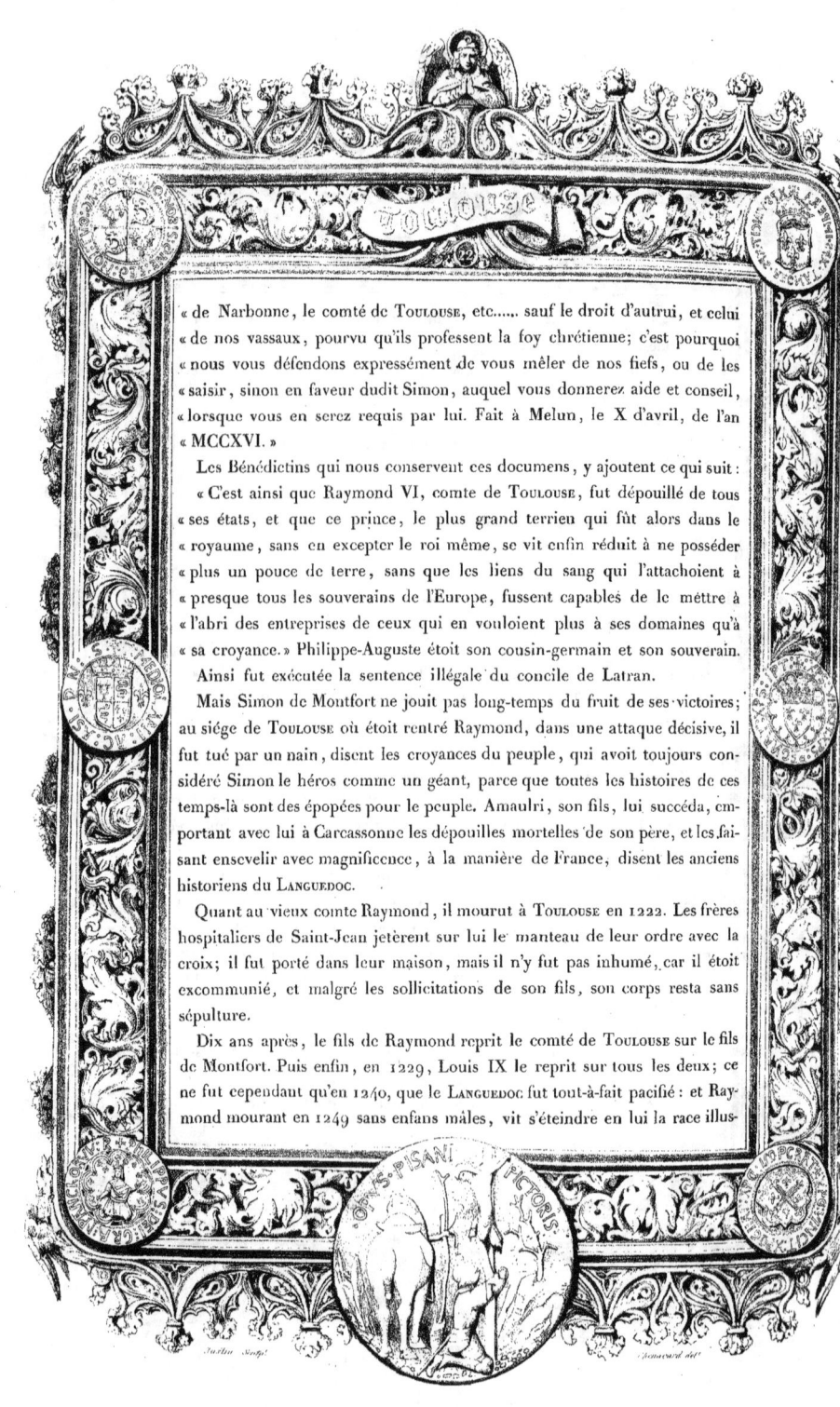

tre et poétique des comtes de Toulouse, qui avoit possédé pendant quatre siècles un des plus beaux pays de l'Europe.

Raymond décéda le 27 de septembre à Milhaud, au moment où il alloit entreprendre le voyage de la Terre-Sainte, pour rejoindre saint Louis.

Guillaume de Puylaurens, le chroniqueur du comte Raymond VII, finit la curieuse histoire de la plupart des actions de son puissant seigneur, dont il étoit l'aumônier, par ces réflexions :

« La Providence permit qu'il mourût dans la partie orientale de ses états,
« afin que le corps de ce dernier prince de la maison de Toulouse, devant
« être rapporté vers l'occident, reçût en passant les derniers devoirs de tous
« ses sujets, qui témoignèrent un extrême regret de sa mort. Il fût embaumé,
« et après avoir été renfermé avec beaucoup de soin dans un cercueil, on le
« transporta avec pompe par Albi, Gaillac et Rabastens, jusqu'à Toulouse, où
« on le mit sur la Garonne, dans un bateau qu'on y avoit préparé, et qui le
« conduisit au monastère du Paradis en Agenois, de l'ordre de Fontevraud,
« où le corps demeura en dépôt, jusqu'au printemps de l'année suivante,
« qu'on le transféra dans le chœur de l'église de l'abbaye de Fontevraud.

« Ce fut un spectacle digne de compassion, de voir les peuples aller en
« foule au devant du convoy, ou le suivre en pleurant et en gémissant sur la
« perte de leur seigneur naturel, et sur ce qu'il ne laissoit aucune postérité
« masculine. C'est ainsi qu'il plut à notre Seigneur Jésus-Christ, de faire voir
« à toute la terre, qu'il tiroit vengeance du païs, à cause de l'hérésie dont
« il étoit infecté, en enlevant aux peuples celui qui les gouvernoit. » Raymond fut inhumé auprès de Jeanne d'Angleterre, sa mère.

En 1270, le roi Louis IX traversa le Languedoc, vint s'embarquer à Aigues-Mortes, laissant à cette ville, comme un dernier adieu, une charte d'affranchissement, et s'en alla mourir au milieu des ruines de Carthage, en face de l'Utique de Caton. Le saint de la philosophie antique étoit mort, une main étendue sur Platon, et de l'autre déchirant ses entrailles. Le saint du christianisme passa de notre monde à un meilleur, les yeux attachés sur l'Ecriture, en répétant ces paroles du Psalmiste : « Seigneur, j'entrerai dans « votre maison, et je vous adorerai dans votre Temple!... »

Sous Philippe III et Philippe IV, quelque tranquillité s'étant rétablie dans le LANGUEDOC, le goût de la poésie revint aussitôt aux esprits, tant cette belle terre méridionale étoit disposée à s'enrichir des merveilles de la pensée comme de celles de la nature. Sous Charles-le-Bel, en 1323, sept jeunes hommes de TOULOUSE formèrent une académie sous le nom de *la Société des Sept Troubadours de Tolosa*. Une *semonce* en vers fut envoyée à tous les poëtes du LANGUEDOC, pour les inviter à se rendre dans la capitale de la province, le 1er mai suivant, et y composer un chant poétique, dont le prix seroit une violette d'or.

Les poëtes convoqués furent exacts au rendez-vous; la séance se tint dans un jardin; l'assemblée étoit composée des sept fondateurs, des capitouls et des premiers citoyens de la ville. Ce fut Arnaud Vidal de Castelnaudary, auteur d'un sirvente en l'honneur de la Vierge, qui remporta le prix; il reçut en conséquence la violette d'or et le titre de docteur en la gaie science. De nos jours un de nos poëtes au génie élevé, notre noble ami Victor Hugo, devoit concourir à ces nobles jeux et y cueillir la première fleur de sa couronne immortelle.

Le séjour que Charles IV fit à TOULOUSE, les encouragemens qu'il donna à cette institution, déterminèrent les fondateurs à en élargir la base; deux autres fleurs furent ajoutées à la violette, pour récompenser deux autres morceaux de poésie de genres différens : ce fut l'églantine et le souci d'argent. La distribution fut fixée au 3 mai de chaque année, et prit le nom de jeu d'Amour.

Ce concours est le même qui est connu de nos jours sous le nom de Jeux Floraux.

Vers la fin du XIVe siècle, ou le commencement du XVe, une femme, dont le nom est devenu national, et qui portoit un de ces doux noms parfumés de poésie, comme ceux de Lesbie, de Laure et de Marguerite, Clémence Isaure donna une somme considérable pour fournir aux frais des prix à distribuer tous les ans. Deux siècles après, l'Académie éleva à sa patronne une statue en marbre blanc, qui fut placée dans la salle des séances. TOULOUSE moderne doit quelque chose de plus à sa divinité poétique. La plus belle de ses

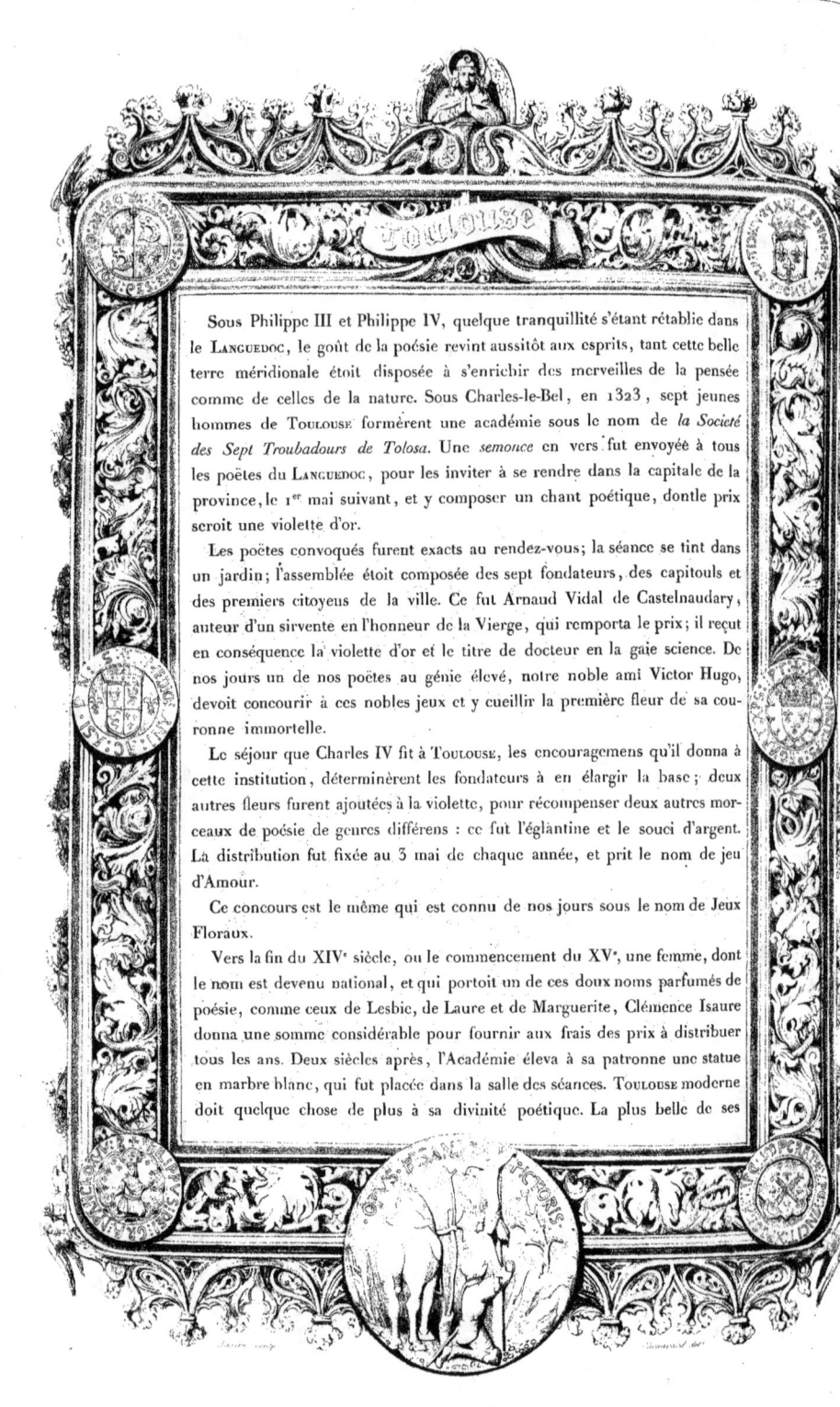

places publiques seroit dignement ornée d'un monument en mémoire de cette muse, et son inauguration illustreroit à jamais le sénat-communal qui auroit le bon esprit et le bon goût d'y présider. Clémence Isaure attend cette justice et cet hommage des arts du XIXe siècle.

Le LANGUEDOC conserva la disposition territoriale que nous avons indiquée, jusqu'au moment où le roi Jean fut pris par les Anglois, à la bataille de Poitiers. Le traité de Bretigny, si horriblement onéreux pour toute la France, enleva à cette province, outre sa part de subsides pour la rançon du roi, une portion de son territoire : le Quercy, le Rouergue et la ville de Montauban furent cédés aux Anglois, et Jean Cheudès prit possession, au nom du roi Édouard, des trois contrées arrachées à notre patrie. Cette cession cependant ne fut que momentanée; Charles V reprit, sur le prince de Galles, la Guienne et les autres pays cédés. La guerre recommença, et cette fois l'éclat de l'épée de Du Guesclin fit tressaillir et reculer le léopard d'Angleterre.

Sous le roi Jean, le LANGUEDOC avoit été définitivement réuni à la couronne. Les différens gouverneurs qui furent successivement envoyés par les rois de France en LANGUEDOC, furent Louis, duc d'Anjou, frère de Charles V, qui ruina le peuple par ses exactions; Du Guesclin, qui y reçut le nom de bon connétable; le duc de Berry, que sa renommée d'avarice y précéda, et qui justifia amplement sa renommée; le comte de Foix, le plus puissant alors des seigneurs languedociens, qui reçut sa double nomination des mains du dauphin et de celles du duc de Bourgogne, et plus tard encore de Henri V d'Angleterre; et enfin Louis XI, âgé de seize ans, qui rendit ce pays le témoin de sa première révolte contre son père.

En 1532, quelques étudians étrangers vinrent s'établir dans le LANGUEDOC; bientôt après, un bruit singulier circula : c'est que ces jeunes gens étoient les apôtres d'une religion nouvelle. On a vu avec quelle rapidité l'esprit mobile des Languedociens avoit saisi la réforme de Henri et de Pierre de Bruys : ils ne furent pas moins ardens cette fois à écouter la parole de Luther, et elle retentit avec tant de puissance, qu'Odet de Foix, cardinal archevêque de TOULOUSE, fut un des premiers à adopter la religion réformée. Cependant l'inquisition veilloit et faisoit préparer des supplices. L'Espagne avoit reflété sur

le midi de la France les torches de ce terrible et austère tribunal. Sous Henri II, la réforme fit de nouveaux et immenses progrès. On voulut la combattre par des édits et l'anéantir dans les flammes des bûchers; le meurtre d'un ministre protestant, à Pamiers, commis par l'ordre de l'évêque de cette ville, devint le signal d'une révolte; vers le même temps, le prince de Condé et l'amiral de Coligny, s'étant mis à la tête des réformés de France, envoyèrent des émissaires dans le LANGUEDOC, la résistance s'organisa méthodiquement, et ce ne fut plus une querelle d'évêques et de cardinaux, ce fut une guerre longue et sanglante, qui eut ses batailles rangées, où des rois commandant à des peuples les poussèrent les uns contre les autres, et s'exterminèrent.

Bientôt les réformés mirent sur pied une armée de vingt-deux mille hommes d'infanterie et de quinze cents chevaux. Ils en donnèrent le commandement aux vicomtes D'Acier et de Saint-Romain. En moins d'une année, cette armée s'empara de trente-huit villes et villages, et vint, victorieuse partout, mettre le siége devant TOULOUSE.

Le clergé effrayé prêcha dans le LANGUEDOC une nouvelle croisade contre les réformés; c'étoient de nouveaux Albigeois, et nous verrons plus tard dans ces notes, écrites à la hâte sur la marge de nos dessins, de nouveaux combats, de nouveaux héros, qui égalèrent la célébrité de leurs pères. Le parlement approuva cette croisade, elle fut consacrée par le pape; les catholiques coururent aux armes, portant une croix blanche sur leurs habits. La conjuration de quelques prêtres catholiques venoit d'évoquer la ligue, et la nuit de la Saint-Barthélemi fut une des premières nuits de fêtes de cette fille d'enfer.

Aussi, après l'assassinat des Guises, les catholiques du LANGUEDOC se déclarèrent-ils pour Mayenne.

De son côté, le parti protestant, qui s'étoit attaché à Henri IV, et avoit repris espoir aux victoires de ce prince, se trouva réduit de nouveau à ses seules forces, le jour où la politique conseilla au roi d'abjurer la réforme. Elle fut calme sous son règne, mais sans se désorganiser, et le pieux Louis XIII la trouva debout et armée. Une suite de revers et de victoires fut close enfin par la fameuse défaite de Castelnaudary, et le plus pur sang protestant coula

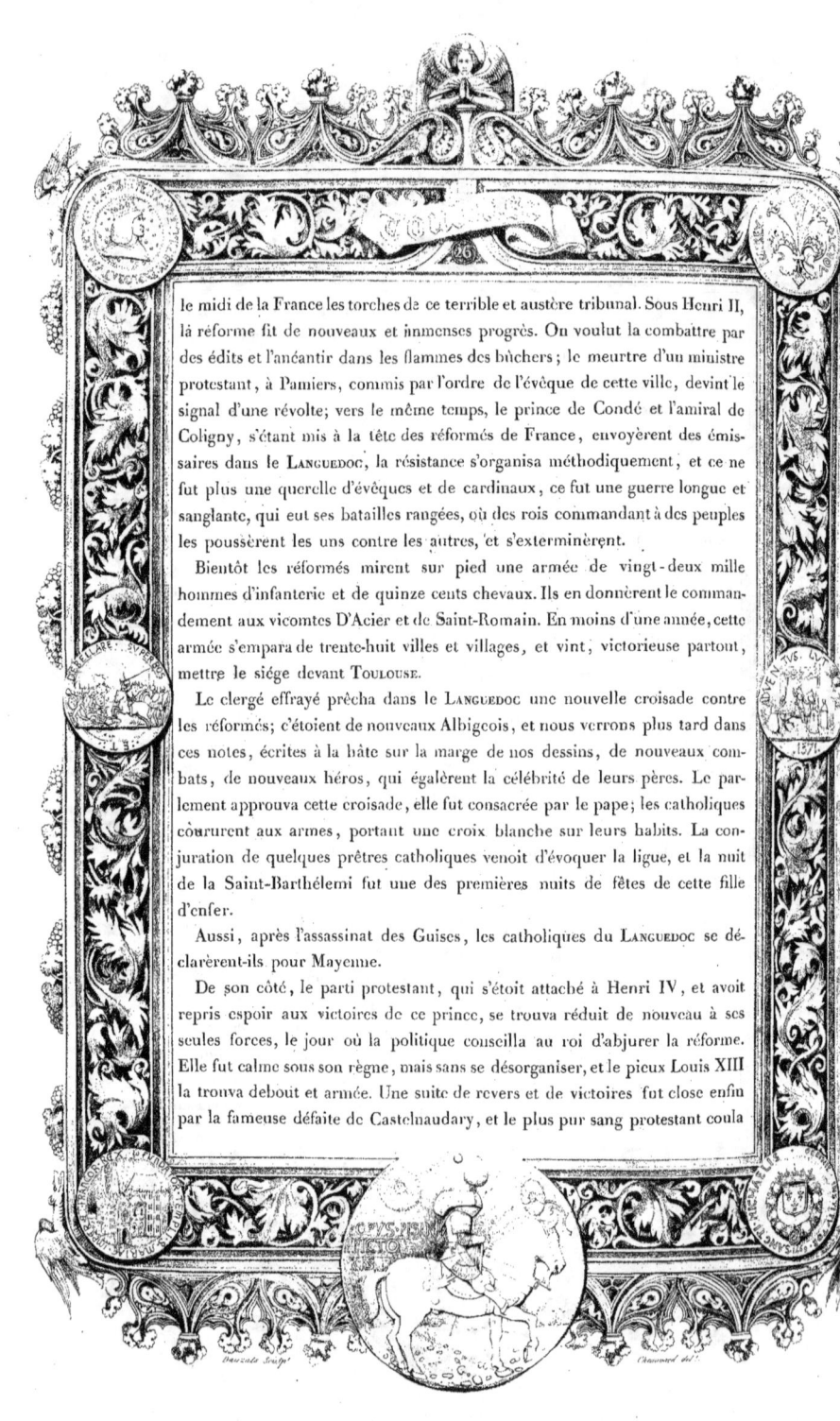

sur l'échafaud de Montmorency. Puis vint la révocation de l'édit de Nantes, qui en versa le reste dans les Cévennes.

Là, s'organisa une de ces généreuses guerres des héros plébéiens, persécutés dans leurs affections et dans leurs croyances, que le vainqueur ne manque jamais d'appeler des brigands; armée spontanée de proscrits qui a *Vaincre ou mourir* pour cri de ralliement, et pour destinée : « Enfans, nous sommes « pris et roués vifs, si nous manquons de cœur. Nous n'avons plus qu'un « moyen, il faut se faire jour et passer sur le ventre à ces gens-là. Suivez-moi « et serrez-vous : vive l'épée de l'Éternel. » Ainsi parloit le chef d'un parti de camisards, dans un combat contre des troupes de Louis XIV, commandées par un maréchal de France. Nouveau Gédéon et ainsi désigné par les réformistes, ce chef se nommoit Cavalier, comptoit à peine alors vingt et quelques années, et avoit été berger.

Ce souvenir est le seul monument que nous trouverons dans les Cévennes. Puis vient enfin la paix, jusqu'au moment où le monde, courant encore une fois aux armes, voit les vieilles haines se réveiller, et deux partis insatiables de sang se livrer à de nouveaux crimes. Heureusement, cette histoire moderne, nous n'avons pas à la décrire, et nous revenons avec plaisir vers l'objet de nos études spéciales et chéries, au berceau de l'antique métropole du LANGUEDOC.

TOULOUSE, comme nous l'avons déjà vu, étoit la capitale des Volces Tectosages; la gloire de cette cité, sa civilisation, sa réputation militaire, ont précédé l'arrivée des Romains dans les Gaules.

Il y a une assez grande incertitude sur le point positif qu'occupa la ville gauloise; et l'époque de sa fondation restera probablement inconnue, malgré les savantes recherches des auteurs des XVe et XVIe siècles, et les fables, dans le goût du temps, de Ganno, de Bertrand, de Noguiès, sur le héros troyen Tholus, ou Tholossus, qui, selon ces érudits, fut le fondateur de TOULOUSE.

Au midi de la ville actuelle, à environ une lieue de ses murs, sur des coteaux assez élevés, non loin du confluent de l'Arriège et de la Garonne, existe un village, nommé VIEILLE-TOULOUSE, et qui, selon la tradition, fut l'ancienne capitale de la contrée. Des chartres du XIIIe siècle donnent déjà à

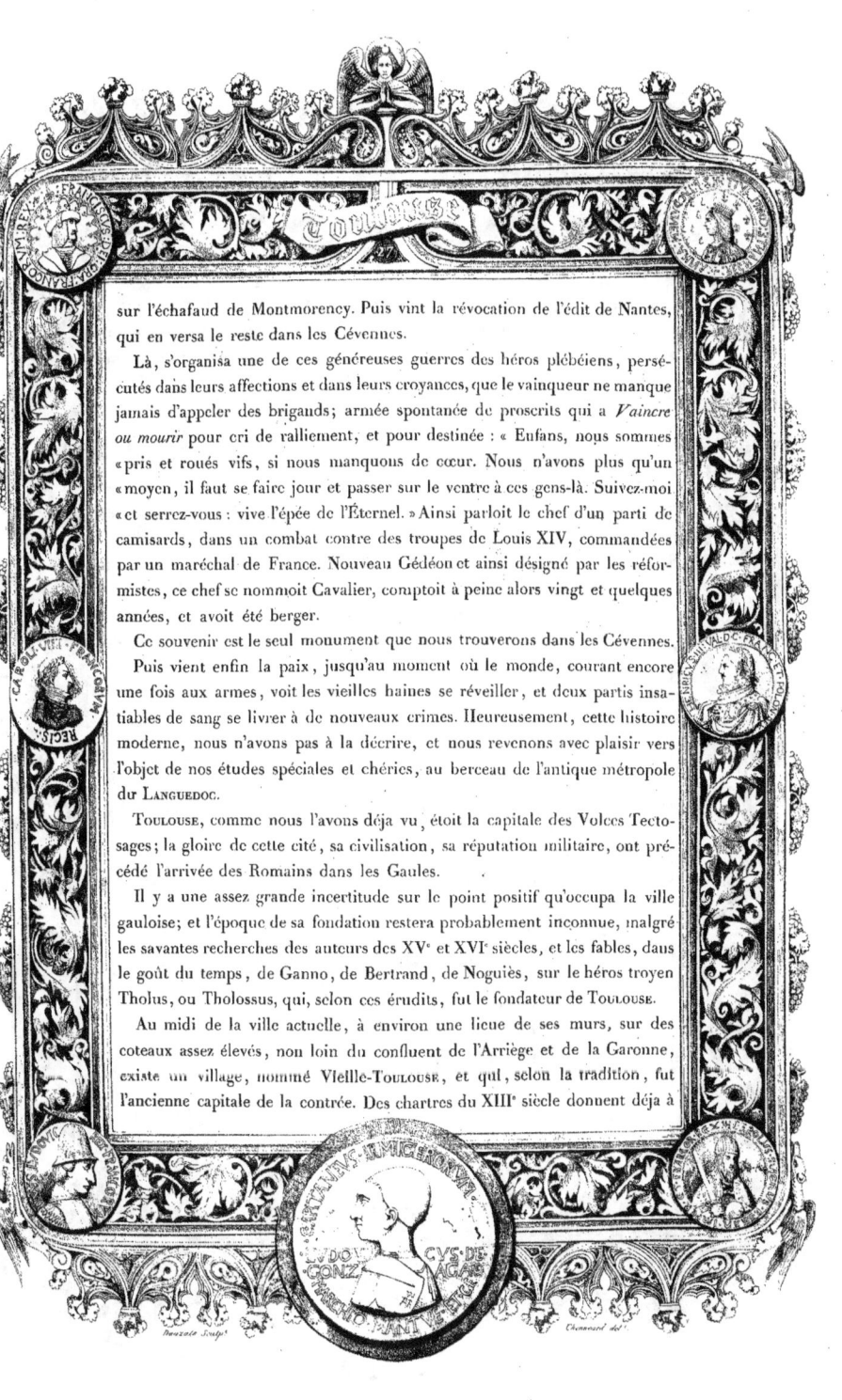

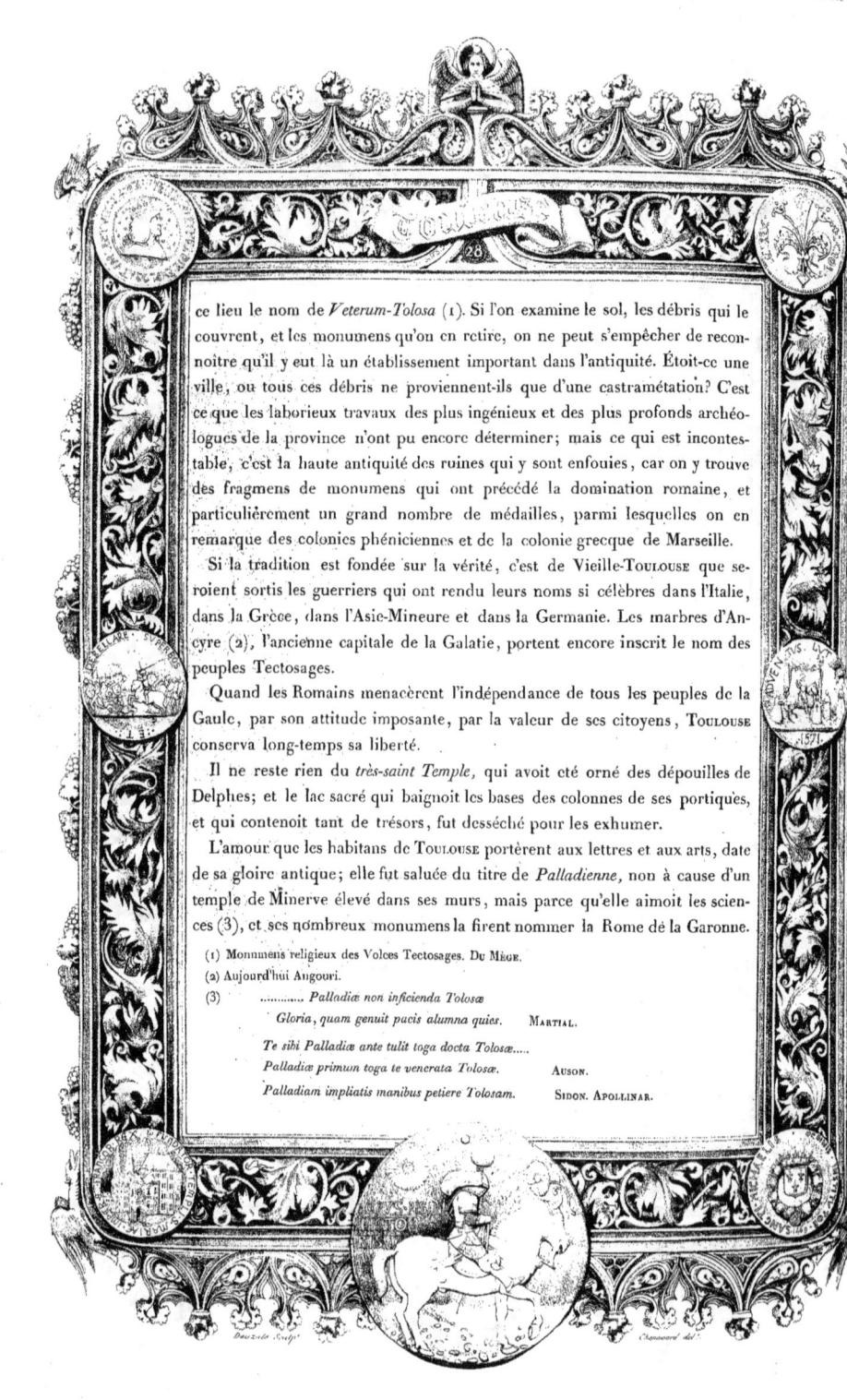

ce lieu le nom de *Veterum-Tolosa* (1). Si l'on examine le sol, les débris qui le couvrent, et les monumens qu'on en retire, on ne peut s'empêcher de reconnoître qu'il y eut là un établissement important dans l'antiquité. Étoit-ce une ville, ou tous ces débris ne proviennent-ils que d'une castramétation? C'est ce que les laborieux travaux des plus ingénieux et des plus profonds archéologues de la province n'ont pu encore déterminer; mais ce qui est incontestable, c'est la haute antiquité des ruines qui y sont enfouies, car on y trouve des fragmens de monumens qui ont précédé la domination romaine, et particulièrement un grand nombre de médailles, parmi lesquelles on en remarque des colonies phéniciennes et de la colonie grecque de Marseille.

Si la tradition est fondée sur la vérité, c'est de Vieille-Toulouse que seroient sortis les guerriers qui ont rendu leurs noms si célèbres dans l'Italie, dans la Grèce, dans l'Asie-Mineure et dans la Germanie. Les marbres d'Ancyre (2), l'ancienne capitale de la Galatie, portent encore inscrit le nom des peuples Tectosages.

Quand les Romains menacèrent l'indépendance de tous les peuples de la Gaule, par son attitude imposante, par la valeur de ses citoyens, Toulouse conserva long-temps sa liberté.

Il ne reste rien du *très-saint Temple*, qui avoit été orné des dépouilles de Delphes; et le lac sacré qui baignoit les bases des colonnes de ses portiques, et qui contenoit tant de trésors, fut desséché pour les exhumer.

L'amour que les habitans de Toulouse portèrent aux lettres et aux arts, date de sa gloire antique; elle fut saluée du titre de *Palladienne*, non à cause d'un temple de Minerve élevé dans ses murs, mais parce qu'elle aimoit les sciences (3), et ses nombreux monumens la firent nommer la Rome de la Garonne.

(1) Monumens religieux des Volces Tectosages. Du Mège.
(2) Aujourd'hui Angouri.
(3) .... *Palladiæ non inficienda Tolosæ*
      Gloria, quam genuit pacis alumna quies. Martial.
    Te sibi Palladiæ ante tulit toga docta Tolosæ.....
    Palladiæ primum toga te venerata Tolosæ. Auson.
    Palladiam impliatis manibus petiere Tolosam. Sidon. Apollinar.

Dès les temps les plus reculés, les écoles de ses rhéteurs acquirent une haute célébrité. Ancilius Magnus Arborius y fut chargé de l'éducation de Dalmatien, de Constantin et d'Annibalien, frères puînés de Constantin. Dans le même temps, Arborius y élevoit le jeune Ausone, qui devoit exhaler le dernier soupir poétique des muses romaines :

« Je ne t'oublierai jamais, ô TOULOUSE! Une vaste enceinte de murs de briques « t'environne....... Assise entre les Ibères et les peuples de l'Aquitaine, dans le « voisinage des neigeuses Pyrénées et des Cévennes couvertes de pins, tu « possèdes encore un peuple nombreux. C'est en vain que tu as envoyé au « dehors quatre colonies; on croiroit que tu n'as rien perdu, et que tu presses « encore dans ton sein tous ceux qui y reçurent le jour. »

TOULOUSE produisit aussi, presque à la même époque, Rutilius Numatianus, poëte voyageur qui nous a précédés de quinze siècles dans l'exploration de la France, et qui étoit préfet de Rome au temps de l'invasion d'Attila; mais une de ses principales gloires est Sulpice Sévère, historien et biographe sacré, qui mérita dans ces temps reculés, encore pénétrés de quelques traditions des âges classiques, le nom flatteur de Salluste chrétien. Quelques biographes le font cependant naître à Agen, mais cette opinion paroit mal fondée.

Malheureusement le génie de la dévastation a régné à TOULOUSE, comme dans toutes les autres villes du royaume. La vieille et vénérable cité qui devoit tant de gloire à ses enfans illustres, vit des enfans également nés de son sein, dévaster ses nobles ruines et en ravir le spectacle à la postérité. Tous ses monumens antiques ont disparu, et la plupart de ses monumens du moyen âge ont subi les efforts destructeurs des Vandales de nos révolutions. C'est sous le sol qu'il faut chercher de foibles débris du bel aqueduc qui prodiguoit des eaux limpides et pures à l'antique TOULOUSE; il faut creuser de profonds sillons pour retrouver son ancienne enceinte; son amphithéâtre offre à peine des restes de masses informes, et son château narbonnois, séjour des magistrats romains, des rois visigoths, des ducs, des rois de l'Aquitaine, et de ses comtes souverains, n'existe plus.

Près des murs de l'antique *Tolosa*, il y avoit autrefois deux temples, l'un

dédié à Jupiter et l'autre à Minerve; ces temples étoient renfermés dans une enceinte qui formoit une sorte d'acropole, et se joignoit aux remparts de la ville près de la porte *Arietes*, non loin de l'hôtel-de-ville actuel; on lui donnoit le nom de *Capitole*. Saint Saturnin, qui avoit pris naissance en Orient et qui sous Décius, dans le IIIe siècle, vint prêcher l'Évangile à Toulouse, avoit ébranlé par son éloquence l'autel des dieux du paganisme; l'indignation et fa fureur des prêtres et des magistrats romains étoient à leur comble; on accusa le saint homme du silence des oracles, et on résolut d'obtenir son apostasie ou de lui donner la mort. Arrêté au moment où il passoit devant le Capitole, et pressé par le peuple d'abjurer la foi qu'il étoit venu enseigner, il se livra sans balancer aux mains des victimaires. Ceux-ci l'attachent aussitôt à un taureau indompté, destiné au sacrifice, et dont on stimule l'impatience et l'audace à coups d'aiguillon. La tête de Saturnin est bientôt fracassée sur les marches mêmes du temple des dieux qu'il a renversés, et l'animal furieux que l'embarras des membres ensanglantés qu'il traînoit excitoit encore, brise, par un dernier effort, les liens qui causoient sa rage, et laisse les saintes dépouilles en lambeaux, au lieu nommé aujourd'hui le *Taur*, en souvenir du supplice d'un martyr de la foi chrétienne. Son corps y fut abandonné, mais deux pieuses femmes le recueillirent pour l'inhumer, et lorsque Constantin fit triompher dans tout l'empire les lois du Christ, un tombeau renferma ces pieux débris, et un modeste oratoire en bois fut construit sur le sépulcre de saint Saturnin; à cet oratoire succéda une église élevée par les soins du duc Launebode, prince chanté par Fortunat; et enfin saint Silvius jeta, plus loin encore des murs de la ville, les fondemens d'un temple dédié sous le vocable du martyr et du premier évêque de Toulouse, monument qui fut achevé par saint Exupère, et dans lequel il fit transférer les reliques de saint Saturnin.

Cette église magnifique, dont l'aspect général est du style roman, fut presque rebâtie, s'il n'est plus convenable de dire qu'elle fut entièrement terminée, en 1096; et ce fut alors que le pape Urbain II la dédia solennellement; d'autres constructions y furent ajoutées en 1119, lorsque Calixte II y consacra un autel. La noble et élégante élévation de sa pyramide, la majesté de ses

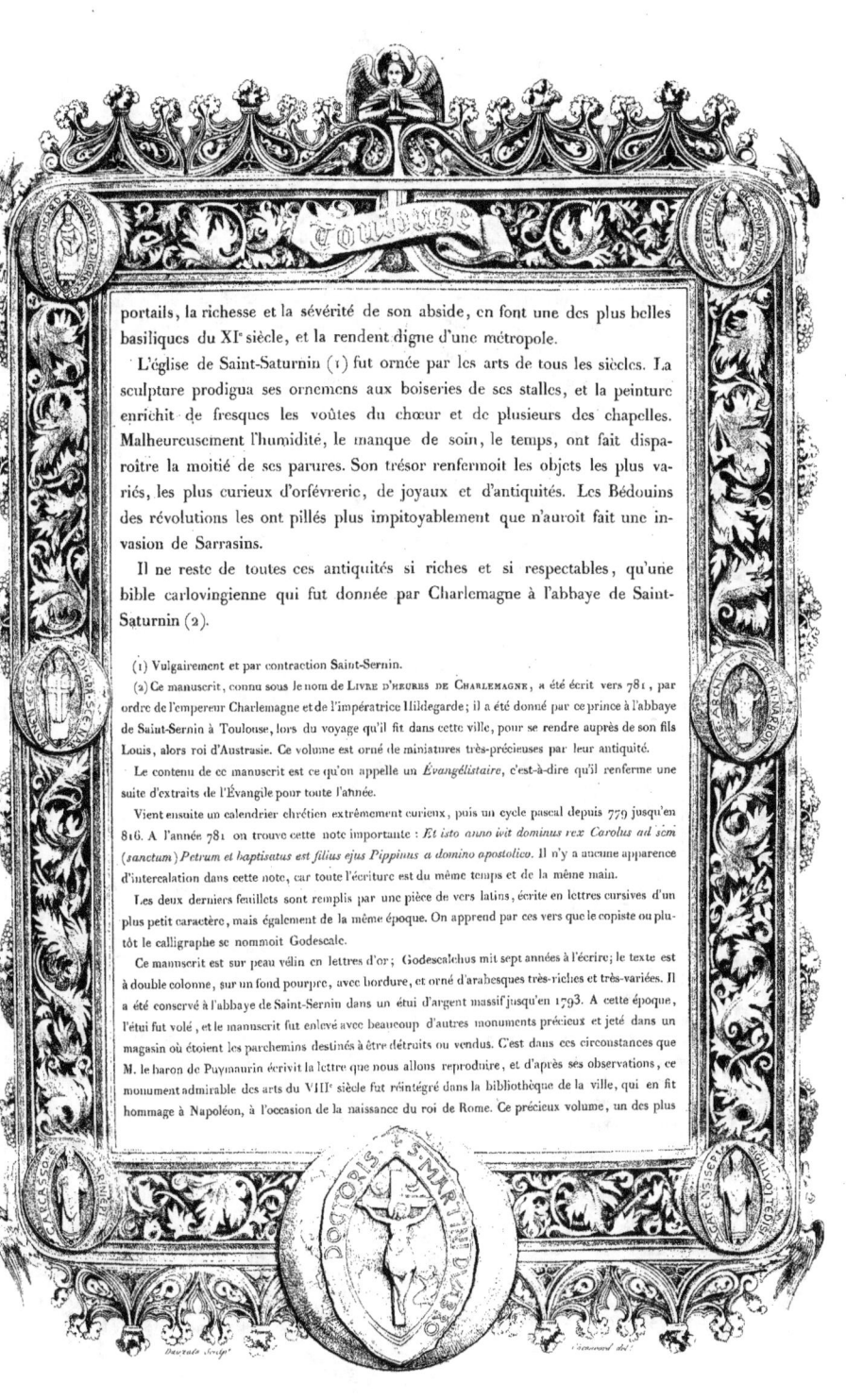

portails, la richesse et la sévérité de son abside, en font une des plus belles basiliques du XIe siècle, et la rendent digne d'une métropole.

L'église de Saint-Saturnin (1) fut ornée par les arts de tous les siècles. La sculpture prodigua ses ornemens aux boiseries de ses stalles, et la peinture enrichit de fresques les voûtes du chœur et de plusieurs des chapelles. Malheureusement l'humidité, le manque de soin, le temps, ont fait disparoître la moitié de ses parures. Son trésor renfermoit les objets les plus variés, les plus curieux d'orfévrerie, de joyaux et d'antiquités. Les Bédouins des révolutions les ont pillés plus impitoyablement que n'auroit fait une invasion de Sarrasins.

Il ne reste de toutes ces antiquités si riches et si respectables, qu'une bible carlovingienne qui fut donnée par Charlemagne à l'abbaye de Saint-Saturnin (2).

(1) Vulgairement et par contraction Saint-Sernin.

(2) Ce manuscrit, connu sous le nom de LIVRE D'HEURES DE CHARLEMAGNE, a été écrit vers 781, par ordre de l'empereur Charlemagne et de l'impératrice Hildegarde; il a été donné par ce prince à l'abbaye de Saint-Sernin à Toulouse, lors du voyage qu'il fit dans cette ville, pour se rendre auprès de son fils Louis, alors roi d'Austrasie. Ce volume est orné de miniatures très-précieuses par leur antiquité.

Le contenu de ce manuscrit est ce qu'on appelle un *Évangélistaire*, c'est-à-dire qu'il renferme une suite d'extraits de l'Évangile pour toute l'année.

Vient ensuite un calendrier chrétien extrêmement curieux, puis un cycle pascal depuis 779 jusqu'en 816. A l'année 781 on trouve cette note importante : *Et isto anno iuit dominus rex Carolus ad scm (sanctum) Petrum et baptisatus est filius ejus Pippinus a domino apostolico.* Il n'y a aucune apparence d'intercalation dans cette note, car toute l'écriture est du même temps et de la même main.

Les deux derniers feuillets sont remplis par une pièce de vers latins, écrite en lettres cursives d'un plus petit caractère, mais également de la même époque. On apprend par ces vers que le copiste ou plutôt le calligraphe se nommoit Godescalc.

Ce manuscrit est sur peau vélin en lettres d'or ; Godescalchus mit sept années à l'écrire ; le texte est à double colonne, sur un fond pourpre, avec bordure, et orné d'arabesques très-riches et très-variées. Il a été conservé à l'abbaye de Saint-Sernin dans un étui d'argent massif jusqu'en 1793. A cette époque, l'étui fut volé, et le manuscrit fut enlevé avec beaucoup d'autres monuments précieux et jeté dans un magasin où étoient les parchemins destinés à être détruits ou vendus. C'est dans ces circonstances que M. le baron de Puymaurin écrivit la lettre que nous allons reproduire, et d'après ses observations, ce monument admirable des arts du VIIIe siècle fut réintégré dans la bibliothèque de la ville, qui en fit hommage à Napoléon, à l'occasion de la naissance du roi de Rome. Ce précieux volume, un des plus

Nous ne pouvons cependant passer sous silence les tombeaux des comtes de Toulouse (1), renfermés dans une chapelle adossée contre le mur extérieur de l'église du côté méridional, assez curieux sous le rapport archéologique, mais qui n'ont pas recélé les dépouilles des hommes illustres de cette famille. Quant à la coutume de placer les tombes à la porte des églises, usage peu commun dans les temps intermédiaires, et qui mérite d'être éclairci, nous l'avons plus particulièrement remarquée dans le nord de l'Espagne et dans le midi de la France; nous en avons même trouvé un exemple dans l'église de Saint-Genez à Thiers en Auvergne.

On vénère, à Saint-Saturnin, comme à Rome, les tombeaux des apôtres, et on y lit encore cette inscription gravée par nos pieux ancêtres :

Non est in toto sanctior orbe locus.

L'an 406, après plusieurs siècles de prospérité, Toulouse devint la proie des Vandales et des Visigoths, qui la ravagèrent. Conquise par Ataulphe, elle ne cessa cependant de faire partie de l'empire romain que lorsque, en

importans de ce genre, et un des plus remarquables par l'incomparable beauté de sa conservation, de tous ceux qui existent dans les bibliothèques de l'Europe, appartient à celle du roi au Louvre.

La lettre suivante, dont nous avons déjà parlé, est attachée à la garde :

Toulouse, le 24 germinal an 2 de la république française.

CITOYENS,

Ayant retrouvé les notes dont feu mon père avoit fait placer une copie en tête du rare manuscrit connu autrefois dans la sacristie des reliques de Saint-Sernin, je vous les envoye, afin que si par hasard ce manuscrit, un des plus rares par sa conservation, et sa date du VIIIe siècle, avoit été égaré, ces notes puissent vous donner des indications nécessaires pour le retrouver.

Salut et fraternité.

CASIMIR MARCASSUS PUYMAURIN.

P. S. Ce manuscrit a été fait en 780, et a, par conséquent, 1013 ans d'antiquité. Il est digne d'être conservé dans votre muséum.

Nous devons ces renseignemens à M. Barbier, bibliothécaire-adjoint, dont l'aménité égale le savoir, et qui remplace dignement dans l'estime des savans son illustre et respectable père, l'auteur de l'excellent *Dictionnaire des Anonymes.*

(1) Ils sont au nombre de quatre; le principal, qui occupe le milieu, est en marbre blanc, et contenoit le corps de Guillaume Taillefer.

419, le patrice Constance, au nom de l'empereur Honorius, l'eut cédée, avec la seconde Aquitaine, au roi visigoth Wallia, qui en fit la capitale de son royaume.

Ce roi ne porta pas long-temps sa couronne sanglante. Assassin du roi Sigéric, il mourut l'année même de son avénement au trône. Il laissa une fille qui dans la suite épousa le Suève Récimer, qui rendit son nom célèbre par la ruine de l'Empire d'Occident.

Théodoric Ier, élu par la nation gothique, lui succéda sur le trône de Toulouse. Il battit le général romain Litorius, et toute la Gaule méridionale alloit devenir sa conquête, quand le préfet des Gaules, Avitus, le détermina à faire la paix et à renouveler son alliance avec l'Empire. Théodoric fut fidèle à son traité; car il joignit ses forces à celles des Romains contre Attila, et reçut une mort glorieuse dans les champs catalauniques, en combattant vaillamment et avec succès contre les Huns.

Thorismond lui succédoit; après avoir rendu les derniers devoirs à son père, il rentra à Toulouse aux acclamations de ses sujets, qu'il avoit délivrés de la crainte du *fléau de Dieu*; mais bientôt il fut assassiné par Théodoric et Fridéric, ses frères, et le premier le remplaça sur le trône.

Un fratricide eût dû être un tyran; Sidoine Apollinaire, qui vivoit de son temps et qui l'avoit connu, en trace le portrait, et en fait un monarque accompli. Il paroit qu'il étoit doué de vertus qui le rendirent digne du trône. Les études de mœurs rentrent si parfaitement dans le genre de notre travail, que nous croyons devoir donner un extrait de cet auteur, que du reste nous aimons à citer comme l'un des plus beaux exemples de la littérature latine du Bas-Empire.

« Théodoric est un prince que doivent distinguer ceux même qui ne font
« que l'entrevoir; car Dieu, qui est l'arbitre et la raison de toutes choses, a com-
« blé sa personne des faveurs de la nature dont se compose la félicité la plus
« complète. Ses mœurs sont si irréprochables, que l'envie, qui sans cesse
« s'attache aux rois, ne peut rien y trouver à redire. Si vous demandez
« son portrait, son corps est bien proportionné; sa taille est au-dessous
« des plus grandes et au-dessus des moyennes; sur sa tête arrondie au som-

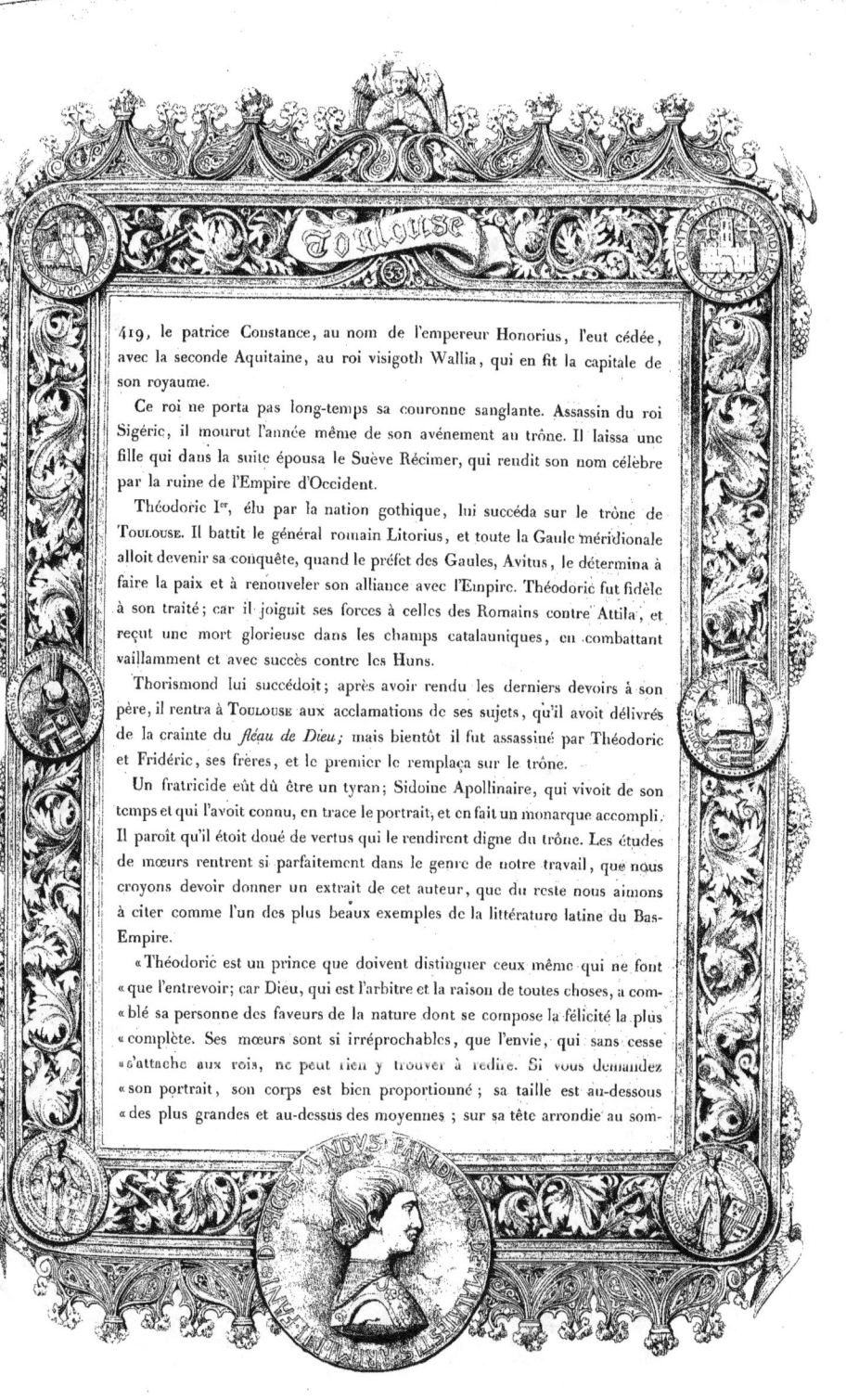

«met, sa chevelure, légèrement bouclée, se relève et retombe en arrière,
«pour laisser son front découvert; son cou est plein. L'arc de ses sourcils
«touffus couronne ses yeux avec grace, et lorsque s'abaissent ses paupières,
«les cils ombragent presque le milieu de ses joues. Une partie de ses oreilles,
«suivant la mode de sa nation, est couverte par des tresses de cheveux; son
«nez est très-gracieusement recourbé; ses lèvres sont fines et peu épanouies
«aux extrémités de sa bouche. Si par hasard il laisse apercevoir ses dents,
«leurs lignes bien rangées ont la blancheur de la neige : chaque jour on lui
«coupe le poil qui pousse à l'ouverture des narines; près du creux des
«tempes commence une barbe drue; un barbier lui arrache tous les
«jours avec des pinces celle qui croît depuis le bas des joues jusqu'à l'endroit
«où elle finit. La peau blanche comme le lait, de son menton, de son cou,
«qui est d'un embonpoint gracieux, brille partout d'une fraîcheur juvénile;
«car la rougeur dont ses joues se colorent souvent, est plutôt l'effet d'une
«douce pudeur que celui de la colère. Ses épaules sont rondes, ses bras vi-
«goureux, ses poignets robustes et ses mains larges; sa poitrine proéminente
«et le ventre rentré; la séparation de son dos en deux parties est marquée
«d'une manière sensible au lieu où les côtes prennent naissance; la force de
«ses hanches leur donne beaucoup d'élévation, et sa taille est d'autant plus
«élégante, que ses reins sont étroits. Ses cuisses sont semblables à l'ivoire,
«des muscles vigoureux les lient fortement; ses jarrets sont souples, et, ce
«qu'il a de plus beau, c'est le poli de ses genoux sans rides; ses jambes
«ont des mollets amples et charnus; cependant cette forte membrure est sou-
«tenue d'un pied petit.

«Maintenant vous enquerrez-vous de sa façon de vivre habituelle, qu'il
«expose à tous les yeux? Avant le jour, il se rend, à peine accompagné,
«aux assemblées de ses prêtres; il prie avec un zèle fervent, et, quoique sa
«prière soit intérieure, on peut remarquer qu'il conserve ce pieux respect
«plutôt par convenance que par religion. Le reste de la matinée est consacré
«aux soins de l'administration du royaume. Un écuyer de sa maison se tient
«debout auprès de son siége; ses fidèles, couverts de fourrures, sont admis
«aussitôt qu'ils se présentent et congédiés avant que cette foule devienne

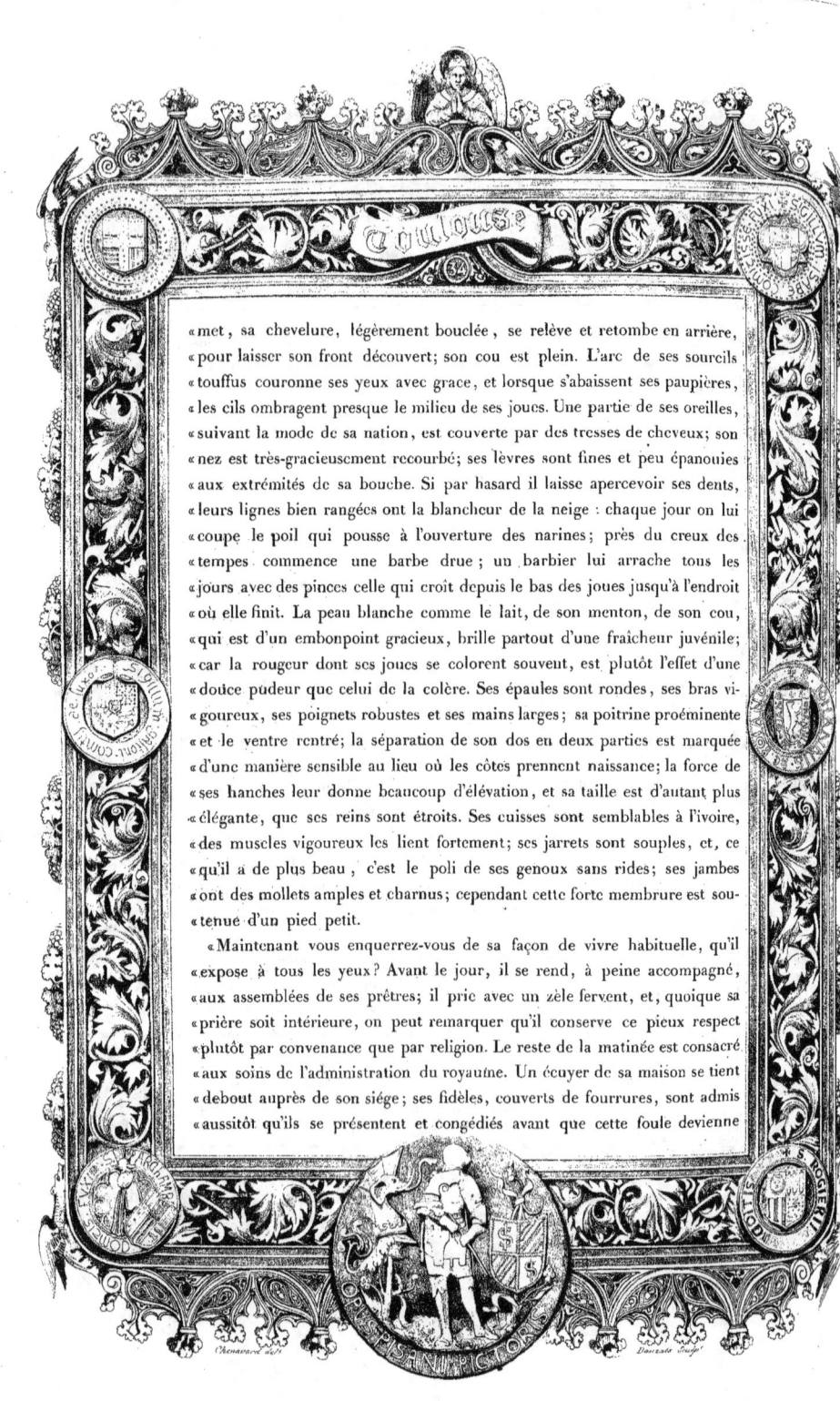

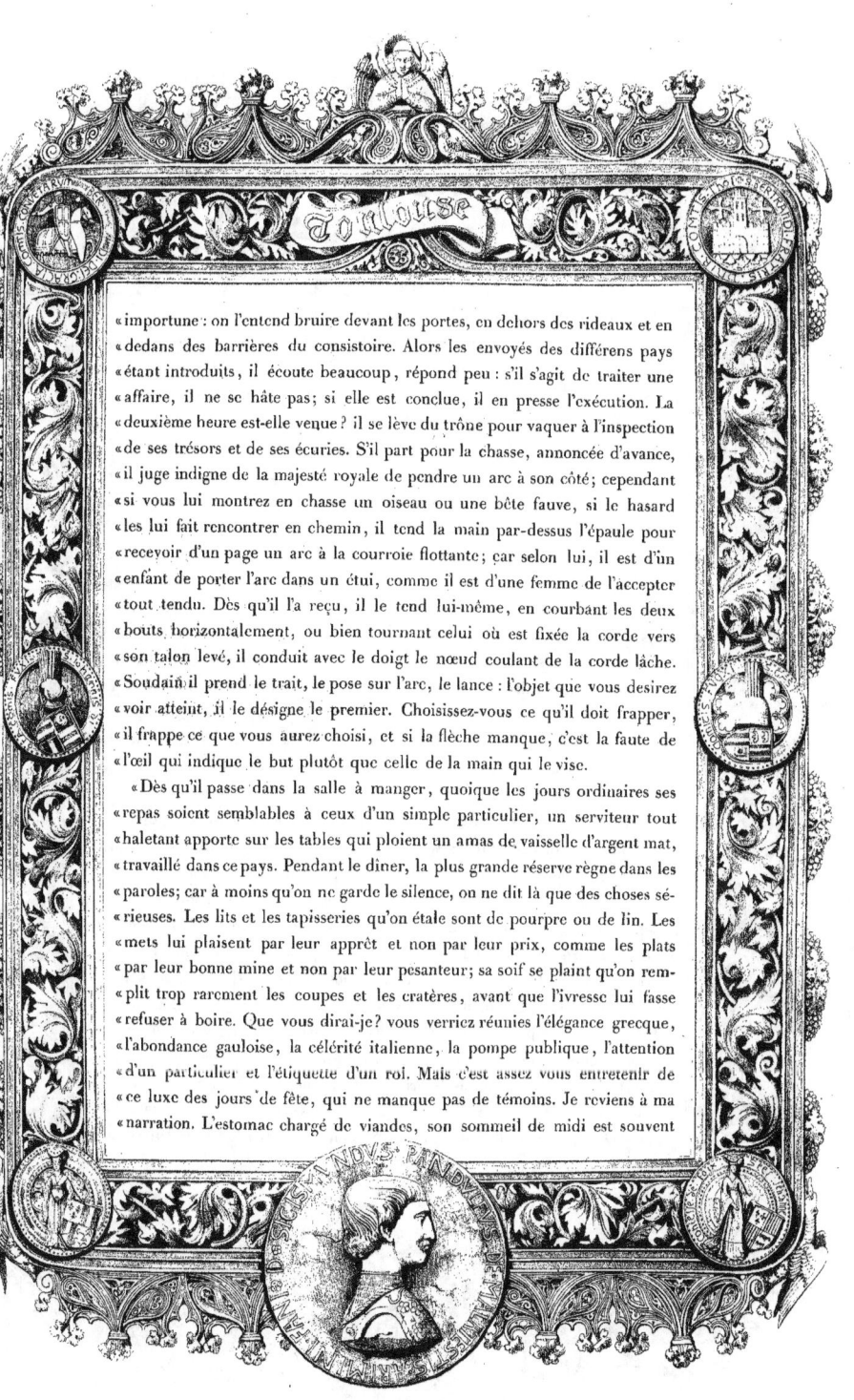

« importune : on l'entend bruire devant les portes, en dehors des rideaux et en
« dedans des barrières du consistoire. Alors les envoyés des différens pays
« étant introduits, il écoute beaucoup, répond peu : s'il s'agit de traiter une
« affaire, il ne se hâte pas; si elle est conclue, il en presse l'exécution. La
« deuxième heure est-elle venue ? il se lève du trône pour vaquer à l'inspection
« de ses trésors et de ses écuries. S'il part pour la chasse, annoncée d'avance,
« il juge indigne de la majesté royale de pendre un arc à son côté; cependant
« si vous lui montrez en chasse un oiseau ou une bête fauve, si le hasard
« les lui fait rencontrer en chemin, il tend la main par-dessus l'épaule pour
« recevoir d'un page un arc à la courroie flottante; car selon lui, il est d'un
« enfant de porter l'arc dans un étui, comme il est d'une femme de l'accepter
« tout tendu. Dès qu'il l'a reçu, il le tend lui-même, en courbant les deux
« bouts horizontalement, ou bien tournant celui où est fixée la corde vers
« son talon levé, il conduit avec le doigt le nœud coulant de la corde lâche.
« Soudain il prend le trait, le pose sur l'arc, le lance : l'objet que vous desirez
« voir atteint, il le désigne le premier. Choisissez-vous ce qu'il doit frapper,
« il frappe ce que vous aurez choisi, et si la flèche manque, c'est la faute de
« l'œil qui indique le but plutôt que celle de la main qui le vise.
« Dès qu'il passe dans la salle à manger, quoique les jours ordinaires ses
« repas soient semblables à ceux d'un simple particulier, un serviteur tout
« haletant apporte sur les tables qui ploient un amas de vaisselle d'argent mat,
« travaillé dans ce pays. Pendant le dîner, la plus grande réserve règne dans les
« paroles; car à moins qu'on ne garde le silence, on ne dit là que des choses sé-
« rieuses. Les lits et les tapisseries qu'on étale sont de pourpre ou de lin. Les
« mets lui plaisent par leur apprêt et non par leur prix, comme les plats
« par leur bonne mine et non par leur pesanteur; sa soif se plaint qu'on rem-
« plit trop rarement les coupes et les cratères, avant que l'ivresse lui fasse
« refuser à boire. Que vous dirai-je? vous verriez réunies l'élégance grecque,
« l'abondance gauloise, la célérité italienne, la pompe publique, l'attention
« d'un particulier et l'étiquette d'un roi. Mais c'est assez vous entretenir de
« ce luxe des jours de fête, qui ne manque pas de témoins. Je reviens à ma
« narration. L'estomac chargé de viandes, son sommeil de midi est souvent

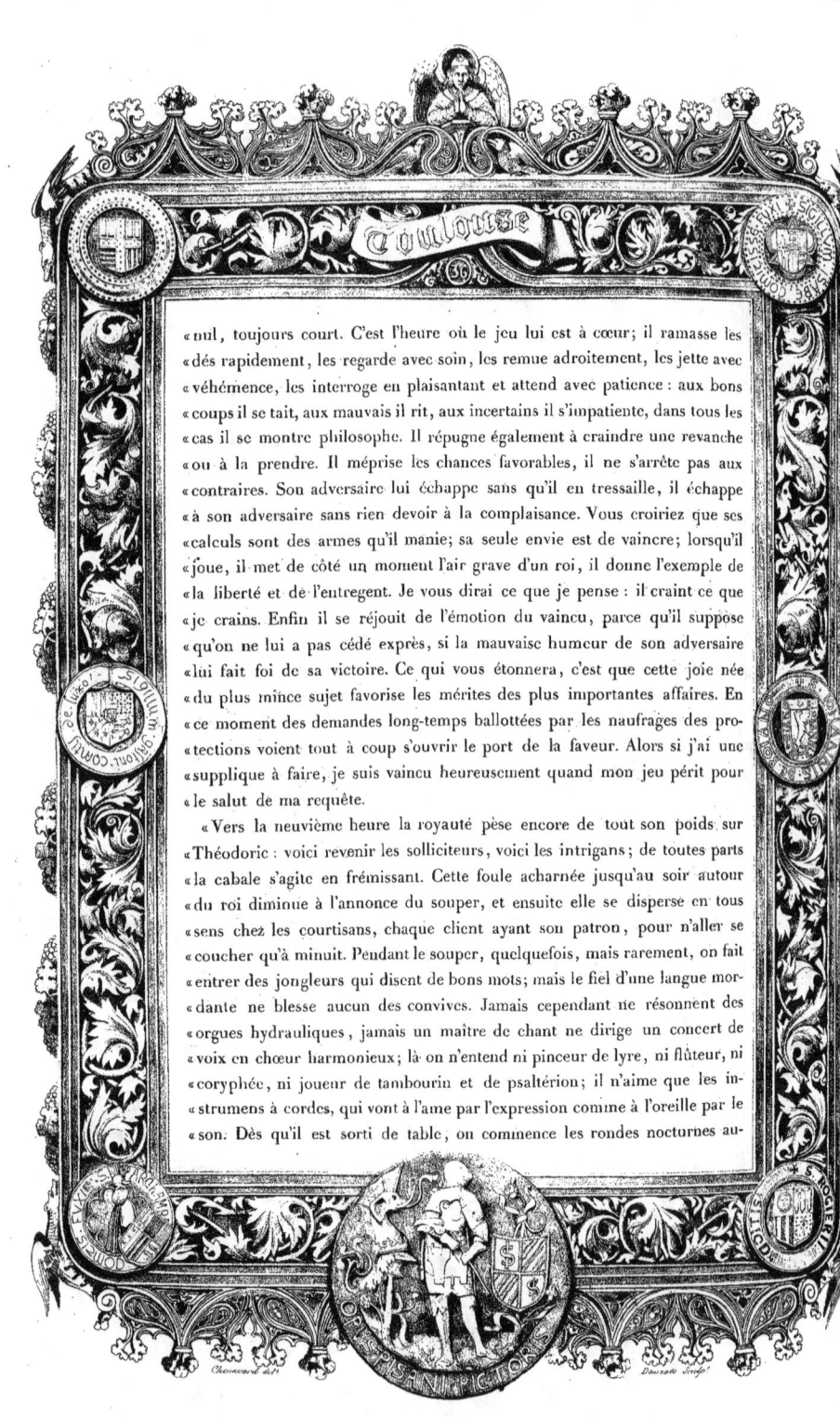

« nul, toujours court. C'est l'heure où le jeu lui est à cœur; il ramasse les
« dés rapidement, les regarde avec soin, les remue adroitement, les jette avec
« véhémence, les interroge en plaisantant et attend avec patience : aux bons
« coups il se tait, aux mauvais il rit, aux incertains il s'impatiente, dans tous les
« cas il se montre philosophe. Il répugne également à craindre une revanche
« ou à la prendre. Il méprise les chances favorables, il ne s'arrête pas aux
« contraires. Son adversaire lui échappe sans qu'il en tressaille, il échappe
« à son adversaire sans rien devoir à la complaisance. Vous croiriez que ses
« calculs sont des armes qu'il manie; sa seule envie est de vaincre; lorsqu'il
« joue, il met de côté un moment l'air grave d'un roi, il donne l'exemple de
« la liberté et de l'entregent. Je vous dirai ce que je pense : il craint ce que
« je crains. Enfin il se réjouit de l'émotion du vaincu, parce qu'il suppose
« qu'on ne lui a pas cédé exprès, si la mauvaise humeur de son adversaire
« lui fait foi de sa victoire. Ce qui vous étonnera, c'est que cette joie née
« du plus mince sujet favorise les mérites des plus importantes affaires. En
« ce moment des demandes long-temps ballottées par les naufrages des pro-
« tections voient tout à coup s'ouvrir le port de la faveur. Alors si j'ai une
« supplique à faire, je suis vaincu heureusement quand mon jeu périt pour
« le salut de ma requête.

« Vers la neuvième heure la royauté pèse encore de tout son poids sur
« Théodoric : voici revenir les solliciteurs, voici les intrigans ; de toutes parts
« la cabale s'agite en frémissant. Cette foule acharnée jusqu'au soir autour
« du roi diminue à l'annonce du souper, et ensuite elle se disperse en tous
« sens chez les courtisans, chaque client ayant son patron, pour n'aller se
« coucher qu'à minuit. Pendant le souper, quelquefois, mais rarement, on fait
« entrer des jongleurs qui disent de bons mots; mais le fiel d'une langue mor-
« dante ne blesse aucun des convives. Jamais cependant ne résonnent des
« orgues hydrauliques, jamais un maître de chant ne dirige un concert de
« voix en chœur harmonieux; là on n'entend ni pinceur de lyre, ni flûteur, ni
« coryphée, ni joueur de tambourin et de psaltérion; il n'aime que les in-
« strumens à cordes, qui vont à l'ame par l'expression comme à l'oreille par le
« son. Dès qu'il est sorti de table, on commence les rondes nocturnes au-

« tour du trésor; des hommes d'armes font sentinelle à l'entrée du logement
« royal, où ils doivent veiller durant les heures du premier sommeil. »

Théodoric conserva d'abord la paix avec les Romains; il permit même que Fridéric, son frère, commandât une armée aux ordres de Valentinien, destinée à étouffer une insurrection contre les paysans nommés Bagaudes, qui s'étoient révoltés dans la Tarragonoise. Mais la mort tragique d'Aëtius, celle de Valentinien qui ne tarda pas à le suivre, en 455, et l'avénement de Maxime à l'Empire, changèrent les dispositions de Théodoric. Il se préparoit à la guerre. Le nouvel empereur lui envoya en ambassade le célèbre Avitus, ce préfet des Gaules dont nous avons déja parlé, et qui avoit en quelque sorte présidé à l'éducation de Théodoric. Avitus venoit de délivrer les Gaules des Saxons et des Allemands, qui y avoient porté partout le fer et le feu. A peine avoit-il commencé à traiter avec Théodoric, que celui-ci apprit que Maxime avoit été massacré, et que Genseric, roi des Vandales, s'étoit emparé de Rome. Le roi visigoth engagea Avitus à prendre alors le titre d'Auguste. TOULOUSE, livrée depuis long-temps aux Barbares, vit reparoître un moment dans son enceinte les aigles romaines et tout l'éclat de l'Empire; Avitus venoit de prendre la pourpre. Mais son inauguration se fit à Arles. Les soldats lui élevèrent à la hâte un trône de gazon, et un collier militaire lui servit de couronne. Il partit pour l'Italie, pour y être déposé et tué plus tard en cherchant un asile.

Théodoric vainquit les Suèves qui, maîtres du Portugal et de la Galice, faisoient des excursions dans les provinces espagnoles encore soumises aux Romains; mais Majorien ayant succédé à Avitus, Théodoric n'écouta plus que son ambition, et n'aspira qu'à l'agrandissement du trône de TOULOUSE. Ses armées s'emparèrent de la Bétique et de l'Andalousie. Narbonne, cette antique colonie romaine, fut aussi conquise par ses troupes, ainsi qu'une grande partie de la province dont elle étoit la capitale, et l'empereur Sévère II fut contraint de lui céder par un traité ce que son épée victorieuse avoit acquis. Il alloit achever de conquérir l'Espagne, lorsque son frère Euric imita son crime, et l'assassina (1).

(1) En 466.

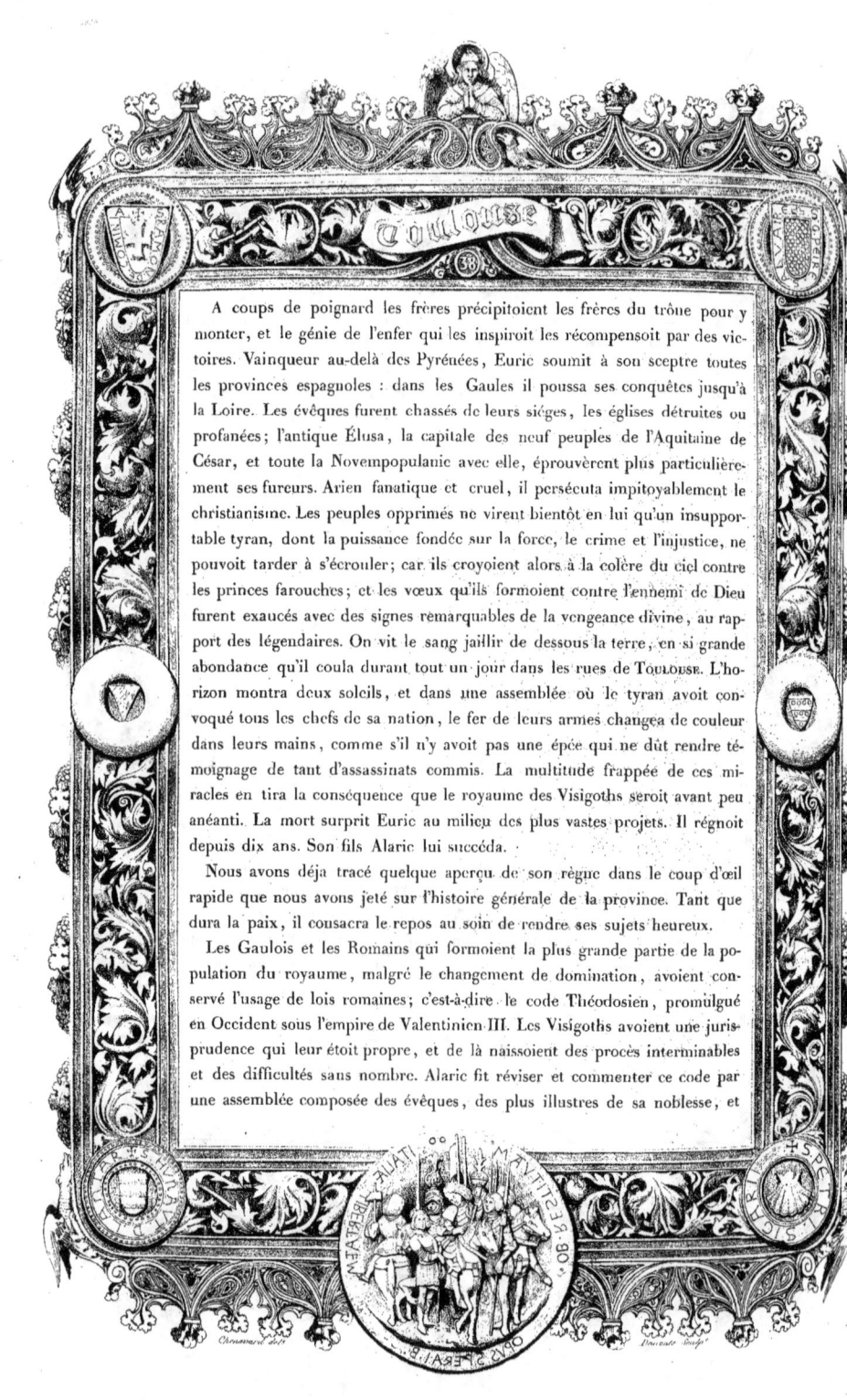

A coups de poignard les frères précipitoient les frères du trône pour y monter, et le génie de l'enfer qui les inspiroit les récompensoit par des victoires. Vainqueur au-delà des Pyrénées, Euric soumit à son sceptre toutes les provinces espagnoles : dans les Gaules il poussa ses conquêtes jusqu'à la Loire. Les évêques furent chassés de leurs siéges, les églises détruites ou profanées; l'antique Élusa, la capitale des neuf peuples de l'Aquitaine de César, et toute la Novempopulanie avec elle, éprouvèrent plus particulièrement ses fureurs. Arien fanatique et cruel, il persécuta impitoyablement le christianisme. Les peuples opprimés ne virent bientôt en lui qu'un insupportable tyran, dont la puissance fondée sur la force, le crime et l'injustice, ne pouvoit tarder à s'écrouler; car ils croyoient alors à la colère du ciel contre les princes farouches; et les vœux qu'ils formoient contre l'ennemi de Dieu furent exaucés avec des signes remarquables de la vengeance divine, au rapport des légendaires. On vit le sang jaillir de dessous la terre, en si grande abondance qu'il coula durant tout un jour dans les rues de Toulouse. L'horizon montra deux soleils, et dans une assemblée où le tyran avoit convoqué tous les chefs de sa nation, le fer de leurs armes changea de couleur dans leurs mains, comme s'il n'y avoit pas une épée qui ne dût rendre témoignage de tant d'assassinats commis. La multitude frappée de ces miracles en tira la conséquence que le royaume des Visigoths seroit avant peu anéanti. La mort surprit Euric au milieu des plus vastes projets. Il régnoit depuis dix ans. Son fils Alaric lui succéda.

Nous avons déja tracé quelque aperçu de son règne dans le coup d'œil rapide que nous avons jeté sur l'histoire générale de la province. Tant que dura la paix, il consacra le repos au soin de rendre ses sujets heureux.

Les Gaulois et les Romains qui formoient la plus grande partie de la population du royaume, malgré le changement de domination, avoient conservé l'usage de lois romaines; c'est-à-dire le code Théodosien, promulgué en Occident sous l'empire de Valentinien III. Les Visigoths avoient une jurisprudence qui leur étoit propre, et de là naissoient des procès interminables et des difficultés sans nombre. Alaric fit réviser et commenter ce code par une assemblée composée des évêques, des plus illustres de sa noblesse, et des plus habiles jurisconsultes du temps. Le recueil de ces décisions prit le titre de *Bréviaire*, parce qu'il contenoit en abrégé l'application claire et distincte du recueil des lois de Théodose, qui lui servoit de texte. La rédaction en fut terminée le 2 février de la vingt-deuxième année du règne d'Alaric dans le royaume de Toulouse. Une année après, il alla se faire tuer dans une bataille, par la main de Clovis. En lui finit, non la monarchie des Visigoths, ni même entièrement le royaume de Toulouse, qui renaîtra un siècle plus tard sous la domination de Charibert, frère de Dagobert(1), mais le royaume des Goths, dont Toulouse étoit la capitale, et qui avoit duré avec gloire pendant quatre-vingt-neuf années.

Toulouse ouvrit avec joie ses portes aux Francs qui devenoient ses nouveaux maîtres, parce qu'ils étoient catholiques comme ses habitans, et des ducs non héréditaires, envoyés par les rois d'Austrasie, vont maintenant les gouverner. Launebode, un d'entre eux, fut établi dans cette charge par Sigebert. Sa piété lui a mérité les éloges du poëte Fortunat; il fit élever sur le lieu même où saint Saturnin avoit été inhumé, une église qui est maintenant celle du Taur, mais qui ne conserve rien de son ancienne construction.

Vint ensuite le duc Didier, qui, par ordre de Chilpéric, marcha vers le Quercy, l'Albigeois et les autres contrées voisines de son gouvernement, et s'en empara. Il poussa ses conquêtes jusque dans le Limousin; mais là il fut battu par Mommole, général des troupes de Gontran, roi de Bourgogne.

Plus tard, Chilpéric étant d'intelligence avec Childebert contre Gontran, Didier réunit aux domaines de son prince l'Agénois et le Périgord; il ravagea le Berry, mit le siége devant Bourges, et battit le roi de Bourgogne qui venoit défendre ses états. Bientôt après ce prince ayant à son tour vaincu Chilpéric, la paix qui termina toutes ces guerres presque sans intérêt, permit à Didier de rentrer à Toulouse avec les braves guerriers qu'elle lui avoit donnés, et dont la gloire n'est pas proportionnée aux périls de tant de combats. Didier, que l'on est étonné de ne pas voir saisir une couronne, voulut,

---

(1) C'est ce que nous avons entendu précédemment dans notre aperçu rapide sur l'histoire générale de la province, en disant que le Languedoc resta dans le domaine des rois francs avec le titre de royaume de Toulouse; c'est-à-dire sous Charibert, fils de Clotaire II.

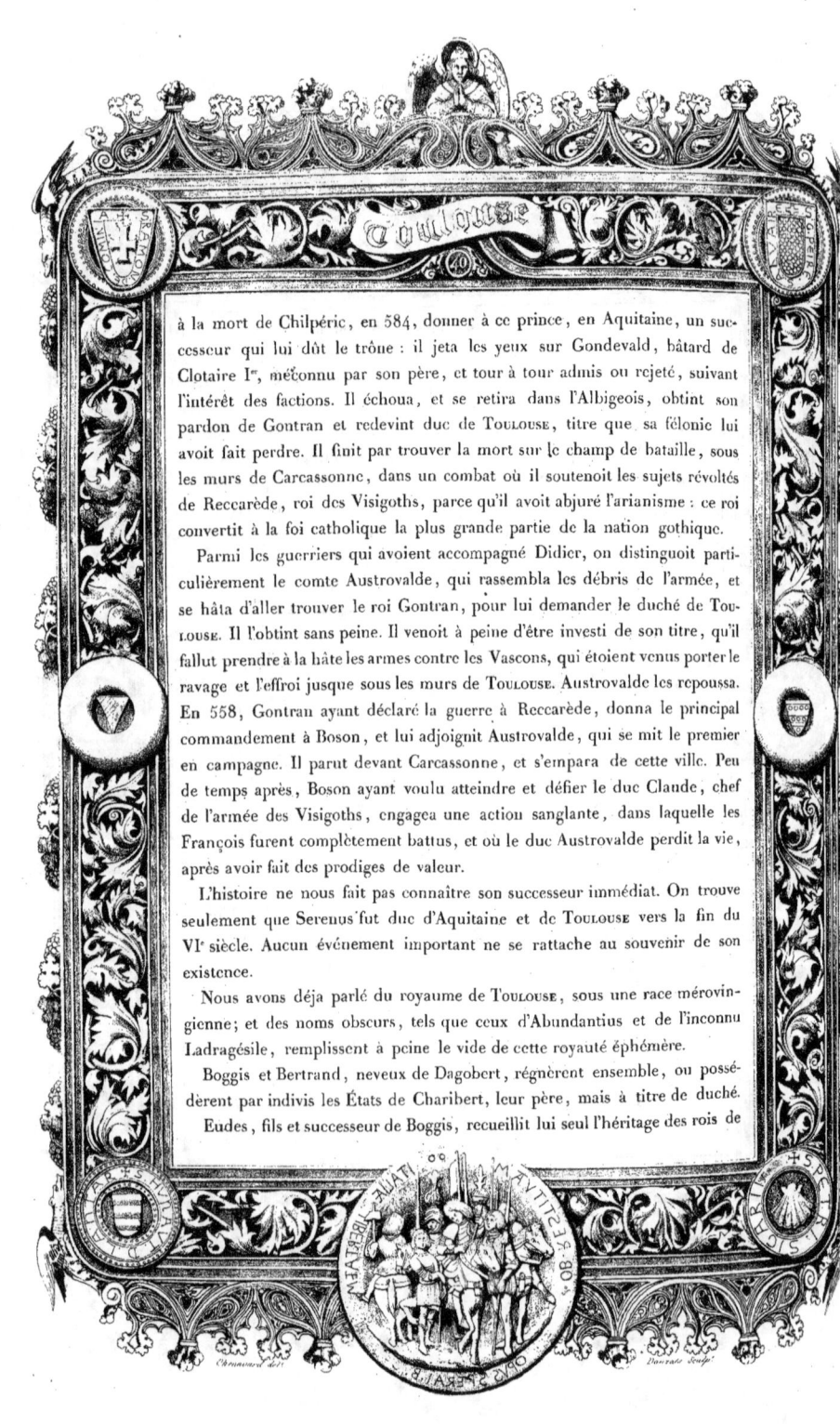

à la mort de Chilpéric, en 584, donner à ce prince, en Aquitaine, un successeur qui lui dût le trône : il jeta les yeux sur Gondevald, bâtard de Clotaire Ier, méconnu par son père, et tour à tour admis ou rejeté, suivant l'intérêt des factions. Il échoua, et se retira dans l'Albigeois, obtint son pardon de Gontran et redevint duc de Toulouse, titre que sa félonie lui avoit fait perdre. Il finit par trouver la mort sur le champ de bataille, sous les murs de Carcassonne, dans un combat où il soutenoit les sujets révoltés de Reccarède, roi des Visigoths, parce qu'il avoit abjuré l'arianisme : ce roi convertit à la foi catholique la plus grande partie de la nation gothique.

Parmi les guerriers qui avoient accompagné Didier, on distinguoit particulièrement le comte Austrovalde, qui rassembla les débris de l'armée, et se hâta d'aller trouver le roi Gontran, pour lui demander le duché de Toulouse. Il l'obtint sans peine. Il venoit à peine d'être investi de son titre, qu'il fallut prendre à la hâte les armes contre les Vascons, qui étoient venus porter le ravage et l'effroi jusque sous les murs de Toulouse. Austrovalde les repoussa. En 558, Gontran ayant déclaré la guerre à Reccarède, donna le principal commandement à Boson, et lui adjoignit Austrovalde, qui se mit le premier en campagne. Il parut devant Carcassonne, et s'empara de cette ville. Peu de temps après, Boson ayant voulu atteindre et défier le duc Claude, chef de l'armée des Visigoths, engagea une action sanglante, dans laquelle les François furent complètement battus, et où le duc Austrovalde perdit la vie, après avoir fait des prodiges de valeur.

L'histoire ne nous fait pas connaître son successeur immédiat. On trouve seulement que Serenus fut duc d'Aquitaine et de Toulouse vers la fin du VIe siècle. Aucun événement important ne se rattache au souvenir de son existence.

Nous avons déja parlé du royaume de Toulouse, sous une race mérovingienne; et des noms obscurs, tels que ceux d'Abundantius et de l'inconnu Ladragésile, remplissent à peine le vide de cette royauté éphémère.

Boggis et Bertrand, neveux de Dagobert, régnèrent ensemble, ou possédèrent par indivis les États de Charibert, leur père, mais à titre de duché.

Eudes, fils et successeur de Boggis, recueillit lui seul l'héritage des rois de

Toulouse. Issu du sang de Clovis, ce prince ne vouloit point s'abaisser devant le pouvoir usurpé des maires du palais. Aussi, profitant de toutes les occasions favorables, il augmenta ses domaines et les étendit dans toutes les parties de la France situées entre la Loire, l'Océan, les Pyrénées et la Septimanie. Toulouse étoit sa capitale, ou plutôt celle de toute la Gaule méridionale. Après de nombreux combats et des revers qui ne furent pas sans gloire, il dut songer à délivrer la Rome gauloise, que menaçoient les Sarrasins, dont les légions innombrables avoient franchi les Pyrénées.

Les Arabes avoient brisé les sceptres gothiques; la puissance des princes visigoths venoit d'être abattue par les califes d'Orient. Tous les enfans du Nord alloient fléchir devant les fils de Mahomet : Alhaour, nouvel émir envoyé de Syrie, venoit de prendre le commandement des Maures d'Espagne; et, quand il n'eut plus rien à y conquérir, il passa les Pyrénées, en suivant la route tracée par Mouza, prit Carcassonne, Nimes, Narbonne, toute la Gaule gothique, rentra chargé de dépouilles, et se laissa remplacer par un Wali Alsamah, qui, comme un tigre d'Afrique d'où il sortoit, bondit de la Narbonnoise sous les murs de Toulouse, et en commença le siége vers 721.

Cette ville étoit encore défendue par cette vaste enceinte de murs de briques qu'Ausonne avoit célébrée. Au midi, le château narbonnois offroit une place capable de résister long-temps au plus vigoureux ennemi. Un pont léger unissoit les deux rives de la Garonne, et portoit l'aqueduc dans lequel couloient des eaux limpides si nécessaires aux grandes cités; nécessité bien comprise plus tard encore par les magistrats de Toulouse, qui ont fait ériger en grand nombre, dans la ville moderne, des fontaines qui répandent dans tous les sens, au milieu des quartiers les plus populeux, le tribut de leurs eaux généreuses; si bien que Toulouse semble être placée au sein même des montagnes, recevant et laissant circuler partout, pendant que le soleil du midi darde sur ses toits, les gaves si vifs et si brillans des Pyrénées, comme ils coulent dans ses vallons délicieux.

Une autre forteresse couvroit le pont sur la rive gauche du fleuve. Une garnison nombreuse et dévouée se partagea la garde des postes les plus vulnérables. Les habitans armés montroient une valeur digne de leurs ancêtres, en défendant les remparts. Eudes fut chercher dans l'Aquitaine les secours nécessaires pour délivrer sa capitale; il surprit les Arabes, et si l'on en croyoit l'historien Anastase, il en auroit immolé trois cent soixante et quinze mille, et n'auroit perdu que quelques-uns des siens. C'est que déjà l'amour national aimoit à exagérer la perte de l'ennemi pour rehausser la valeur du vainqueur; la vérité est que la défaite fut terrible, et que le Wali Alsamah, leur chef, y perdit la vie.

Ce succès auroit dû chasser les Maures pour long-temps; mais ils quittoient avec un trop vif regret la Provence et la Narbonnoise, moins brûlantes que le sol qui les avoit vus naître, et aussi parfumées que l'Orient; aussi revinrent-ils en foule à la conquête de la France entière. Eudes s'opposa en vain à leur marche; il fut forcé d'aller rejoindre Charles-Martel, son ancien ennemi. De vieilles haines cédèrent devant la nécessité de sauver sa couronne de duc. Eudes, accoutumé déjà à se mesurer avec ces terribles et farouches multitudes, aida puissamment Charles-Martel dans la victoire qui sauva la liberté chrétienne de l'Europe.

Cependant le prince d'Aquitaine, comme le nomment les vieux historiens, aussi habile politique que courageux soldat, comprenoit parfaitement que les frontières des États des Maures confinant aux siens, il n'y avoit point de repos possible pour ses peuples sans une alliance avec un prince mahométan, pour éviter de nouvelles invasions. Il acheta ce traité au prix de sa propre fille, admirablement belle, nommée Lampagie, qui devint la femme d'un gouverneur arabe de Catalogne et de Cerdagne, et dont nous raconterons la délicieuse et plaintive histoire, quand nous irons au milieu des Pyrénées reconnoître les ruines d'une mosquée, foibles et seuls débris, dans nos contrées (encore sont-ils douteux), des splendeurs féeriques de Cordoue et de l'Alhambra.

La réconciliation qui se fit avant la bataille de Tours parut être sincère et de bonne foi, et on ne vit pas qu'elle ait été altérée pendant le reste de la vie des deux princes. « Eudes mourut en paix en 735, et, à ce qu'il paroit, dans « un âge assez avancé. Il fut inhumé dans l'église du monastère qu'il avoit

« fondé avant sa mort, de concert avec Valtrude, son épouse, cousine de
« Charles-Martel, à l'île de Ré sur les côtes du pays d'Aunis. Ce monastère fut
« ruiné dans la suite par les Normands, et ne subsistoit plus en l'an 845. Eu-
« des laissa en mourant trois enfans de Valtrude. Hunold, l'aîné, lui succéda
« dans tous ses États, fut duc d'Aquitaine ou de TOULOUSE, et étendit par
« conséquent son autorité sur toute la partie du Languedoc françois qui dé-
« pendoit de ce duché, et qui comprenoit le Toulousain, l'Albigeois, le Gé-
« vaudan, le Velai et le pays d'Usez. Hunold régna aussi sur toute la Gas-
« cogne, et sur une partie de la Provence; mais les Sarrasins lui enlevèrent
« bientôt après ce dernier pays, dont Charles-Martel s'empara ensuite sur
« ces infidèles (1). »

Hatton, second fils d'Eudes, est aussi qualifié de duc d'Aquitaine dans une charte de Charles-le-Chauve du IX° siècle, où la généalogie d'Eudes, duc d'Aquitaine, est rapportée (2). Il posséda donc une partie de ce duché conjointement avec son frère. On croit que le Poitou lui échut en partage. Ce qui est certain, c'est qu'il fit sa résidence à Poitiers, eut aussi le Limousin, et fut inhumé à Saint-Martial de Limoges. Il épousa Vandrade, héritière de Sadregisile, duc d'Aquitaine.

On ignore ce qu'eut Remistan, frère puîné d'Hunold et d'Hatton, et si son épée ne fut pas le seul apanage légué par un père digne d'une plus haute renommée. Eudes, d'une extraction royale, avoit prétendu à une partie de la monarchie, et s'étoit opposé de toutes ses forces aux entreprises de Charles-Martel, qui envahissoit le trône à son préjudice et à celui de la famille régnante. Leurs races vécurent dans une inimitié perpétuelle, et naturellement les historiens austrasiens, entièrement dévoués à la lignée de Charlemagne, cherchèrent à ternir l'éclat que le nom d'Eudes devroit avoir dans l'histoire. Sa vie est celle d'un grand prince, et il ne lui a manqué, pour être plus grand encore, que les panégyristes qui suivent et qui rehaussent toujours le plus fort ou le plus heureux.

Charles-Martel vouloit faire disparoître tout pouvoir de la race méro-

(1) Hist. générale du Languedoc, par D. C. de Vic et D. J. Vaissette.
(2) Concil. Hispan., t. III, p. 142 et seqq. Édition du cardinal d'Aiguirre.

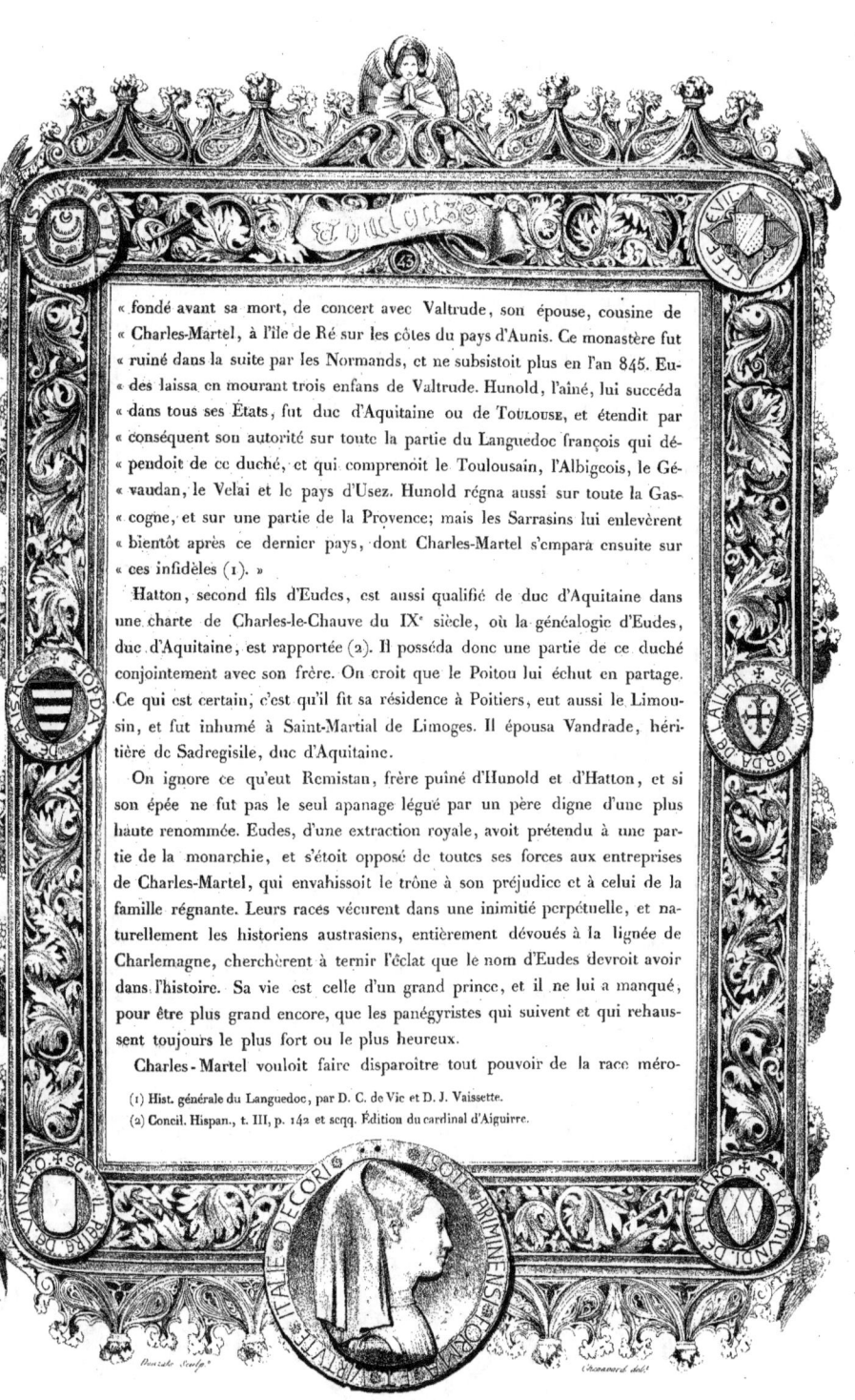

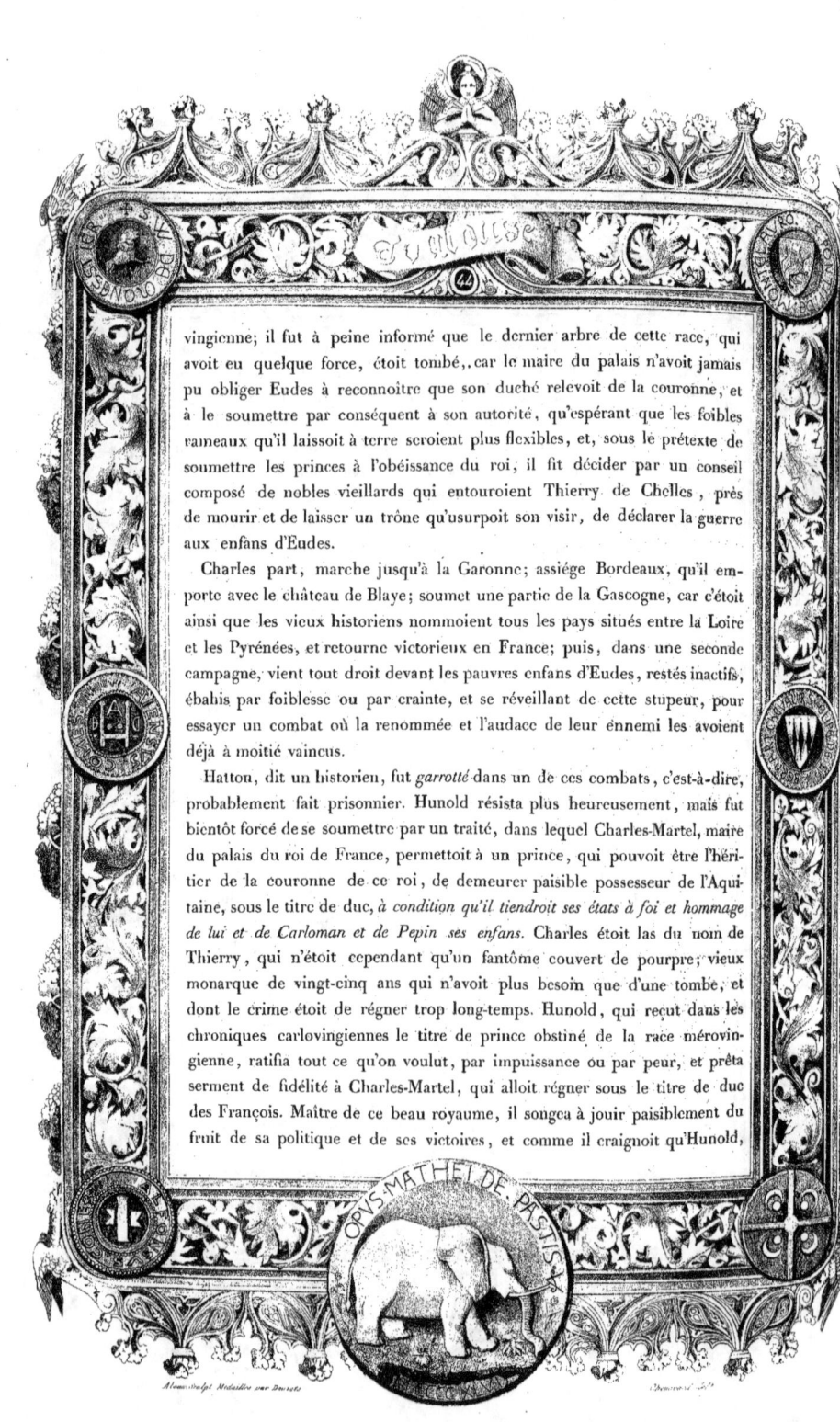

vingienne; il fut à peine informé que le dernier arbre de cette race, qui avoit eu quelque force, étoit tombé, car le maire du palais n'avoit jamais pu obliger Eudes à reconnoître que son duché relevoit de la couronne, et à le soumettre par conséquent à son autorité, qu'espérant que les foibles rameaux qu'il laissoit à terre seroient plus flexibles, et, sous le prétexte de soumettre les princes à l'obéissance du roi, il fit décider par un conseil composé de nobles vieillards qui entouroient Thierry de Chelles, près de mourir et de laisser un trône qu'usurpoit son visir, de déclarer la guerre aux enfans d'Eudes.

Charles part, marche jusqu'à la Garonne; assiége Bordeaux, qu'il emporte avec le château de Blaye; soumet une partie de la Gascogne, car c'étoit ainsi que les vieux historiens nommoient tous les pays situés entre la Loire et les Pyrénées, et retourne victorieux en France; puis, dans une seconde campagne, vient tout droit devant les pauvres enfans d'Eudes, restés inactifs, ébahis par foiblesse ou par crainte, et se réveillant de cette stupeur, pour essayer un combat où la renommée et l'audace de leur ennemi les avoient déjà à moitié vaincus.

Hatton, dit un historien, fut *garrotté* dans un de ces combats, c'est-à-dire, probablement fait prisonnier. Hunold résista plus heureusement, mais fut bientôt forcé de se soumettre par un traité, dans lequel Charles-Martel, maire du palais du roi de France, permettoit à un prince, qui pouvoit être l'héritier de la couronne de ce roi, de demeurer paisible possesseur de l'Aquitaine, sous le titre de duc, *à condition qu'il tiendroit ses états à foi et hommage de lui et de Carloman et de Pepin ses enfans*. Charles étoit las du nom de Thierry, qui n'étoit cependant qu'un fantôme couvert de pourpre; vieux monarque de vingt-cinq ans qui n'avoit plus besoin que d'une tombe, et dont le crime étoit de régner trop long-temps. Hunold, qui reçut dans les chroniques carlovingiennes le titre de prince obstiné de la race mérovingienne, ratifia tout ce qu'on voulut, par impuissance ou par peur, et prêta serment de fidélité à Charles-Martel, qui alloit régner sous le titre de duc des François. Maître de ce beau royaume, il songea à jouir paisiblement du fruit de sa politique et de ses victoires, et comme il craignoit qu'Hunold, qu'il avoit forcé à reconnoître sa suzeraineté, ne voulût essayer de briser sa chaîne de vassal, il lui envoya Lantfred, abbé de Saint-Germain-des-Prés, avec le titre d'ambassadeur, pour cacher sa mission, mais, dans la vérité, pour épier ses démarches et lui en rendre compte.

Cette tranquillité que Charles goûtoit enfin, ne devoit pas être de longue durée; après vingt ans de travaux pénibles, de combats, des émotions les plus violentes, causées par l'ambition, traversant sans cesse le royaume d'un bout à l'autre avec la rapidité du vol de l'aigle, hélas! et par le génie, tantôt au-delà du Rhin, lorsqu'on le croyoit encore dans l'Aquitaine, pour présenter sa poitrine à ses ennemis et à ceux de la France, tantôt au pied des Pyrénées frappant les Sarrasins de son glaive, tandis qu'il devoit être occupé à contenir les Germains, la mort vint le saisir à Quiersi-sur-Oise (1), dans son palais, sans qu'il eût osé montrer au peuple le cercle d'or mérovingien, couronne de ses rois légitimes, qu'il avoit placé sur son front, et qui resta toujours couvert par sa couronne ducale.

On fit Chilpéric roi et insensé, et à la mort de ce prince, Hunold se ressouvient de nouveau qu'il est l'héritier de toute une dynastie, et la guerre se rallume entre lui et les fils de Charles-Martel; c'est un duel qui se continue de génération en génération, et où le fils hérite des droits et de l'épée du père. Cependant, Hunold s'apercevant qu'il sera forcé de vivre duc et sujet des princes carlovingiens, préfère quitter ses états et se renfermer dans un cloître; mais, avant cette espèce de mort, il a une vengeance terrible à tirer; son frère Halton n'a pas partagé toute sa haine contre l'usurpateur de la couronne de France; il l'attire à sa cour, sous le serment de ne lui faire aucun mal. Halton, comptant sur cette promesse solennelle, se hâta de se rendre auprès de son frère; il fut à peine arrivé, qu'Hunold, sans aucun respect pour les liens du sang et pour la sainteté de la religion du serment, se saisit de sa personne, lui fit crever les yeux et l'enferma dans une étroite prison, où ce malheureux prince périt bientôt. Hunold abdiqua quelques jours après, et se revêtit d'un habit monastique dans un couvent de moines de l'île de Ré, où les os de son valeureux et noble père reposoient en

(1) Aujourd'hui Crécy.

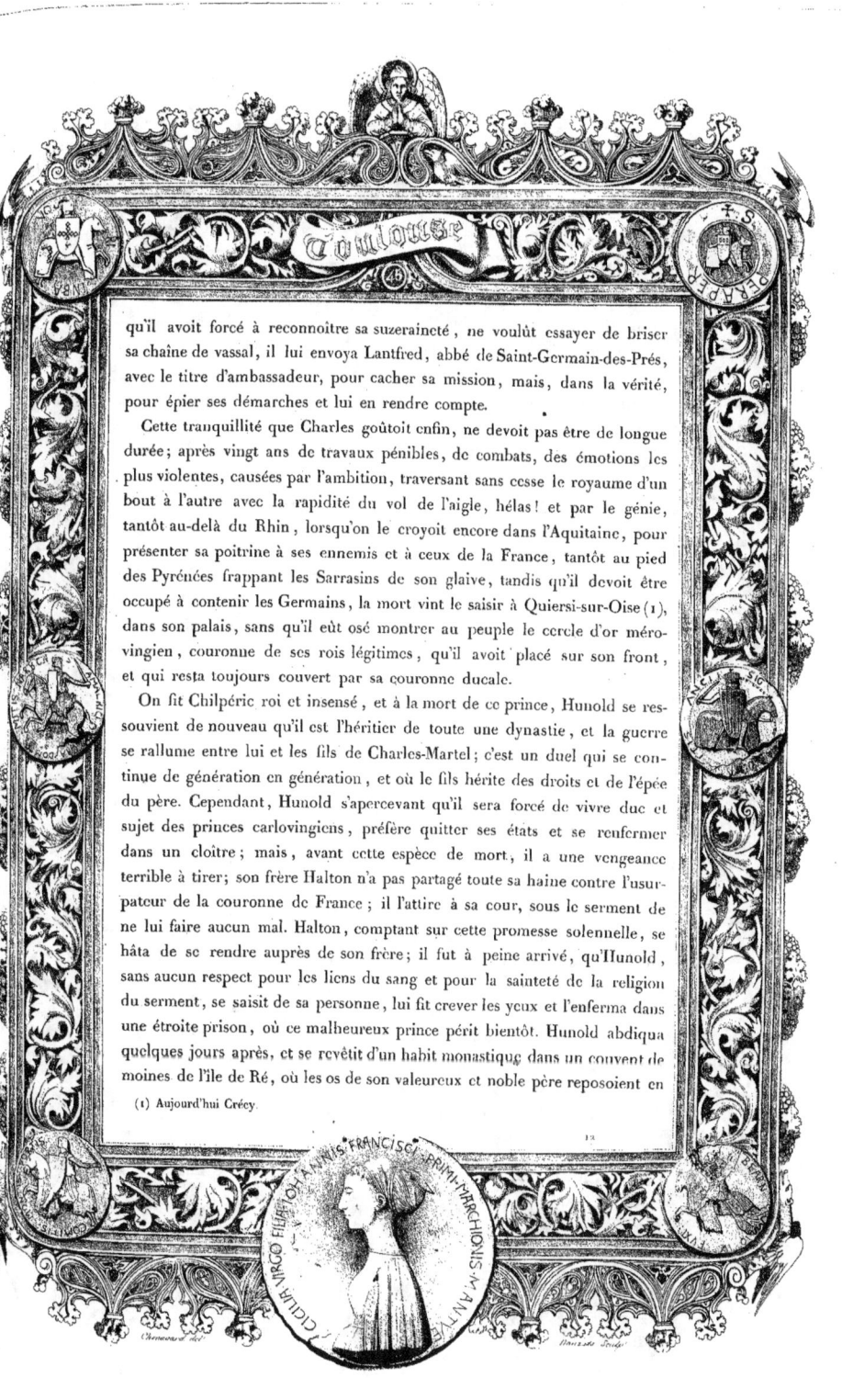

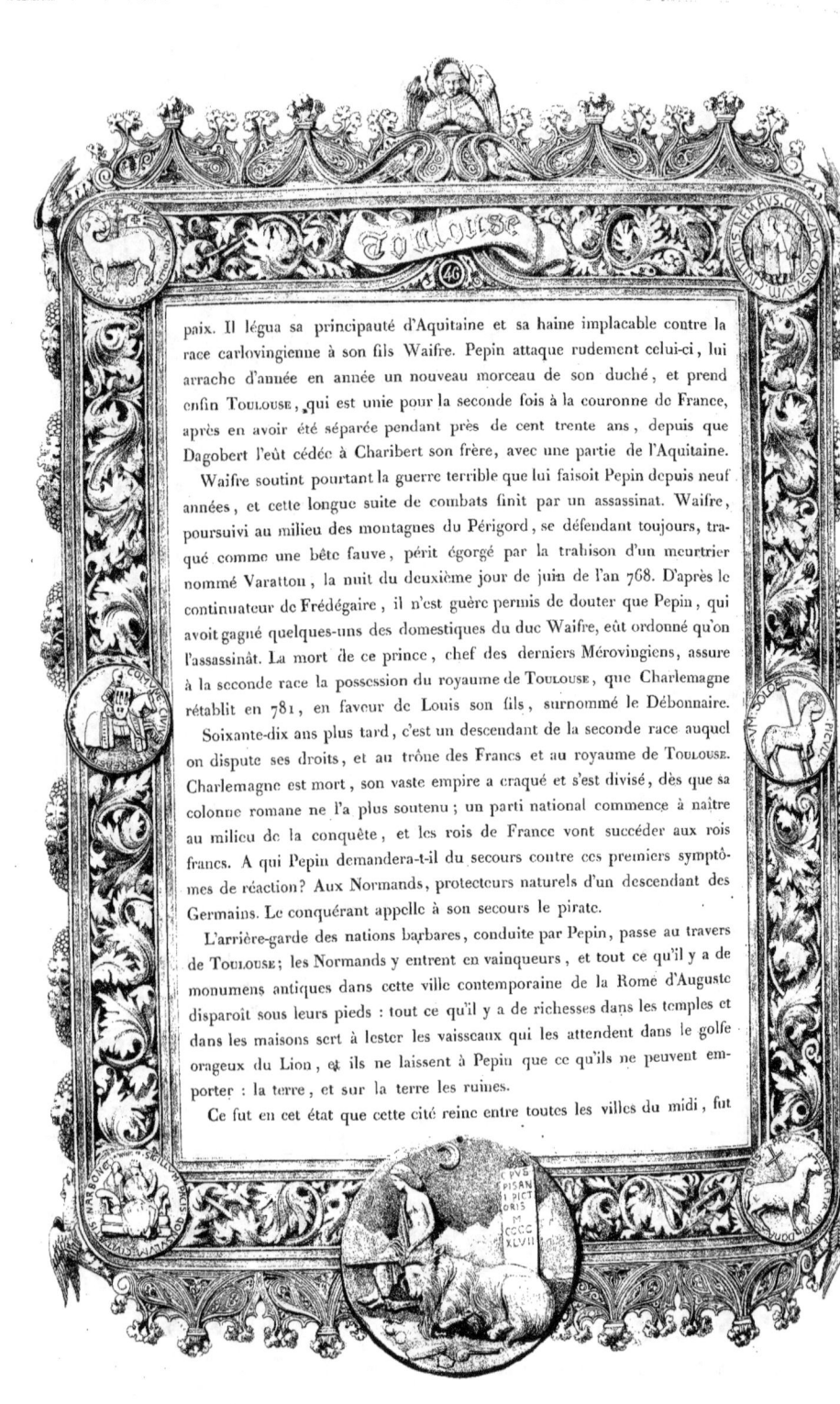

paix. Il légua sa principauté d'Aquitaine et sa haine implacable contre la race carlovingienne à son fils Waifre. Pepin attaque rudement celui-ci, lui arrache d'année en année un nouveau morceau de son duché, et prend enfin Toulouse, qui est unie pour la seconde fois à la couronne de France, après en avoir été séparée pendant près de cent trente ans, depuis que Dagobert l'eût cédée à Charibert son frère, avec une partie de l'Aquitaine.

Waifre soutint pourtant la guerre terrible que lui faisoit Pepin depuis neuf années, et cette longue suite de combats finit par un assassinat. Waifre, poursuivi au milieu des montagnes du Périgord, se défendant toujours, traqué comme une bête fauve, périt égorgé par la trahison d'un meurtrier nommé Varatton, la nuit du deuxième jour de juin de l'an 768. D'après le continuateur de Frédégaire, il n'est guère permis de douter que Pepin, qui avoit gagné quelques-uns des domestiques du duc Waifre, eût ordonné qu'on l'assassinât. La mort de ce prince, chef des derniers Mérovingiens, assure à la seconde race la possession du royaume de Toulouse, que Charlemagne rétablit en 781, en faveur de Louis son fils, surnommé le Débonnaire.

Soixante-dix ans plus tard, c'est un descendant de la seconde race auquel on dispute ses droits, et au trône des Francs et au royaume de Toulouse. Charlemagne est mort, son vaste empire a craqué et s'est divisé, dès que sa colonne romaine ne l'a plus soutenu; un parti national commence à naître au milieu de la conquête, et les rois de France vont succéder aux rois francs. A qui Pepin demandera-t-il du secours contre ces premiers symptômes de réaction? Aux Normands, protecteurs naturels d'un descendant des Germains. Le conquérant appelle à son secours le pirate.

L'arrière-garde des nations barbares, conduite par Pepin, passe au travers de Toulouse; les Normands y entrent en vainqueurs, et tout ce qu'il y a de monumens antiques dans cette ville contemporaine de la Rome d'Auguste disparoît sous leurs pieds : tout ce qu'il y a de richesses dans les temples et dans les maisons sert à lester les vaisseaux qui les attendent dans le golfe orageux du Lion, et ils ne laissent à Pepin que ce qu'ils ne peuvent emporter : la terre, et sur la terre les ruines.

Ce fut en cet état que cette cité reine entre toutes les villes du midi, fut

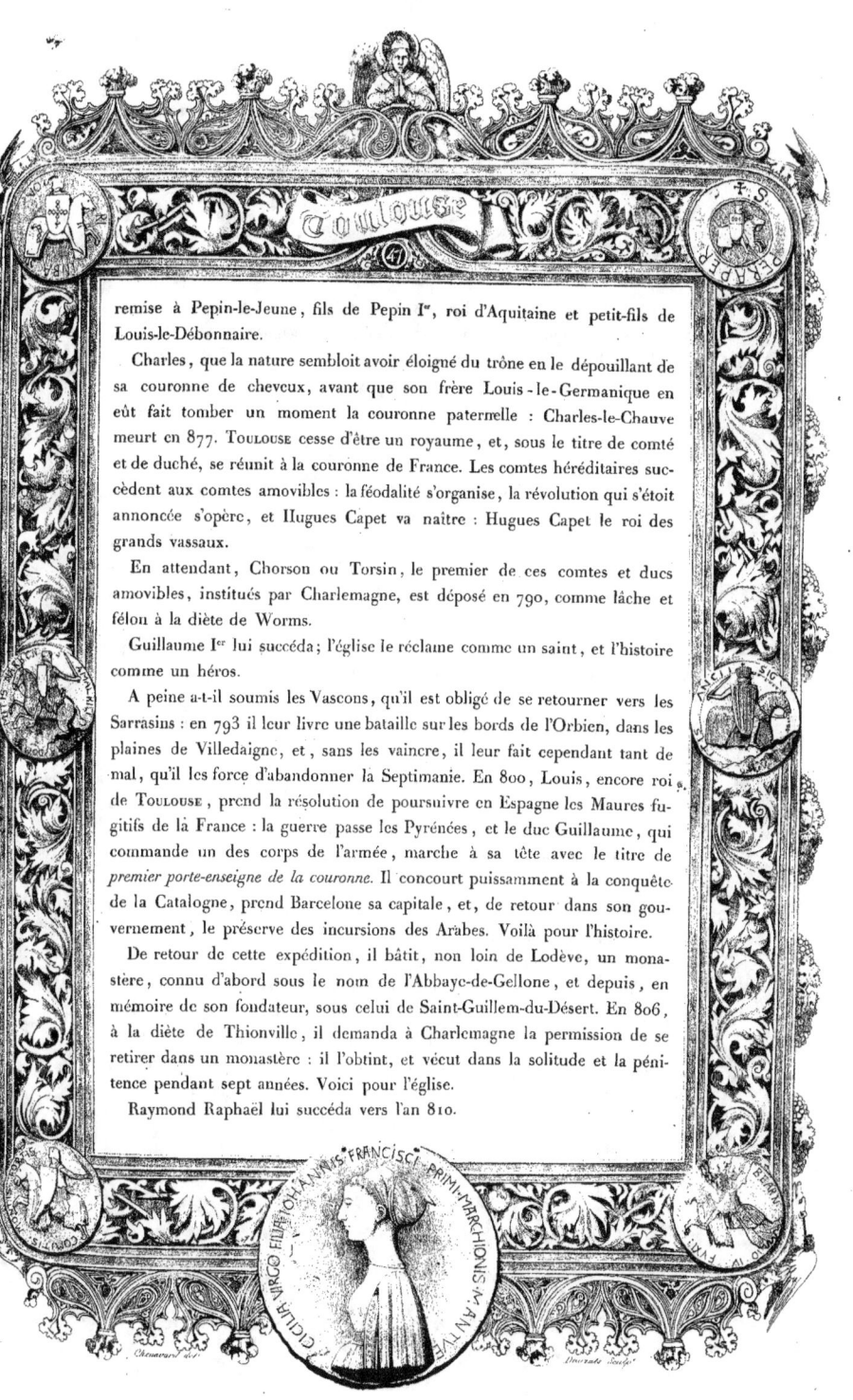

remise à Pepin-le-Jeune, fils de Pepin Ier, roi d'Aquitaine et petit-fils de Louis-le-Débonnaire.

    Charles, que la nature sembloit avoir éloigné du trône en le dépouillant de sa couronne de cheveux, avant que son frère Louis-le-Germanique en eût fait tomber un moment la couronne paternelle : Charles-le-Chauve meurt en 877. TOULOUSE cesse d'être un royaume, et, sous le titre de comté et de duché, se réunit à la couronne de France. Les comtes héréditaires succèdent aux comtes amovibles : la féodalité s'organise, la révolution qui s'étoit annoncée s'opère, et Hugues Capet va naître : Hugues Capet le roi des grands vassaux.

    En attendant, Chorson ou Torsin, le premier de ces comtes et ducs amovibles, institués par Charlemagne, est déposé en 790, comme lâche et félon à la diète de Worms.

    Guillaume Ier lui succéda; l'église le réclame comme un saint, et l'histoire comme un héros.

    A peine a-t-il soumis les Vascons, qu'il est obligé de se retourner vers les Sarrasins : en 793 il leur livre une bataille sur les bords de l'Orbien, dans les plaines de Villedaigne, et, sans les vaincre, il leur fait cependant tant de mal, qu'il les force d'abandonner la Septimanie. En 800, Louis, encore roi de TOULOUSE, prend la résolution de poursuivre en Espagne les Maures fugitifs de la France : la guerre passe les Pyrénées, et le duc Guillaume, qui commande un des corps de l'armée, marche à sa tête avec le titre de *premier porte-enseigne de la couronne*. Il concourt puissamment à la conquête de la Catalogne, prend Barcelone sa capitale, et, de retour dans son gouvernement, le préserve des incursions des Arabes. Voilà pour l'histoire.

    De retour de cette expédition, il bâtit, non loin de Lodève, un monastère, connu d'abord sous le nom de l'Abbaye-de-Gellone, et depuis, en mémoire de son fondateur, sous celui de Saint-Guillem-du-Désert. En 806, à la diète de Thionville, il demanda à Charlemagne la permission de se retirer dans un monastère : il l'obtint, et vécut dans la solitude et la pénitence pendant sept années. Voici pour l'église.

    Raymond Raphaël lui succéda vers l'an 810.

L'an 817, le duché de Toulouse se démembra à son tour entre les fils de Louis-le-Débonnaire, comme l'empire s'étoit démembré entre les mains des fils de Charlemagne : la Septimanie et la marche d'Espagne en sont détachées et deviennent des duchés et des marquisats particuliers.

En 818, Bérenger succède à Raymond, bat les Gascons en 819, en 832 est nommé duc de Septimanie, puis enfin meurt subitement en 835.

Bernard, duc de Septimanie, lui succède la même année. C'est le fils de saint Guillaume, c'est l'héritier de ses deux réputations : en 826, il bat Aïzon, qui avoit fait soulever la marche d'Espagne.

En 828, l'empereur l'appelle à sa cour et le fait son premier ministre; l'année suivante, il le nomme son chambellan; enfin, il le choisit comme gouverneur de son fils Charles. C'est là qu'en faveur de son élève, il entre dans les projets de l'impératrice Judith, et détermine l'empereur à assigner à Charles un royaume au préjudice du traité de partage des enfans du premier lit. Ceux-ci, appuyés des grands de l'état, forment une conjuration contre Bernard : le premier ministre est accusé d'un commerce criminel avec l'impératrice. Soit justice, soit foiblesse, Bernard n'est point condamné; l'empereur le renvoie dans son gouvernement.

L'année suivante, Bernard se présente tout armé à la diète de Thionville, entre dans la salle des séances, où est l'empereur, offre le duel à quiconque répétera l'accusation portée contre lui, et, comme nul ne répond, ni ne se lève, il jure sur la croix qu'il est innocent et que quiconque a dit le contraire est infame.

Mais, loin de le rétablir dans les bonnes graces de l'empereur, cette démarche ne fait que l'éloigner davantage : alors il se lie avec ce Pepin que nous avons vu appeler les Normands à son secours.

En 832, l'empereur dépouille, à la diète de Joac en Limousin, le rebelle de tous ses biens et honneurs, et c'est alors que son duché de Septimanie est donné à Bérenger, comte de Toulouse. Bernard, retiré en Bourgogne, change aussitôt de parti, se déclare contre les enfans révoltés de Louis-le-Débonnaire, parvient à faire rétablir sur le trône le prince un instant dépossédé, et en l'an 833, recouvre son duché de Septimanie, auquel vient se joindre, en 835, le comté de Toulouse, vacant par la mort de Bérenger.

Louis meurt et Charles lui succède. L'ancien élève de Bernard est devenu son ennemi mortel : vainqueur à Fontenai en 842, il marche en 844 contre Toulouse, où commande le duc, et établit son quartier dans le monastère de Saint-Saturnin, que les murs de la ville n'enfermoient point encore dans leur enceinte. C'est de là que Charles, désespérant de prendre Toulouse, fait proposer une entrevue à Bernard, qui n'y consent qu'après l'échange d'un traité de paix signé par chacun avec le sang de Jésus-Christ. Armé de ce traité qui lui semble une sauvegarde suffisante, Bernard sort de la ville, entre au couvent de Saint-Saturnin, où Charles-le-Chauve l'attend sur son trône. Arrivé devant le roi, Bernard s'agenouille comme devoit le faire un vassal. Charles le relève et lui tend les bras; puis, tandis que Bernard l'embrasse, il l'étreint de sa main gauche et cherche de la droite la place du cœur : Bernard jette un cri et tombe mort, un poignard royal dans la poitrine. Alors Charles fait un pas, met le pied sur le cadavre, et s'écrie : *Malheur à toi qui as osé souiller le lit de mon père, ton maître et seigneur* (1)!

Pendant la durée du règne de Bernard, on trouve les noms d'Egfrid, comte de Toulouse en 842, et de Warin, duc de Toulouse et d'Aquitaine en 843; ce qui se comprend fort bien, quand on observe que ces deux hommes étoient attachés au parti de Charles-le-Chauve, et qu'Egfrid étoit gouverneur particulier sous l'autorité de Warin, qualifié en même temps duc de Toulouse.

Charles-le-Chauve, maître de la ville, en nomme comte Frédélon, fils de Fulguad et de Sénégonde, qui, suivant le mouvement général de la féodalité, échappe à l'influence royale, et transmet son comté à son frère Raymond Ier, et Toulouse devient un fief héréditaire. Frédélon n'avoit eu qu'une fille nommée Udalgarde.

On trouve encore dans le même temps un Guillaume II, duc et comte bénéficiaire de Toulouse, petit-fils de saint Guillaume, pourvu vers 845 du duché par Pepin II, et qui eut une fin aussi tragique que celle de Ber-

(1) Baluze.

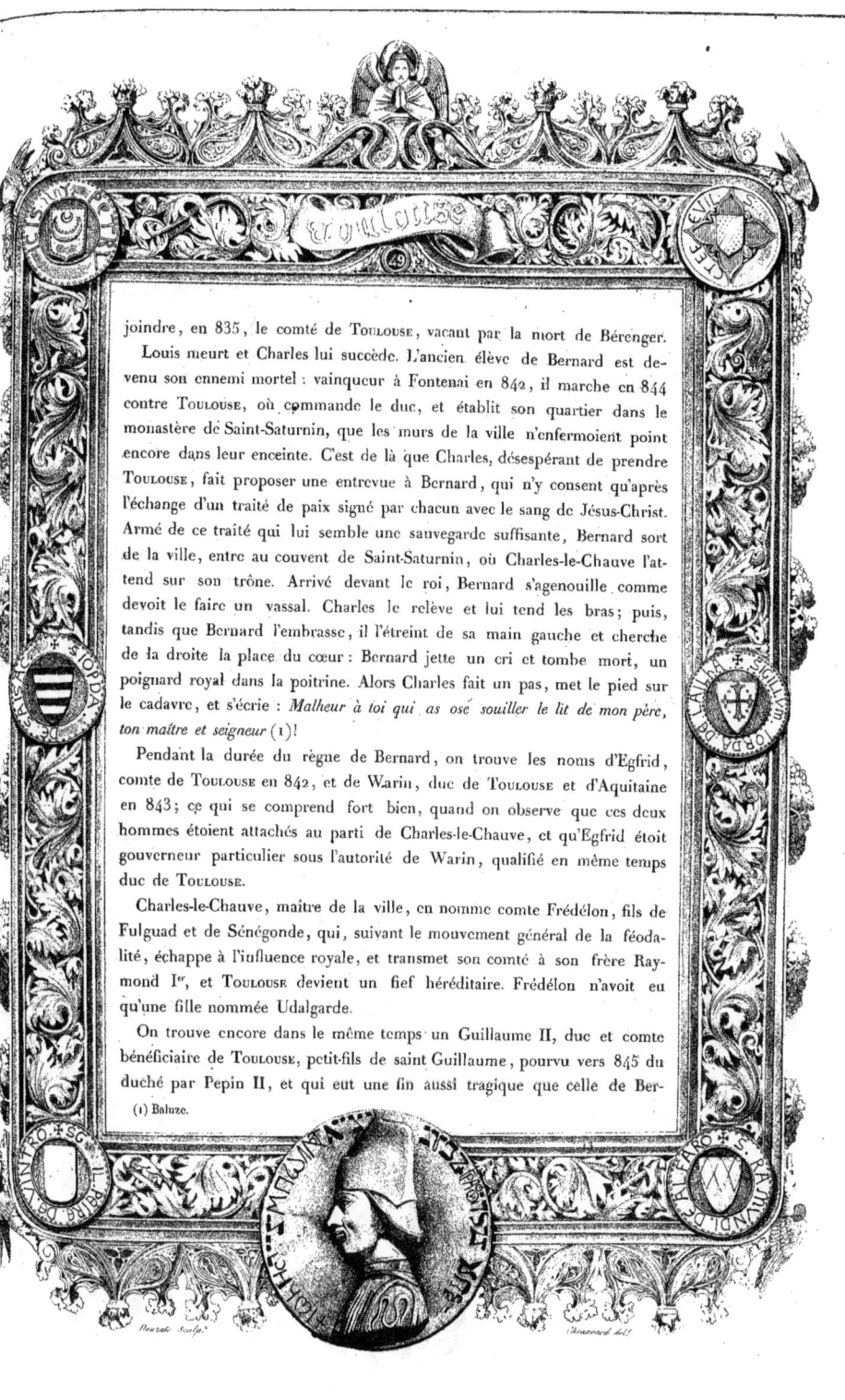

nard. Après s'être emparé de Barcelone à l'aide des Sarrasins, accusé de lèse-majesté, il est condamné et mis à mort.

Bernard, fils de Raymond, qui, dès l'an 862, a obtenu de son père la souveraineté du Quercy et du Rouergue, lui succède encore comme comte de Toulouse, et consolide l'hérédité par la possession.

Enfin, Odon, fils de Raymond Ier et frère de Bernard, succède à celui-ci, dans ses dignités et dans ses états, et pour qu'il n'y ait plus de doute que Toulouse est un bien héréditaire de famille et non une investiture royale, il prend le titre de comte et de marquis, *par la grace de Dieu*. Il avoit épousé Garsinde, fille et héritière d'Ermengaud, comte d'Albi, et, l'an 878, il unit par succession l'Albigeois à son comté.

L'an 910, il souscrivit la charte de la fondation de Cluni, donnée par Guillaume-le-Pieux, duc d'Aquitaine. Il mourut vers 919.

Raymond II obtient, du vivant de son père, l'abdication en sa faveur de la souveraineté, et prend les titres de comte et marquis de Toulouse, de Gothie, de Rouergue, de Quercy et d'Albigeois. Alors tout le Languedoc est à lui, hors les comtés de Carcassonne et de Rasez, sur lesquels encore il prétend avoir droit de suzeraineté. Il ne prend aucune part à la révolte des grands vassaux contre Charles-le-Simple, et il va mourir glorieusement dans une bataille donnée contre les Normands, en 923, où sa valeur et sa générosité l'avoient plutôt appelé pour secourir Guillaume II d'Auvergne que pour défendre ses propres états.

Raymond Pons III, grand-duc d'Aquitaine, marquis de Gothie, prince et comte de Toulouse, hérite de la puissance et des biens paternels, augmente par son courage et par ses acquisitions les domaines de sa maison, et meurt en 951, après avoir reculé les limites de ses terres de la Loire aux Pyrénées, à la mer Méditerranée et au Rhône. Il demeura toujours fidèle à Charles-le-Simple. Cet événement augmenta considérablement le pouvoir que s'attribuoit la maison de Toulouse, et fut la principale cause de son indépendance. Elle ne voulut jamais reconnoître pour roi de France, Raoul, que les rebelles avoient couronné, tant que Charles-le-Simple vécut, et ce ne fut que long-temps après sa mort que les peuples du Languedoc consentirent à

imiter l'exemple général, avec des restrictions qui donnèrent à Raymond Pons une autorité absolue. Il défit les Hongrois qui étoient entrés en Provence, et les chassa de la France l'épée dans les reins.

Guillaume III, surnommé Taillefer, succède encore enfant à Raymond Pons. Comme il étoit trop jeune pour gouverner, sa mère Garsiude prit la régence de ses états. Il épouse en 975 Arsinde, qu'Ives de Chartres et Albéric de Trois-Fontaines appellent Blanche-la-Sœur, et que dom Vaissette fait naître de Geoffroi Grisegonelle, comtesse d'Anjou. Il en eut deux fils et deux filles, dont l'aînée, Constance, devint reine de France, en 998, par son mariage avec le roi Robert. En 990, Guillaume épouse en secondes noces Emme, fille de Rotbold, comte de Provence, et ce mariage lui apporte ce qu'on appela depuis le marquisat de Provence.

C'est sous le gouvernement de Guillaume III qu'arriva, selon Adémar de Chabannières, un événement assez singulier. Il étoit d'usage immémorial en la ville de TOULOUSE, que, tous les ans au jour de Pâques, on amenât dans la cathédrale un juif, afin qu'il reçût un soufflet, en représaille de celui que Jésus-Christ avoit reçu chez le grand-prêtre. L'an 1002, Aimeri, vicomte de Rochechouart, s'étant trouvé à TOULOUSE, fut choisi pour avoir l'honneur de *colaphiser* le juif; mais ayant oublié, tant son zèle étoit ardent, d'ôter le gantelet de fer qui garnissoit sa main droite, il fit sauter au malheureux juif les yeux et la cervelle, et le tua sur la place.

Guillaume Taillefer mourut en 1037, âgé de près de quatre-vingt-dix ans.

En dehors, à gauche du portail du midi de l'église de la somptueuse abbaye de Saint-Saturnin, dans une espèce de chapelle qu'on a pratiquée à l'extrémité du bras droit du croisillon, et qui est adossée contre le mur entre deux contre-forts, se trouve le tombeau du très-puissant et très-illustre comte Taillefer, ayant près de lui trois autres tombeaux.

Cette chapelle est l'un des monumens les plus curieux et les plus vénérables de la France. Trois races de rois ont été moins heureuses dans leurs chapelles de Saint-Denis; les marbres qui renfermoient leurs os ont été, comme leurs os, mis en éclats et en poussière. C'est en vain que l'on cherche les tombes de Louis XII, de Henri IV et de Louis XIV, et les vieilles

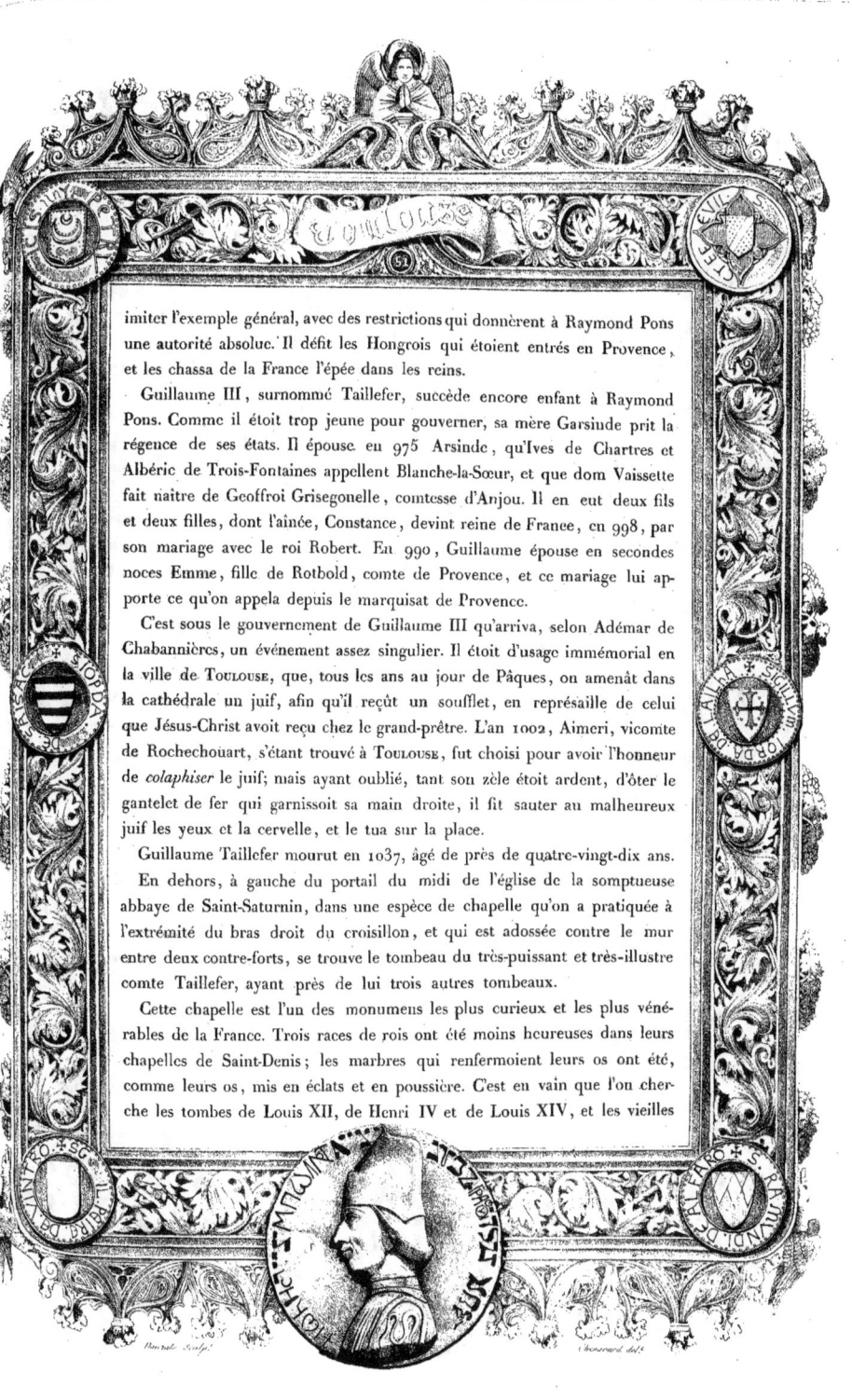

sculptures romanes des tombeaux de quelques comtes de TOULOUSE ont échappé aux fureurs sauvages des Vandales modernes. Au milieu de tant de malheurs et de tant de dévastations, de tant de cercueils profanés, pour ces tombes sauvées, quoique dépouillées de leurs cendres, Dieu soit loué!

Les murailles de cette petite chapelle ont été long-temps ornées de peintures à fresque, couvertes maintenant de poussière humide et rongées chaque jour par le temps. En 1763, on voyoit encore distinctement sur le mur qui est en face en entrant, l'image de la Vierge avec celle de saint Jacques à la droite et celle de saint Sernin à la gauche. Et il y a un siècle et demi qu'on y distinguoit deux comtes à genoux, en cottes avec l'écusson de la croix pommetée. Cette inscription étoit tracée au-dessous des images :

Hic requiescit Guillelmus Taillafer et Poncius comes Tolosanus.

Chacun de ces comtes tenoit dans sa main un guidon aux armes de TOULOUSE. Sur les parois des murs latéraux étoient à droite saint Exupère, évêque de TOULOUSE, la cuisse percée d'une flèche, car sa légende dit : qu'il fut atteint par un dard qu'un roi avoit décoché contre une biche qui s'étoit réfugiée dans sa grotte; et à gauche, saint Gilles, abbé, parce que c'étoit le saint révéré de cette maison, et qu'un Raymond fut surnommé de saint Gilles.

Dans le fond de la chapelle s'élève le tombeau principal, soutenu par une colonne et deux pilastres en marbre blanc, et dont les figures-bas-reliefs et les ornemens sont du style du bas-empire; au-dessous est une tombe de quatre pieds et demi avec cette inscription :

Pons et son frère, fils de Guillaume, comte de TOULOUSE, y sont inhumez.

A droite et à gauche, deux autres tombeaux : celui de droite, ainsi que les tombes antiques et celles du bas-empire, a son couvercle taillé en écailles. Un chiffre est gravé sur la face, qui est décorée d'ornemens réticulés. Celui de gauche, fort simple, porte une inscription suivant laquelle *Pons, comte de Toulouse,* y est renfermé.

On mit enfin une dernière inscription sur la base du contre-fort contre lequel la chapelle est adossée :

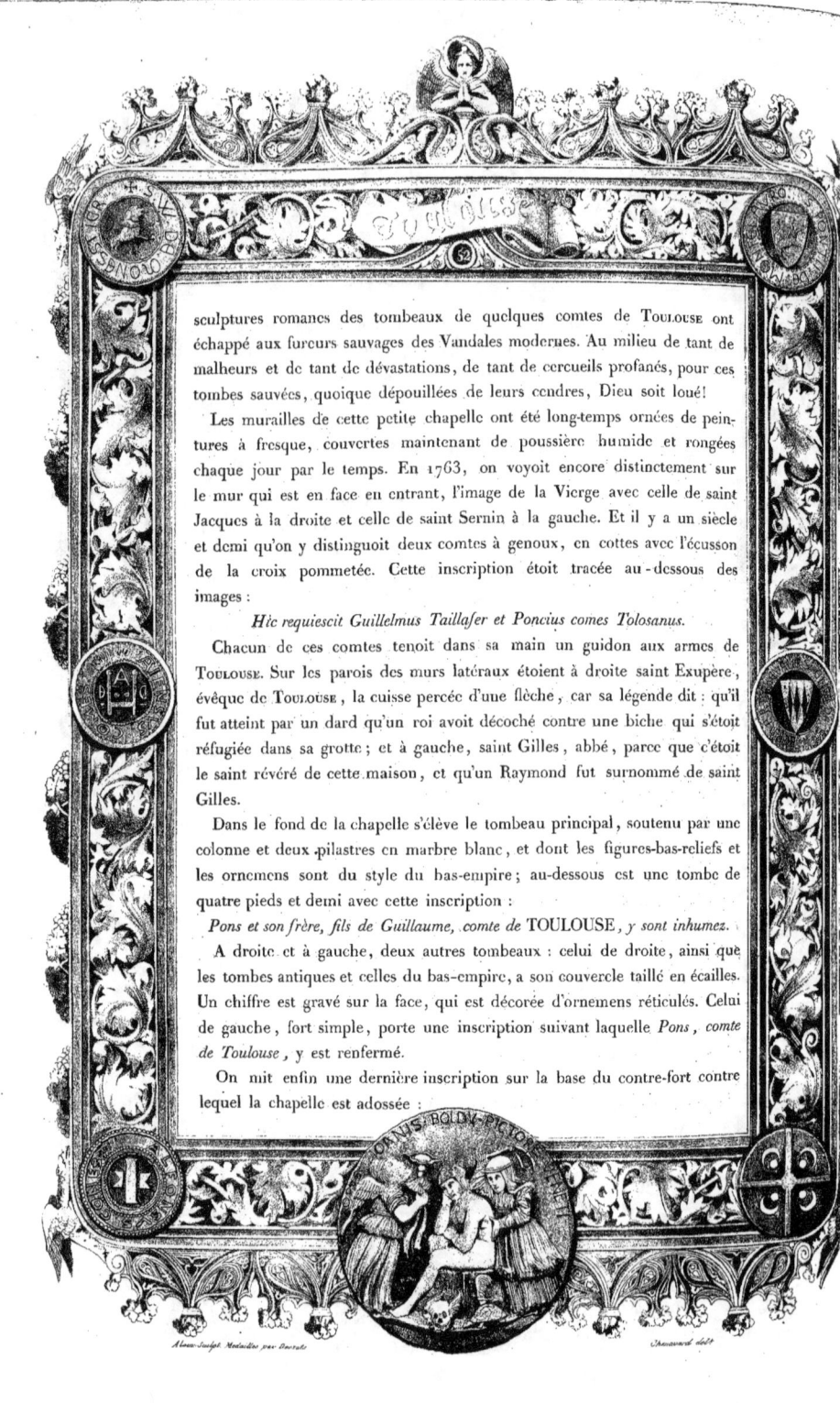

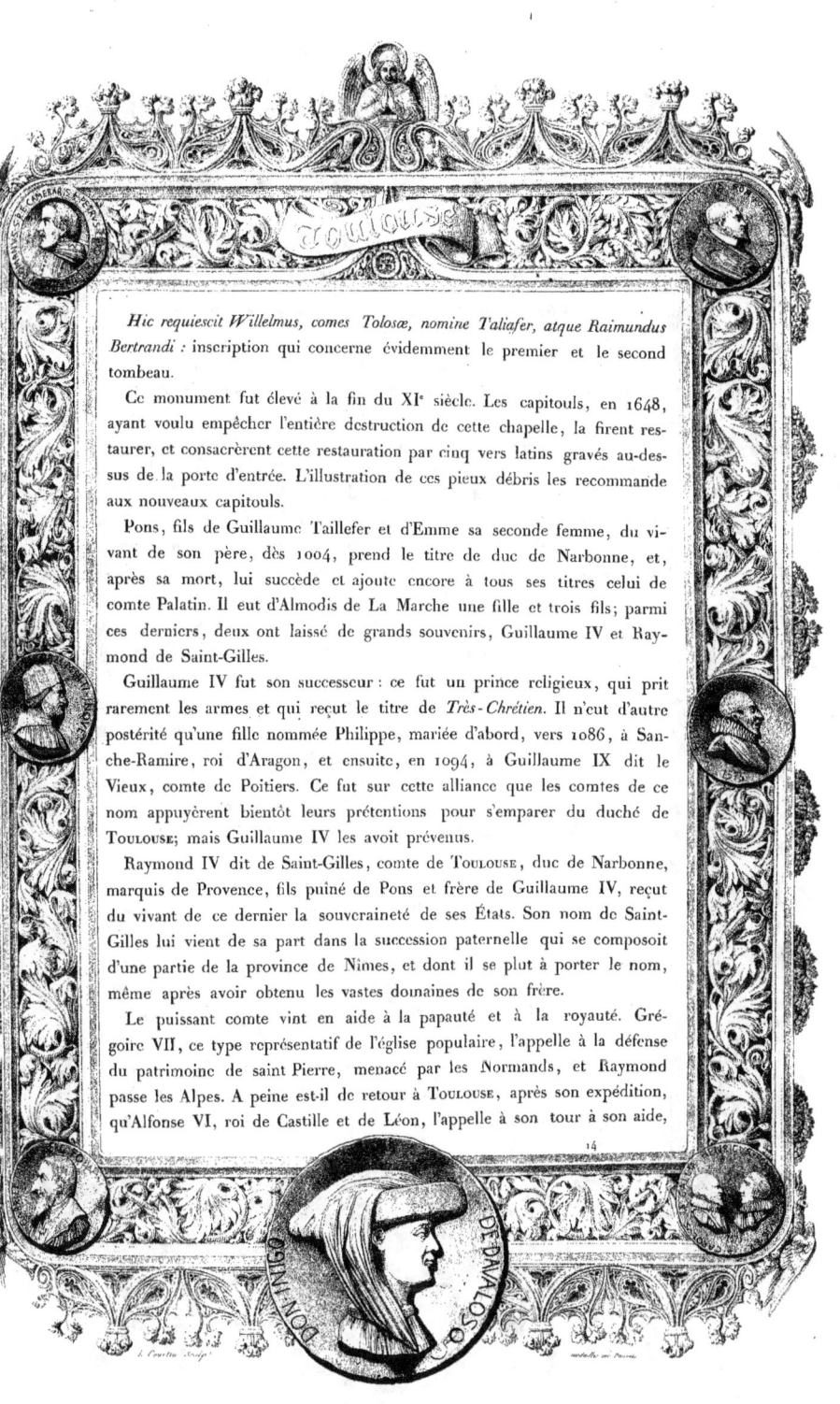

Hic requiescit Willelmus, comes Tolosæ, nomine Taliafer, atque Raimundus Bertrandi : inscription qui concerne évidemment le premier et le second tombeau.

Ce monument fut élevé à la fin du XIe siècle. Les capitouls, en 1648, ayant voulu empêcher l'entière destruction de cette chapelle, la firent restaurer, et consacrèrent cette restauration par cinq vers latins gravés au-dessus de la porte d'entrée. L'illustration de ces pieux débris les recommande aux nouveaux capitouls.

Pons, fils de Guillaume Taillefer et d'Emme sa seconde femme, du vivant de son père, dès 1004, prend le titre de duc de Narbonne, et, après sa mort, lui succède et ajoute encore à tous ses titres celui de comte Palatin. Il eut d'Almodis de La Marche une fille et trois fils; parmi ces derniers, deux ont laissé de grands souvenirs, Guillaume IV et Raymond de Saint-Gilles.

Guillaume IV fut son successeur : ce fut un prince religieux, qui prit rarement les armes et qui reçut le titre de *Très-Chrétien*. Il n'eut d'autre postérité qu'une fille nommée Philippe, mariée d'abord, vers 1086, à Sanche-Ramire, roi d'Aragon, et ensuite, en 1094, à Guillaume IX dit le Vieux, comte de Poitiers. Ce fut sur cette alliance que les comtes de ce nom appuyèrent bientôt leurs prétentions pour s'emparer du duché de Toulouse; mais Guillaume IV les avoit prévenus.

Raymond IV dit de Saint-Gilles, comte de Toulouse, duc de Narbonne, marquis de Provence, fils puiné de Pons et frère de Guillaume IV, reçut du vivant de ce dernier la souveraineté de ses États. Son nom de Saint-Gilles lui vient de sa part dans la succession paternelle qui se composoit d'une partie de la province de Nîmes, et dont il se plut à porter le nom, même après avoir obtenu les vastes domaines de son frère.

Le puissant comte vint en aide à la papauté et à la royauté. Grégoire VII, ce type représentatif de l'église populaire, l'appelle à la défense du patrimoine de saint Pierre, menacé par les Normands, et Raymond passe les Alpes. A peine est-il de retour à Toulouse, après son expédition, qu'Alfonse VI, roi de Castille et de Léon, l'appelle à son tour à son aide,

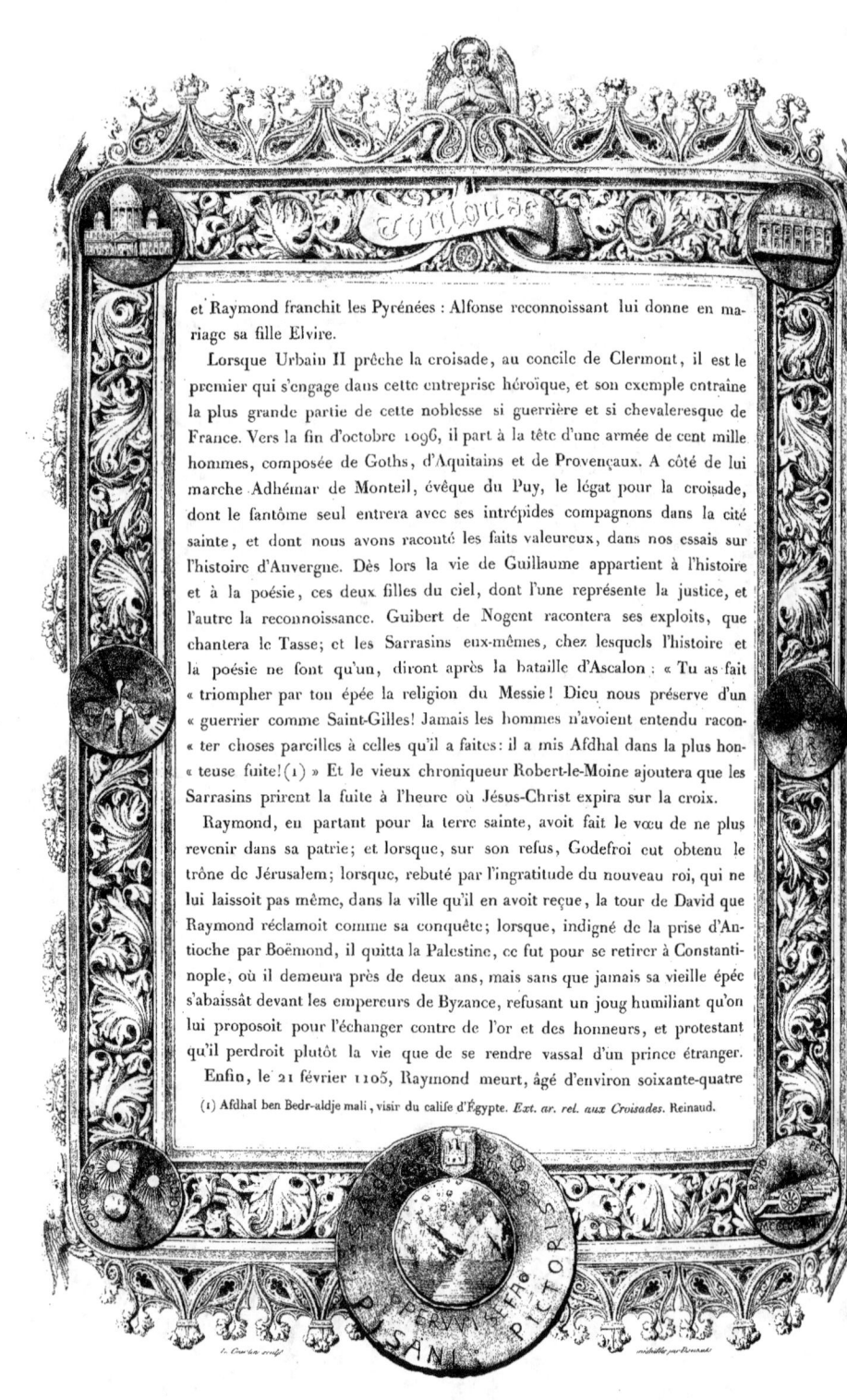

et Raymond franchit les Pyrénées : Alfonse reconnoissant lui donne en mariage sa fille Elvire.

Lorsque Urbain II prêche la croisade, au concile de Clermont, il est le premier qui s'engage dans cette entreprise héroïque, et son exemple entraîne la plus grande partie de cette noblesse si guerrière et si chevaleresque de France. Vers la fin d'octobre 1096, il part à la tête d'une armée de cent mille hommes, composée de Goths, d'Aquitains et de Provençaux. A côté de lui marche Adhémar de Monteil, évêque du Puy, le légat pour la croisade, dont le fantôme seul entrera avec ses intrépides compagnons dans la cité sainte, et dont nous avons raconté les faits valeureux, dans nos essais sur l'histoire d'Auvergne. Dès lors la vie de Guillaume appartient à l'histoire et à la poésie, ces deux filles du ciel, dont l'une représente la justice, et l'autre la reconnoissance. Guibert de Nogent racontera ses exploits, que chantera le Tasse; et les Sarrasins eux-mêmes, chez lesquels l'histoire et la poésie ne font qu'un, diront après la bataille d'Ascalon : « Tu as fait « triompher par ton épée la religion du Messie! Dieu nous préserve d'un « guerrier comme Saint-Gilles! Jamais les hommes n'avoient entendu raconter choses pareilles à celles qu'il a faites: il a mis Afdhal dans la plus honteuse fuite!(1) » Et le vieux chroniqueur Robert-le-Moine ajoutera que les Sarrasins prirent la fuite à l'heure où Jésus-Christ expira sur la croix.

Raymond, en partant pour la terre sainte, avoit fait le vœu de ne plus revenir dans sa patrie; et lorsque, sur son refus, Godefroi eut obtenu le trône de Jérusalem; lorsque, rebuté par l'ingratitude du nouveau roi, qui ne lui laissoit pas même, dans la ville qu'il en avoit reçue, la tour de David que Raymond réclamoit comme sa conquête; lorsque, indigné de la prise d'Antioche par Boëmond, il quitta la Palestine, ce fut pour se retirer à Constantinople, où il demeura près de deux ans, mais sans que jamais sa vieille épée s'abaissât devant les empereurs de Byzance, refusant un joug humiliant qu'on lui proposoit pour l'échanger contre de l'or et des honneurs, et protestant qu'il perdroit plutôt la vie que de se rendre vassal d'un prince étranger.

Enfin, le 21 février 1105, Raymond meurt, âgé d'environ soixante-quatre

(1) Afdhal ben Bedr-aldje mali, visir du calife d'Égypte. *Ext. ar. rel. aux Croisades*. Reinaud.

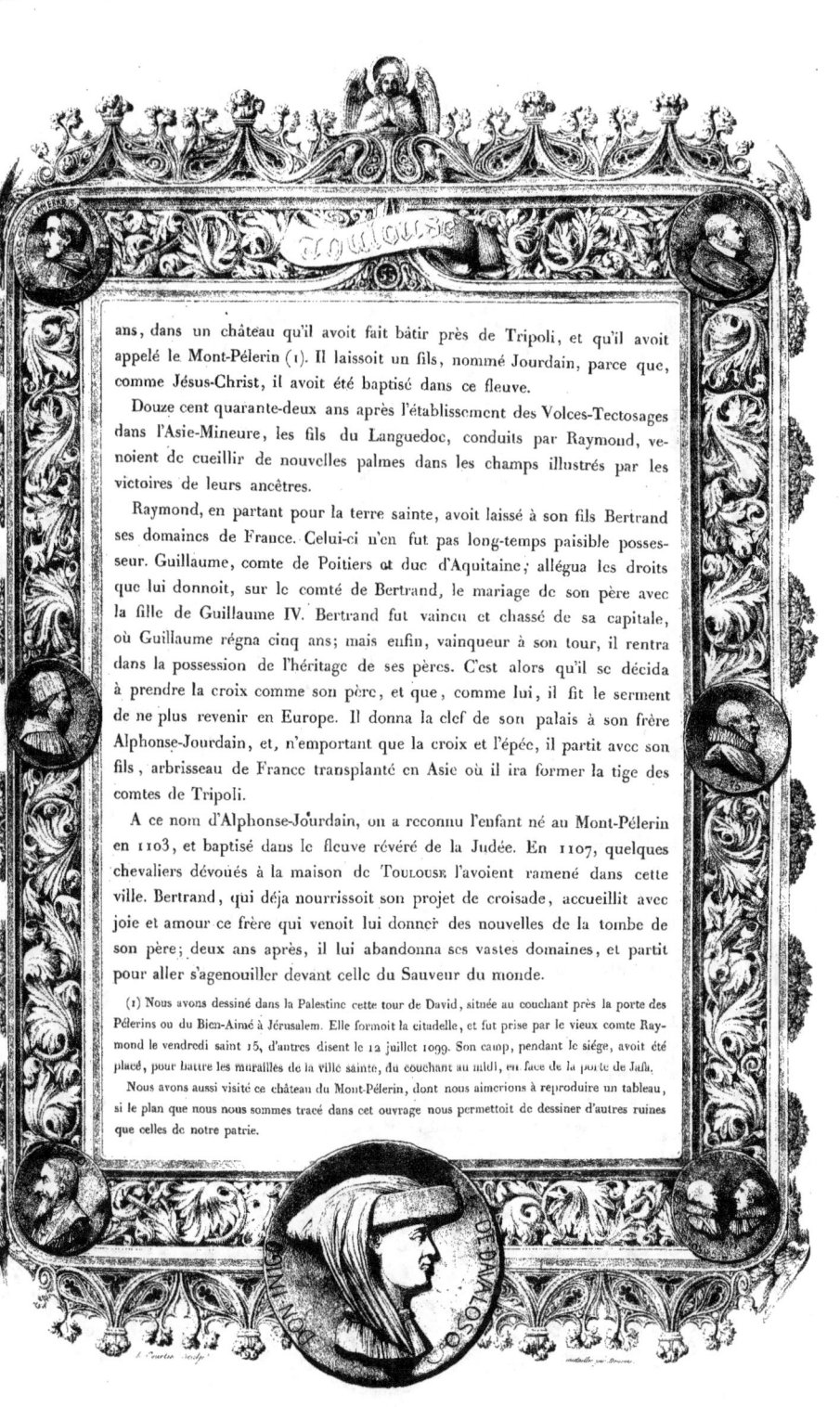

ans, dans un château qu'il avoit fait bâtir près de Tripoli, et qu'il avoit appelé le Mont-Pélerin (1). Il laissoit un fils, nommé Jourdain, parce que, comme Jésus-Christ, il avoit été baptisé dans ce fleuve.

Douze cent quarante-deux ans après l'établissement des Volces-Tectosages dans l'Asie-Mineure, les fils du Languedoc, conduits par Raymond, venoient de cueillir de nouvelles palmes dans les champs illustrés par les victoires de leurs ancêtres.

Raymond, en partant pour la terre sainte, avoit laissé à son fils Bertrand ses domaines de France. Celui-ci n'en fut pas long-temps paisible possesseur. Guillaume, comte de Poitiers et duc d'Aquitaine, allégua les droits que lui donnoit, sur le comté de Bertrand, le mariage de son père avec la fille de Guillaume IV. Bertrand fut vaincu et chassé de sa capitale, où Guillaume régna cinq ans; mais enfin, vainqueur à son tour, il rentra dans la possession de l'héritage de ses pères. C'est alors qu'il se décida à prendre la croix comme son père, et que, comme lui, il fit le serment de ne plus revenir en Europe. Il donna la clef de son palais à son frère Alphonse-Jourdain, et, n'emportant que la croix et l'épée, il partit avec son fils, arbrisseau de France transplanté en Asie où il ira former la tige des comtes de Tripoli.

A ce nom d'Alphonse-Jourdain, on a reconnu l'enfant né au Mont-Pélerin en 1103, et baptisé dans le fleuve révéré de la Judée. En 1107, quelques chevaliers dévoués à la maison de Toulouse l'avoient ramené dans cette ville. Bertrand, qui déja nourrissoit son projet de croisade, accueillit avec joie et amour ce frère qui venoit lui donner des nouvelles de la tombe de son père; deux ans après, il lui abandonna ses vastes domaines, et partit pour aller s'agenouiller devant celle du Sauveur du monde.

(1) Nous avons dessiné dans la Palestine cette tour de David, située au couchant près la porte des Pèlerins ou du Bien-Aimé à Jérusalem. Elle formoit la citadelle, et fut prise par le vieux comte Raymond le vendredi saint 15, d'autres disent le 12 juillet 1099. Son camp, pendant le siége, avoit été placé, pour battre les murailles de la ville sainte, du couchant au midi, en face de la porte de Jaffa.

Nous avons aussi visité ce château du Mont-Pélerin, dont nous aimerions à reproduire un tableau, si le plan que nous nous sommes tracé dans cet ouvrage nous permettoit de dessiner d'autres ruines que celles de notre patrie.

Guillaume de Poitiers vivoit encore; le vieillard crut le temps venu, et voulut dépouiller l'enfant; il y réussit sans peine; son adversaire avoit onze ans.

Guillaume gouverna les comtés et duchés des comtes de Toulouse jusqu'en 1119; mais ayant alors imprudemment traversé les Pyrénées pour tenter une expédition dans la marche d'Espagne, Toulouse se souleva et redemanda à grands cris l'enfant de son vieux duc de Saint-Gilles. Alphonse-Jourdain étoit alors dans la ville d'Orange, assiégé par le comte de Barcelone, allié de Guillaume d'Aquitaine. Les Toulousains se rassemblent, s'arment, proclament Alphonse leur maître, et vont, à travers l'armée du comte de Barcelone, chercher leur souverain, qu'ils ramènent à Toulouse.

Alphonse-Jourdain, au retour d'un pélerinage à Saint-Jacques de Compostelle, en Espagne, après avoir fondé, au mois d'octobre 1144, la ville de Montauban, part à son tour en 1147 pour la Palestine; il s'embarque sur une flotte qu'il avoit équipée à la Tour-du-Bouc, vers les embouchures du Rhône, à l'endroit où l'on construisit depuis le port d'Aigues-Mortes, et meurt à Césarée du poison que lui avoit fait donner, le jour même de son arrivée, Mélisende, reine de Jérusalem. C'est le quatrième comte de Toulouse qui se couche tout armé sur la terre du Christ.

Raymond V, surnommé le Bon comte Raymond, héritier de ses domaines d'Occident, vainqueur de la ligue formée contre lui par le comte de Barcelone, épouse Constance de France, sœur de Louis VII; veuve d'Eustache, fils d'Étienne, roi d'Angleterre. La grandeur de la maison de Toulouse arrivoit enfin à son plus haut degré de splendeur, et la fortune sembloit vouloir couronner toutes les entreprises des princes de cette dynastie. Bientôt le comte de Barcelone attire à son parti Henri II, duc de Normandie, qui héritera de la couronne de la Grande-Bretagne, et qui est devenu duc d'Aquitaine par son mariage avec Éléonore. Les alliés vont mettre le siége devant Toulouse; mais, avant qu'ils soient arrivés en vue de ses remparts, une des portes de la ville s'étoit ouverte devant le roi de France, qui avoit percé l'armée ennemie avec une poignée de soldats, pour venir au secours de son vassal et de son beau-frère. Ce renfort royal donna

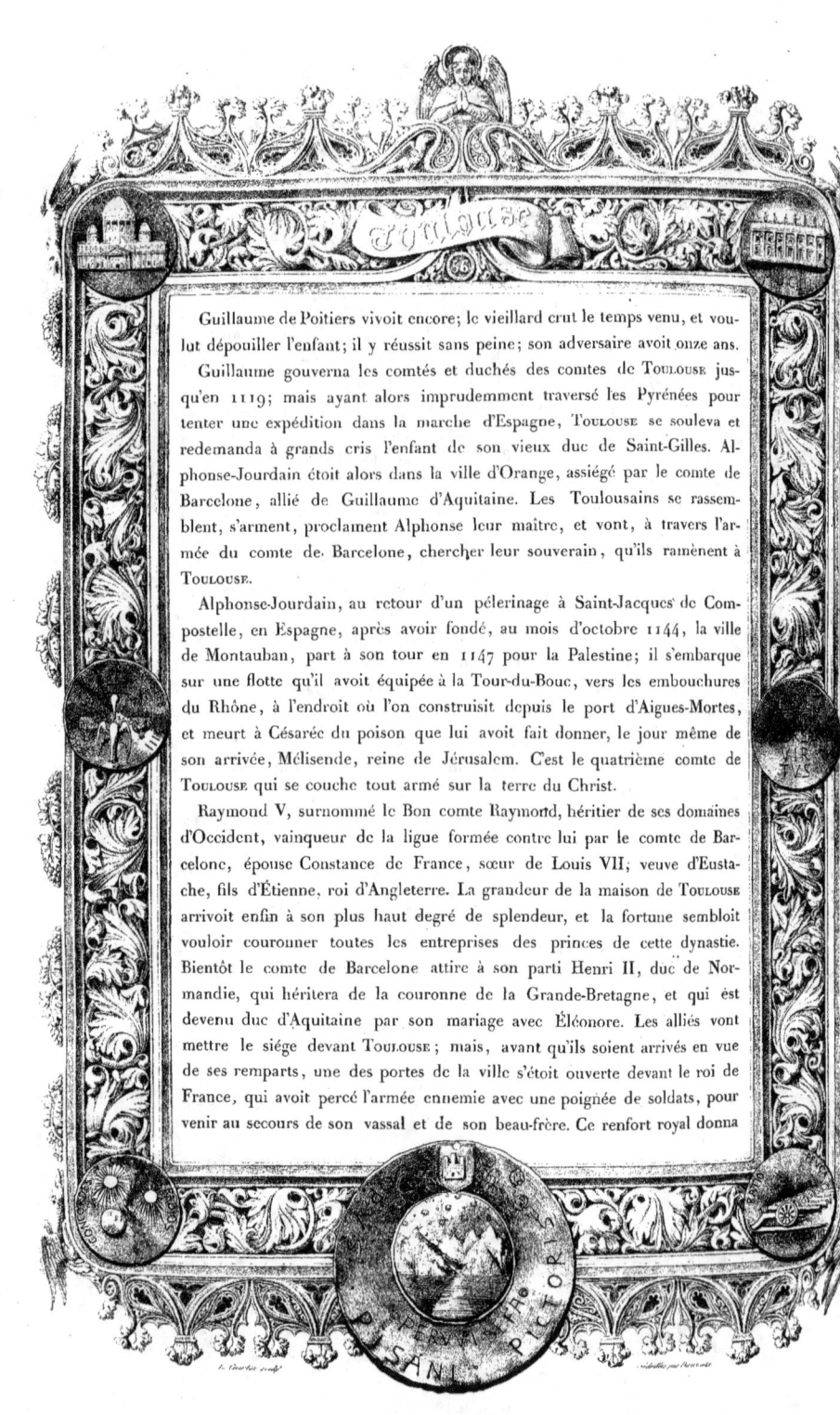

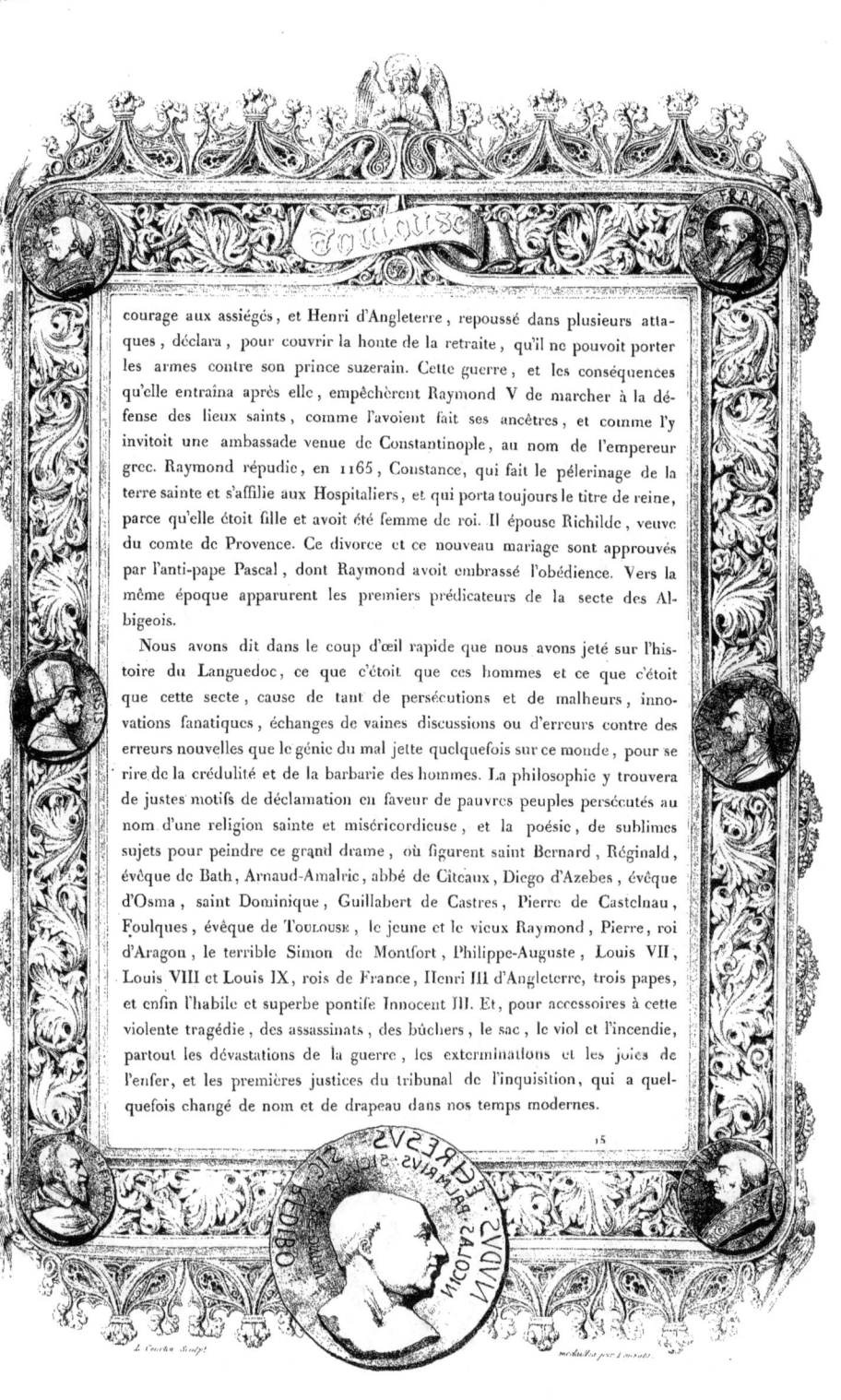

courage aux assiégés, et Henri d'Angleterre, repoussé dans plusieurs attaques, déclara, pour couvrir la honte de la retraite, qu'il ne pouvoit porter les armes contre son prince suzerain. Cette guerre, et les conséquences qu'elle entraîna après elle, empêchèrent Raymond V de marcher à la défense des lieux saints, comme l'avoient fait ses ancêtres, et comme l'y invitoit une ambassade venue de Constantinople, au nom de l'empereur grec. Raymond répudie, en 1165, Constance, qui fait le pélerinage de la terre sainte et s'affilie aux Hospitaliers, et qui porta toujours le titre de reine, parce qu'elle étoit fille et avoit été femme de roi. Il épouse Richilde, veuve du comte de Provence. Ce divorce et ce nouveau mariage sont approuvés par l'anti-pape Pascal, dont Raymond avoit embrassé l'obédience. Vers la même époque apparurent les premiers prédicateurs de la secte des Albigeois.

Nous avons dit dans le coup d'œil rapide que nous avons jeté sur l'histoire du Languedoc, ce que c'étoit que ces hommes et ce que c'étoit que cette secte, cause de tant de persécutions et de malheurs, innovations fanatiques, échanges de vaines discussions ou d'erreurs contre des erreurs nouvelles que le génie du mal jette quelquefois sur ce monde, pour se rire de la crédulité et de la barbarie des hommes. La philosophie y trouvera de justes motifs de déclamation en faveur de pauvres peuples persécutés au nom d'une religion sainte et miséricordieuse, et la poésie, de sublimes sujets pour peindre ce grand drame, où figurent saint Bernard, Réginald, évêque de Bath, Arnaud-Amalric, abbé de Citeaux, Diego d'Azebes, évêque d'Osma, saint Dominique, Guillabert de Castres, Pierre de Castelnau, Foulques, évêque de TOULOUSE, le jeune et le vieux Raymond, Pierre, roi d'Aragon, le terrible Simon de Montfort, Philippe-Auguste, Louis VII, Louis VIII et Louis IX, rois de France, Henri III d'Angleterre, trois papes, et enfin l'habile et superbe pontife Innocent III. Et, pour accessoires à cette violente tragédie, des assassinats, des bûchers, le sac, le viol et l'incendie, partout les dévastations de la guerre, les exterminations et les joies de l'enfer, et les premières justices du tribunal de l'inquisition, qui a quelquefois changé de nom et de drapeau dans nos temps modernes.

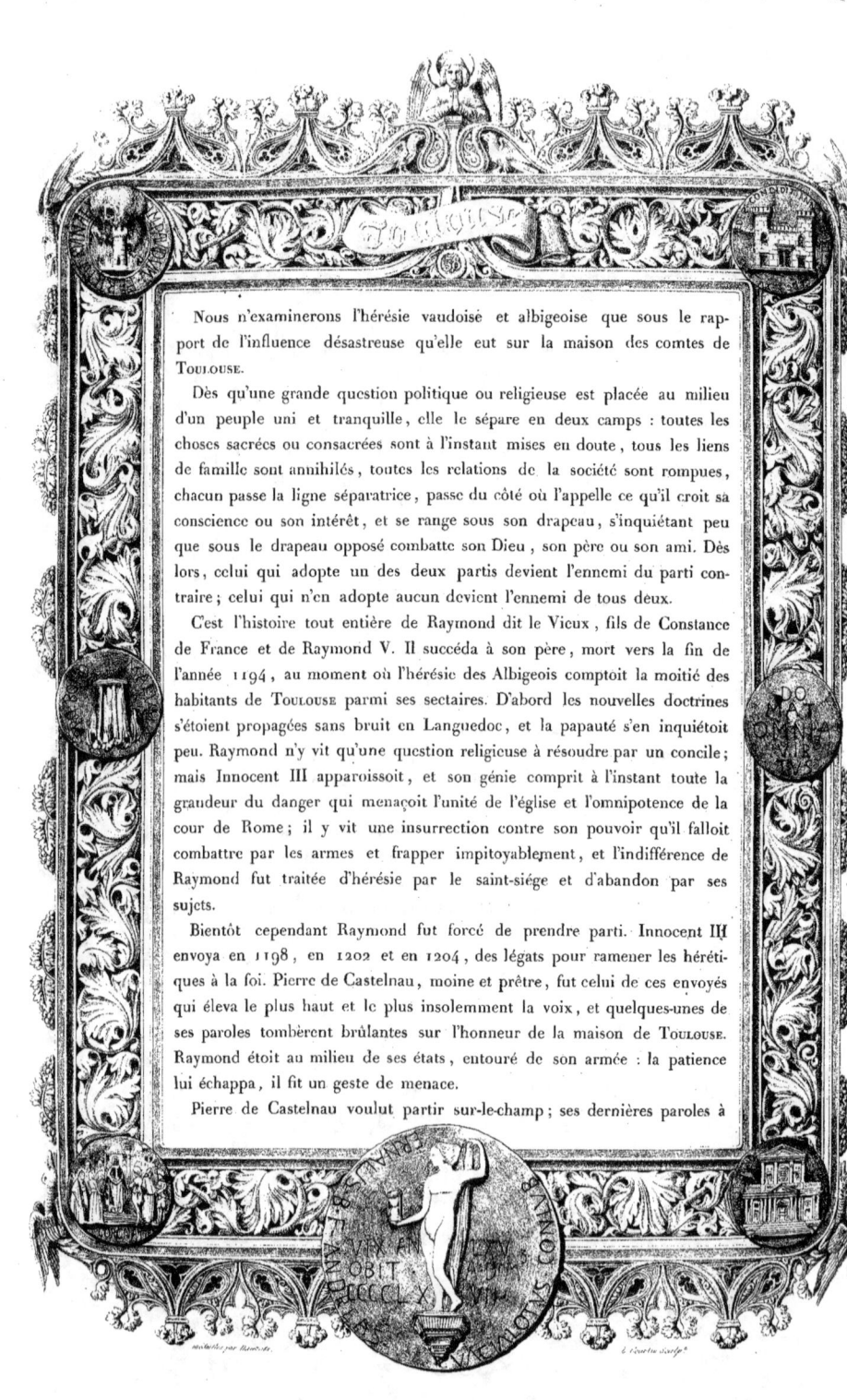

Nous n'examinerons l'hérésie vaudoise et albigeoise que sous le rapport de l'influence désastreuse qu'elle eut sur la maison des comtes de TOULOUSE.

Dès qu'une grande question politique ou religieuse est placée au milieu d'un peuple uni et tranquille, elle le sépare en deux camps : toutes les choses sacrées ou consacrées sont à l'instant mises en doute, tous les liens de famille sont annihilés, toutes les relations de la société sont rompues, chacun passe la ligne séparatrice, passe du côté où l'appelle ce qu'il croit sa conscience ou son intérêt, et se range sous son drapeau, s'inquiétant peu que sous le drapeau opposé combatte son Dieu, son père ou son ami. Dès lors, celui qui adopte un des deux partis devient l'ennemi du parti contraire ; celui qui n'en adopte aucun devient l'ennemi de tous deux.

C'est l'histoire tout entière de Raymond dit le Vieux, fils de Constance de France et de Raymond V. Il succéda à son père, mort vers la fin de l'année 1194, au moment où l'hérésie des Albigeois comptoit la moitié des habitants de TOULOUSE parmi ses sectaires. D'abord les nouvelles doctrines s'étoient propagées sans bruit en Languedoc, et la papauté s'en inquiétoit peu. Raymond n'y vit qu'une question religieuse à résoudre par un concile ; mais Innocent III apparoissoit, et son génie comprit à l'instant toute la grandeur du danger qui menaçoit l'unité de l'église et l'omnipotence de la cour de Rome ; il y vit une insurrection contre son pouvoir qu'il falloit combattre par les armes et frapper impitoyablement, et l'indifférence de Raymond fut traitée d'hérésie par le saint-siége et d'abandon par ses sujets.

Bientôt cependant Raymond fut forcé de prendre parti. Innocent III envoya en 1198, en 1202 et en 1204, des légats pour ramener les hérétiques à la foi. Pierre de Castelnau, moine et prêtre, fut celui de ces envoyés qui éleva le plus haut et le plus insolemment la voix, et quelques-unes de ses paroles tombèrent brûlantes sur l'honneur de la maison de TOULOUSE. Raymond étoit au milieu de ses états, entouré de son armée : la patience lui échappa, il fit un geste de menace.

Pierre de Castelnau voulut partir sur-le-champ ; ses dernières paroles à

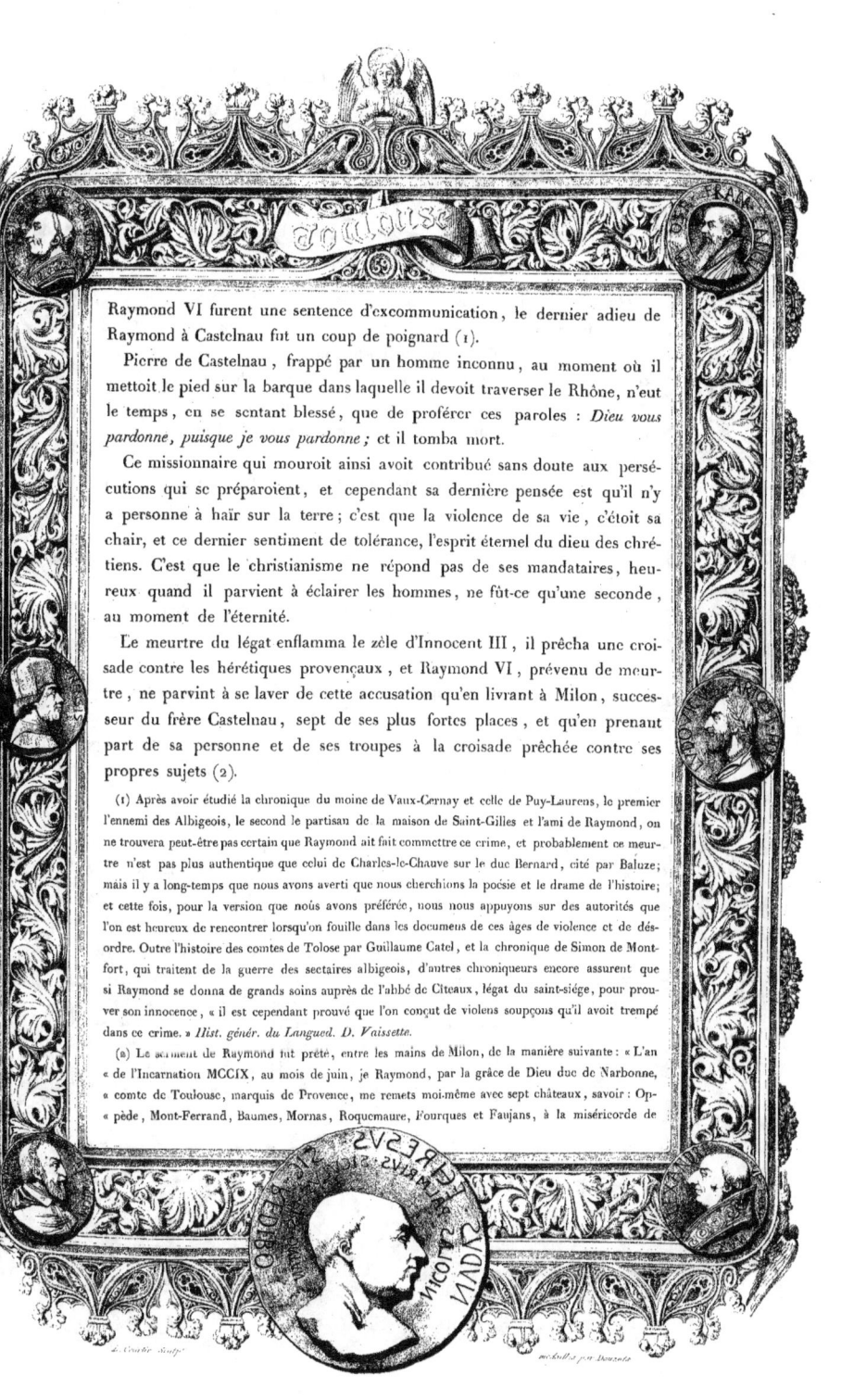

Raymond VI furent une sentence d'excommunication, le dernier adieu de Raymond à Castelnau fut un coup de poignard (1).

Pierre de Castelnau, frappé par un homme inconnu, au moment où il mettoit le pied sur la barque dans laquelle il devoit traverser le Rhône, n'eut le temps, en se sentant blessé, que de proférer ces paroles : *Dieu vous pardonne, puisque je vous pardonne ;* et il tomba mort.

Ce missionnaire qui mouroit ainsi avoit contribué sans doute aux persécutions qui se préparoient, et cependant sa dernière pensée est qu'il n'y a personne à haïr sur la terre ; c'est que la violence de sa vie, c'étoit sa chair, et ce dernier sentiment de tolérance, l'esprit éternel du dieu des chrétiens. C'est que le christianisme ne répond pas de ses mandataires, heureux quand il parvient à éclairer les hommes, ne fût-ce qu'une seconde, au moment de l'éternité.

Le meurtre du légat enflamma le zèle d'Innocent III, il prêcha une croisade contre les hérétiques provençaux, et Raymond VI, prévenu de meurtre, ne parvint à se laver de cette accusation qu'en livrant à Milon, successeur du frère Castelnau, sept de ses plus fortes places, et qu'en prenant part de sa personne et de ses troupes à la croisade prêchée contre ses propres sujets (2).

(1) Après avoir étudié la chronique du moine de Vaux-Cernay et celle de Puy-Laurens, le premier l'ennemi des Albigeois, le second le partisan de la maison de Saint-Gilles et l'ami de Raymond, on ne trouvera peut-être pas certain que Raymond ait fait commettre ce crime, et probablement ce meurtre n'est pas plus authentique que celui de Charles-le-Chauve sur le duc Bernard, cité par Baluze; mais il y a long-temps que nous avons averti que nous cherchions la poésie et le drame de l'histoire; et cette fois, pour la version que nous avons préférée, nous nous appuyons sur des autorités que l'on est heureux de rencontrer lorsqu'on fouille dans les documens de ces âges de violence et de désordre. Outre l'histoire des comtes de Tolose par Guillaume Catel, et la chronique de Simon de Montfort, qui traitent de la guerre des sectaires albigeois, d'autres chroniqueurs encore assurent que si Raymond se donna de grands soins auprès de l'abbé de Cîteaux, légat du saint-siége, pour prouver son innocence, « il est cependant prouvé que l'on conçut de violens soupçons qu'il avoit trempé dans ce crime. » *Hist. génér. du Langued. D. Vaissette.*

(2) Le serment de Raymond fut prêté, entre les mains de Milon, de la manière suivante : « L'an « de l'Incarnation MCCIX, au mois de juin, je Raymond, par la grâce de Dieu duc de Narbonne, « comte de Toulouse, marquis de Provence, me remets moi-même avec sept châteaux, savoir : Op- « pède, Mont-Ferrand, Baumes, Mornas, Roquemaure, Fourques et Faujans, à la miséricorde de

Quand nous irons sous les cloîtres de la magnifique abbaye de Saint-Gilles, nous donnerons la description de la cérémonie qui fut exécutée pour consacrer son absolution, après qu'il se fut soumis à la pénitence, à genoux, le corps à moitié nu, sur les marches du porche de l'église, frappé avec une poignée de verges, et conduit ensuite, une étole passée au cou, dans l'intérieur du temple pour recevoir l'absolution au milieu d'une foule innombrable de peuple.

Cette cérémonie humiliante et désespérante pour l'illustre comte eut lieu le 18 de juin de l'an 1209.

Bientôt Raymond s'aperçut qu'un intérêt temporel augmentoit encore le zèle des croisés ; chacun espéroit emporter pour sa part un lambeau du riche domaine des comtes de Toulouse. Raymond s'en plaignit hautement, et Milon répondit par une troisième sentence d'excommunication.

Alors Raymond résolut d'en appeler en personne au pape : il partit pour Rome.

Innocent III le reçut comme un enfant de l'église, qui demande le pardon d'une bonne mère ; il lui jeta un riche manteau sur les épaules, lui donna une bague précieuse et lui remit un bref qui portoit défense à qui que ce fût de s'emparer de ses domaines, attendu qu'il avoit été reconnu innocent du meurtre de Castelnau.

Raymond partit heureux ; il franchit les Alpes et trouva une partie de ses états envahie par Simon de Montfort. Le vieux comte ignoroit que la main qui avoit signé le bref avoit aussi écrit cette lettre : « Sur ce que vous « nous avez demandé de quelle manière les croisés doivent se comporter à « l'égard du comte de Toulouse, nous vous conseillons avec l'*apôtre*, d'em- « ployer la ruse, qui, dans une occasion semblable, doit être plutôt appelée

« Dieu et au pouvoir absolu de l'église romaine, du pape et de vous, seigneur Milon, légat du siége
« apostolique, pour servir de caution au sujet des articles pour lesquels je suis excommunié. Je
« confesse dès à présent tenir ces châteaux au nom de l'église romaine ; promettant de les remettre
« incessamment à qui vous voudrez, et quand vous le jugerez à propos ; d'obliger comme vous l'or-
« donnerez leurs gouverneurs et leurs habitans à jurer de les garder exactement, tout le temps qu'ils
« seront au pouvoir de l'église romaine, nonobstant la fidélité qu'ils me doivent, et enfin de les
« faire garder à mes dépens. »

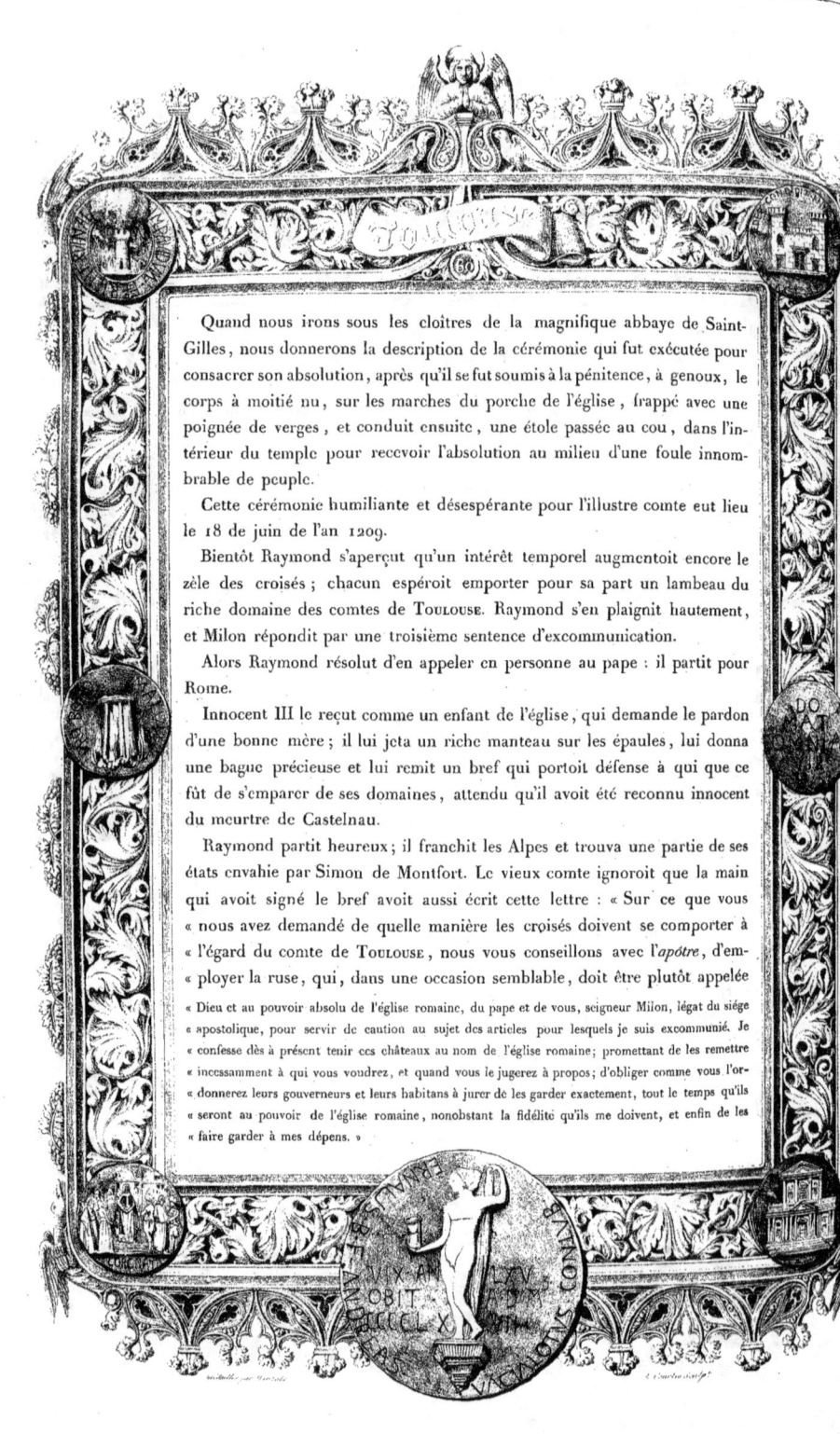

« prudence. Ainsi, après en avoir délibéré avec les plus sages de l'armée,
« vous attaquerez séparément ceux qui sont séparés de l'unité : vous ne vous
« en prendrez pas d'abord au comte de Toulouse, si vous prévoyez qu'il ne
« s'empresse pas de secourir les autres, et s'il est plus réservé dans sa conduite;
« mais le laissant pour un temps, suivant l'art d'une sage dissimulation, vous
« commencerez par faire la guerre aux autres hérétiques, de crainte que s'ils
« étoient tous réunis, il ne fût plus difficile de les vaincre; par-là, ces der-
« niers étant moins secourus par le comte, seront plus aisément défaits, et
« ce prince voyant leur défaite, rentrera peut-être en lui-même. S'il persévère
« dans sa méchanceté, il sera beaucoup plus facile de l'attaquer, lorsqu'il se
« trouvera seul, et hors d'état d'être secouru par les autres (1). »

Innocent III n'auroit-il pas eu cette politique, qu'on ne met point de masses en mouvement, qu'on ne lâche point un peuple contre un autre peuple ou contre ses frères, sans qu'il demande sa part du butin, quand vient le moment du pillage, sans que les chefs qui l'ont conduit et qui font la curée, prennent la part du lion?

Simon de Montfort étoit de ces hommes comme il en naît exprès pour les guerres civiles ou religieuses : ambitieux et dévot, habile capitaine, croyant sincèrement à la force des armes, frappant sans scrupule et sans remords; bon politique, brave de corps et dur de cœur : enfin une de ces organisations triplement trempées par la nature, afin qu'elle soit à l'épreuve de la fatigue, du fer et du feu.

Raymond rentra dans Toulouse; bon nombre d'hommes et de noblesse lui étoient restés fidèles, il les rassembla et se mit à leur tête : dès lors commença entre les deux rivaux cette lutte acharnée, combat de tigres dont chaque morsure devoit être mortelle, et qui cependant dura près de sept ans.

Enfin en 1217, Toulouse, après avoir vu successivement flotter sur ses murs les bannières triomphantes de Raymond VI et de Simon de Montfort, se retrouva de nouveau possédée par Raymond et assiégée par Montfort : la catastrophe qui devoit terminer ce grand drame s'approchoit.

Montfort avoit battu les partisans de Raymond à Muret, et tué dans cette

(1) Innoc. III, l. xi, ép. 232.

bataille le roi Pierre d'Aragon, jeune prince, beau, gracieux, libéral, et poëte, qui tomba comme une fleur sous la faux le jour d'une moisson où vingt mille hommes furent fauchés par la terrible épée de Simon. Lavaur étoit livrée aux flammes, et la dame Guirande à qui elle appartenoit, jetée vivante dans un puits qu'on recouvroit de pierres, parce qu'elle passoit pour une hérétique obstinée. Le concile de Latran dépouilloit Raymond de ses états, et ses misères obligeoient le vieux comte à quitter le château Narbonnois, cette forteresse romaine, le palais de ses pères, pour aller demander un asile à la famille de Roaix, qui a laissé son nom à l'une des places de TOULOUSE : famille célèbre par son esprit guerrier, et honorée soixante-deux fois de la magistrature municipale. Les habitans de TOULOUSE, lassés de la tyrannie des soldats victorieux de Montfort, se révoltoient. Simon croyoit étouffer la révolte dans le sang ; mais le sang faisoit naître de nouveaux défenseurs pour les comtes de Saint-Gilles. Le jeune Raymond, vainqueur dans la Provence, dans le comtat Venaissin, dans le bas Languedoc, accouroit au secours de son père. Simon veut en terminer avec ces Toulousains fanatiques de fidélité, il investit encore une fois leur ville, déploie ses tentes sous leurs murailles, et commence son dernier siège. « Le comte Simon tenoit la ville de TOULOUSE
« assiégée depuis neuf mois, lorsque les assiégés se disposèrent de grand matin
« à faire une sortie, le lendemain de la Saint-Jean-Baptiste, dans l'espérance
« de trouver une partie des François endormis. Ils se partagèrent en deux
« corps, dont l'un eut ordre d'attaquer les machines, tandis que l'autre feroit
« une irruption dans le camp des croisés, afin de les obliger à diviser leurs
« forces. Simon assistoit actuellement à matines, lorsqu'on vint l'avertir que
« ses ennemis se préparoient à faire cette sortie. Il ordonne qu'on lui ap-
« porte ses armes, et les ayant prises, il va entendre la messe. A peine est-
« elle commencée que les Toulousains défilent dans le fossé, enseignes déployées,
« et en ordre de bataille. Ils se séparent ensuite comme ils l'avoient projeté :
« une partie attaque ceux qui gardoient les machines, et l'autre marche droit
« au camp. On vient dire aussitôt à Simon de courir promptement au secours
« de ses troupes, que les Toulousains poussoient vivement. Ce général répond
« qu'il marchera dès que la messe sera finie : dans l'instant un nouvel exprès

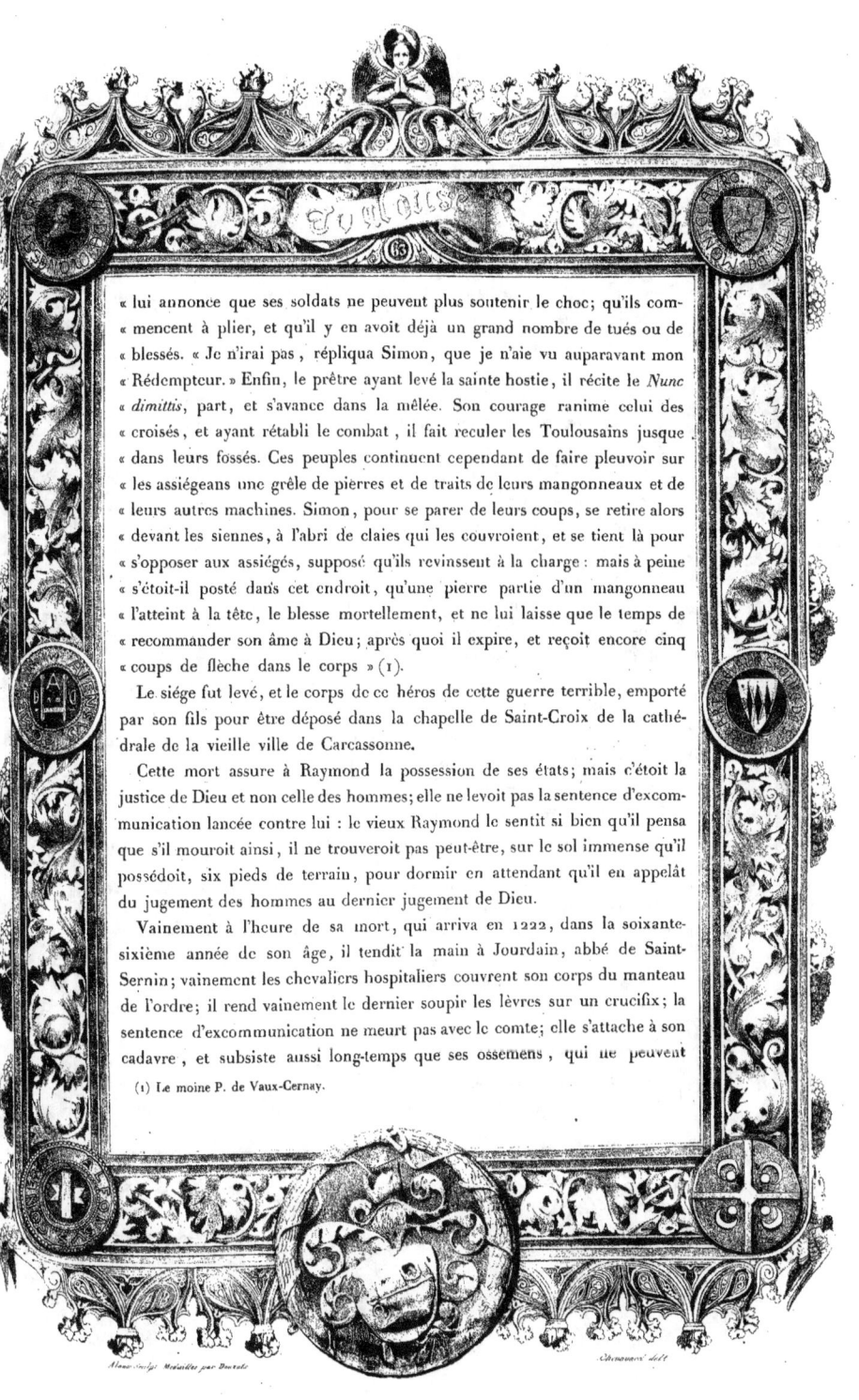

« lui annonce que ses soldats ne peuvent plus soutenir le choc; qu'ils com-
« mencent à plier, et qu'il y en avoit déjà un grand nombre de tués ou de
« blessés. « Je n'irai pas, répliqua Simon, que je n'aie vu auparavant mon
« Rédempteur. » Enfin, le prêtre ayant levé la sainte hostie, il récite le *Nunc*
« *dimittis*, part, et s'avance dans la mêlée. Son courage ranime celui des
« croisés, et ayant rétabli le combat, il fait reculer les Toulousains jusque
« dans leurs fossés. Ces peuples continuent cependant de faire pleuvoir sur
« les assiégeans une grêle de pierres et de traits de leurs mangonneaux et de
« leurs autres machines. Simon, pour se parer de leurs coups, se retire alors
« devant les siennes, à l'abri de claies qui les couvroient, et se tient là pour
« s'opposer aux assiégés, supposé qu'ils revinssent à la charge : mais à peine
« s'étoit-il posté dans cet endroit, qu'une pierre partie d'un mangonneau
« l'atteint à la tête, le blesse mortellement, et ne lui laisse que le temps de
« recommander son âme à Dieu; après quoi il expire, et reçoit encore cinq
« coups de flèche dans le corps » (1).

Le siége fut levé, et le corps de ce héros de cette guerre terrible, emporté par son fils pour être déposé dans la chapelle de Saint-Croix de la cathédrale de la vieille ville de Carcassonne.

Cette mort assure à Raymond la possession de ses états; mais c'étoit la justice de Dieu et non celle des hommes; elle ne levoit pas la sentence d'excommunication lancée contre lui : le vieux Raymond le sentit si bien qu'il pensa que s'il mouroit ainsi, il ne trouveroit pas peut-être, sur le sol immense qu'il possédoit, six pieds de terrain, pour dormir en attendant qu'il en appelât du jugement des hommes au dernier jugement de Dieu.

Vainement à l'heure de sa mort, qui arriva en 1222, dans la soixante-sixième année de son âge, il tendit la main à Jourdain, abbé de Saint-Sernin; vainement les chevaliers hospitaliers couvrent son corps du manteau de l'ordre; il rend vainement le dernier soupir les lèvres sur un crucifix; la sentence d'excommunication ne meurt pas avec le comte; elle s'attache à son cadavre, et subsiste aussi long-temps que ses ossemens, qui ne peuvent

(1) Le moine P. de Vaux-Cernay.

reposer en terre sainte, et qu'au dernier siècle, on voyoit encore à Toulouse, déposés dans la chapelle de Malte, et renfermés depuis cinq cents ans dans le coffre de bois qui devoit leur servir de cercueil (1).

Raymond VII lui succéda : c'étoit avec lui que devoient s'éteindre le nom et la puissance des comtes. Une seule fille naît de ses deux mariages avec Sancie, sœur de Pierre, roi d'Aragon, dont il étoit séparé, pour cause, disoit-il, d'une affinité spirituelle qu'il avoit contractée avec la princesse, et d'une autre Sancie, fille de Raymond-Béranger IV, comte de Provence, qui avoit été la véritable cause de son premier divorce. Cette fille devint l'épouse d'Alphonse, comte de Poitou, frère du roi Louis IX ; et, seule héritière de son père, elle porta dans la maison de France des domaines si vastes, qu'ils avoient pendant un siècle et demi suffi à former un royaume séparé.

Raymond VII fit un voyage à Paris : ce fut pour aller, en chemise et nupieds, devant le portail de Notre-Dame, recevoir du cardinal Saint-Ange, l'absolution d'une excommunication qui avoit pour cause la résistance de Raymond à se laisser dépouiller d'une partie de ses états au profit de la cour de Rome et du monarque, son suzerain. Il fallut cependant céder, et par ce traité, Raymond perdit la plus grande partie de ses domaines, ayant abandonné à l'église tout ce qui lui appartenoit au-delà du Rhône, et au roi de France tous les droits que ses pères avoient exercés dans les limites du diocèse de Toulouse, et depuis la rivière du Tarn jusqu'au Rhône. Pour assurer la sincérité de ses dispositions, le comte alla se mettre volontairement

---

(1) Nous ne croyons pas, malgré les assertions de quelques auteurs, que l'on ait jamais élevé un tombeau à Raymond VI dans la maison des chevaliers de Saint-Jean de Jérusalem, et nous considérons comme apocryphes ces vers en langue romane qui furent, disent-ils, inscrits sur ce tombeau :

Non y a hom dins lo mon, per grand senhor que fos,
Que m' gites de ma terra se la gleisa no fos.

Il n'y a homine dans le monde, quelque grand seigneur qu'il fût,
Qui me chassât de ma terre, si l'église n'étoit.

Il existe une autre leçon de ces deux vers, mais la manière dont plusieurs mots sont écrits, et notamment le mot *fons* au lieu de *fos*, sembleroit prouver encore le peu d'ancienneté de cette épitaphe.

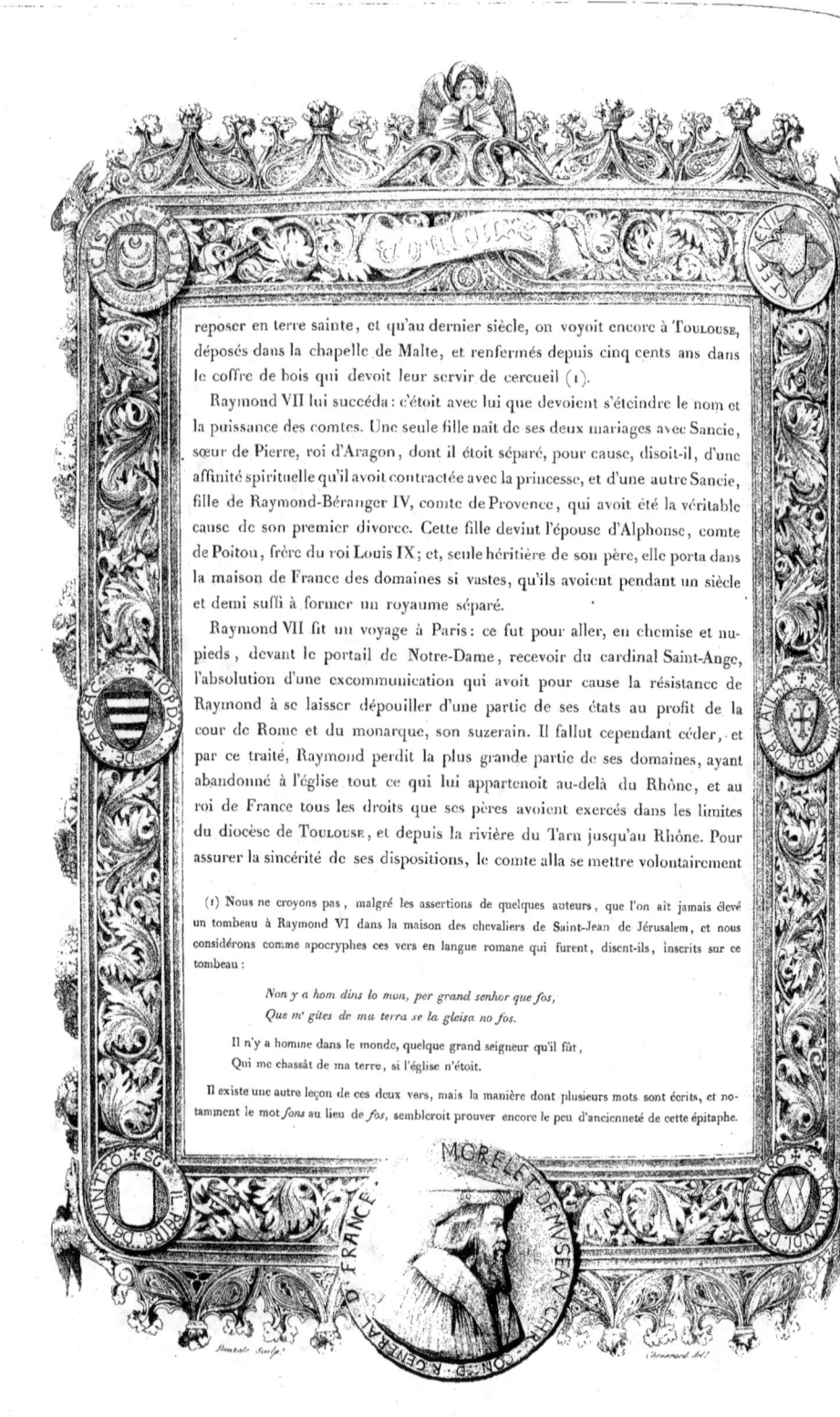

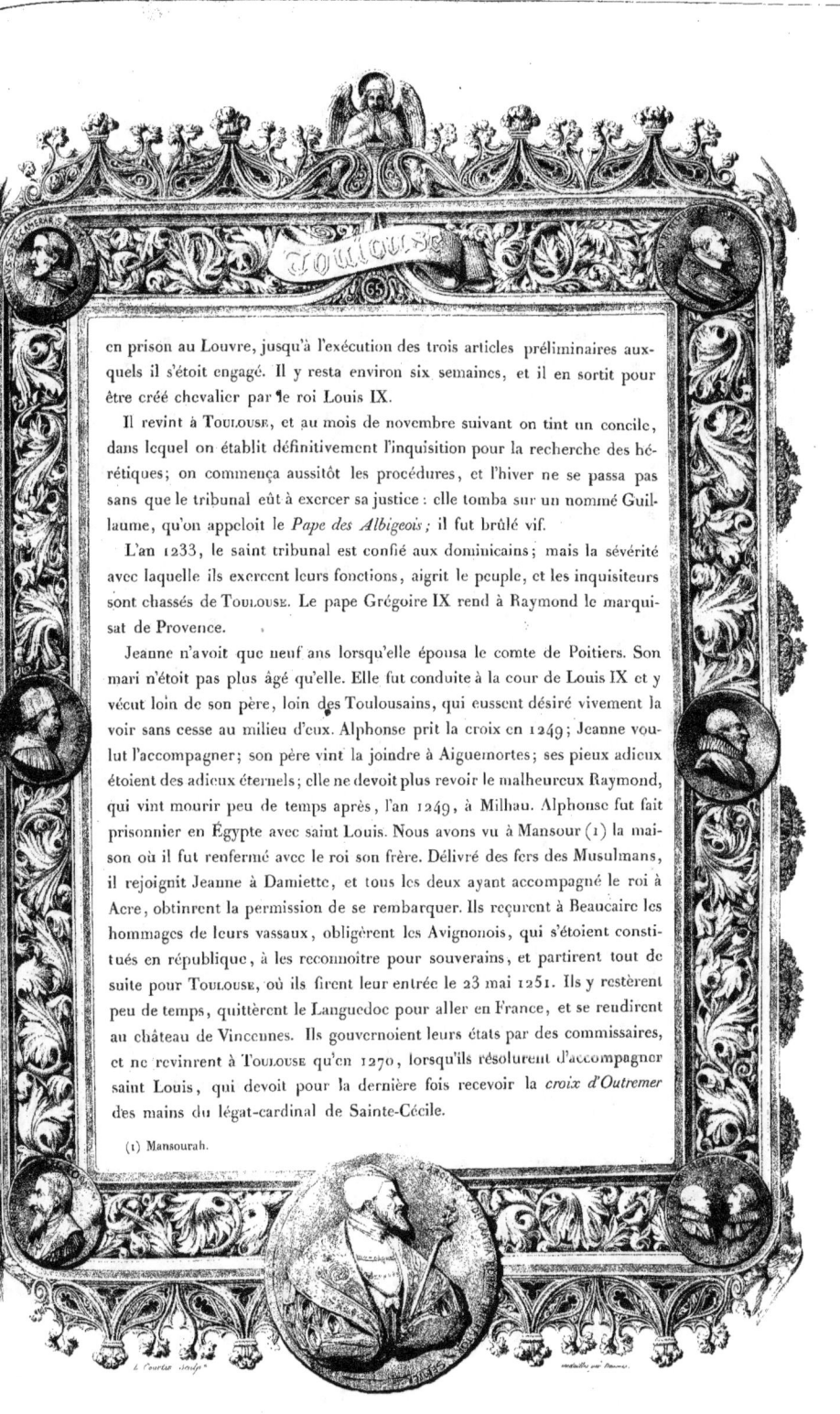

en prison au Louvre, jusqu'à l'exécution des trois articles préliminaires auxquels il s'étoit engagé. Il y resta environ six semaines, et il en sortit pour être créé chevalier par le roi Louis IX.

Il revint à Toulouse, et au mois de novembre suivant on tint un concile, dans lequel on établit définitivement l'inquisition pour la recherche des hérétiques; on commença aussitôt les procédures, et l'hiver ne se passa pas sans que le tribunal eût à exercer sa justice : elle tomba sur un nommé Guillaume, qu'on appeloit le *Pape des Albigeois*; il fut brûlé vif.

L'an 1233, le saint tribunal est confié aux dominicains; mais la sévérité avec laquelle ils exercent leurs fonctions, aigrit le peuple, et les inquisiteurs sont chassés de Toulouse. Le pape Grégoire IX rend à Raymond le marquisat de Provence.

Jeanne n'avoit que neuf ans lorsqu'elle épousa le comte de Poitiers. Son mari n'étoit pas plus âgé qu'elle. Elle fut conduite à la cour de Louis IX et y vécut loin de son père, loin des Toulousains, qui eussent désiré vivement la voir sans cesse au milieu d'eux. Alphonse prit la croix en 1249; Jeanne voulut l'accompagner; son père vint la joindre à Aiguemortes; ses pieux adieux étoient des adieux éternels; elle ne devoit plus revoir le malheureux Raymond, qui vint mourir peu de temps après, l'an 1249, à Milhau. Alphonse fut fait prisonnier en Égypte avec saint Louis. Nous avons vu à Mansour (1) la maison où il fut renfermé avec le roi son frère. Délivré des fers des Musulmans, il rejoignit Jeanne à Damiette, et tous les deux ayant accompagné le roi à Acre, obtinrent la permission de se rembarquer. Ils reçurent à Beaucaire les hommages de leurs vassaux, obligèrent les Avignonois, qui s'étoient constitués en république, à les reconnoître pour souverains, et partirent tout de suite pour Toulouse, où ils firent leur entrée le 23 mai 1251. Ils y restèrent peu de temps, quittèrent le Languedoc pour aller en France, et se rendirent au château de Vincennes. Ils gouvernoient leurs états par des commissaires, et ne revinrent à Toulouse qu'en 1270, lorsqu'ils résolurent d'accompagner saint Louis, qui devoit pour la dernière fois recevoir la *croix d'Outremer* des mains du légat-cardinal de Sainte-Cécile.

(1) Mansourah.

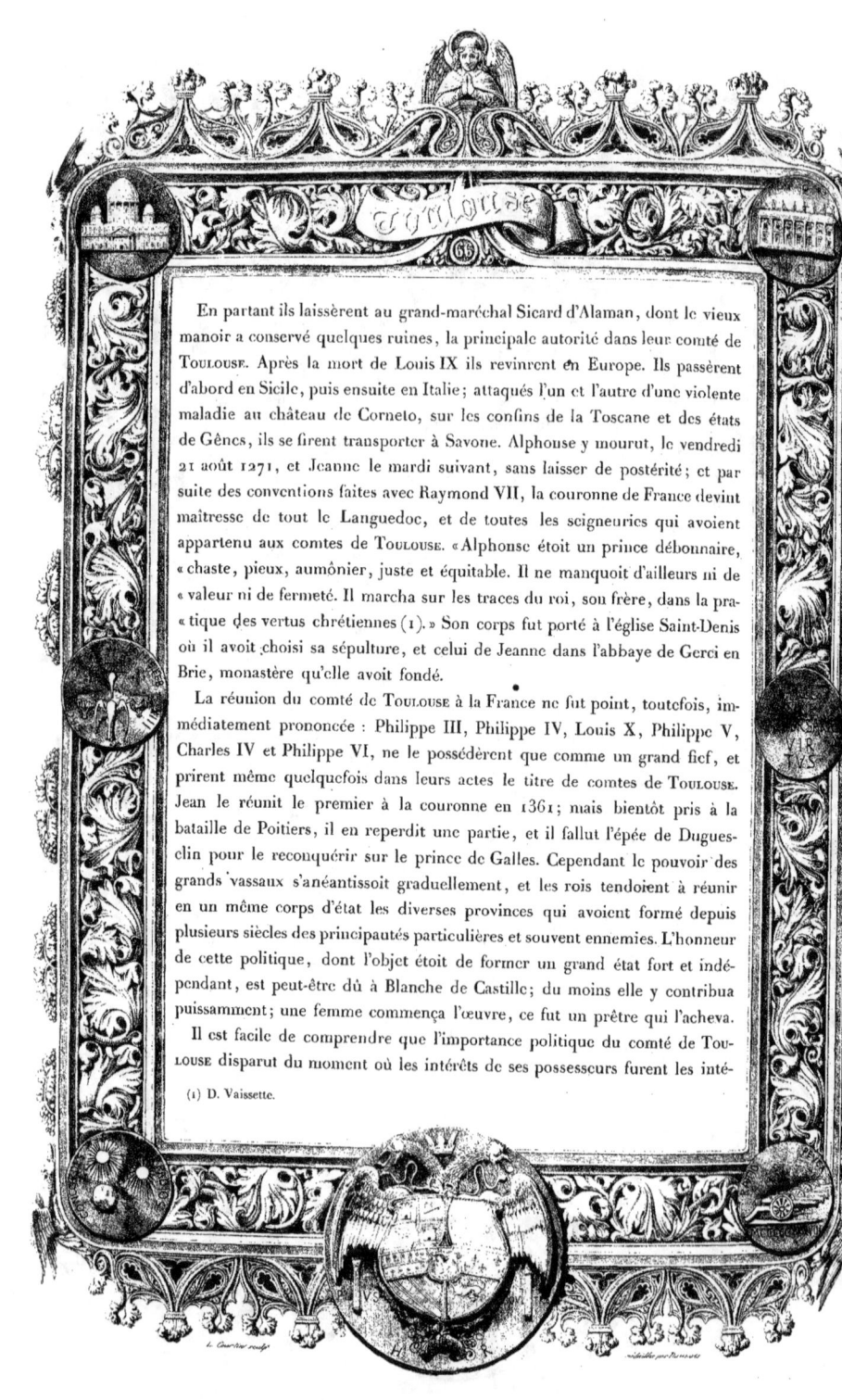

En partant ils laissèrent au grand-maréchal Sicard d'Alaman, dont le vieux manoir a conservé quelques ruines, la principale autorité dans leur comté de Toulouse. Après la mort de Louis IX ils revinrent en Europe. Ils passèrent d'abord en Sicile, puis ensuite en Italie; attaqués l'un et l'autre d'une violente maladie au château de Corneto, sur les confins de la Toscane et des états de Gênes, ils se firent transporter à Savone. Alphonse y mourut, le vendredi 21 août 1271, et Jeanne le mardi suivant, sans laisser de postérité; et par suite des conventions faites avec Raymond VII, la couronne de France devint maîtresse de tout le Languedoc, et de toutes les seigneuries qui avoient appartenu aux comtes de Toulouse. «Alphonse étoit un prince débonnaire, « chaste, pieux, aumônier, juste et équitable. Il ne manquoit d'ailleurs ni de « valeur ni de fermeté. Il marcha sur les traces du roi, son frère, dans la pra- « tique des vertus chrétiennes (1). » Son corps fut porté à l'église Saint-Denis où il avoit choisi sa sépulture, et celui de Jeanne dans l'abbaye de Gerci en Brie, monastère qu'elle avoit fondé.

La réunion du comté de Toulouse à la France ne fut point, toutefois, immédiatement prononcée : Philippe III, Philippe IV, Louis X, Philippe V, Charles IV et Philippe VI, ne le possédèrent que comme un grand fief, et prirent même quelquefois dans leurs actes le titre de comtes de Toulouse. Jean le réunit le premier à la couronne en 1361; mais bientôt pris à la bataille de Poitiers, il en reperdit une partie, et il fallut l'épée de Duguesclin pour le reconquérir sur le prince de Galles. Cependant le pouvoir des grands vassaux s'anéantissoit graduellement, et les rois tendoient à réunir en un même corps d'état les diverses provinces qui avoient formé depuis plusieurs siècles des principautés particulières et souvent ennemies. L'honneur de cette politique, dont l'objet étoit de former un grand état fort et indépendant, est peut-être dû à Blanche de Castille; du moins elle y contribua puissamment; une femme commença l'œuvre, ce fut un prêtre qui l'acheva.

Il est facile de comprendre que l'importance politique du comté de Toulouse disparut du moment où les intérêts de ses possesseurs furent les inté-

(1) D. Vaissette.

rêts de la couronne. C'est le sort des provinces conquises, usurpations parasites qui meurent sur le tronc où la force les a entées. Les grandes familles qui jouissoient des premiers honneurs à la cour des souverains nationaux languedociens, se trouvèrent placées en seconde ou en troisième ligne à la cour des rois de France, et c'en étoit fait de Toulouse comme reine, si de ses mains, auxquelles échappoit la souveraineté politique, elle n'avoit ressaisi la souveraineté de l'art. Ce fut bien fait à elle, car le luth de ses troubadours la rendit, sinon aussi puissante, du moins aussi glorieuse que l'avoit fait l'épée de ses comtes.

Le traité de 1229 fonda déjà une université; mais ce fut dans le siècle suivant que Toulouse mérita une grande renommée. Sous ses illustres comtes la poésie latine avoit fleuri. Raymond, religieux de l'ordre de Cluni, cité par Pierre de Vaulxcernai comme un homme célèbre qui cultivoit particulièrement les muses latines, est né dans notre Rome gasconne. Pierre le Vénérable, abbé de Cluni, dans une épître en vers qu'il lui adressoit, en réponse à celle qu'il avoit reçue de lui, lui dit qu'il a fait revivre la réputation des anciens poètes toulousains.

Les troubadours étoient toujours accueillis avec empressement à la cour des comtes de Toulouse, et ils furent fidèles à leurs protecteurs, qui étoient souvent leurs émules. Lorsque la fortune abandonna la glorieuse dynastie des Raymonds, plusieurs de ces troubadours ne voulurent pas être sujets des nouveaux dominateurs du Languedoc : ils allèrent en Italie, en Espagne, chercher un nouvel asile, et leurs chants célébrèrent encore, sur une terre étrangère, la générosité, la magnanimité, la valeur *des bons comtes de Toulouse*. C'est que la foi, la reconnoissance et l'honneur sont les muses des poètes qui sont dignes du nom de poètes.

Parmi ceux qui naquirent à Toulouse on distingua surtout Guillaume Anelier, Guillem Figueira, le chevalier Pierre Guillems, Giraud d'Ispanha, Nat de Mons, Aimeric de Pegulhan, Pierre Raymond, surnommé le Preux, Giraud le Ros, Pons de Saurel, Pont de Montlaus et le fameux Pierre Vidal.

Quoique la plupart des troubadours eussent abandonné leur belle patrie, l'art des vers ne cessoit point d'y être cultivé. Mais un fait assez remarquable,

c'est que dans le petit nombre d'ouvrages qui nous restent de cette époque, on ne trouve aucun éloge, ni des rois de France, ni des nouvelles institutions; ce ne fut que vers le XIVe siècle que l'on s'accoutuma un peu à l'union de la province languedocienne avec le reste de la France. Vers les Pyrénées orientales, ce schisme patriotique existe encore chez le peuple, avec presque autant d'énergie que dans nos provinces de l'Est. Rien n'est plus facile à conquérir que le sol; rien n'est plus difficile à conquérir que la pensée.

Philippe III vint à Toulouse en 1280, y établit un parlement, qui fut de courte durée. En 1295, une délibération des *Consuls* ou capitouls ordonna qu'à l'avenir on peindroit dans un registre en vélin les portraits des magistrats municipaux renouvelés chaque année, et que l'on y représenteroit les faits les plus importans arrivés pendant le cours de leur magistrature : ce précieux recueil n'a pu trouver grace en 1793 : un peuple, semblable aux sauvages enivrés de liqueurs fortes, s'est rué sur les chefs-d'œuvre des arts, a lacéré des manuscrits, brûlé des bibliothèques, démoli des temples et coupé des têtes à des statues, faute des têtes humaines qui commençoient à manquer; espérons que ce règne de ténèbres et de sang ne pèsera plus sur la France.

Au milieu de ces bouleversemens quelques hommes cherchoient à sauver les débris du naufrage de la civilisation; nous les avons souvent signalés, et pas plus cette fois que par le passé nous n'oublierons notre mission. Nous aimons à citer le nom de M. Beguillet, qui a eu le bonheur de sauver quelques feuilles détachées de ce précieux livre, et qui les conserve avec soin.

En 1296, la ville de Toulouse envoya, sans y être contrainte, mais par zèle, par amour du pays et d'une noble gloire, un secours d'hommes nombreux et braves à Philippe-le-Bel, pour l'aider à repousser les Anglois. Le prince institua, selon un auteur qui mérite peu de croyance, un parlement qui dura peu de temps et fut brisé à la suite d'une émeute populaire contre ses membres.

On croit que la procédure contre les Templiers commença à Toulouse. Les premiers actes de ce procès existoient dans les archives de l'ordre de Saint-Jean de Jérusalem; on les a vendus comme papiers inutiles, il n'y a pas encore trente ans, et il y a trois années on vendoit non loin des frontières de France, toujours dans le Midi, des titres couverts de la signature de nos

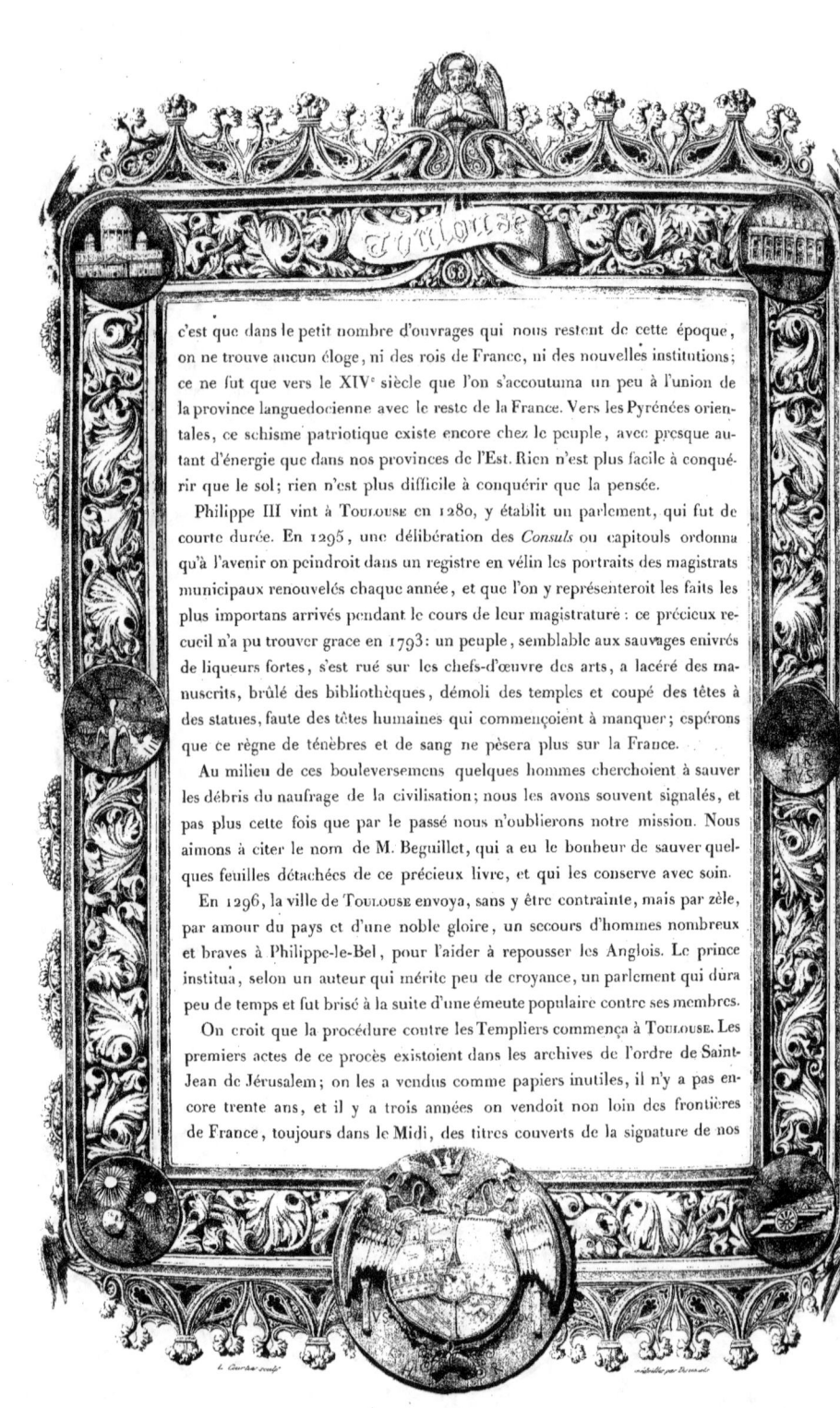

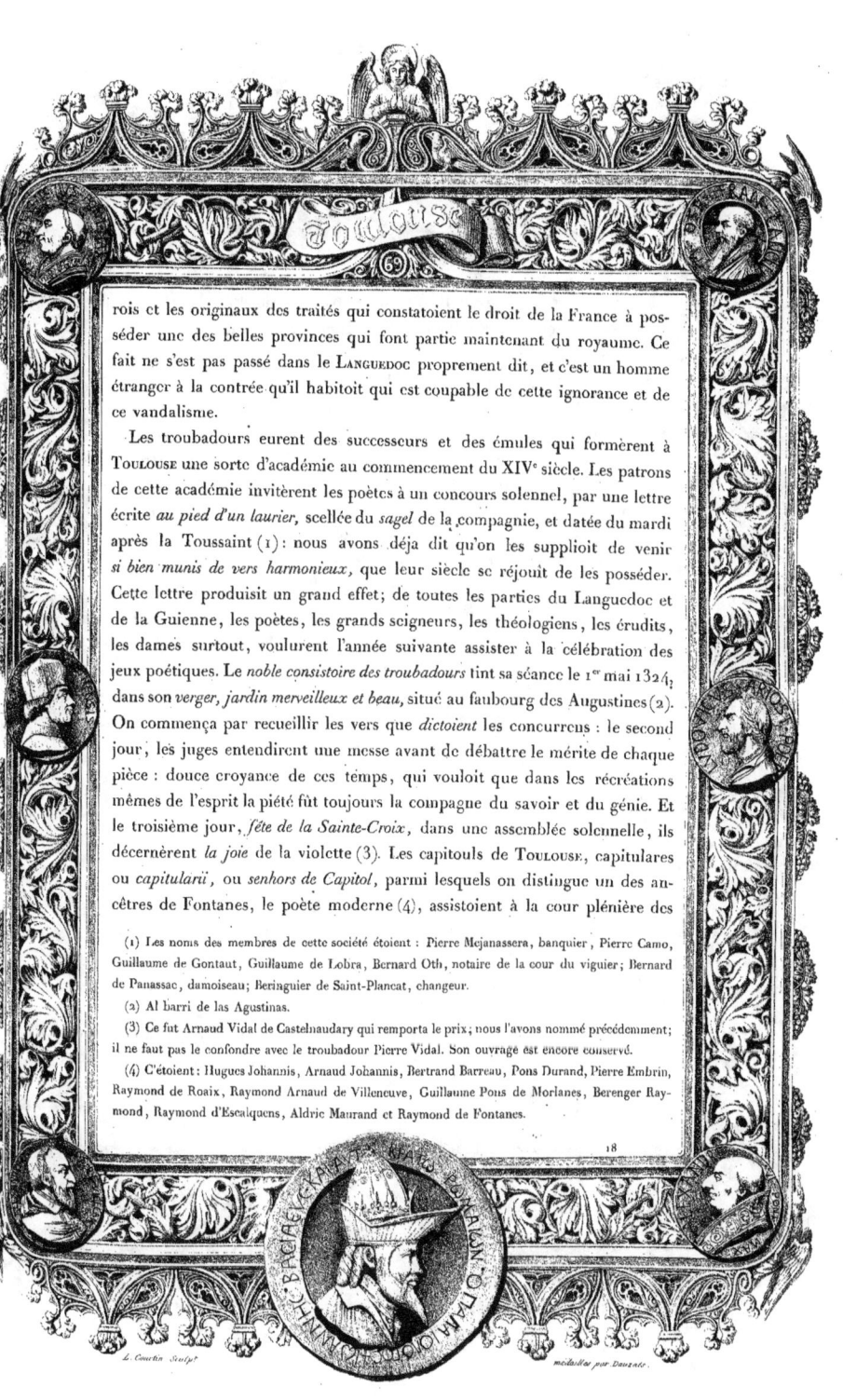

rois et les originaux des traités qui constatoient le droit de la France à posséder une des belles provinces qui font partie maintenant du royaume. Ce fait ne s'est pas passé dans le LANGUEDOC proprement dit, et c'est un homme étranger à la contrée qu'il habitoit qui est coupable de cette ignorance et de ce vandalisme.

Les troubadours eurent des successeurs et des émules qui formèrent à TOULOUSE une sorte d'académie au commencement du XIVe siècle. Les patrons de cette académie invitèrent les poètes à un concours solennel, par une lettre écrite *au pied d'un laurier*, scellée du *sagel* de la compagnie, et datée du mardi après la Toussaint (1): nous avons déjà dit qu'on les supplioit de venir *si bien munis de vers harmonieux*, que leur siècle se réjouit de les posséder. Cette lettre produisit un grand effet; de toutes les parties du Languedoc et de la Guienne, les poètes, les grands seigneurs, les théologiens, les érudits, les dames surtout, voulurent l'année suivante assister à la célébration des jeux poétiques. Le *noble consistoire des troubadours* tint sa séance le 1er mai 1324, dans son *verger, jardin merveilleux et beau*, situé au faubourg des Augustines (2). On commença par recueillir les vers que *dictoient* les concurrens; le second jour, les juges entendirent une messe avant de débattre le mérite de chaque pièce : douce croyance de ces temps, qui vouloit que dans les récréations mêmes de l'esprit la piété fût toujours la compagne du savoir et du génie. Et le troisième jour, *fête de la Sainte-Croix*, dans une assemblée solennelle, ils décernèrent *la joie* de la violette (3). Les capitouls de TOULOUSE, capitulares ou *capitularii*, ou *senhors de Capitol*, parmi lesquels on distingue un des ancêtres de Fontanes, le poète moderne (4), assistoient à la cour plénière des

(1) Les noms des membres de cette société étoient : Pierre Mejanassera, banquier, Pierre Camo, Guillaume de Gontaut, Guillaume de Lobra, Bernard Oth, notaire de la cour du viguier; Bernard de Panassac, damoiseau; Beringuier de Saint-Plancat, changeur.

(2) Al barri de las Agustinas.

(3) Ce fut Arnaud Vidal de Castelnaudary qui remporta le prix; nous l'avons nommé précédemment; il ne faut pas le confondre avec le troubadour Pierre Vidal. Son ouvrage est encore conservé.

(4) C'étoient : Hugues Johannis, Arnaud Johannis, Bertrand Barreau, Pons Durand, Pierre Embrin, Raymond de Roaix, Raymond Arnaud de Villeneuve, Guillaume Pons de Morlanes, Berenger Raymond, Raymond d'Escalquens, Aldric Maurand et Raymond de Fontanes.

sept mainteneurs de gai savoir. Ils ordonnèrent que la violette seroit à l'avenir payée sur les revenus de la ville, et ils acquirent par là le titre héréditaire de *francs et libéraux patrons de la fête des fleurs*, jusqu'à l'époque où Clémence Isaure devint la bienfaitrice de la ville.

Depuis 1324, la séance annuelle appeloit une foule de rivaux qui se disputoient la violette; on sentit le besoin d'ajouter deux autres prix (1). Les noms des vainqueurs ont eu souvent chez leurs descendans un écho illustre: un Denis Andrieu, un Artus Donat, un Beringuier de l'Hôpital, un Raymond D'Alayrac, Jean Delpech, Raymond Corona, D'Auzir, Pierre de Montlasur, Astorg de Nalhac (2), furent couronnés dans le XIV° et le XV° siècle. Il faut citer aussi Pierre de Janillac, qui, *quoique François natif de Paris*, remporta le prix de la poésie, parce qu'il composa ses vers en *langage toulousain.*

Les jeux floraux qui attiroient un grand concours de gens et augmentoient considérablement l'affluence des écoliers à l'université de Toulouse, avoient dès lors leurs statuts fondamentaux, rédigés en 1348 par leur chancelier Guillaume Molinier, *écrivain de grande subtilité, fontaine et mine de gai-savoir, vraie lumière et fidèle poursuivant du droit sentier.* Ces lois d'amour, *leys d'amors*, furent approuvées par le *noble* poète Cavayer, *de Lunel, conservateur d'amours, très-haut possesseur de gaie science*, et signifiées *aux soûtiens de la foi chrétienne, de loyauté et de noblesse, par qui le monde est régi et gouverné; aux excellens et redoutés rois, princes, ducs, marquis et comtes, dauphins, amiraux et vicomtes, docteurs, maîtres licenciés et bacheliers, barons haut-justiciers, bourgeois bons et courtois, écuyers, négocians avenans et gais, francs et subtils artisans, de même qu'à tous ceux qui recevront ces présentes ou qui les verront, pourvu qu'ils soient liés avec nous par la foi chrétienne.* Ces lois poétiques eurent une telle célébrité que Jean, roi d'Aragon, envoya une ambassade à Charles VI, roi de France, pour lui demander des poètes languedociens, qui fondèrent des colléges de *gay-saber* à Tortose et à Barcelone (3).

Avant cet événement, les troubadours de Toulouse avoient perdu leur *pa-*

(1) Le *gauch* ou le souci, et l'églantine; nous en avons parlé à la page 24.
(2) *Biographie toulousaine.* 1822.
(3) Annal. d'Aragon.

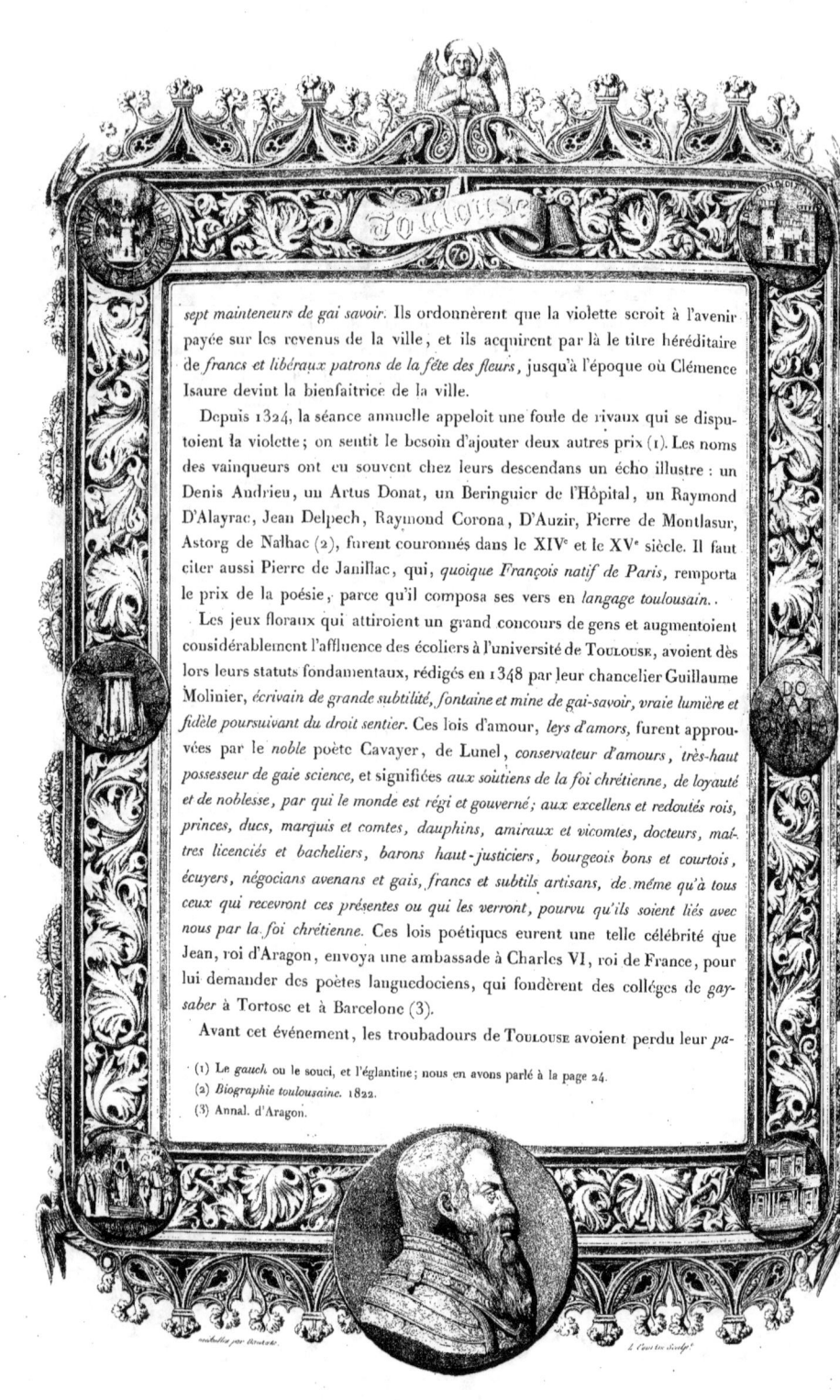

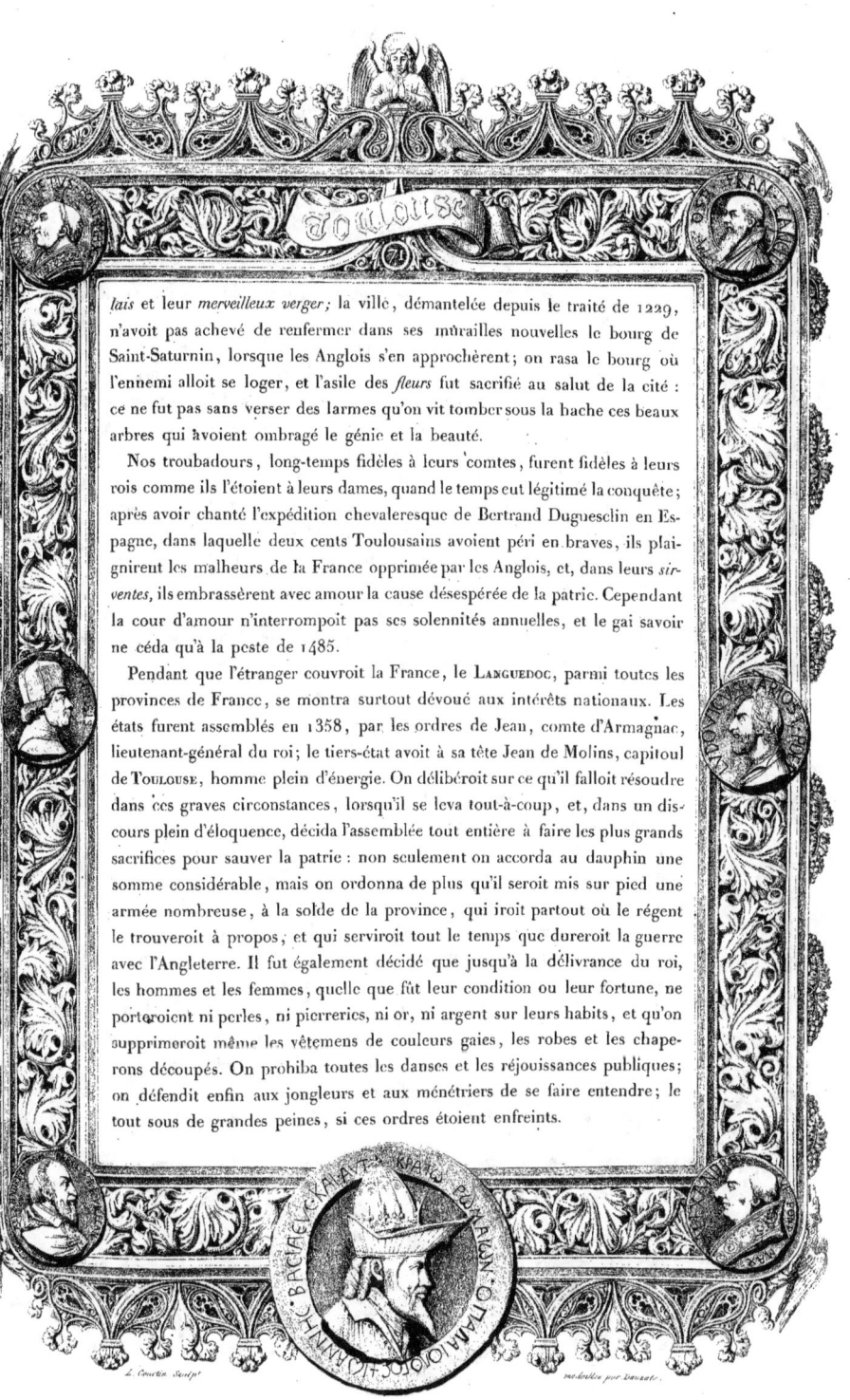

lais et leur *merveilleux verger;* la ville, démantelée depuis le traité de 1229, n'avoit pas achevé de renfermer dans ses murailles nouvelles le bourg de Saint-Saturnin, lorsque les Anglois s'en approchèrent; on rasa le bourg où l'ennemi alloit se loger, et l'asile des *fleurs* fut sacrifié au salut de la cité : ce ne fut pas sans verser des larmes qu'on vit tomber sous la hache ces beaux arbres qui avoient ombragé le génie et la beauté.

Nos troubadours, long-temps fidèles à leurs comtes, furent fidèles à leurs rois comme ils l'étoient à leurs dames, quand le temps eut légitimé la conquête; après avoir chanté l'expédition chevaleresque de Bertrand Duguesclin en Espagne, dans laquelle deux cents Toulousains avoient péri en braves, ils plaignirent les malheurs de la France opprimée par les Anglois, et, dans leurs *sirventes*, ils embrassèrent avec amour la cause désespérée de la patrie. Cependant la cour d'amour n'interrompoit pas ses solennités annuelles, et le gai savoir ne céda qu'à la peste de 1485.

Pendant que l'étranger couvroit la France, le LANGUEDOC, parmi toutes les provinces de France, se montra surtout dévoué aux intérêts nationaux. Les états furent assemblés en 1358, par les ordres de Jean, comte d'Armagnac, lieutenant-général du roi; le tiers-état avoit à sa tête Jean de Molins, capitoul de TOULOUSE, homme plein d'énergie. On délibéroit sur ce qu'il falloit résoudre dans ces graves circonstances, lorsqu'il se leva tout-à-coup, et, dans un discours plein d'éloquence, décida l'assemblée tout entière à faire les plus grands sacrifices pour sauver la patrie : non seulement on accorda au dauphin une somme considérable, mais on ordonna de plus qu'il seroit mis sur pied une armée nombreuse, à la solde de la province, qui iroit partout où le régent le trouveroit à propos, et qui serviroit tout le temps que dureroit la guerre avec l'Angleterre. Il fut également décidé que jusqu'à la délivrance du roi, les hommes et les femmes, quelle que fût leur condition ou leur fortune, ne porteroient ni perles, ni pierreries, ni or, ni argent sur leurs habits, et qu'on supprimeroit même les vêtemens de couleurs gaies, les robes et les chaperons découpés. On prohiba toutes les danses et les réjouissances publiques; on défendit enfin aux jongleurs et aux ménétriers de se faire entendre; le tout sous de grandes peines, si ces ordres étoient enfreints.

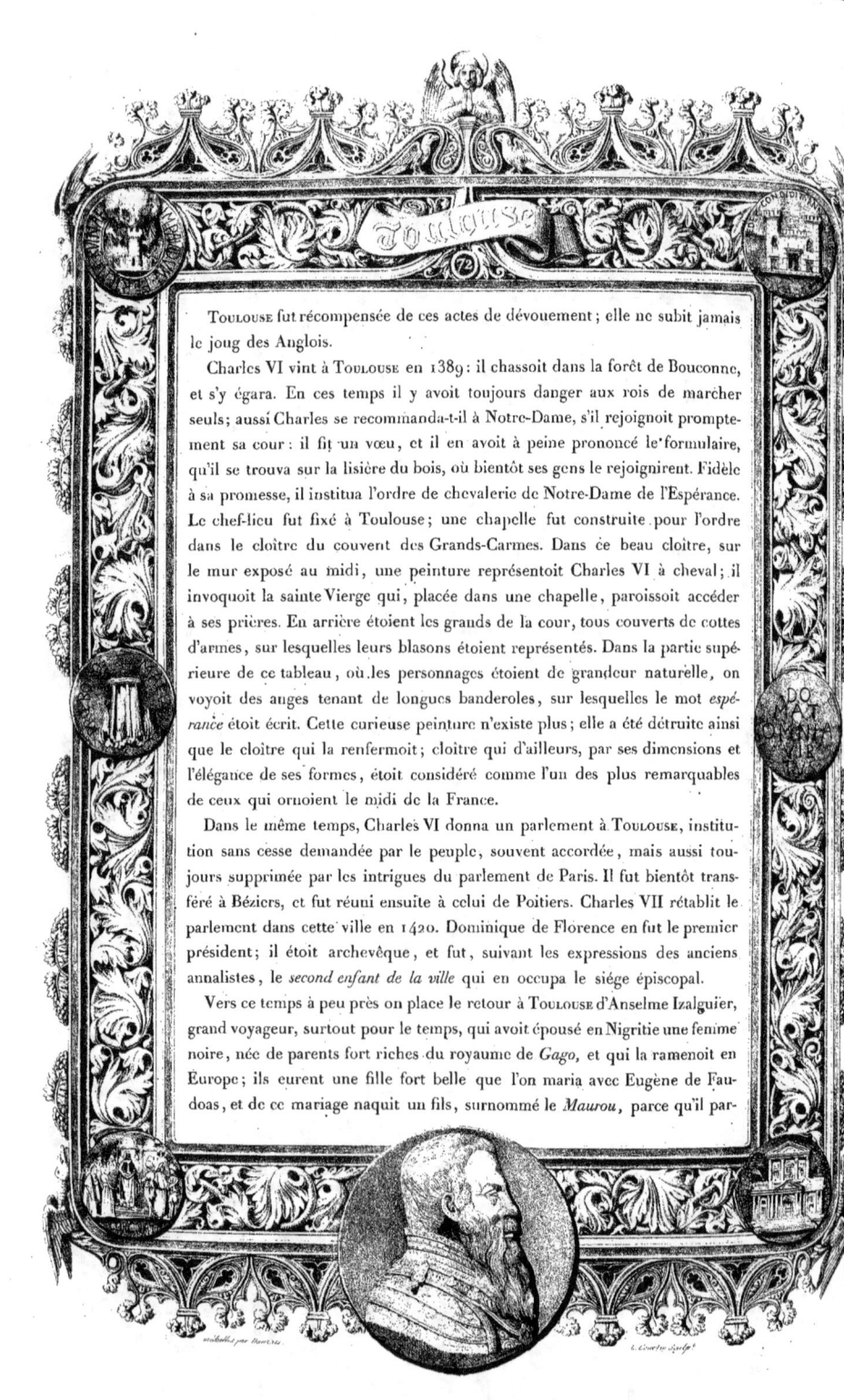

Toulouse fut récompensée de ces actes de dévouement; elle ne subit jamais le joug des Anglois.

Charles VI vint à Toulouse en 1389: il chassoit dans la forêt de Bouconne, et s'y égara. En ces temps il y avoit toujours danger aux rois de marcher seuls; aussi Charles se recommanda-t-il à Notre-Dame, s'il rejoignoit promptement sa cour: il fit un vœu, et il en avoit à peine prononcé le formulaire, qu'il se trouva sur la lisière du bois, où bientôt ses gens le rejoignirent. Fidèle à sa promesse, il institua l'ordre de chevalerie de Notre-Dame de l'Espérance. Le chef-lieu fut fixé à Toulouse; une chapelle fut construite pour l'ordre dans le cloître du couvent des Grands-Carmes. Dans ce beau cloître, sur le mur exposé au midi, une peinture représentoit Charles VI à cheval; il invoquoit la sainte Vierge qui, placée dans une chapelle, paroissoit accéder à ses prières. En arrière étoient les grands de la cour, tous couverts de cottes d'armes, sur lesquelles leurs blasons étoient représentés. Dans la partie supérieure de ce tableau, où les personnages étoient de grandeur naturelle, on voyoit des anges tenant de longues banderoles, sur lesquelles le mot *espérance* étoit écrit. Cette curieuse peinture n'existe plus; elle a été détruite ainsi que le cloître qui la renfermoit; cloître qui d'ailleurs, par ses dimensions et l'élégance de ses formes, étoit considéré comme l'un des plus remarquables de ceux qui ornoient le midi de la France.

Dans le même temps, Charles VI donna un parlement à Toulouse, institution sans cesse demandée par le peuple, souvent accordée, mais aussi toujours supprimée par les intrigues du parlement de Paris. Il fut bientôt transféré à Béziers, et fut réuni ensuite à celui de Poitiers. Charles VII rétablit le parlement dans cette ville en 1420. Dominique de Florence en fut le premier président; il étoit archevêque, et fut, suivant les expressions des anciens annalistes, le *second enfant de la ville* qui en occupa le siége épiscopal.

Vers ce temps à peu près on place le retour à Toulouse d'Anselme Izalguier, grand voyageur, surtout pour le temps, qui avoit épousé en Nigritie une femme noire, née de parents fort riches du royaume de *Gago*, et qui la ramenoit en Europe; ils eurent une fille fort belle que l'on maria avec Eugène de Faudoas, et de ce mariage naquit un fils, surnommé le *Maurou*, parce qu'il participoit de la couleur de sa mère, et qui fut un des plus vaillans hommes de son temps. Cette valeur est restée héréditaire dans cette famille jusqu'à nos jours. Suivant l'historien Bardin, à la mort d'Izalguier, sa femme se retira dans un couvent.

Ces maladies contagieuses, si communes au moyen âge, et qui se confondoient sous le nom générique de la peste, jointes aux divisions intestines et au désordre financier de la ville, avoient fait suspendre les fêtes du *gai savoir;* les capitouls sembloient l'avoir oublié, quand une noble dame de Toulouse, dont il faut bien se garder de contester l'existence, pour l'honneur de la ville et de la province qui la vit naître, Clémence Isaure, chantée par les poètes ses contemporains, créa de nouveaux prix, et présida à la séance des *fleurs de mai,* où la dame Villeneuve lui adressoit dans une *canso* cet hommage public et reconnoissant :

> Reyna d'amors, poderosa Clamensa,
> A vos me clam per trobar lo repaus :
> Que si de vos mos dictatz an un laus,
> Aurei la flor que de vos pren naissensa.

Reine d'amour, puissante Clémence, j'ai recours à vous pour trouver le repos. Si mes vers obtiennent une louange de vous, j'aurai la fleur qui vous doit sa naissance.

Clémence Isaure aimoit un jeune chevalier qui devoit l'épouser; mais il fut tué dans un combat, et sa fiancée, fidèle à son premier amour, voulut se consacrer à la Vierge. Elle étoit d'un caractère mélancolique, et sa vie entière fut une plainte tendre et pieuse (1).

(1) M. Alex. Dumège a fait des recherches très-savantes et très-ingénieuses sur l'existence et les ouvrages de Clémence Isaure ; c'est une grave question littéraire, et trop importante pour que nous voulions la résoudre ici, et qui mériteroit d'ailleurs un travail spécial ; seulement nous sommes trop affectionnés à tout ce qui peut honorer la ville de Toulouse, à toutes les idées qui relèvent la gloire de la belle province de Languedoc, pour ne pas défendre l'opinion de M. Dumège. Nous aimons à reproduire une note que nous devons à ses doctes travaux, et qui peut jeter une grande lumière sur des débats qui ont occupé les plus savans hommes de France; nous oserions même assurer qu'elle ne laisse point de doute si le monument décisif, dont elle annonce l'existence, étoit tombé sous nos yeux.

« Il existe un recueil de poésies de Clémence, imprimé à Toulouse, l'an 1505, en caractères gothi-
« ques, par Jean Grandjean, libraire, qui habitoit dans la rue de la Porterie (Porta arictis). Ce volume,

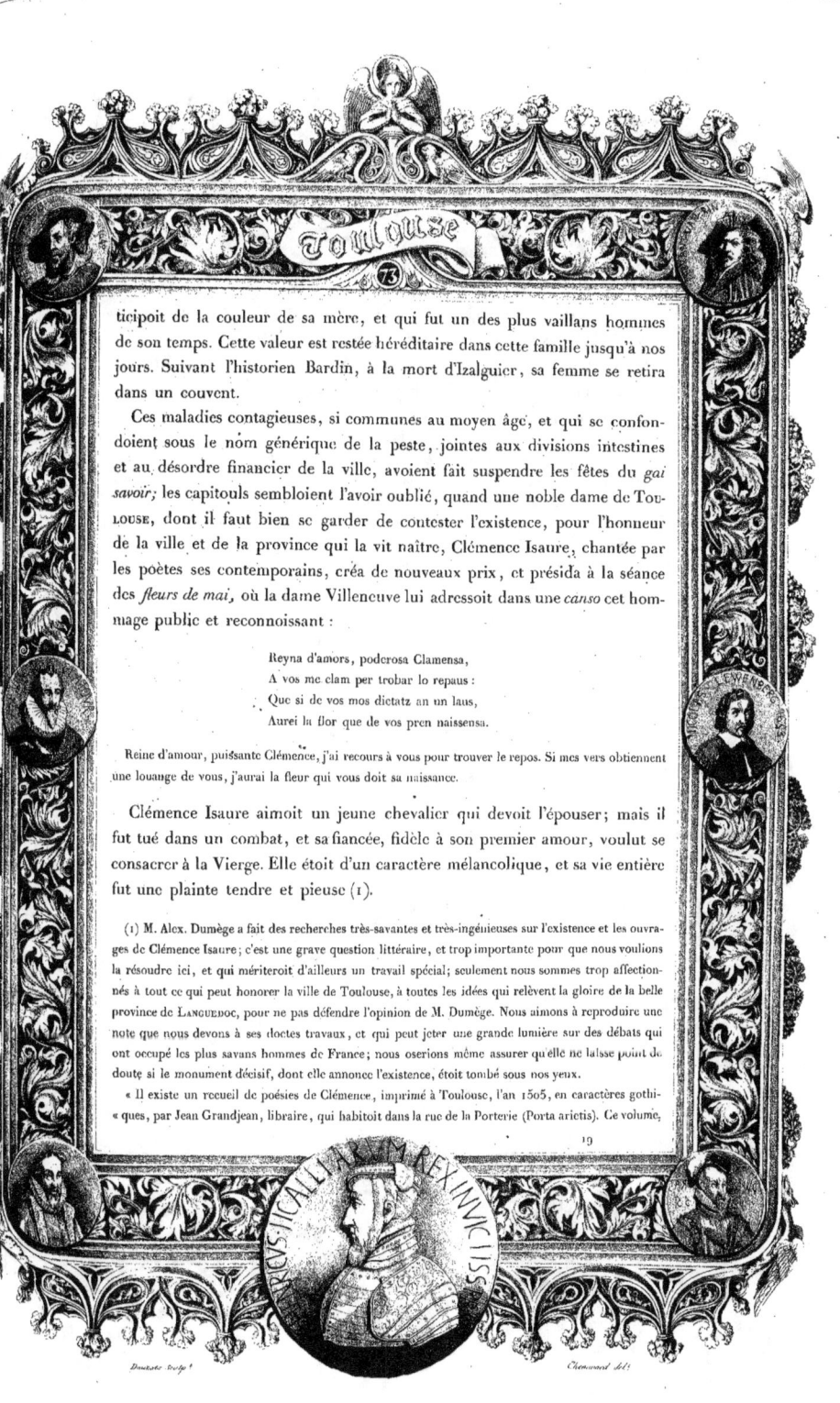

Clémence Isaure réorganisa les jeux floraux, assigna une rente à l'*eglantina novella*, ouvrit le concours aux femmes, droit qu'on vouloit leur enlever, et qui fut revendiqué par Catherine Fontaine, Claude Ligonne, Bernardine Deuxie, Françoise Marrie, Johanne Perle, Audiette Peschiera, Esclarmonde Spinette, et quelques autres dames encore. La requête fut lue dans l'assem-

« très-petit in-4°, qui porte le titre de *Dictats de Dona Clamensa Isau*, a été pendant long-temps
« oublié. On en possède deux exemplaires connus, et il seroit sans doute possible d'en trouver quelques
« autres. L'un de ces exemplaires n'a plus de frontispice et a perdu quelques feuillets; l'autre est en-
« tier. On y trouve quelques vers françois qui annoncent que Clémence avoit cessé de vivre lorsqu'on
« imprima ses poésies. Elles consistent en *cansos* ou odes, presque toutes plaintives, et en *pastorelles*.
« La dernière pièce est surtout très remarquable; elle est intitulée : *La plainte d'amour*. Les deux pre-
« mières strophes, traduites littéralement, offrent ce sens :

  « Au sein des bois la colombe amoureuse
  « Murmure en paix ses longs et doux accens;
  « Sur nos coteaux la fauvette orgueilleuse
  « Va célébrer le retour du printemps.

  « Hélas ! et moi, plaintive, solitaire,
  « Moi qui n'ai su qu'aimer et que souffrir,
  « Je dois, au monde, au bonheur étrangère,
  « Pleurer mes maux, les redire et mourir. »

M. Alex. Dumège ajoute : « Des manuscrits nous avoient déjà fait connoître une ode, où Clémence, « vouée particulièrement au culte de la Vierge, invite les troubadours à célébrer la mère du Dieu sauveur :

  Bella sazo, joentat de l'annada,
  Tornar fasetz lo dolse joc d'amors,
  Et, per ondrar fiseles trobadors,
  Avetz de flors la testa coronada.

  De la Verges humils, regina des angels,
  Disen, cantan la pietat amorosa,
  Quand ab sospirs amars, engoissos, dolorosa,
  Vic morir en la crotz lo gran Prince dels cels.

  Ciutat de mos aujols, o tan genta Tolosa,
  Als fis aymans uffris senhal d'onor;
  Sias per james digna de son lausor,
  Nobla coma totjorn et totjorn poderosa.

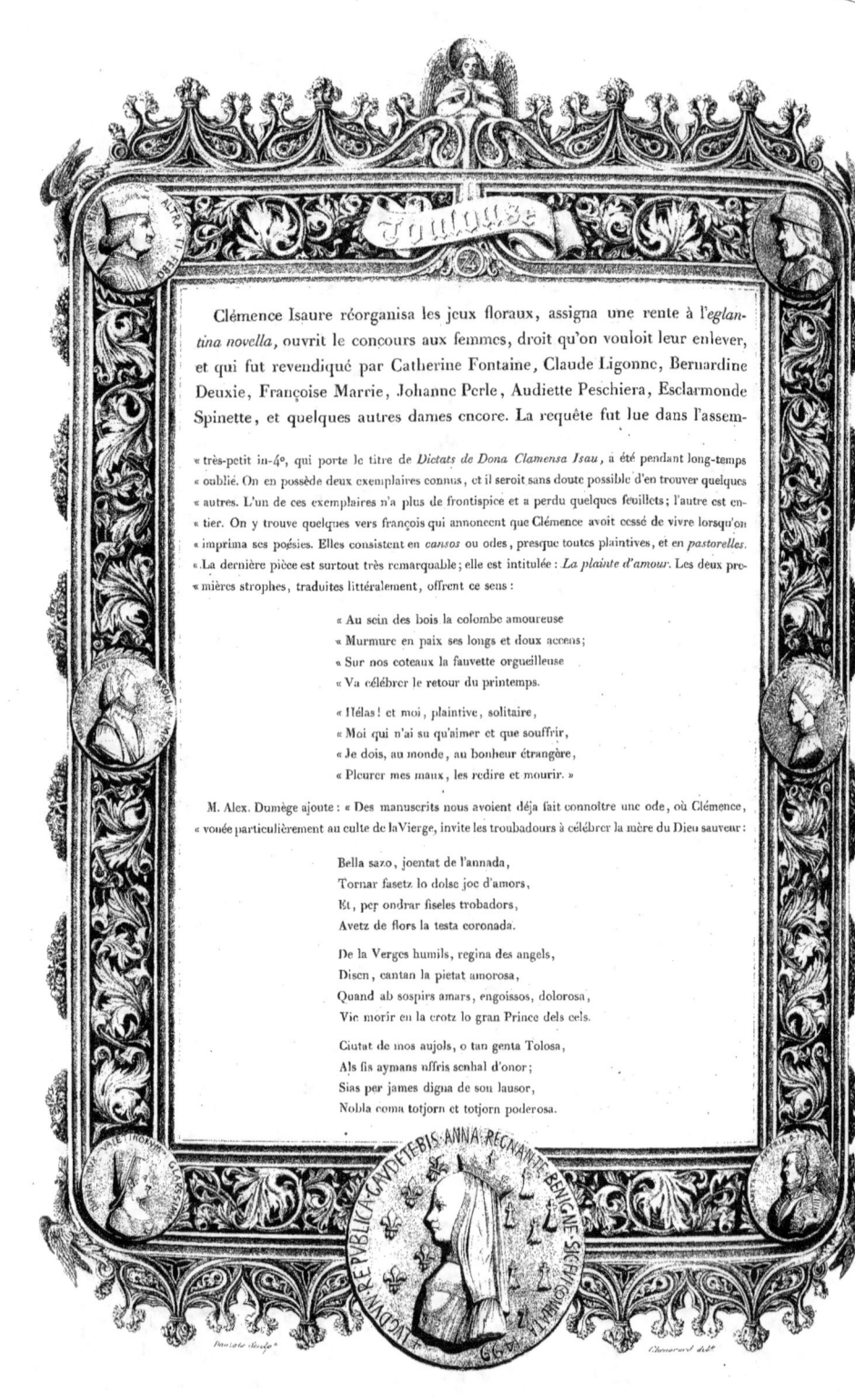

blée publique du 3 mai 1540, par Trassabot, poète et peintre de Toulouse, dont Boyssoné a dit, dans son épitaphe, que la beauté de ses vers avoit ajouté à la célébrité des jeux de Clémence. Catel a conservé le commencement de la requête de ces dames, requête d'autant plus favorable à cette institution, qu'elle étoit réservée à de nouvelles gloires. Des talens que nous

<pre>
         Soen, a tort, l'ergulhos en el pensa
         Qu'ondrad sera tostems dels aymadors;
         Mes io say ben qu'els joens trobadors
         Oblidaran la fama de Clamensa.

         Tal, en los cams, la rosa primavera
         Floris gentils, quan torna lo gay temps,
         Mes del vent de la nueg brancejada rabems,
         Moris, et per totjorn s'esfassa de la terra.
</pre>

« Belle saison, jeunesse de l'année, vous ramenez les doux jeux de la poésie, et pour récompenser les « troubadours fidèles, votre tête se couvre de fleurs.

« De l'humble Vierge, reine des anges, disons, chantons l'amoureuse piété, lorsque poussant des « soupirs amers, et livrée aux angoisses de la douleur, elle vit le Prince des cieux mourir sur la croix.

« Cité de mes aïeux, ô belle Toulouse! offre au poète habile l'honorable prix des talens; sois à jamais « digne de sa louange, toujours noble et toujours puissante.

« Souvent, à tort, l'orgueilleux espère qu'il sera toujours célébré par les poètes; mais moi, je sais « bien que les jeunes troubadours oublieront la gloire de Clémence.

« Telle, dans les champs, la rose printanière fleurit, gracieuse, quand revient le joli temps, mais par « le vent de la nuit arrachée de ses rameaux, elle tombe, meurt, et pour toujours s'efface de la terre. »

On peut, sans doute, discuter sur l'identité de ces vers, comme ayant été écrits par Isaure; mais on ne peut leur refuser une grace, une suavité et une harmonie dignes de Pétrarque.

L'opinion de M. Dumège est que cette femme célèbre naquit vers 1450, et que son corps fut transporté dans l'église antique de Notre-Dame de la Daurade.

Il a l'intention de publier une édition des poésies d'Isaure, avec une traduction, des notes et un glossaire. Par ce travail, M. Alex. Dumège acquerra un nouveau titre à la reconnoissance des érudits et des savans, à laquelle ses nombreux et excellens travaux lui ont déjà donné tant de droits.

Catel, dans ses mémoires de l'histoire de Languedoc, nie positivement l'existence de Clémence Isaure. Il ne faudroit pas qu'on nous accusât de ne pas connoître toutes les bonnes raisons qu'il donne pour appuyer son opinion, ainsi que d'autres argumens fournis par des hommes très-distingués et très-érudits, qui sont de son avis. Encore une fois, nous n'interviendrons pas dans cette discussion ardue; nous avons dit pourquoi; nous aimons à croire que cette divinité de Toulouse a existé.

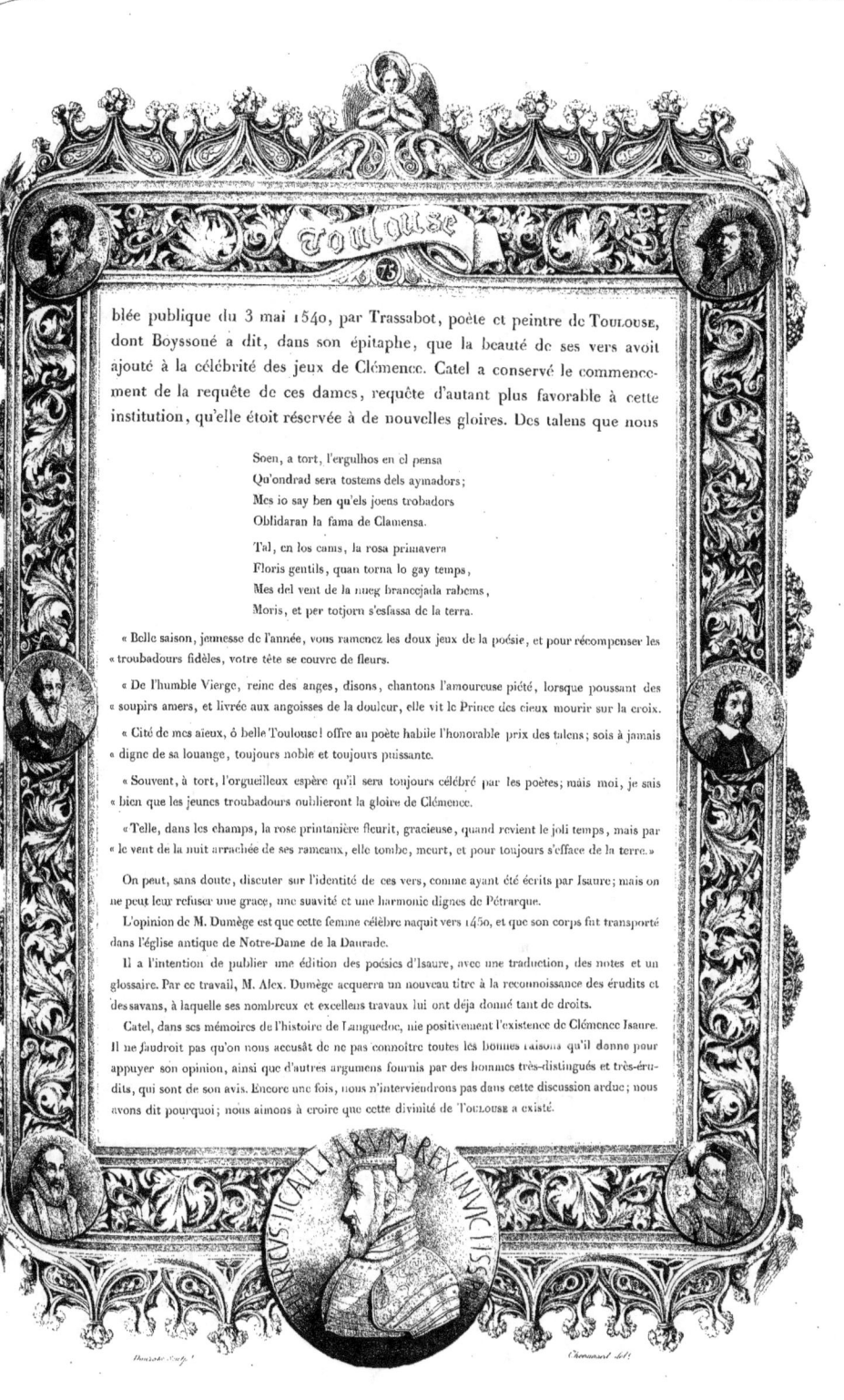

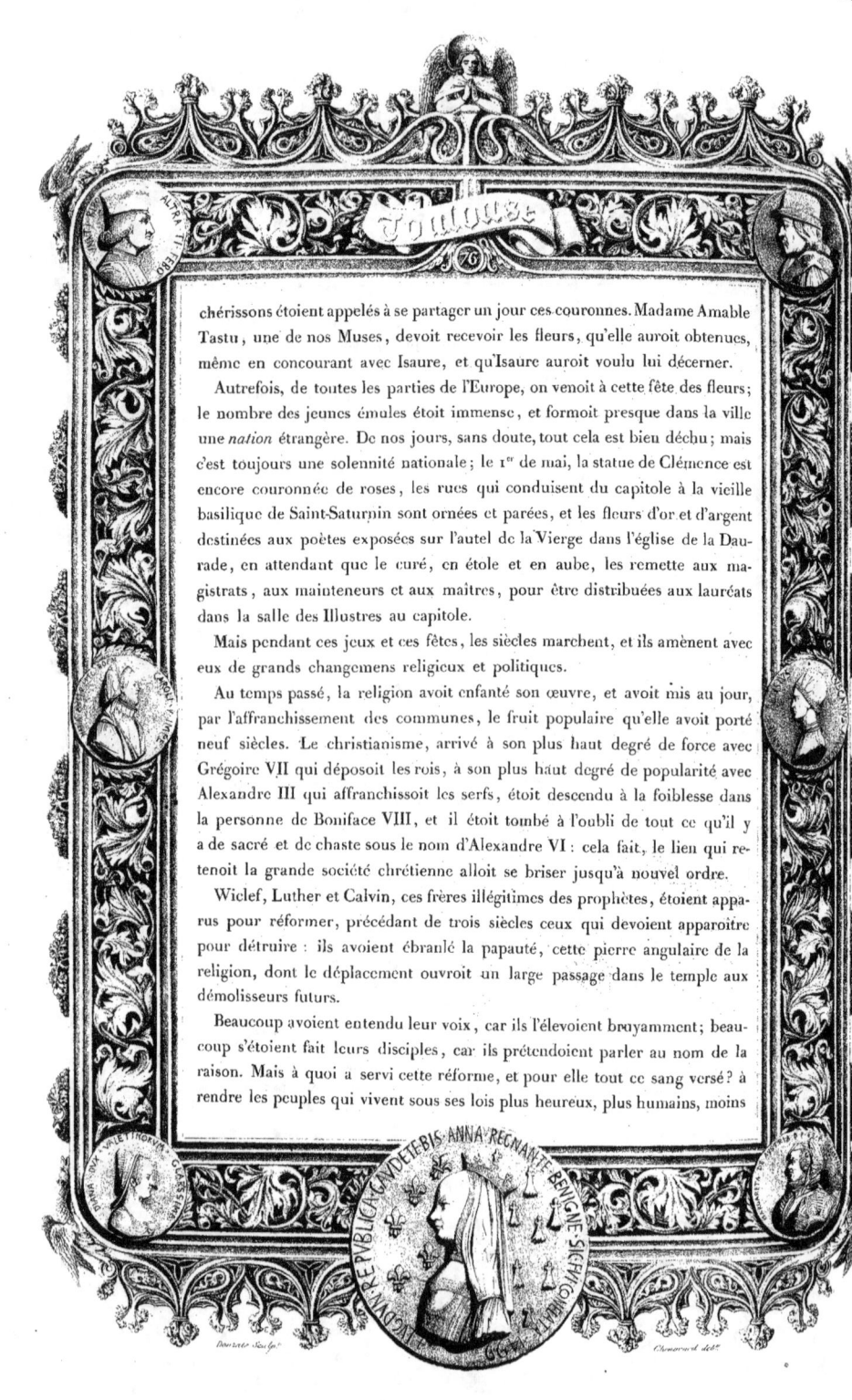

chérissons étoient appelés à se partager un jour ces couronnes. Madame Amable Tastu, une de nos Muses, devoit recevoir les fleurs, qu'elle auroit obtenues, même en concourant avec Isaure, et qu'Isaure auroit voulu lui décerner.

Autrefois, de toutes les parties de l'Europe, on venoit à cette fête des fleurs; le nombre des jeunes émules étoit immense, et formoit presque dans la ville une *nation* étrangère. De nos jours, sans doute, tout cela est bien déchu; mais c'est toujours une solennité nationale; le 1er de mai, la statue de Clémence est encore couronnée de roses, les rues qui conduisent du capitole à la vieille basilique de Saint-Saturnin sont ornées et parées, et les fleurs d'or et d'argent destinées aux poètes exposées sur l'autel de la Vierge dans l'église de la Daurade, en attendant que le curé, en étole et en aube, les remette aux magistrats, aux mainteneurs et aux maîtres, pour être distribuées aux lauréats dans la salle des Illustres au capitole.

Mais pendant ces jeux et ces fêtes, les siècles marchent, et ils amènent avec eux de grands changemens religieux et politiques.

Au temps passé, la religion avoit enfanté son œuvre, et avoit mis au jour, par l'affranchissement des communes, le fruit populaire qu'elle avoit porté neuf siècles. Le christianisme, arrivé à son plus haut degré de force avec Grégoire VII qui déposoit les rois, à son plus haut degré de popularité avec Alexandre III qui affranchissoit les serfs, étoit descendu à la foiblesse dans la personne de Boniface VIII, et il étoit tombé à l'oubli de tout ce qu'il y a de sacré et de chaste sous le nom d'Alexandre VI : cela fait, le lien qui retenoit la grande société chrétienne alloit se briser jusqu'à nouvel ordre.

Wiclef, Luther et Calvin, ces frères illégitimes des prophètes, étoient apparus pour réformer, précédant de trois siècles ceux qui devoient apparoître pour détruire : ils avoient ébranlé la papauté, cette pierre angulaire de la religion, dont le déplacement ouvroit un large passage dans le temple aux démolisseurs futurs.

Beaucoup avoient entendu leur voix, car ils l'élevoient bruyamment; beaucoup s'étoient fait leurs disciples, car ils prétendoient parler au nom de la raison. Mais à quoi a servi cette réforme, et pour elle tout ce sang versé? à rendre les peuples qui vivent sous ses lois plus heureux, plus humains, moins fanatiques? non : les protestans de l'Amérique sont aussi fanatiques que les catholiques de l'Espagne; plus humains? les Américains ont dévoré tout autant d'Indiens que les Espagnols; plus heureux? la misère et le vice dans le peuple règnent à Genève comme à Rome. Mais Rome a ses pompes, sa poésie, ses arts, qui sont un enivrement et une consolation; Genève n'a que sa philosophique indifférence. Ils ont cru parler juste; mais tout autour d'eux est désenchantement. Toutefois nous respectons toutes les croyances, par cela même qu'elles sont des croyances, et que nous voulons tolérance et respect pour les nôtres.

Une partie du Languedoc adopta les maximes nouvelles : des villes entières abjurèrent comme un seul homme. Parmi ces villes, les plus considérables furent Montauban et Castres, qui devinrent les deux boulevards du protestantisme.

Une partie des habitans de Toulouse avoit adopté la religion réformée; les étudians surtout, si nombreux alors dans cette grande ville, avoient presque tous embrassé le nouveau culte, et le propageoient avec ardeur. Les haines religieuses s'exaltoient. La ville fut de nouveau séparée en deux camps; cependant le parti des protestans étoit le plus foible, et jamais l'exercice de leur culte n'y fut toléré : un temple de bois fut élevé par eux hors des murs de la ville, dans un endroit appelé le Champ d'enfer, où une place moderne, construite sur ce même terrain, a souvent changé de nom, et le prêche y fut fait par le ministre Barrelles, qui, suivant les écrivains catholiques, auroit été auparavant *ésoreillé* comme larron. Il excitoit vivement ses co-religionnaires à faire triompher leur cause par l'audace et la violence. De leur côté, les catholiques zélés montroient une partialité, une rigidité qui devoient amener des conjurations et des complots, dont les suites furent fatales aux conspirateurs. Des torrens de sang vont encore couler.

Le prince de Condé et l'amiral de Coligny, les deux chefs du parti réformé, sentoient bien de quelle importance seroit pour les huguenots la possession de la métropole du midi : les ordres les plus pressans arrivoient à leur lieutenant de s'en emparer par tous les moyens possibles; ils n'étoient point assez puissans pour espérer réussir par la force; ils établirent des intelligences dans la place, et comptant la prendre par surprise, ils envoyèrent

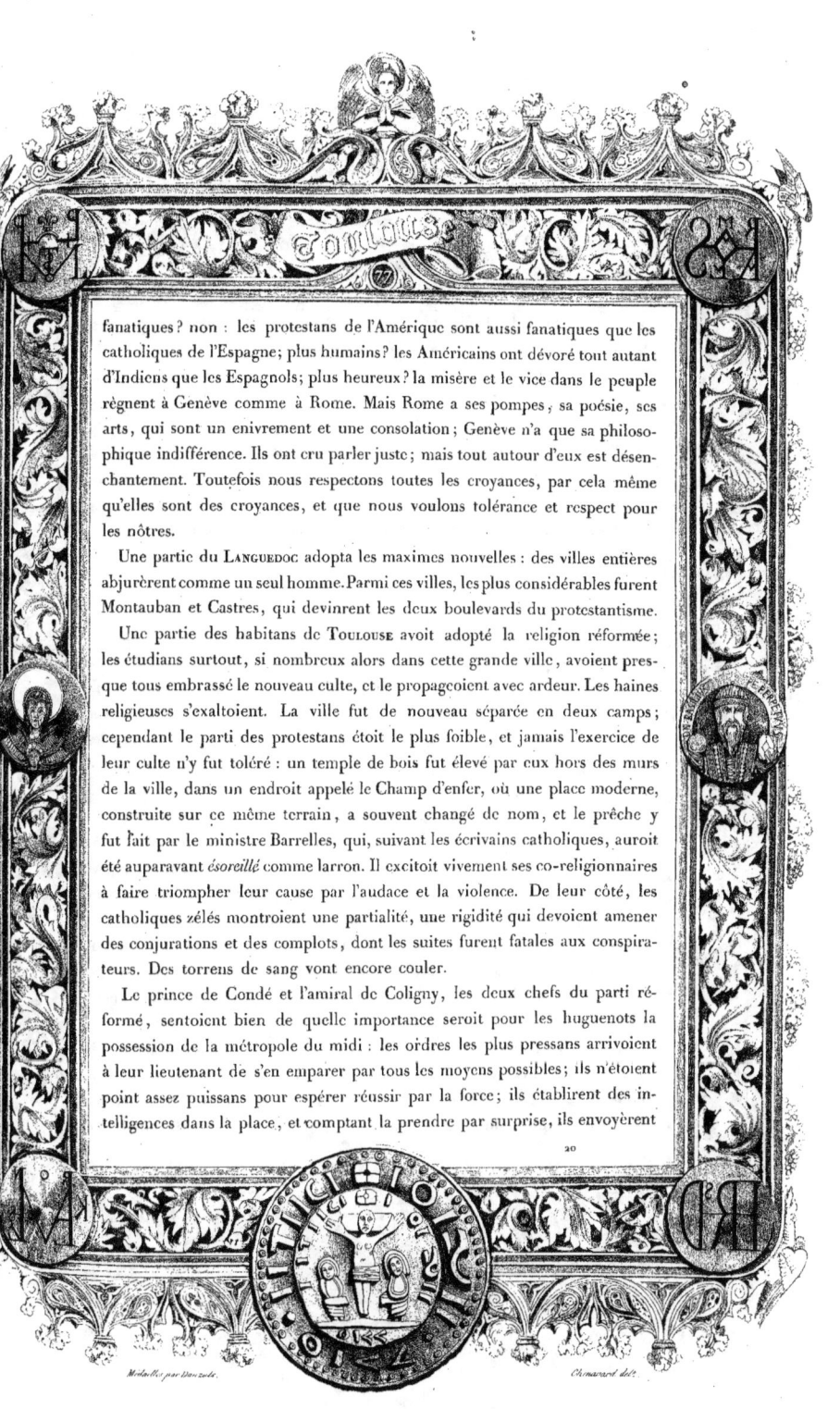

au prince de Condé, Hunault, baron de Canto, pour lui annoncer que vers le mois de mai 1562, *Tholose seroit à sa dévotion*.

Au retour de son ambassade, Hunault, encore éloigné de Toulouse, eut l'imprudence de parler hautement de ses projets : les catholiques les apprirent, et un courrier fut envoyé pour prévenir le parlement des dangers de la ville. Le parlement convoqua les magistrats municipaux; mais comme ceux-ci étoient presque tous huguenots, ils refusèrent de concourir aux mesures de précautions proposées, et se contentèrent de protester de leur fidélité. Les conjurés ne furent donc point découragés par la découverte de leur projet; car ils virent bien qu'avec de la promptitude et de l'énergie ils parviendroient à le mettre à exécution.

Le 11 mai, ils se réunirent chez Antoine Portal, viguier de Toulouse, qui étoit de la religion : Portal, homme prudent et affoibli peut-être par la goutte qui le tourmentoit alors, voulut les engager à patienter encore; il leur montra leurs ennemis, prévenus, et par conséquent sur leurs gardes, en mesure d'ailleurs de recevoir de prompts secours du maréchal de Montluc, gouverneur de la Guyenne, tandis qu'ils ne pouvoient compter de leur côté que sur les foibles troupes qu'amèneroit le vicomte d'Arpajon. Cet avis fut rejeté; le ministre Barrelles prit la parole, fit un appel au zèle religieux, et réussit à obtenir la prise d'armes pour la nuit même.

Lorsqu'elle fut venue, les magistrats municipaux introduisirent dans l'hôtel-de-ville douze cents hommes, commandés par les capitaines Saux, Soupets et Saussens aîné : les catholiques étoient endormis; et lorsque le lendemain ils se réveillèrent, ils trouvèrent leurs ennemis maîtres du tiers de la ville.

Si alors les protestans eussent combattu, au lieu de négocier, il est probable que, dans le premier moment de stupeur, ils se seroient emparés de Toulouse; mais ils hésitèrent, et leurs ennemis s'aperçurent de leur petit nombre.

Alors le parlement déploya une énergie dont on le croyoit incapable : il envoya des garnisons dans les monastères et les églises, éleva des barricades, crénela des maisons, jeta au travers du Languedoc vingt courriers pour appeler les gentilshommes fidèles au secours de la capitale; et tandis qu'un messager prévenoit Montluc de s'approcher avec ses troupes, un détachement envoyé à Fronton forçoit d'Arpajon, sorti de Montauban pour soulever les huguenots, à rentrer dans cette ville sans accomplir son dessein. Le 12 mai, au matin, un combat s'engage, et les protestans sont vainqueurs. Le 13, on sonne le tocsin; des renforts arrivent aux catholiques; le combat se ranime, et la nuit le termine sans avantage de part ni d'autre; le 14, les huguenots, vainqueurs de nouveau, pénètrent, en chantant des psaumes, dans les églises et dans les couvens, pillent les vases sacrés dans les églises, égorgent les moines, violent les religieuses de l'abbaye de Saint-Pantaléon, et brûlent un grand nombre de maisons. Pendant ce temps, les catholiques investissent la demeure du viguier Portal, brisent les portes, pénètrent jusqu'à lui en égorgeant ses domestiques, et le conduisent à la conciergerie du Palais, d'où il ne sort que pour monter sur l'échafaud. Le 15, les catholiques poussent leurs postes et leurs attaques jusqu'à l'hôtel-de-ville. L'église de Saint-Saturnin, vaste citadelle, se défendoit avec succès; sur d'autres points l'avantage restoit aux protestans; du haut du donjon du capitole, et surtout du sommet du collége de Saint-Martial, leur artillerie foudroyoit la ville. Pour parvenir à les débusquer de ces deux positions, les catholiques eurent recours à une résolution désespérée : ils mirent le feu aux maisons qui entouroient ces deux points, et une partie de ces quartiers alloit s'anéantir, quand les flammes s'arrêtèrent avant d'avoir atteint les postes de leurs ennemis.

Le 16, les huguenots, serrés de tous côtés, firent des propositions d'accommodement : « A quoy feust respondu par le seigneur premier président « (Jean de Mautencol), qu'il estoit question de l'honneur de Dieu et de son « église, et avant passer oultre, que tous soldats et gens de guerre eussent « incontinent soy mettre en ordre avec les armes et se rendre soubs l'en-« seigne de leurs capitaines, à la peyne de leur vie sans remission, à ce que « par armes l'ennemy fust assailly, et l'avoir, quoi qu'il coustast, à feu et à « sang. Et feust cette affaire si vertueusement et si belliqueusement conduite, « que le dix-septième jour du moys de may, feste de la Pentecoste, la maison « et capitole de la ville feust repris et remis en l'obéissance du roy, de la « cour, capitols et cytoyens de la ville, et l'ennemi repoussé, tué et meurtri,

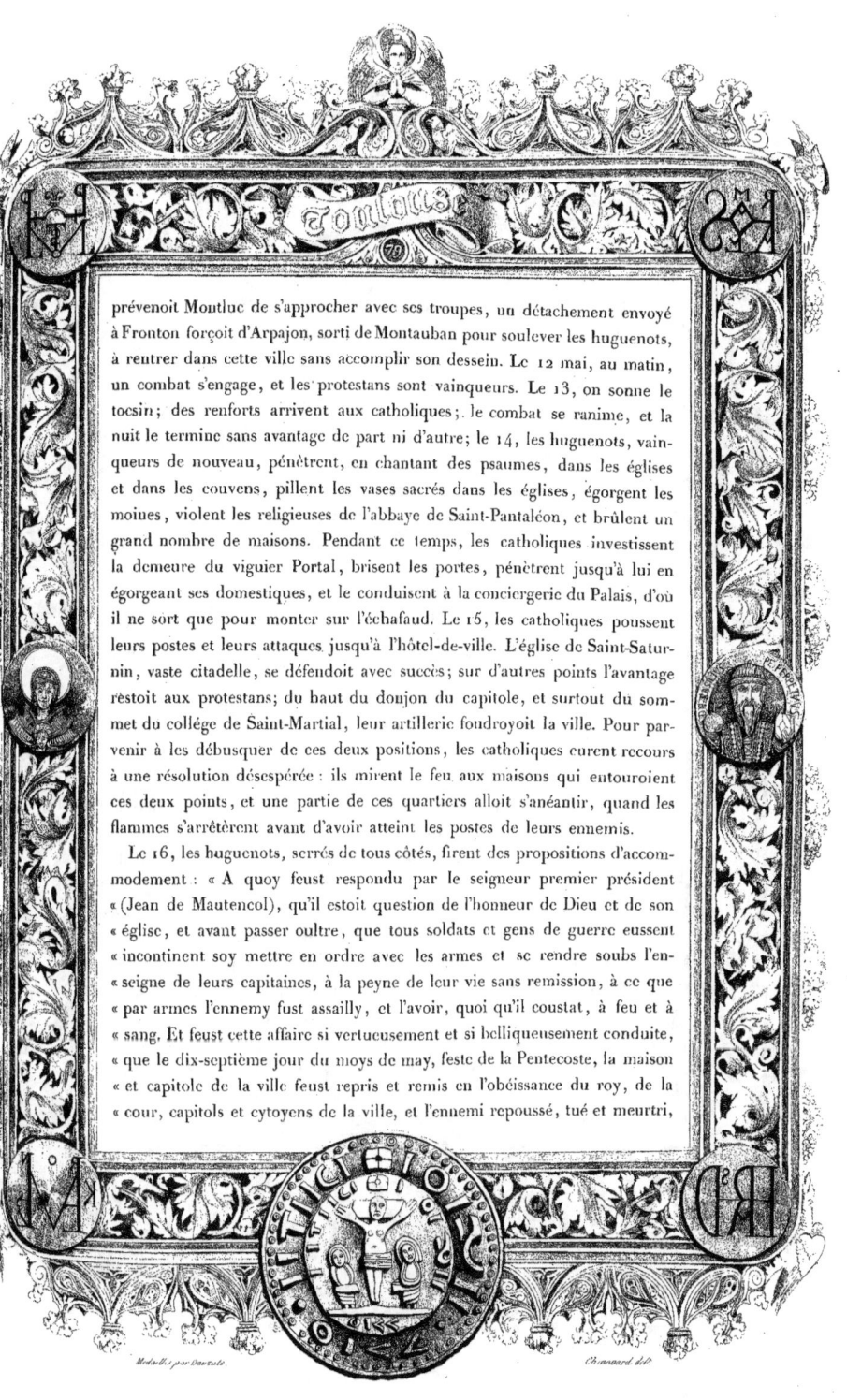

« la plupart demeurés sur les rues, ou aux environs à deux lieues à la ronde
« de Tholose, suivis de cavalerie et infanterie, quatre mil cinq cents d'iceulx
« ennemis en nombre vérifié, sans comprendre une infinité d'autres ensepve-
« lis par les champs (1). » Le 17, au matin, les huguenots, obligés de commencer leur retraite, la préparoient par des prières; on entendit chanter des
psaumes, annoncés de temps à autre par un son de trompette lugubre; le
soir ils se dirigèrent vers la campagne pour gagner Montauban ou Castres,
mais ils furent partout poursuivis et taillés en pièces.

Les catholiques firent beaucoup de prisonniers; Jean Amadou, conseiller
au présidial, fut créé prévôt extraordinaire, et deux cents protestans condamnés à mort furent exécutés dans les vingt-quatre heures.

Pendant le combat, le parlement et les capitouls avoient fait vœu, s'ils
remportoient la victoire, d'instituer une solennité religieuse qui rappelleroit
l'aide que Dieu leur avoit donnée : en conséquence ils fondèrent la fête de
la délivrance de la ville; cette fête s'est perpétuée jusqu'en 1791, et Voltaire
l'appelle, avec son insultante dérision pour toutes les pompes religieuses, la
fête des quarante cadavres, parce qu'en effet on y portoit, le jour de la Pen-
tecôte, quarante châsses contenant des reliques.

Cette victoire coûta cher aux catholiques. La ville étoit encore tout éplorée
et toute sanglante lorsqu'arriva l'anniversaire de la fête des fleurs. « Alors fust
« remontrée par le sieur Coignard, tenant la place de chancelier, le premier
« apvril, la calamité du tems qui se présentoit, tant de guerres cruelles,
« hostilités, que de peste et famine; et mesme que aux environs, ou bien
« près de la ville, il y avoit plusieurs assemblées, au moyen de quoi se fai-
« soient plusieurs incursions hostiles, qui devoient esmouvoir les assistans à
« faire cesser toutes assemblées et lectures publiques. Sur quoy il fust arresté
« qu'on différeroit de faire *la criée*, jusqu'à demi apvril prochain, et que si
« alors les troubles n'avoient point cessé, les fleurs seroient vouées aux corps
« saints en l'église de Saint-Saturnin, et que la somme de cent livres accou-
« tumée estre despendue auxdits jeux floraux, seroit convertie en aumosnes,

(1) *Annales manuscrites de l'hôtel-de-ville.*

« que l'on despartiroit tant aux religieux des couvens de cette ville, que
« aux pauvres de Dieu, le tout sans préjudice de la disposition et volonté de
« la dite dame Clémence (1). »

Les jeux n'eurent pas lieu cette année, et, le 3 mai 1563, les capitouls, revêtus de leurs robes comtales, environnés de leurs gardes, des *mainteneurs du gai savoir*, d'un grand nombre de notables habitans, des quatre ordres religieux qui ont renoncé aux richesses, et d'une foule pieuse, se rendirent à l'église de la Daurade ou d'*ancienneté*, prendre les fleurs, pour les porter à l'église de Saint-Saturnin, où elles furent consacrées et placées sur les châsses des saintes reliques, et l'argent donné en aumônes.

Charles IX vint la même année à Toulouse, accompagné de sa mère et d'une cour brillante : la plupart des conseillers que le parlement avoit rejetés furent rétablis dans leurs charges ; on vouloit tout pacifier ; mais les haines religieuses ne s'éteignent pas ainsi.

A peine les hôtes royaux eurent-ils quitté leur ville de Toulouse, que les hostilités recommencèrent entre les deux partis ; chaque jour voyoit un nouveau combat ; chaque nuit étoit éclairée par l'incendie de quelques villages ; des hordes protestantes sortoient à chaque instant de Castres, de Montauban, des vallons de la montagne Noire, du comté de Foix et du Béarn : leurs attaques réitérées donnèrent lieu à une association pour la défense du catholicisme ; cette association fut la ligue, née à Toulouse en 1568. Elle grandit vite, et enfanta la Saint-Barthélemi. Le beffroi de la tour de l'Horloge retentit jusqu'à Toulouse : deux cents huguenots furent arrêtés. On écrivit à la cour pour qu'elle décidât de leur sort, d'autres disent pour demander leur grace, et Duranti, avocat-général pour le roi, reçut l'ordre de les mettre à mort. Delpech, capitoul, et tous les honnêtes citoyens, protestèrent énergiquement, de l'aveu même des écrivains protestans ; mais huit étrangers se chargèrent de l'exécution. Les magistrats restèrent inactifs pendant cette scène affreuse, et le 4 octobre, avant le jour, les prisonniers furent appelés un à un, et tombèrent frappés sur les marches du Palais ; les cadavres, dépouillés de leurs

(1) *Manuscrit de Cidercy.*

vêtemens, furent ensuite exposés dans le jardin voisin : le savant jurisconsulte Jean Coras, François de Ferrière et Antoine Latger, tous trois conseillers au parlement, furent pendus à l'orme du Palais, dans leurs robes de cérémonies.

Le 7 janvier 1589, il s'établit à TOULOUSE un comité dirigeant qui, sous le titre de Conseil des dix-huit, usurpa toute l'autorité : ce comité étoit institué en haine de Henri III, qui avoit rompu avec la ligue, et venoit de faire assassiner à Blois les deux Guises, ses chefs.

L'avocat Tournier, capitoul, étoit député de TOULOUSE aux états ; il se hâta de revenir après la catastrophe qui les fermoit. Il rentra dans la ville, accompagné de l'évêque de Comminges, zélé ligueur ; il dit à l'assemblée convoquée pour entendre son rapport, que le meurtre des Guises n'étoit que le prélude des sanglantes exécutions par lesquelles Henri de Valois espéroit anéantir le parti catholique, et déclara que le seul remède à cette calamité étoit de se soustraire à l'obéissance de ce prince. Se tournant alors vers le portrait du roi, qui ornoit la salle, il ajouta qu'à l'exemple de Rome qui renversoit les statues des tyrans, il falloit briser l'image de ce nouveau Néron. Ce discours produisit un effet extraordinaire ; la confusion se mit dans l'assemblée, et Duranti qui la présidoit leva la séance au moment où le parti des ligueurs alloit triompher : dès lors ceux-ci regardèrent l'avocat du roi comme leur ennemi personnel.

Le 24 janvier 1589, Duranti fut de nouveau forcé de convoquer le parlement : les discussions de la veille y étoient toutes palpitantes, et s'y renouvelèrent aux premiers discours. Les politiques ou royalistes appuyèrent de toutes leurs forces les mesures proposées par Duranti pour maintenir l'autorité de Henri III ; le président de Paulo et les ligueurs, dont il étoit le chef, demandoient au contraire la déchéance du roi. Duranti alloit de nouveau lever la séance, lorsqu'on annonça qu'une troupe armée envahissoit la place du Palais.

Cette nouvelle répandit la terreur parmi les membres du parlement ; chacun chercha son salut dans la fuite ; mais cette foule n'en vouloit qu'à un seul homme. « Les dix-huit avaient désigné une seule victime : c'était Du-

« ranti (1). A peine eut-il monté dans son carrosse et dépassé l'enceinte du
« Palais, bien éloigné de son hôtel, que la populace fondit sur lui, le pour-
« suivant et lui portant des coups de pertuisane et d'épée, sans l'atteindre
« cependant, parce qu'il s'était tapi au fond de sa voiture, pendant que l'un de
« ses valets, ayant arraché une pique aux assassins, s'en servait avec adresse
« pour le défendre, et qu'un autre poussait à toute bride les chevaux. Il allait
« arriver chez lui, lorsque le carrosse heurta, dans la rue de la Somme, contre
« la margelle d'un puits. L'essieu se rompit, et Duranti fut obligé de mettre
« pied à terre, à une égale distance de son hôtel et du capitole; il hésita un
« instant sur le point vers lequel il se dirigerait; mais croyant que les capitouls
« pourraient apaiser la fureur de la populace, il se rendit près d'eux. Leurs
« manières embarrassées, leur accueil presque dédaigneux, auraient pu l'in-
« struire que ce n'était pas sous leur sauvegarde qu'il devait se placer. Mais
« cet homme si prudent, ce grand magistrat parut frappé d'erreur et d'im-
« prudence en cette occasion : on eût dit qu'une destinée fatale pesait sur lui
« et dirigeait tous ses pas. Dans la nuit, Duranti sortit par une porte secrète,
« et alla chez lui, où il brûla des papiers qui auraient pu compromettre quel-
« ques-uns de ses amis et de fidèles serviteurs du roi. Il chercha ensuite, et
« inutilement sans doute, un asile dans les campagnes voisines, puis il revint
« dans la capitale. En vain le parlement le pria de se retirer à Balma; en vain
« les capitouls eux-mêmes, qui, sans l'aimer, ne pouvaient s'empêcher de le
« respecter, l'engagèrent à sortir de la ville; il n'en voulut rien faire. *Je connois,*
« dit-il, *la grandeur du danger qui me menace; je sais qu'on en veut à ma vie;*
« *mais il ne sera pas dit que j'aie quitté le service de mon roi en lâche déserteur.*
« *Si un soldat est puni de mort pour s'être éloigné de son poste, combien serois-je*
« *plus coupable d'avoir abandonné le mien!* Cependant, le peuple se soulevait de
« nouveau; les ligueurs, se défiant même des capitouls, ne voulurent point le
« laisser au capitole, où il était en prison; ils exigèrent que Duranti fût conduit

(1) Nous copions avec plaisir un excellent article de M. Alex. Dumège sur la mort du président Duranti : ce sont de ces documents que l'on altère, en voulant ajouter des artifices de phrases à la simplicité et à la clarté qui les distinguent.

Toulouse

« dans le couvent des Jacobins. Les magistrats ne le laissèrent pourtant sortir
« de la maison de ville que sur la promesse qu'on leur fit qu'il ne serait pas
« insulté en chemin. Placé entre les évêques de Castres et de Comminges, tous
« deux zélés ligueurs, Duranti parvint à pied à sa nouvelle demeure, à travers
« les flots d'un peuple exaspéré, qui cependant le respecta. Il fut enfermé dans
« ce monastère, sous la garde de vingt-cinq hommes, commandés par trois de
« ses plus cruels ennemis. Le seul dévouement de Duranti pour son roi,
« pouvait lui être imputé à crime par les factieux. Aucun tribunal n'aurait
« osé le condamner. On résolut de le faire périr dans une émeute populaire ;
« et pour cela l'ordre fut donné de le conduire dans la tour de Saint-Jean,
« qui faisait partie de l'hôtel des chevaliers de Malte ; mais Duranti étant
« tombé malade, on abandonna ce projet, sans cesser d'en vouloir à sa vie.
« Des lettres que l'avocat-général Daffis, alors absent de Toulouse, écrivait
« aux serviteurs du roi pour les engager à venir au secours de Duranti, ser-
« virent merveilleusement les intentions des ennemis de cet infortuné, qui les
« interceptèrent. On dit au peuple qu'une conspiration avait été tramée par Du-
« ranti dans sa prison, et que les royalistes allaient se mettre en campagne pour
« attaquer la ville. La tourbe factieuse s'assemble sur la place Saint-George ;
« deux mille bandits se dirigent de ce point sur le couvent des Jacobins ; on
« en brûle la porte. Chapelier, chef des gardes chargés de veiller sur Duranti,
« se présente devant celui-ci, la hallebarde à la main ; il lui annonce que le
« peuple l'attend dans la rue, et veut lui parler. Duranti voit que sa dernière
« heure est arrivée : il se jette à genoux, fait une courte et fervente prière,
« se relève et s'achemine vers la porte. Sa femme, qui avait obtenu de le voir
« quelquefois, se précipite au-devant de lui et veut l'arrêter ; il la repousse
« doucement, lui adresse quelques paroles de consolation, et s'avance, traîné
« plutôt que conduit par Chapelier, qui s'écrie en le montrant aux factieux :
« *Voilà l'homme!—Oui,* dit alors Duranti avec fermeté : *Que voulez-vous de moi?*
« *Y a-t-il parmi vous quelqu'un qui se plaigne que je lui aie fait injustice? qu'il*
« *s'avance, et qu'il le dise ! Si vous n'en voulez qu'à ma vie, songez que vous allez*
« *vous souiller d'un crime horrible que la postérité vous reprochera, et qui tôt ou*
« *tard sera vengé de Dieu et des hommes.* À ces mots, la foule s'arrête ; elle re-

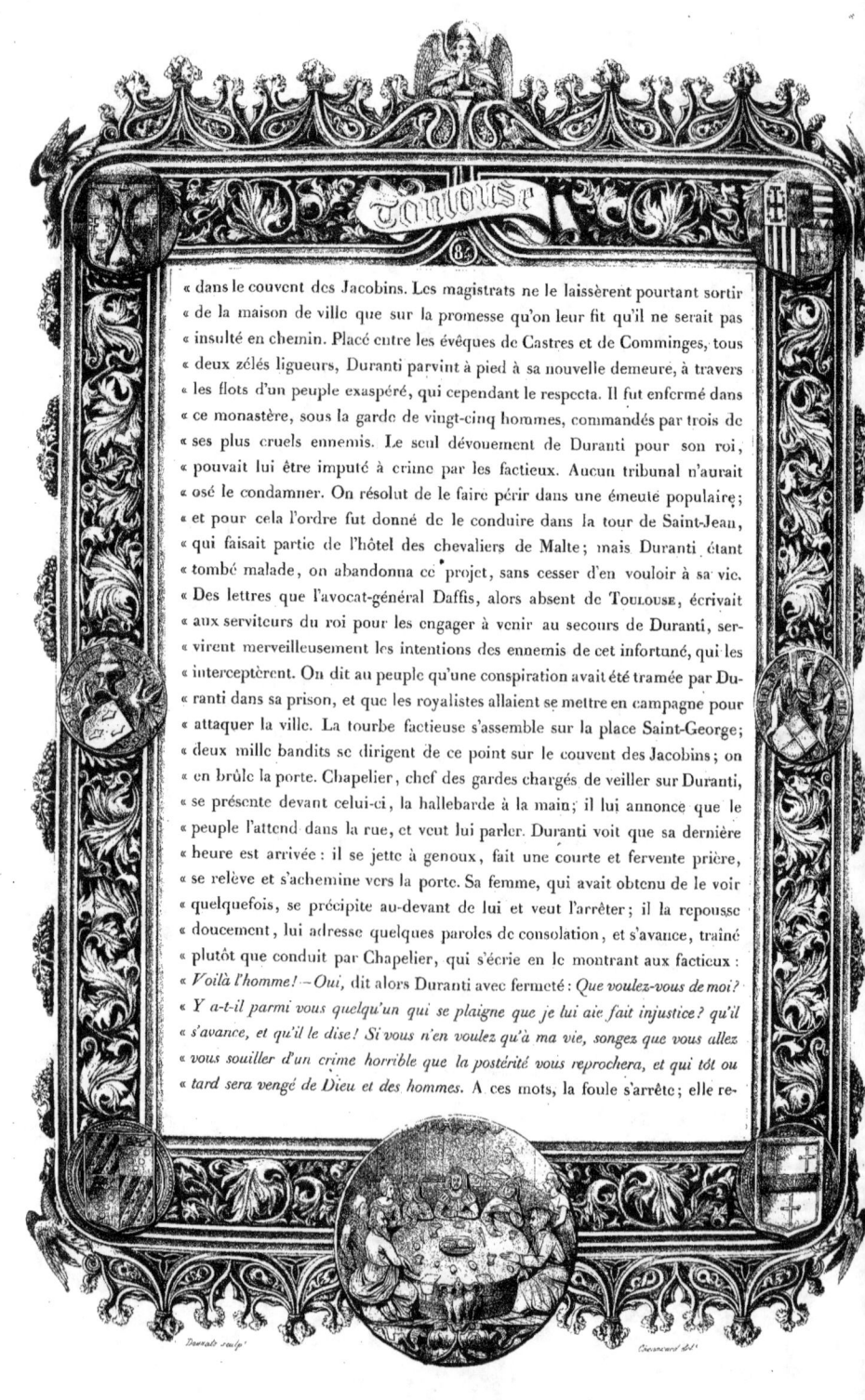

« garde avec respect ce magistrat, revêtu encore de sa robe qu'il ne quittait
« jamais ; sa physionomie conservait le calme de son âme, dont la noblesse
« et la sérénité contrastaient si fortement avec la fureur populaire. Ceux
« qui étaient les plus rapprochés de Duranti, touchés, émus jusqu'aux larmes,
« allaient tomber à ses genoux, quand un misérable, placé assez loin de lui,
« tira un coup d'arquebuse, et le renversa sur les marches du monastère. En
« tombant, Duranti prononça ces mots qu'il emprunta à Jésus-Christ : *Sei-*
« *gneur, ne leur imputez pas ce péché, car ils ne savent ce qu'ils font*. Il respirait
« encore, lorsque des monstres se précipitèrent sur lui, attachèrent des cor-
« des à ses pieds, et le traînèrent, sanglant, dans la fange des rues, et portant
« devant le cadavre un misérable portrait de Henri III, attaché à une longue
« perche, en criant à chaque instant : *A cinq sols le portrait du tyran, pour*
« *lui acheter un licou qui serve à le pendre*. La foule suivait, en poussant d'hor-
« ribles clameurs. Elle arrive sur la place Saint-George, d'où elle était partie ;
« là elle attache le cadavre et le portrait à un échafaud, et elle court chez
« l'avocat-général Daffis, qui était à la campagne : on l'arrête. Il est conduit
« à la conciergerie. Le conseil des dix-huit l'interroge. On lui montre les lettres
« qu'il a écrites au maréchal de Matignon et au premier président du parle-
« ment de Bordeaux. On lui demande s'il n'a pas écrit ces lettres : il répond
« qu'il serait trop honteux de ne pas l'avouer, et les interrogeant à son tour,
« il leur demande qui ils étaient, et qui les avait faits ses juges ; il leur dit qu'il
« ne leur connaissait d'autre pouvoir que celui des bandits et des assassins.
« Ces paroles irritèrent les esprits, et, aussitôt la nuit arrivée, quatre brigands
« allèrent dans la chambre de Daffis, et l'étranglèrent. Le capitoul Jean de
« Bolanquier le fit enterrer la même nuit dans l'église des Cordeliers de Saint-
« Antoine du Salin ; il fit aussi détacher le corps de Duranti ; on le roula à la
« hâte dans le portrait de Henri, et on l'ensevelit dans l'église des Grands-Cor-
« deliers. C'est là qu'il fut retrouvé, bien conservé, plus de cent ans après. On
« lui éleva alors un magnifique mausolée, que la révolution a fait disparaître (1). »

(1) Duranti (Jean-Étienne) a laissé plusieurs ouvrages ; celui qui jouit le plus d'estime est son traité de *Ritibus Ecclesiæ catholicæ*, imprimé successivement à Rome en 1591, in-fol., réimprimé in-8° à Lyon en 1595, et à Paris en 1624 ; faussement attribué à Pierre Danès par quelques bibliographes.

La mort de Duranti étoit un succès pour les ligueurs; mais la même année la fortune changea : le duc Scipion de Joyeuse fut battu à Villemur, et il se noya en passant le Tarn. Son corps, porté à son frère François de Joyeuse, archevêque de TOULOUSE, fut inhumé dans le chœur de la cathédrale. Henri de Joyeuse, troisième fils de Guillaume maréchal de Joyeuse, fut nommé chef de la ligue; il étoit moine, quitta la haire, se mit à la tête de l'armée et causa de grands désordres dans la capitale du LANGUEDOC. Ce fut le même qui plus tard devoit être maréchal de France, duc et pair, et rentrer dans un cloître.

L'ambition de deux autres hommes préparoit d'autres malheurs.

De Paulo, qui vouloit le prix du sang de Duranti, fut nommé, par Mayenne, premier président du parlement; les conseillers ligueurs ne voulurent pas même le reconnoître. Il chercha par sa conduite à reconquérir l'estime de ses concitoyens; sa fermeté, lors de la conspiration de Tournier, son retour plus tard vers des idées qui devoient pacifier la France, son amour pour les lettres, eussent été de nobles titres à cette estime, si le sang versé par des assassinats dans les guerres civiles pouvoit se racheter.

Paris avoit ouvert ses portes à Henri IV, et TOULOUSE ne reconnoissoit pas encore le pouvoir de ce prince; il fit marcher deux armées contre les factieux, que le temps avoit réduits à un petit nombre, et qui d'ailleurs n'étoient plus soutenus par ce que l'on nomme l'opinion publique, fièvre qui n'est pas toujours celle des plus nombreux, mais qui est souvent celle des plus turbulens. Ils sentirent qu'ils devoient se soumettre; la paix fut conclue à Verfeil, et l'édit de 1596 assura la reddition de TOULOUSE.

Les commencemens du XVIIᵉ siècle à TOULOUSE offrent peu d'événemens dignes d'être rapportés après la grande catastrophe que nous venons de décrire : Henri IV régna entre la ligue et la fronde, et donna quelque repos à la France, comme un laboureur laisse une terre se reposer entre deux moissons; puis il mourut, laissant la régence à sa veuve.

TOULOUSE ne comptoit qu'un petit nombre de protestans dans ses murs; mais non loin de là ils avoient des places de sûreté, et le plus léger prétexte amenoit *des prises d'armes*, dont le résultat étoit le malheur et la dévastation des campagnes. Enfin, Louis XIII vint assiéger Montauban, et les Toulousains lui fournirent non seulement de l'artillerie et des vivres, mais aussi des corps de volontaires. La fortune se déclara pour les rebelles, et ce ne fut que plus tard qu'un cardinal entra en triomphe dans cette ville, dont la soumission entraîna la ruine des protestans dans le Quercy, et fut un coup terrible pour leur cause dans tout le Languedoc.

Le foible Louis XIII, arrivé à sa majorité, et à peine roi, avoit associé à sa puissance Richelieu, ce large faucheur de la grande seigneurie.

Parmi les têtes que l'on coupa, il n'y en avoit point de plus fière et de plus haute que celle que vit tomber Toulouse ; car c'étoit la tête de Henri II de Montmorency, pair et amiral de France, gouverneur de la province de Languedoc, filleul de Henri IV, et le Béarnois un jour avoit dit de lui : « Voyez mon fils Montmorency, digne en tout de sa race; si jamais la maison « royale venoit à défaillir, ce seroit dans la sienne que les François devroient « aller chercher des maîtres. »

Montmorency s'indigna des traitemens que le ministre et le roi faisoient subir à la veuve de Henri ; un parti nombreux portoit Gaston à la couronne ; Montmorency devint le chef de ce parti : il tira contre Louis XIII cette épée forte et triomphante qui avoit vaincu tant de fois pour lui; Richelieu rassembla une armée, mit Schomberg à sa tête, et envoya l'homme du peuple soutenir le despotisme contre l'homme de la noblesse, qui soutenoit les derniers droits du peuple expirans. Les deux armées se rencontrèrent à Castelnaudary. La mêlée s'engagea. Leur charge de cavalerie, dirigée par Montmorency et Gaston, alloit décider en leur faveur du gain de la journée, lorsqu'un fossé se rencontra sur la route.

Gaston, dont le cœur foiblissoit, saisit le prétexte de cet obstacle, arrêta son cheval comme s'il ne pouvoit le franchir ; Montmorency étoit déjà de l'autre côté.

Il se retourna et vit qu'il étoit seul ; les soldats qui se battoient pour Gaston s'étoient arrêtés autour de Gaston. Montmorency, qui se battoit pour l'honneur, vit qu'il falloit mourir pour le conserver.

Il jeta un dernier regard derrière lui, baissa la visière de son casque, pour ne pas être reconnu, et se précipita dans la mêlée. Mais comme il avoit rompu les six premiers rangs des ennemis, et qu'il tuoit encore des hommes au

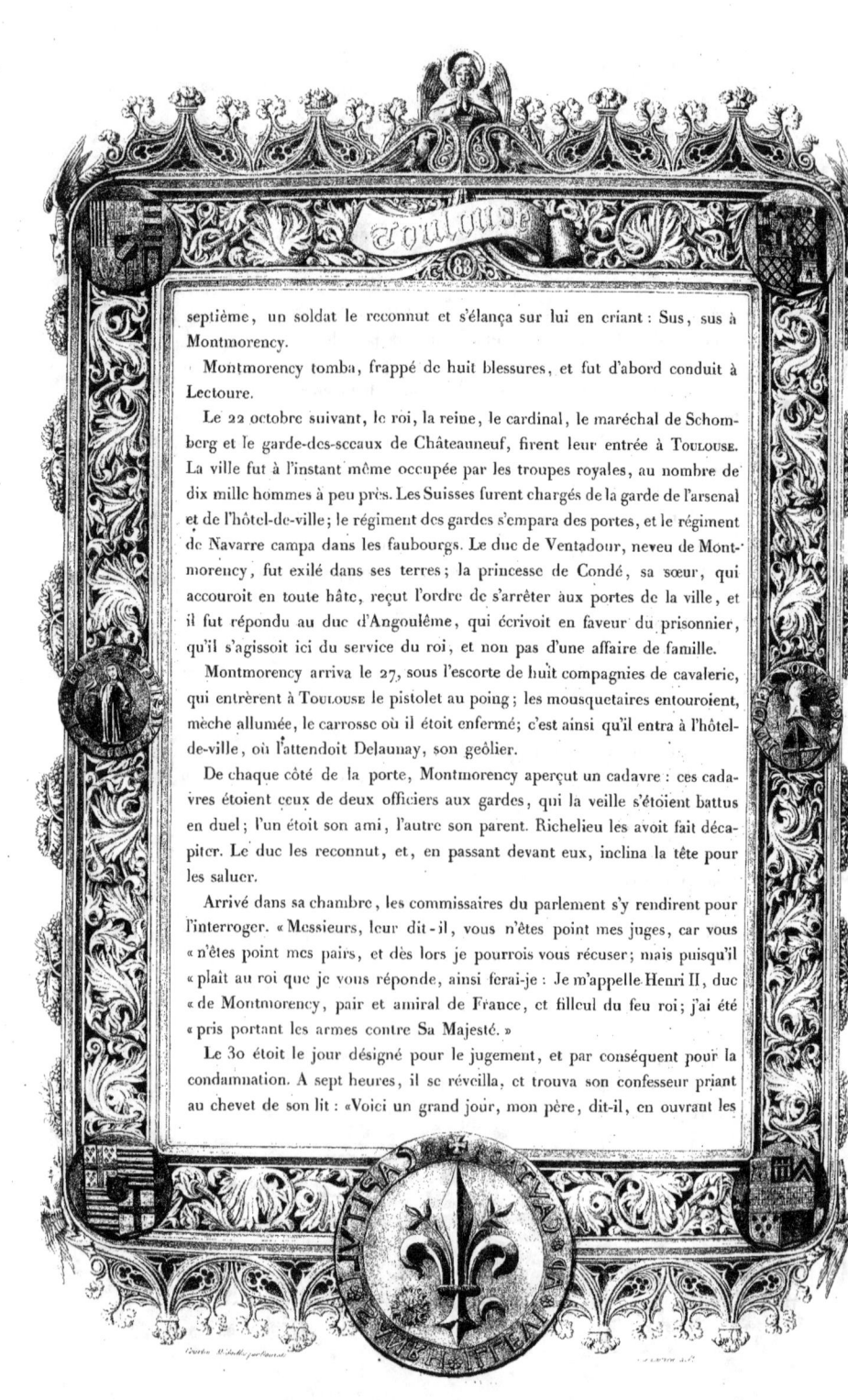

septième, un soldat le reconnut et s'élança sur lui en criant : Sus, sus à Montmorency.

Montmorency tomba, frappé de huit blessures, et fut d'abord conduit à Lectoure.

Le 22 octobre suivant, le roi, la reine, le cardinal, le maréchal de Schomberg et le garde-des-sceaux de Châteauneuf, firent leur entrée à TOULOUSE. La ville fut à l'instant même occupée par les troupes royales, au nombre de dix mille hommes à peu près. Les Suisses furent chargés de la garde de l'arsenal et de l'hôtel-de-ville ; le régiment des gardes s'empara des portes, et le régiment de Navarre campa dans les faubourgs. Le duc de Ventadour, neveu de Montmorency, fut exilé dans ses terres ; la princesse de Condé, sa sœur, qui accouroit en toute hâte, reçut l'ordre de s'arrêter aux portes de la ville, et il fut répondu au duc d'Angoulême, qui écrivoit en faveur du prisonnier, qu'il s'agissoit ici du service du roi, et non pas d'une affaire de famille.

Montmorency arriva le 27, sous l'escorte de huit compagnies de cavalerie, qui entrèrent à TOULOUSE le pistolet au poing ; les mousquetaires entouroient, mèche allumée, le carrosse où il étoit enfermé ; c'est ainsi qu'il entra à l'hôtel-de-ville, où l'attendoit Delaunay, son geôlier.

De chaque côté de la porte, Montmorency aperçut un cadavre : ces cadavres étoient ceux de deux officiers aux gardes, qui la veille s'étoient battus en duel ; l'un étoit son ami, l'autre son parent. Richelieu les avoit fait décapiter. Le duc les reconnut, et, en passant devant eux, inclina la tête pour les saluer.

Arrivé dans sa chambre, les commissaires du parlement s'y rendirent pour l'interroger. « Messieurs, leur dit-il, vous n'êtes point mes juges, car vous « n'êtes point mes pairs, et dès lors je pourrois vous récuser ; mais puisqu'il « plait au roi que je vous réponde, ainsi ferai-je : Je m'appelle Henri II, duc « de Montmorency, pair et amiral de France, et filleul du feu roi ; j'ai été « pris portant les armes contre Sa Majesté. »

Le 30 étoit le jour désigné pour le jugement, et par conséquent pour la condamnation. A sept heures, il se réveilla, et trouva son confesseur priant au chevet de son lit : «Voici un grand jour, mon père, dit-il, en ouvrant les

« yeux. Mettez la main sur mon cœur, et voyez s'il bat. Je crains vraiment d'être
« indigne, ajouta-t-il en souriant, de la grâce que Dieu me fait d'avoir un
« aussi grand mépris pour la mort. » Son chirurgien se présenta pour panser
ses blessures : « Ce n'est pas la peine, dit en souriant Montmorency; je vais
« en recevoir une qui les guérira toutes. »

Montmorency fut condamné.

Ramené à la prison, il se dépouilla de l'habit d'amiral qu'il portoit, ainsi que des ordres dont il étoit décoré, et revêtit une simple chemise de toile blanche qu'il avoit fait faire dans sa prison de Lectoure, afin de la porter au jour de sa mort. Le comte de Chasles entra bientôt; il venoit demander à Montmorency, de la part du roi, son bâton de maréchal et son grand cordon de l'ordre du Saint-Esprit : le duc les prit sur le fauteuil où il les avoit déposés, et les donna au comte.

Le duc demanda alors à être conduit dans la chapelle de l'hôtel-de-ville (1), pour se préparer à la mort : c'est là que deux commissaires du parlement lui firent lecture de l'arrêt. Il étoit midi. « Messieurs, dit-il aux deux con-
« seillers, lorsqu'ils eurent fini, priez Dieu qu'il me permette de souffrir chré-
« tiennement ce que vous venez de me lire. » — « Monseigneur, répondirent-
« ils, nous allons faire ce que vous nous commandez. »

Après les conseillers, vint le bourreau. Montmorency s'étonna que cet homme ne lui liât pas les mains et ne lui mît pas la corde au cou, comme on le faisoit pour les autres criminels. Le bourreau lui répondit que le roi, dans sa miséricorde, avoit permis qu'on l'exceptât de cette infamie. Alors Montmorency tendit les mains et dit : « Je remercie le roi, mais je suis cri-
« minel et je dois être traité en criminel; Jésus étoit innocent, et il fut lié
« avec des cordes. »

L'échafaud étoit dressé dans la première cour de l'hôtel-de-ville; une statue de Henri IV, placée dans une niche (2), se trouvoit, par hasard, presque

(1) Nous avons vu abattre les derniers débris de cette chapelle, qui contenoit des peintures aussi remarquables pour l'art que curieuses et importantes pour l'histoire de la ville de TOULOUSE.

(2) Cette statue existe encore; nous en donnons le dessin à la planche 21, dans la vue qui représente la *Cour du palais des Capitouls*.

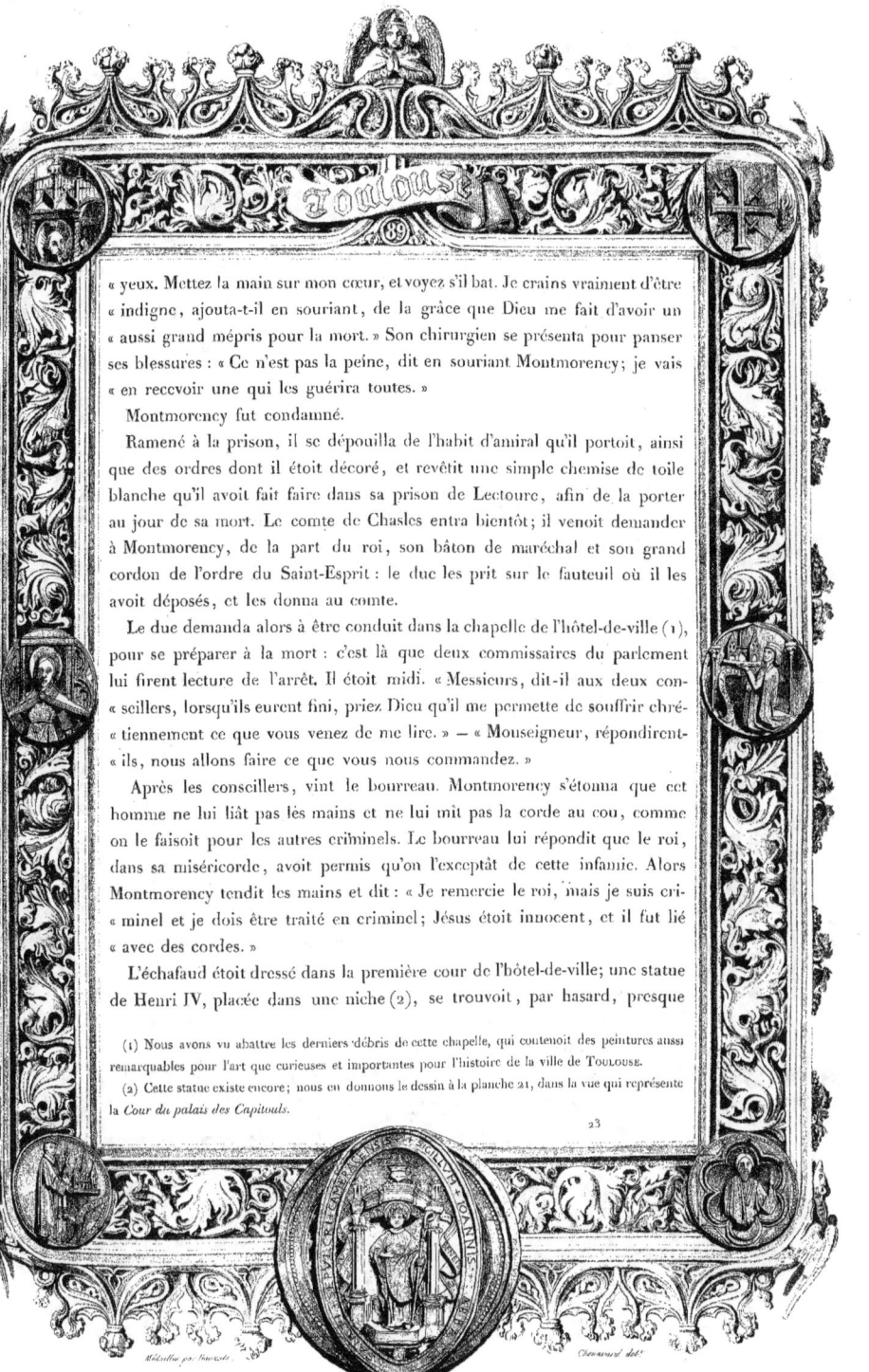

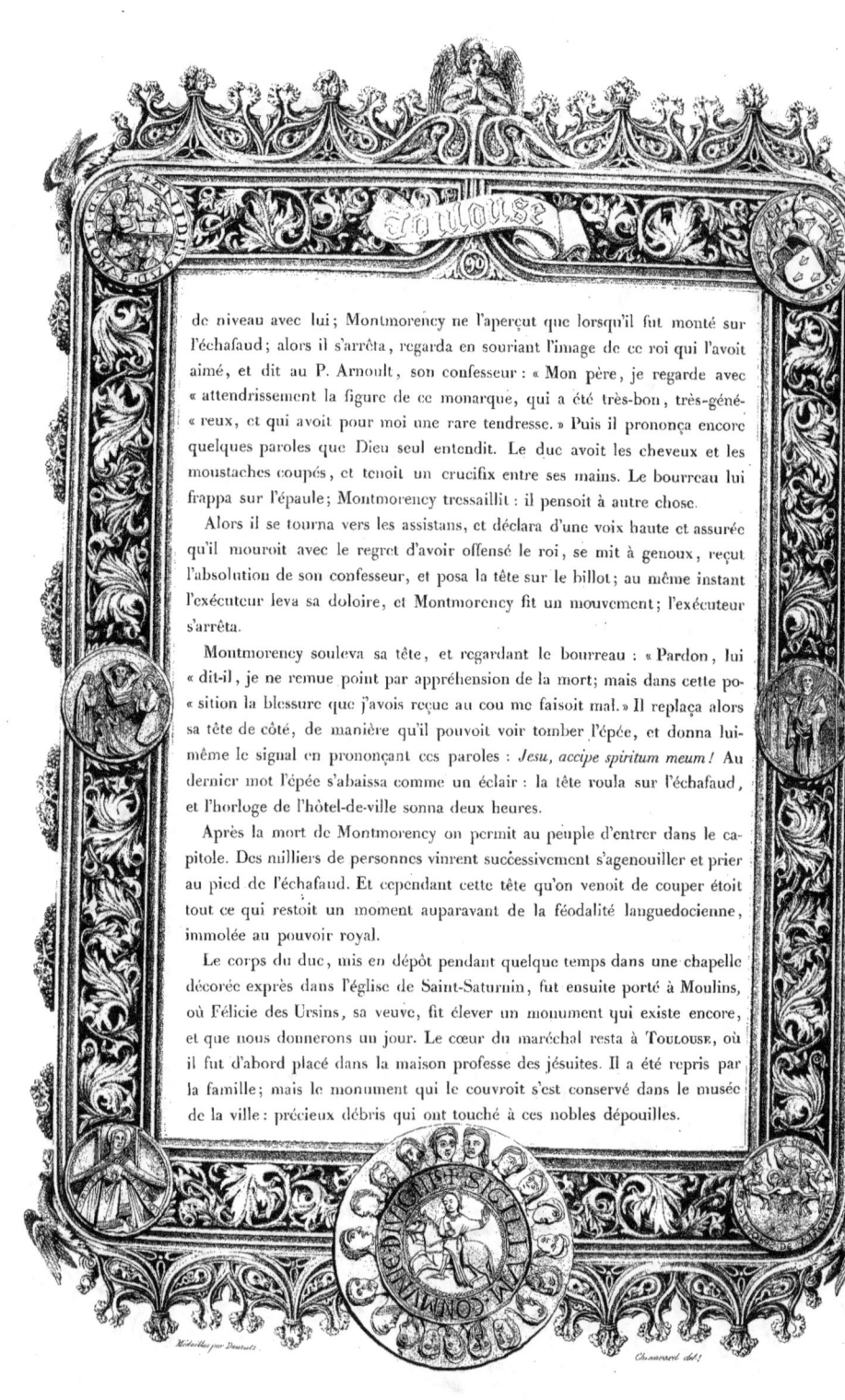

de niveau avec lui; Montmorency ne l'aperçut que lorsqu'il fut monté sur l'échafaud; alors il s'arrêta, regarda en souriant l'image de ce roi qui l'avoit aimé, et dit au P. Arnoult, son confesseur : « Mon père, je regarde avec « attendrissement la figure de ce monarque, qui a été très-bon, très-géné-« reux, et qui avoit pour moi une rare tendresse. » Puis il prononça encore quelques paroles que Dieu seul entendit. Le duc avoit les cheveux et les moustaches coupés, et tenoit un crucifix entre ses mains. Le bourreau lui frappa sur l'épaule; Montmorency tressaillit : il pensoit à autre chose.

Alors il se tourna vers les assistans, et déclara d'une voix haute et assurée qu'il mouroit avec le regret d'avoir offensé le roi, se mit à genoux, reçut l'absolution de son confesseur, et posa la tête sur le billot; au même instant l'exécuteur leva sa doloire, et Montmorency fit un mouvement; l'exécuteur s'arrêta.

Montmorency souleva sa tête, et regardant le bourreau : « Pardon, lui « dit-il, je ne remue point par appréhension de la mort; mais dans cette po-« sition la blessure que j'avois reçue au cou me faisoit mal. » Il replaça alors sa tête de côté, de manière qu'il pouvoit voir tomber l'épée, et donna lui-même le signal en prononçant ces paroles : *Jesu, accipe spiritum meum!* Au dernier mot l'épée s'abaissa comme un éclair : la tête roula sur l'échafaud, et l'horloge de l'hôtel-de-ville sonna deux heures.

Après la mort de Montmorency on permit au peuple d'entrer dans le capitole. Des milliers de personnes vinrent successivement s'agenouiller et prier au pied de l'échafaud. Et cependant cette tête qu'on venoit de couper étoit tout ce qui restoit un moment auparavant de la féodalité languedocienne, immolée au pouvoir royal.

Le corps du duc, mis en dépôt pendant quelque temps dans une chapelle décorée exprès dans l'église de Saint-Saturnin, fut ensuite porté à Moulins, où Félicie des Ursins, sa veuve, fit élever un monument qui existe encore, et que nous donnerons un jour. Le cœur du maréchal resta à TOULOUSE, où il fut d'abord placé dans la maison professe des jésuites. Il a été repris par la famille; mais le monument qui le couvroit s'est conservé dans le musée de la ville : précieux débris qui ont touché à ces nobles dépouilles.

Une histoire aussi chevaleresque et aussi tragique que celle de Montmorency prêtoit trop à l'imagination pour n'être pas exploitée par les romanciers et par les poètes; mais ce n'est pas ici le lieu de s'étendre sur ces épisodes de la biographie qui n'appartiennent que de bien loin à l'histoire de Toulouse. Nous ne laisserons cependant pas ignorer au petit nombre de lecteurs qui l'ignoreroient encore qu'on chercha dans le temps à l'inexorable justice de Louis XIII un motif secret de jalousie et de vengeance, bien que Louis XIII n'eût certainement pas besoin de motifs pour être inexorable. On assure que Montmorency portoit un bracelet où étoit enchâssé le portrait d'Anne d'Autriche, et que ce fut cette circonstance, connue du roi, qui imposa silence à sa pitié. Un des juges du duc, lui ayant demandé s'il n'avoit pas employé des sortiléges et des maléfices pour se faire aimer de la reine, il répondit simplement : « Quand Mathieu II de Montmorency épousa la veuve « de Louis-le-Gros, ce ne fut ni par sortilége ni par maléfices, mais conformément à l'avis des barons, qui décidèrent dans leur sagesse qu'il convenoit « de donner à la veuve et à l'enfant du roi l'appui d'un Montmorency. »

En 1630, vivoit à Toulouse Pierre de Fermat, conseiller au parlement (1). Contemporain de Pascal et de Descartes, comme eux il honora les sciences, inspira une généreuse émulation à ses compatriotes, et donna naissance à la société connue sous le nom de *Lanternistes*. Dans leurs réunions ils s'occupoient de chimie, de géométrie, de physique; mais ils avoient des ennemis puissans, et pour échapper à leur malignité, ils proposèrent un prix au meilleur sonnet en l'honneur du roi. Louis XIV fut flatté de cet hommage, et les *Lanternistes* subsistèrent assez long-temps. Ils laissèrent des successeurs qui formèrent la société des sciences, changée, en 1745, par lettres patentes de Louis XV, en académie royale des sciences, inscriptions et belles-lettres. Cette académie, une des plus célèbres parmi celles de nos provinces, a rendu

(1) Fermat doit être regardé comme le premier inventeur de la méthode d'assujettir au calcul les grandeurs infiniment petites, et de les faire servir à la solution d'une question. Laplace dit expressément que Fermat *doit être considéré comme le véritable inventeur du calcul différentiel*, et Lagrange a démontré cette vérité.

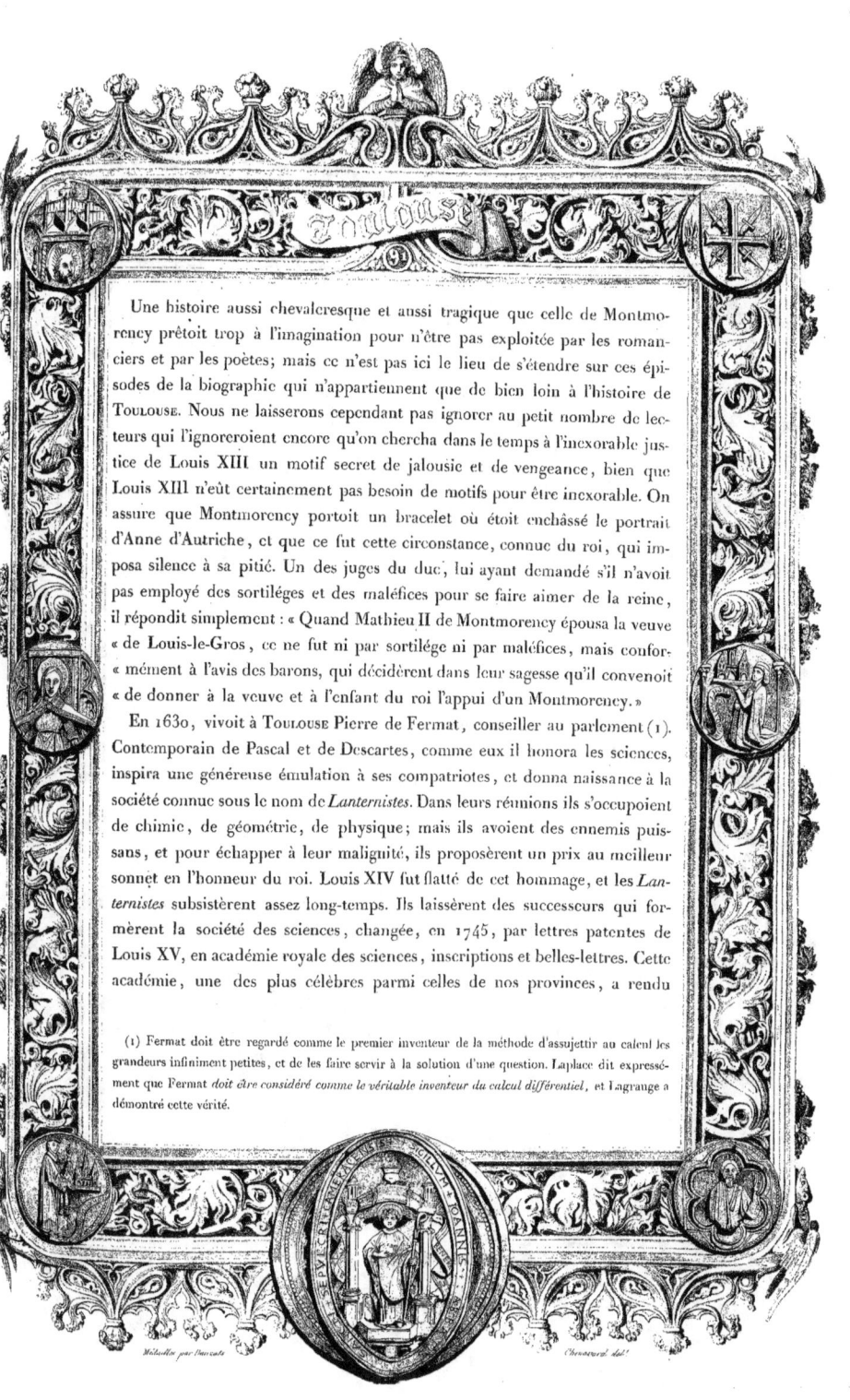

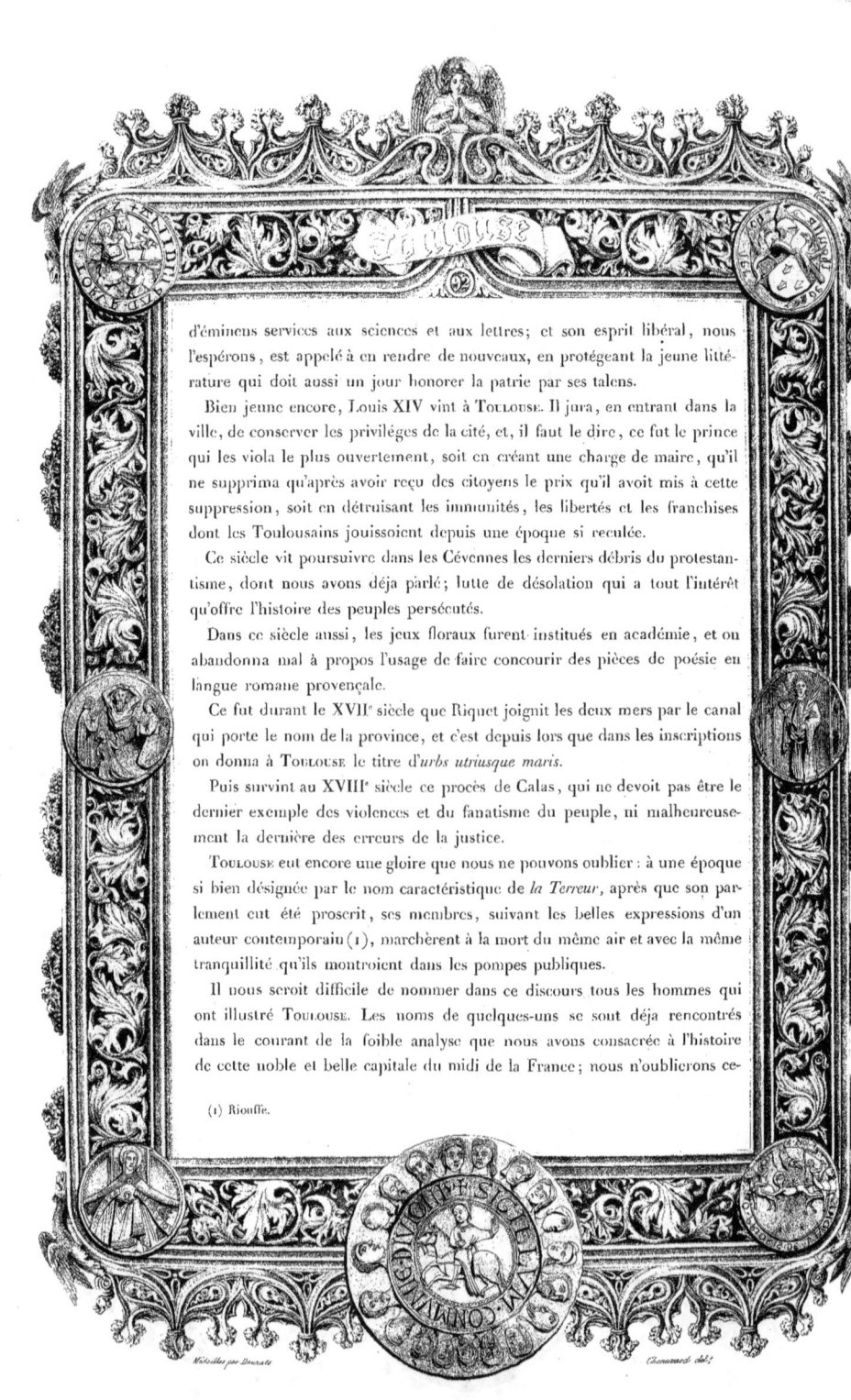

d'éminens services aux sciences et aux lettres; et son esprit libéral, nous l'espérons, est appelé à en rendre de nouveaux, en protégeant la jeune littérature qui doit aussi un jour honorer la patrie par ses talens.

Bien jeune encore, Louis XIV vint à TOULOUSE. Il jura, en entrant dans la ville, de conserver les priviléges de la cité, et, il faut le dire, ce fut le prince qui les viola le plus ouvertement, soit en créant une charge de maire, qu'il ne supprima qu'après avoir reçu des citoyens le prix qu'il avoit mis à cette suppression, soit en détruisant les immunités, les libertés et les franchises dont les Toulousains jouissoient depuis une époque si reculée.

Ce siècle vit poursuivre dans les Cévennes les derniers débris du protestantisme, dont nous avons déja parlé; lutte de désolation qui a tout l'intérêt qu'offre l'histoire des peuples persécutés.

Dans ce siècle aussi, les jeux floraux furent institués en académie, et on abandonna mal à propos l'usage de faire concourir des pièces de poésie en langue romane provençale.

Ce fut durant le XVIIe siècle que Riquet joignit les deux mers par le canal qui porte le nom de la province, et c'est depuis lors que dans les inscriptions on donna à TOULOUSE le titre d'*urbs utriusque maris*.

Puis survint au XVIIIe siècle ce procès de Calas, qui ne devoit pas être le dernier exemple des violences et du fanatisme du peuple, ni malheureusement la dernière des erreurs de la justice.

TOULOUSE eut encore une gloire que nous ne pouvons oublier : à une époque si bien désignée par le nom caractéristique de *la Terreur*, après que son parlement eut été proscrit, ses membres, suivant les belles expressions d'un auteur contemporain (1), marchèrent à la mort du même air et avec la même tranquillité qu'ils montroient dans les pompes publiques.

Il nous seroit difficile de nommer dans ce discours tous les hommes qui ont illustré TOULOUSE. Les noms de quelques-uns se sont déja rencontrés dans le courant de la foible analyse que nous avons consacrée à l'histoire de cette noble et belle capitale du midi de la France; nous n'oublierons ce-

---

(1) Riouffe.

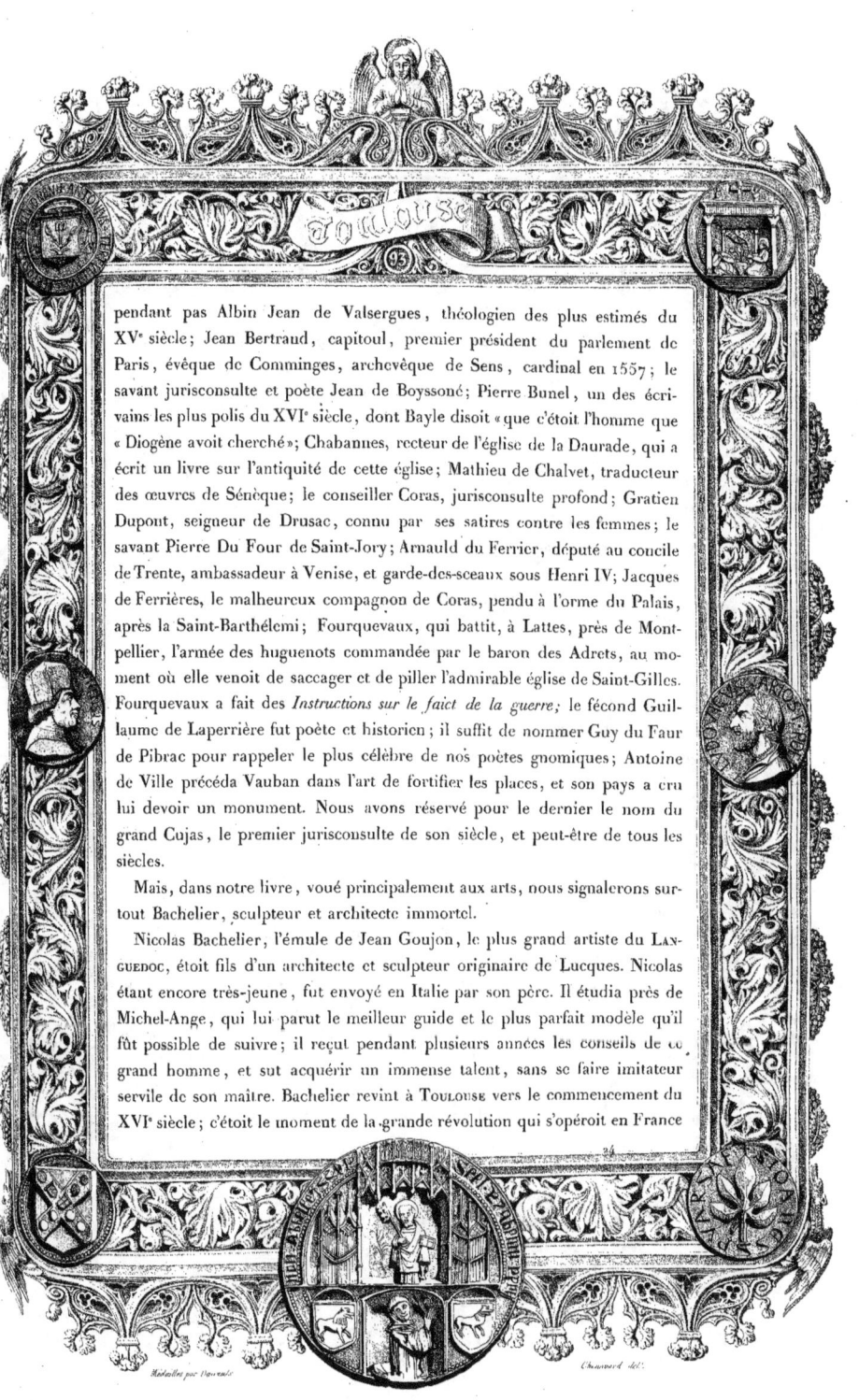

pendant pas Albin Jean de Valsergues, théologien des plus estimés du XV° siècle; Jean Bertraud, capitoul, premier président du parlement de Paris, évêque de Comminges, archevêque de Sens, cardinal en 1557; le savant jurisconsulte et poète Jean de Boyssoné; Pierre Bunel, un des écrivains les plus polis du XVI° siècle, dont Bayle disoit « que c'étoit l'homme que « Diogène avoit cherché »; Chabannes, recteur de l'église de la Daurade, qui a écrit un livre sur l'antiquité de cette église; Mathieu de Chalvet, traducteur des œuvres de Sénèque; le conseiller Coras, jurisconsulte profond; Gratien Dupont, seigneur de Drusac, connu par ses satires contre les femmes; le savant Pierre Du Four de Saint-Jory; Arnauld du Ferrier, député au concile de Trente, ambassadeur à Venise, et garde-des-sceaux sous Henri IV; Jacques de Ferrières, le malheureux compagnon de Coras, pendu à l'orme du Palais, après la Saint-Barthélemi; Fourquevaux, qui battit, à Lattes, près de Montpellier, l'armée des huguenots commandée par le baron des Adrets, au moment où elle venoit de saccager et de piller l'admirable église de Saint-Gilles. Fourquevaux a fait des *Instructions sur le faict de la guerre*; le fécond Guillaume de Laperrière fut poète et historien; il suffit de nommer Guy du Faur de Pibrac pour rappeler le plus célèbre de nos poètes gnomiques; Antoine de Ville précéda Vauban dans l'art de fortifier les places, et son pays a cru lui devoir un monument. Nous avons réservé pour le dernier le nom du grand Cujas, le premier jurisconsulte de son siècle, et peut-être de tous les siècles.

Mais, dans notre livre, voué principalement aux arts, nous signalerons surtout Bachelier, sculpteur et architecte immortel.

Nicolas Bachelier, l'émule de Jean Goujon, le plus grand artiste du LANGUEDOC, étoit fils d'un architecte et sculpteur originaire de Lucques. Nicolas étant encore très-jeune, fut envoyé en Italie par son père. Il étudia près de Michel-Ange, qui lui parut le meilleur guide et le plus parfait modèle qu'il fût possible de suivre; il reçut pendant plusieurs années les conseils de ce grand homme, et sut acquérir un immense talent, sans se faire imitateur servile de son maître. Bachelier revint à TOULOUSE vers le commencement du XVI° siècle; c'étoit le moment de la grande révolution qui s'opéroit en France dans les arts; il étoit digne de profiter de ce mouvement; il mit en œuvre avec un goût exquis toute la richesse des formes de l'architecture de la renaissance, et parvint à donner à ses sculptures toute l'harmonie, l'élégance et la magie du dessin le plus pur et le plus gracieux. Bientôt sa réputation grandit; le chapitre de la cathédrale, tous les monastères, tous les corps religieux, les magistrats municipaux, les grands seigneurs, les riches particuliers, eurent recours à ses brillans talens. Doué d'une facilité prodigieuse, il suffit à toutes les demandes et répondit à toutes les espérances. Le Languedoc et la Guienne sont encore remplis de monumens exécutés par lui et ses élèves. Ses sublimes créations ont eu cependant beaucoup à souffrir des temps de vandalisme; Toulouse est veuve de la plupart des beaux ouvrages qu'il y avoit élevés, et, dans les deux provinces que nous venons de nommer, la plupart des palais, des statues, des décorations architecturales, dus au génie de Bachelier, sont en ruine, renversés et réduits en monceaux de décombres et en poussière. Si l'Italie a perdu ses artistes, au moins elle est orgueilleuse de ses arts et de ses monumens: la France comprendra-t-elle enfin un jour qu'elle pouvoit être sa rivale?

Dominique Bachelier, son fils, hérita en partie du talent de son père; il suffit de citer l'admirable hôtel de Clary, dont nous donnons un dessin et dont nous reparlerons.

Le talent élevé de Bachelier avoit formé une école dans le midi de la France; Artus s'y fit remarquer. On lui doit de très-beaux bas-reliefs qui décoroient la chapelle des pénitens noirs. L'hôtel-de-ville, plusieurs églises et une foule de bâtimens ont été ornés par ce sculpteur.

Joseph Guépin, originaire de la Touraine, fut pendant plusieurs années l'élève de Bachelier, et ses productions sont dignes des préceptes qu'il avoit reçus. Il continua l'école instituée par son maître, et un de ses élèves, Gervais Drouet, s'y distingua. Il reste de lui, à Auch, plusieurs statues en marbre, plusieurs autres ouvrages à Toulouse, et particulièrement le groupe de la lapidation de saint Étienne.

Marc Arcis reçut des leçons de Drouet, de Rivalz, et d'un augustin, nommé frère Ambroise Fredeau, auteur d'un christ en bois, fort remarquable,

qu'il fit terminer par ses élèves, parce qu'il étoit devenu aveugle en y travaillant. Marc Arcis a exécuté à Paris plusieurs mausolées et statues en marbre; par ses talens il orna la Sorbonne, et contribua des premiers à embellir Versailles, ce beau joyau artistique de la couronne de France.

De l'école de Marc Arcis sortirent avec distinction Parent et Pierre Lucas. Le fils de ce dernier, François Lucas, sculpta le bas-relief placé à l'embouchure du canal des Deux-Mers.

Jean Pierre Rivalz, peintre et architecte; l'ami du Poussin; son fils Antoine, dont le talent se ressentoit de son séjour à Rome et de l'école romaine, et qui eût partagé la réputation de Lebrun, s'il n'eût préféré le séjour de sa patrie à celui de la capitale, où l'exécution des grands travaux de Louis XIV développoit les grands talens et faisoit surgir les grandes renommées, méritent aussi d'être honorablement cités.

Nous nous contenterons de rappeler les de Troy, dont l'un fut peintre de l'hôtel-de-ville de Toulouse; Hilaire Pader et Joseph Maillot, tous les deux peintres : ce dernier, auteur des *Recherches sur les costumes, les mœurs et les usages religieux des anciens peuples;* et dans les lettres et les sciences, le P. Ange de Saint-Joseph, savant linguiste du XVIIe siècle, qui voyagea dans l'Orient; Guillaume Bonjour, religieux augustin, astronome, chronologiste et philosophe; Raymond Maignan, religieux minime, astronome et mathématicien, digne ami de Bayle, de Riccioli, de Fermat et de Kircher; Pierre Cazeneuve, historien, étymologiste, publiciste et jurisconsulte; Doujat, juriste et historiographe habile; Campistron, le foible et doux imitateur de Racine; Goudelin (1), le plus parfait, après La Monnoye, de nos poètes de dialectes; le bel-esprit Gaspard de Fieubet; le spirituel Palaprat, le Pollux de Brueys; le diplomate et littérateur Favier; le savant naturaliste Picot de La Peirouse; l'éloquent orateur Cazalès, et le poète Cailhava, dont la verve et la gaîté comique rachètent largement quelques défauts de correction et de goût.

(1) Il n'y a rien de plus arbitraire que l'orthographe de la plupart des noms propres romans. Goudelin est le nom classique de ce poète qu'on appelle quelquefois Goudouli. On assure qu'il signoit Godolin, et probablement il signoit quelquefois autrement. Le plus sûr est de s'en rapporter à l'édition de ses *Œuvres*, imprimée sous ses yeux un an avant sa mort, et dans laquelle il s'est lui-même nommé Goudelin. Rien ne peut prévaloir contre cette autorité.

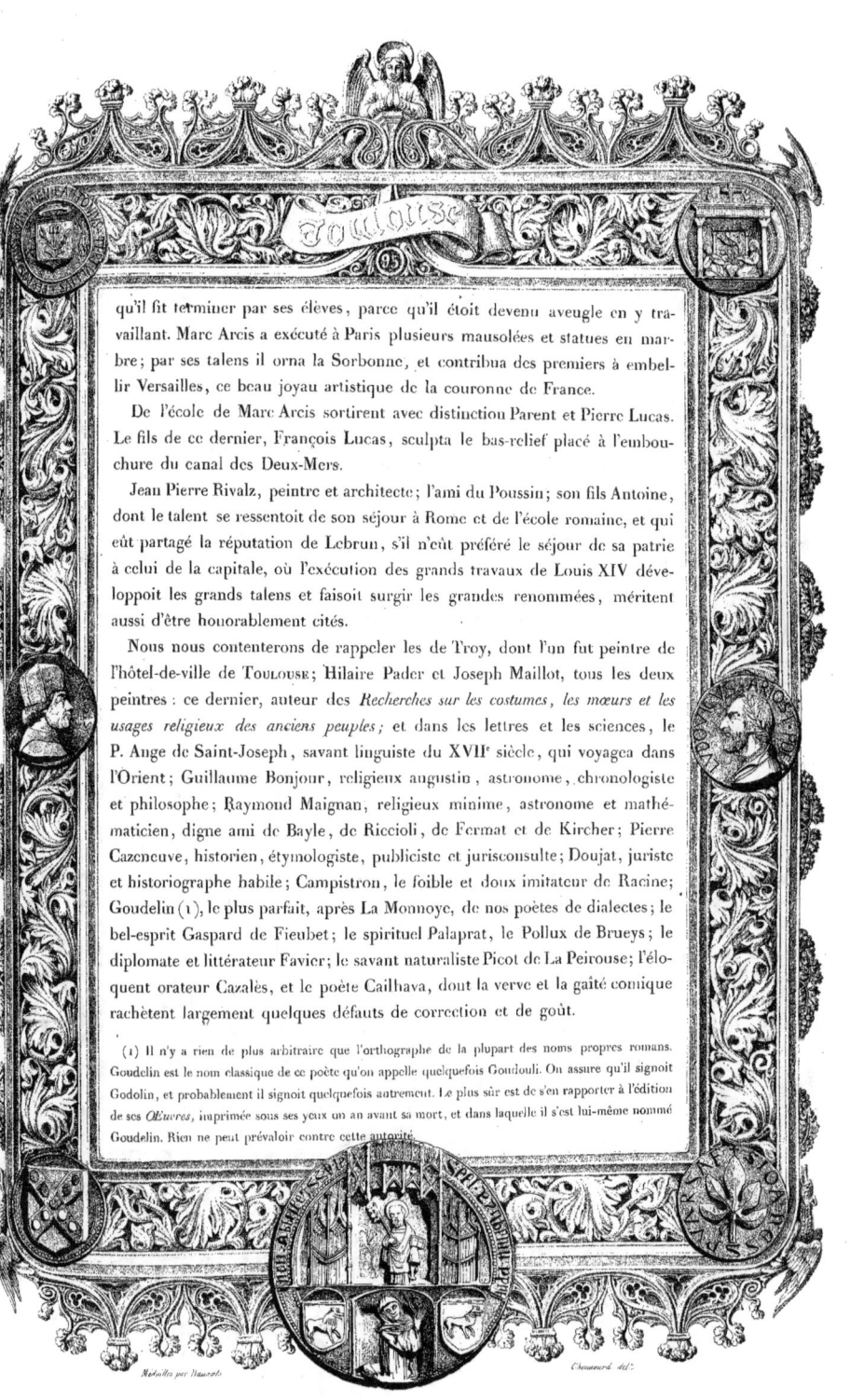

Joignous-y, dans ces derniers temps, Valenciennes, le créateur de l'école moderne des paysagistes, et Daleyrac, né à trois lieues de Toulouse, ami, émule et rival de Grétry, qui a doté son pays d'harmonies suaves et délicieuses, et puissamment contribué à donner à la France des chants tendres et gracieux, admirés même de l'Italie.

On pense bien que nous n'avons pas eu l'intention de nommer tous les hommes qui ont illustré Toulouse, et que nous nous bornons à citer ici quelques-uns de ses plus dignes enfans. Ce seroit bien autre chose s'il nous falloit rappeler ceux qui se sont couverts de gloire à la tête de ses légions héroïques, et qui ont acquis des titres non moins éclatans à l'immortalité sur nos champs de bataille.

Nombre de faits importans et curieux se sont passés à Toulouse, et à peine osons-nous les indiquer brièvement, à la suite d'une analyse déjà si longue des histoires languedociennes. Quelquefois cependant ils donnèrent lieu à des fêtes publiques à l'entrée de nos rois dans cette ville, et ces détails sont trop du domaine de nos études d'art pour que nous puissions les passer sous silence.

Outre Louis-le-Débonnaire, qui y avoit un palais, Toulouse reçut le roi Louis-le-Jeune à son retour d'Espagne; le roi Philippe-le-Hardi y fit son entrée en 1272; le roi Philippe-le-Bel un voyage; le pape Clément V y passa deux fois; le roi Charles IV, vers la fin de janvier 1324, s'y rendit, accompagné de la reine, du roi de Bohême, son beau-frère, de Charles, comte de Valois, son oncle, et de Sanche, roi de Majorque, comte de Roussillon. Marie de Bretagne, duchesse d'Anjou, y entra en faisant grace à deux criminelles, et en déclarant qu'elle avoit pareil droit d'accorder semblable grace dans chacune des villes du royaume où elle entreroit pour la première fois : elle y donna naissance à Louis II, roi de Naples. Charles VI y vint créer un ordre de chevalerie; Charles VII y convoqua noblesse et communes pour aller battre les Anglois en Guienne et en Gascogne; il y rassembla, pour aller secourir la ville de Tortas, une armée des plus nombreuses qu'on eût encore vues en France; il entra dans Toulouse le vendredi, huitième de juin de l'an 1442, vêtu de noir et montant un cheval blanc comme la neige; huit capitouls, revêtus de leurs robes mi-parties de noir et d'écarlate, portoient au-dessus de

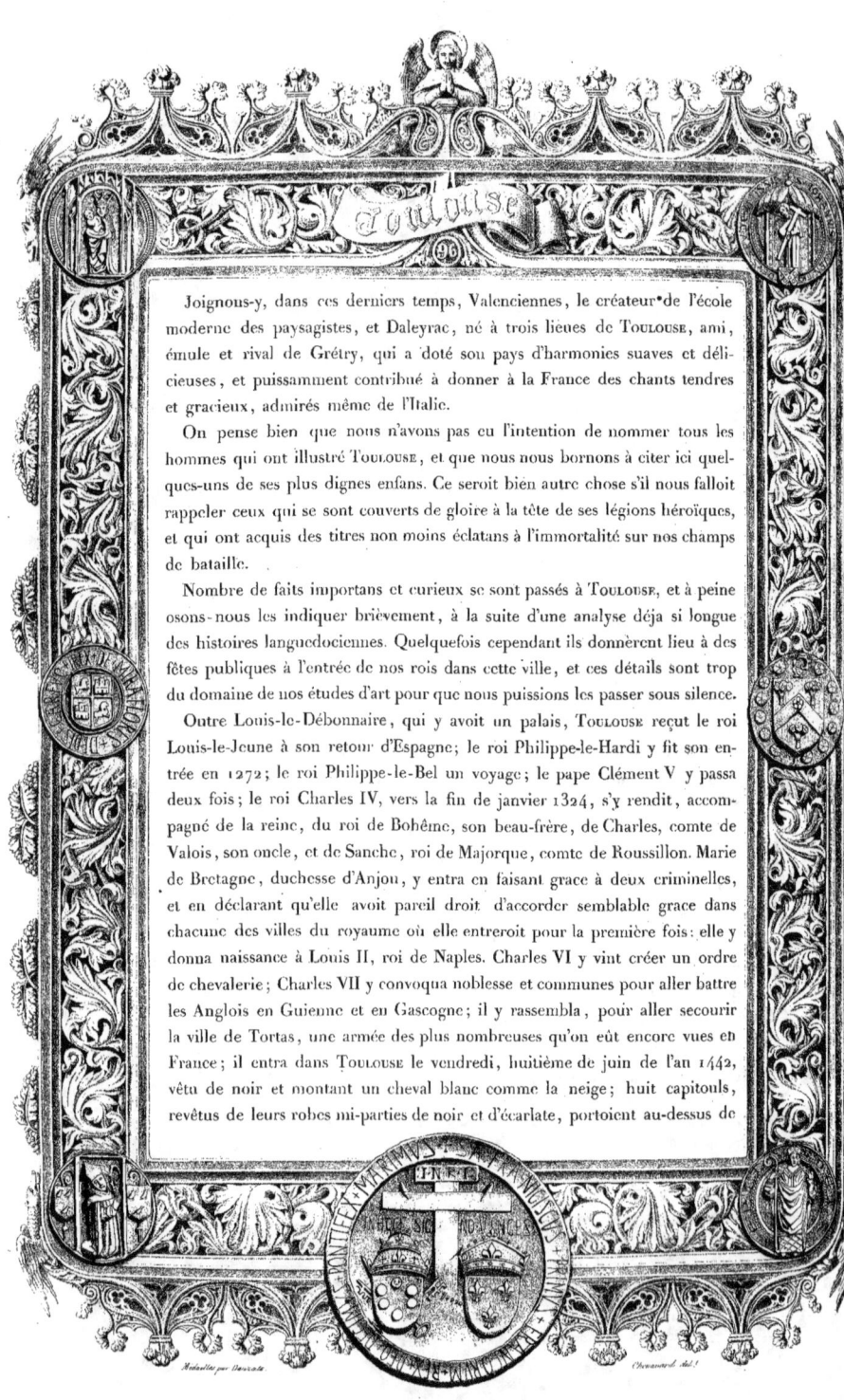

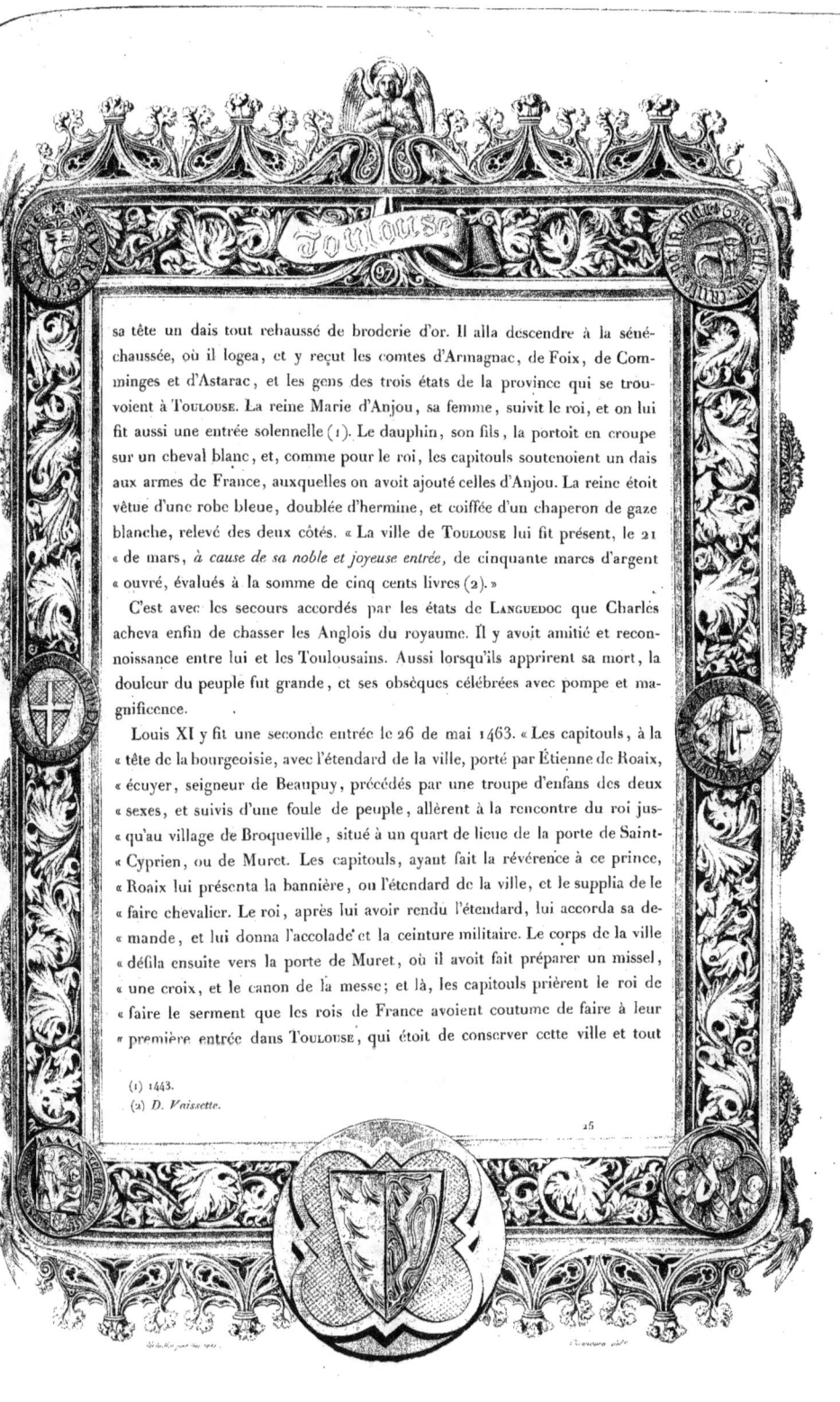

sa tête un dais tout rehaussé de broderie d'or. Il alla descendre à la sénéchaussée, où il logea, et y reçut les comtes d'Armagnac, de Foix, de Comminges et d'Astarac, et les gens des trois états de la province qui se trouvoient à Toulouse. La reine Marie d'Anjou, sa femme, suivit le roi, et on lui fit aussi une entrée solennelle (1). Le dauphin, son fils, la portoit en croupe sur un cheval blanc, et, comme pour le roi, les capitouls soutenoient un dais aux armes de France, auxquelles on avoit ajouté celles d'Anjou. La reine étoit vêtue d'une robe bleue, doublée d'hermine, et coiffée d'un chaperon de gaze blanche, relevé des deux côtés. « La ville de Toulouse lui fit présent, le 21 « de mars, *à cause de sa noble et joyeuse entrée,* de cinquante marcs d'argent « ouvré, évalués à la somme de cinq cents livres (2). »

C'est avec les secours accordés par les états de Languedoc que Charles acheva enfin de chasser les Anglois du royaume. Il y avoit amitié et reconnoissance entre lui et les Toulousains. Aussi lorsqu'ils apprirent sa mort, la douleur du peuple fut grande, et ses obsèques célébrées avec pompe et magnificence.

Louis XI y fit une seconde entrée le 26 de mai 1463. « Les capitouls, à la « tête de la bourgeoisie, avec l'étendard de la ville, porté par Étienne de Roaix, « écuyer, seigneur de Beaupuy, précédés par une troupe d'enfans des deux « sexes, et suivis d'une foule de peuple, allèrent à la rencontre du roi jus- « qu'au village de Broqueville, situé à un quart de lieue de la porte de Saint- « Cyprien, ou de Muret. Les capitouls, ayant fait la révérence à ce prince, « Roaix lui présenta la bannière, ou l'étendard de la ville, et le supplia de le « faire chevalier. Le roi, après lui avoir rendu l'étendard, lui accorda sa de- « mande, et lui donna l'accolade et la ceinture militaire. Le corps de la ville « défila ensuite vers la porte de Muret, où il avoit fait préparer un missel, « une croix, et le canon de la messe; et là, les capitouls prièrent le roi de « faire le serment que les rois de France avoient coutume de faire à leur « première entrée dans Toulouse, qui étoit de conserver cette ville et tout

(1) 1443.
(2) *D. Vaissette.*

« son comté dans ses priviléges, coutumes et libertés. Le roi s'étant découvert
« et ayant ôté ses gants, fit le serment. Alors les capitouls lui présentèrent
« les clefs de la ville, et il les leur rendit en disant : *Nous vous les comman-*
« *dons à garder.* Ils lui présentèrent ensuite un magnifique dais, sous lequel
« ce prince fit son entrée. Le procès-verbal en fut dressé en présence de Char-
« les, duc de Berri, frère du roi ; Jean, comte du Perche, fils du duc d'Alen-
« çon ; Jean de Foix, prince de Navarre, fils (puiné) du comte de Foix et de
« Bigorre ; Jean d'Armagnac, comte de Comminges, maréchal de France ; Tris-
« tan l'Ermite, prévôt des maréchaux de France ; Antoine de Laur, sénéchal
« des Landes et de Guyenne (1). »

En 1533, le vendredi premier d'août, François Ier fit son entrée à Toulouse.
Il avoit été précédé par le grand-maître et maréchal de Montmorenci, et par
le dauphin. Le roi y fut reçu magnifiquement. Tous les corps de la ville,
ecclésiastiques et séculiers, l'allèrent prendre en cérémonie au couvent des
minimes de Saint-Roch ; il avoit couché la veille à Balma, maison de campagne des archevêques de Toulouse. Le cortége étoit ouvert par une troupe
d'enfans de neuf à dix ans, qui marchoient à cheval, tête nue, et crioient
à haute voix : *Vive le roi!* Raymond de Rouer, baron de Fourquevaux, portoit l'étendard de la ville, et Antoine de Rochechouard, baron de Faudoas,
sénéchal de Toulouse, le suivoit, à la tête des officiers et gentilshommes
de la sénéchaussée et de la viguerie. L'université, le parlement, la maison
du roi, les cardinaux, les archevêques, les évêques, le cardinal de Sens,
chancelier de France, puis enfin le roi, venoient ensuite. Les clefs de la
ville lui furent présentées par la demoiselle Paule de Viguier, qui lui récita
des vers, et que le roi nomma la *belle Paule,* nom qu'elle conserva depuis.
Plus tard (elle étoit alors baronne de Fontenille et avoit quarante-cinq ans),
Catherine de Médicis demanda à la voir : elle fut aussi fort émerveillée de
sa beauté, et le connétable de Montmorenci, qui accompagnoit la reine-mère,
dit qu'on pouvoit placer la *belle Paule* au nombre des merveilles de l'univers,
et qu'elle étoit l'orgueil de Toulouse et de son siècle (2). « François Ier fut

(1) *Hist. génér. du Languedoc.* T. V, liv. xxxv.
(2) Gabriel de Minut, baron de Castera, son cousin, écrivain assez distingué par ses talens, a voulu

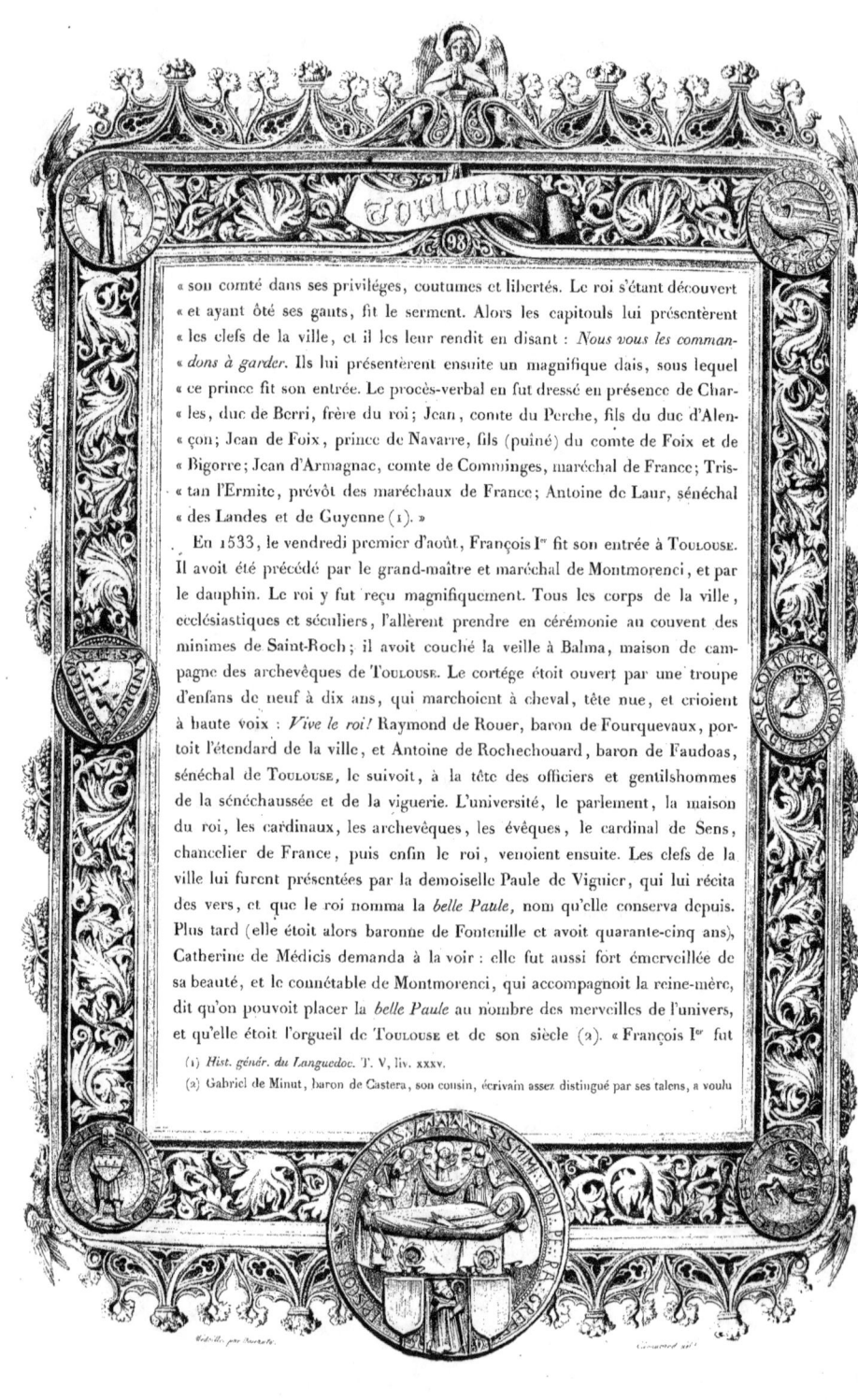

« harangué à la porte d'Aruaud-Bernard, par l'un des capitouls, qui, pen-
« dant cette harangue, étoient tous à genoux, et qui avoient fait dresser
« un autel à cette porte : le roi y fit serment sur le missel, suivant l'u-
« sage, de conserver les coutumes et priviléges de Toulouse. Après ce ser-
« ment, les huit capitouls présentèrent au roi le dais, qui étoit extrêmement
« riche, dont ils portèrent les bâtons tête nue. Le roi étoit à cheval, et por-
« toit un habit d'écarlate en broderie d'or, avec le collier de l'ordre : il fut
« conduit ainsi, sous le dais, depuis la porte d'Arnaud-Bernard jusqu'à l'église
« métropolitaine de Saint-Étienne. Au-devant du dais marchoit Bertrand d'Y-
« salarguier, chevalier, seigneur de Clermont, qui portoit le pennon aux
« armes de la ville. Devant lui marchoient le grand-maître de Montmorenci
« avec son bâton, et le grand-écuyer avec l'épée royale. Le roi étoit suivi du
« dauphin, et des ducs d'Orléans et d'Angoulême, ses fils; du duc de Ven-
« dôme, et des autres princes et seigneurs de la cour. A l'entrée de la seconde
« porte, les capitouls présentèrent au roi les clefs de la ville (1). »

La reine Éléonore, femme de François Ier, y arriva le lendemain. On lui
rendit les mêmes honneurs qu'au roi. Elle étoit seule dans une litière ouverte;
cette litière étoit couverte de drap d'or, attelée à deux chevaux caparaçonnés
richement et montés chacun par un page. La reine portoit un bonnet de
velours noir avec une plume blanche. Après elle marchoient à cheval près
de cent dames ou demoiselles de sa suite.

Charles IX entra incognito à Toulouse le 31 de janvier 1565, et le 1er février
il fit son entrée solennelle qui fut extrêmement belle et pompeuse. Dans un
grand pavillon à trois galeries, qu'on avoit dressé en charpente aux Minimes,
hors de la ville, il vit défiler toutes les compagnies qui s'y étoient rendues
en procession et en grand cortège. « Après les paroisses et les communautés

---

laisser un monument de son admiration pour cette dame; il a composé un ouvrage, intitulé : *De la
beauté, discours divers, avec la Paulegraphie, ou description des beautés d'une dame tholosaine,
nommée la belle Paule. Lyon, in-8º.* Ce livre singulier et rare fut publié en 1587, du vivant de la baronne de Fontenille, par Charlotte de Minut, sœur du baron de Castera, qui se qualifie de *très indigne
abbesse du pauvre monastère de Sainte-Claire de Tholose*; il fut dédié à Catherine de Médicis.

(1) *Hist. génér. du Languedoc.* T. V, liv. XXXVII.

« religieuses qui marchoient chacune sous sa croix, venoient les artisans
« de Toulouse, bien armés, faisant dix mille hommes, partagés en dix com-
« pagnies. Ensuite marchoient la basoche à cheval, deux troupes d'enfans
« aussi à cheval, habillés uniformément et très-proprement, la bourgeoisie,
« et la noblesse. François de Goirans portoit le guidon, et le seigneur de
« Mauremont la bannière de la ville ; après quoi venoient le présidial, l'uni-
« versité et le parlement en robes rouges, précédés des procureurs et des
« avocats. Enfin le sénéchal et la noblesse de Toulouse fermoient la marche.
  « Les compagnies de robe longue et de robe courte étant descendues de
« cheval, à mesure qu'elles défilòient, complimentèrent le roi, chacune à son
« tour ; et s'étant remises en marche, le roi monta à cheval pour faire son
« entrée. Il montoit un cheval blanc ; il étoit vêtu d'un habit de velours bleu,
« brodé d'or ; son chapeau à petit bord, de la même étoffe, étoit garni par-
« tout d'un passement d'or en long, et d'un bouquet de plumes blanches
« sur le retroussis : il portoit au cou le cordon de l'ordre. Il étoit précédé par
« le grand-écuyer, et, immédiatement avant lui, par le connétable, qui tenoit
« l'épée nue à la main. Il étoit suivi du duc d'Anjou qui étoit seul, de Henri,
« prince de Navarre, qui marchoit entre les cardinaux de Bourbon et de
« Guise, et d'une foule de seigneurs. Il fut reçu à la porte d'Arnaud-Bernard
« par les capitouls, qui le haranguèrent. Jean Étienne Duranti, docteur ès-
« lois, l'un d'entre eux, portoit la parole. Après son discours, il présenta le
« missel au roi, qui fit serment de conserver les priviléges et les libertés des
« habitans. Il présenta ensuite les clefs de la ville, que ce prince donna au
« capitaine de ses gardes suisses : puis les huit capitouls présentèrent le dais
« au roi, qui se mit dessous ; et on continua la marche jusqu'à l'église ca-
« thédrale de Saint-Étienne. On compte que le chemin que le roi fit à cette
« entrée est à peu près égal à celui qui est, à Paris, entre la porte Saint-
« Antoine et le Louvre. Toutes les rues par où le roi passa étoient sablées
« et tapissées ; et on avoit élevé en divers endroits sept arcs de triomphe
« chargés d'emblèmes et d'inscriptions grecques, latines et françoises, com-
« posées par les plus beaux esprits du pays. Le roi étant descendu devant
« la cathédrale, y entra, et y entendit vêpres ; après quoi il alla à pied au

« palais de l'archevêché qui en est proche, où il logea. La ville lui fit un
« présent de douze cents écus en médailles : elle en donna à la reine-mère pour
« cinq cents écus, et à madame Marguerite, au connétable, au chancelier
« et à messieurs de Damville et de Cipière, à proportion (1) ».

La reine Catherine de Médicis y vint treize ans après, suivie de la reine de Navarre, sa fille. Ces deux reines entrèrent, accompagnées du maréchal de Damville et du vicomte de Joyeuse, son lieutenant. On doit remarquer que pendant son séjour à TOULOUSE, la première avertit le parlement d'user, à l'avenir, de plus de douceur avec les religionnaires.

Louis XIII vint trois fois à TOULOUSE; sa première entrée solennelle se fit le 21 de novembre 1621. Il entra à cheval, sous un dais extrêmement riche, porté par huit capitouls, suivi de Monsieur, son frère, du connétable de Luines, du prince de Joinville, du cardinal de Retz, des ducs d'Elbœuf, de Luxembourg et d'Hallwin, du maréchal de Praslin et de Schomberg, surintendant des finances, et de Liancourt, son premier écuyer. La dernière fois qu'il y vint, c'étoit pour dire au parlement qu'il vouloit lui faire l'honneur de le nommer juge de Montmorenci.

En 1659 : « Le duc de la Vrillière, ayant écrit aux capitouls que le roi
« Louis XIV avoit résolu de venir à TOULOUSE, mais que ce prince ne vouloit
« ni députation, ni entrée, qu'il suffiroit que les capitouls et le corps-de-ville
« se trouvassent seulement à la porte pour le recevoir et lui présenter les
« clefs de la ville, trente canons sont amenés hors la porte de Saint-Cyprien,
« les rues sont tapissées jusqu'à l'archevêché, où le roi loge. Le chef, à la tête
« des capitouls et d'un grand nombre d'anciens, avec le guet et la pompe
« ordinaire, se rend le 14 octobre, à trois heures, entre les deux portes de
« Saint-Cyprien, et tous à genoux devant le roi, il y harangue ce prince.
« Après le discours et un silence d'un instant, le roi demande si Louis XIII,
« son père, avoit fait ainsi qu'il est dit dans la harangue. Sur la réponse af-
« firmative, il fait le serment sur le *Te igitur*, présenté par le chef du consis-
« toire, et dit ensuite de cette voix douce et majestueuse, qui ajoutoit un
« nouvel intérêt à la beauté de ses traits : *Les soins que les capitouls prennent*

(1) *Hist. génér. du Languedoc*, t. V, liv. XXXIX.

« de remplir leurs devoirs me sont agréables, ainsi que leur fidélité qui m'est connue :
« je leur en sais bon gré, et dans toutes les occasions je leur en ferai ressentir
« les effets (1). »

Le cardinal Mazarin vint rejoindre le roi, après avoir signé le traité des Pyrénées. Il arriva à Toulouse le 22 novembre; il avoit dans son carrosse ses deux nièces. Deux capitouls lui avoient été députés jusqu'à Auch pour le complimenter. Toute la cour vint au-devant de lui, et le roi lui-même se trouva sur son passage. Trois jours après une députation du parlement se rendit chez cette Eminence, et ayant été introduits à son audience, ils le haranguèrent. Le ministre resta découvert pendant tout le discours, et leur promit ses bons offices en général et en particulier pour la ville, tant à cause de l'inclination qu'il avoit pour Toulouse, que parce qu'il savoit qu'elle avoit toujours été fidèle au roi, et que Sa Majesté la regardoit comme digne de ses plus grands bienfaits. Un assesseur, en place du syndic, lui offrit le présent d'usage.

Nous n'avons plus qu'à jeter un coup d'œil sur quelques-uns des monumens de Toulouse.

Avec raison nos jeunes artistes vont en Italie étudier les chefs-d'œuvre de l'architecture dont cette terre est couverte; mais les études de ceux qui n'ont point vu le midi de la France ne sont point complètes : la Maison carrée, les Arènes, le temple de Diane, les ruines d'Aleth, la façade de l'église de Saint-Gilles, l'église de Serrabone, le cloître d'Elne, la cathédrale d'Alby, à Toulouse Saint-Saturnin et les merveilleuses productions de la renaissance, forment une histoire presque entière de l'architecture. Les monumens que nous venons de désigner sont tous dignes des plus sérieuses études; de semblables créations monumentales suffisent pour placer une nation au premier rang dans les arts.

Nous avons déjà parlé de Saint-Saturnin, cette sombre et mélancolique basilique romane, qui le disputeroit presque aux *Seos* de Barcelone et de Saragosse, si les orages des révolutions ne l'avoient pas dépouillée de ses ornemens; les

---

(1) *Annales de la ville de Toulouse*, par du Rozoi.

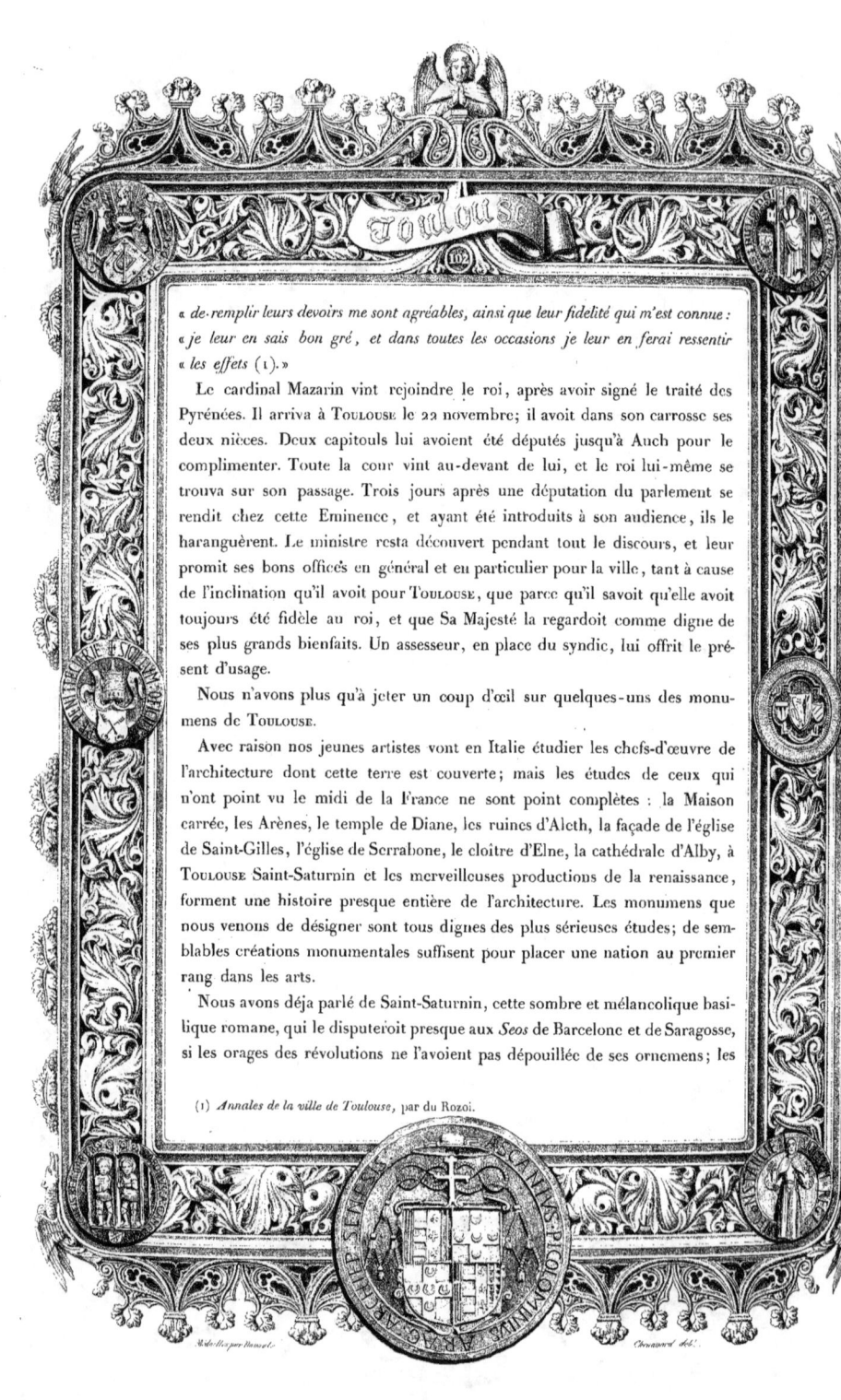

chapelles de cette église renfermoient sept corps d'apôtres (et la châsse de saint George étoit seule d'un prix inestimable), dans un trésor non seulement précieux par sa richesse matérielle, mais encore pour le produit des arts de tous les siècles. C'est dans ce trésor aussi que se trouvoit ce cor d'ivoire, nommé le *cor de Roland,* donné par Charlemagne, deux faits assez apocryphes, que nous ne discutons pas plus que le voyage de Charlemagne à Toulouse, qui est malheureusement douteux. On remarquera que les stalles du chœur sont placées comme dans les églises espagnoles, dans la nef et non au chevet : disposition, au reste, assez maladroite, qui ôte l'espace et rétrécit la vue intérieure du monument, et qu'il faut bien cependant se garder de changer, par respect pour cette noble église, la seule de quelque importance chez nous qui offre cette ordonnance et cet aspect, si ce n'est Saint-Étienne, dont nous allons parler. Plusieurs conciles furent tenus dans ce temple, et on y remarque principalement celui qui s'y assembla le 13 septembre 1056, par ordre du pape Victor II, et où l'on s'éleva contre les abus de la simonie. Dans ce même concile on ordonna le célibat des ecclésiastiques. C'est à Saint-Saturnin que deux prêtres conduisirent, dans le carrosse du cardinal de la Valette, abbé de Saint-Sernin, le corps et la tête de Montmorenci, pour être placés provisoirement dans la chapelle de saint Exupère. Les chirurgiens en ouvrant le corps y trouvèrent cinq balles, et comptèrent quinze ou seize blessures qu'il avoit reçues au combat de Castelnaudari. La tête ayant été recousue et rejointe avec le corps, on l'embauma (1).

Saint-Étienne, la cathédrale de Toulouse, si bizarre par l'irrégularité de son plan, dépouillée aussi d'une partie de ses parures et de ces tombeaux, luxe imposant des églises, mérite l'attention du voyageur, de l'artiste et de l'archéologue. L'histoire de sa fondation est assez obscure. Il paroît que saint Martial, l'ami et le compagnon de saint Denis, qui vint avec lui dans les Gaules vers l'année 250, se rendit à Toulouse quelque temps après le martyre de saint Saturnin, et donna aux premiers chrétiens de cette ville des re-

(1) Il a été question précédemment du *Sacellum,* où se trouvent les tombeaux romains, et des premiers chrétiens, dans lesquels on plaça les corps du comte Pons, et du comte Taillefer avec ses fils.

liques de saint Étienne, qu'il avoit apportées des lieux saints. On bâtit d'abord un premier temple où elles furent vénérées, puis renfermées dans un de ces beaux reliquaires d'argent dont on rehaussoit encore l'éclat par des incrustations de pierres précieuses, et déposées depuis dans une église plus grande, qui est probablement celle qui subsiste maintenant.

Trois époques assez distinctes se font remarquer dans ce monument, et y ont laissé l'empreinte de leur style. La nef du XIIIe siècle, qui est la plus ancienne, est due à la piété de Raymond VI, dont on voit encore les armes sculptées sur une des clefs de la voûte : c'est là que se trouvoit la vieille chaire où avoient prêché saint Bernard et saint Dominique.

Le portail étoit décoré des statues de Pierre Dumoulin et de son frère Denis, et de celle de saint Étienne en habit de diacre ; elles furent renversées avec celles des douze apôtres, de saint Saturnin et de saint Exupère, qui, placées sous de riches voussures, et dans des niches ornées de sculptures, n'échappèrent pas, aux jours de malheur, à la rage stupide du peuple.

Enfin, le chœur fut commencé par le prélat magnifique Bertrand de Lille ; il est d'un gothique élégant, et orné de belles ogives, soutenues par trente-cinq faisceaux de colonnes distribuées régulièrement dans un rectangle terminé par un hémicycle, qui renferme dix-sept chapelles. Ces chapelles furent achevées par le cardinal d'Orléans, fils du comte Dunois et d'Agnès de Savoie, sœur de Louis XI, qui fit aussi terminer le clocher, et bâtir le revestiaire ; ses armes se trouvoient autrefois presque partout ; on ne voit plus maintenant que sur la porte de la sacristie l'écusson vide où elles étoient gravées. Une inscription en lettres d'or, sur une plaque de marbre noir, placée au-dessus de la porte du chœur, atteste que cette partie de l'édifice fut brûlée en 1609, et rétablie en 1612. Un jubé, enrichi par le ciseau du Guépin, annonce dignement l'entrée de ce sanctuaire. Le retable de l'autel est décoré par le groupe colossal de la lapidation de saint Étienne, de Gervais Drouet. Huit archevêques sont ensevelis dans ce chœur, où se trouvent aussi les dépouilles mortelles de Scipion de Joyeuse, maréchal et gouverneur de Languedoc, qui périt dans les eaux du Tarn.

C'étoit au-dessus de l'autel de la paroisse que l'on admiroit la grande com-

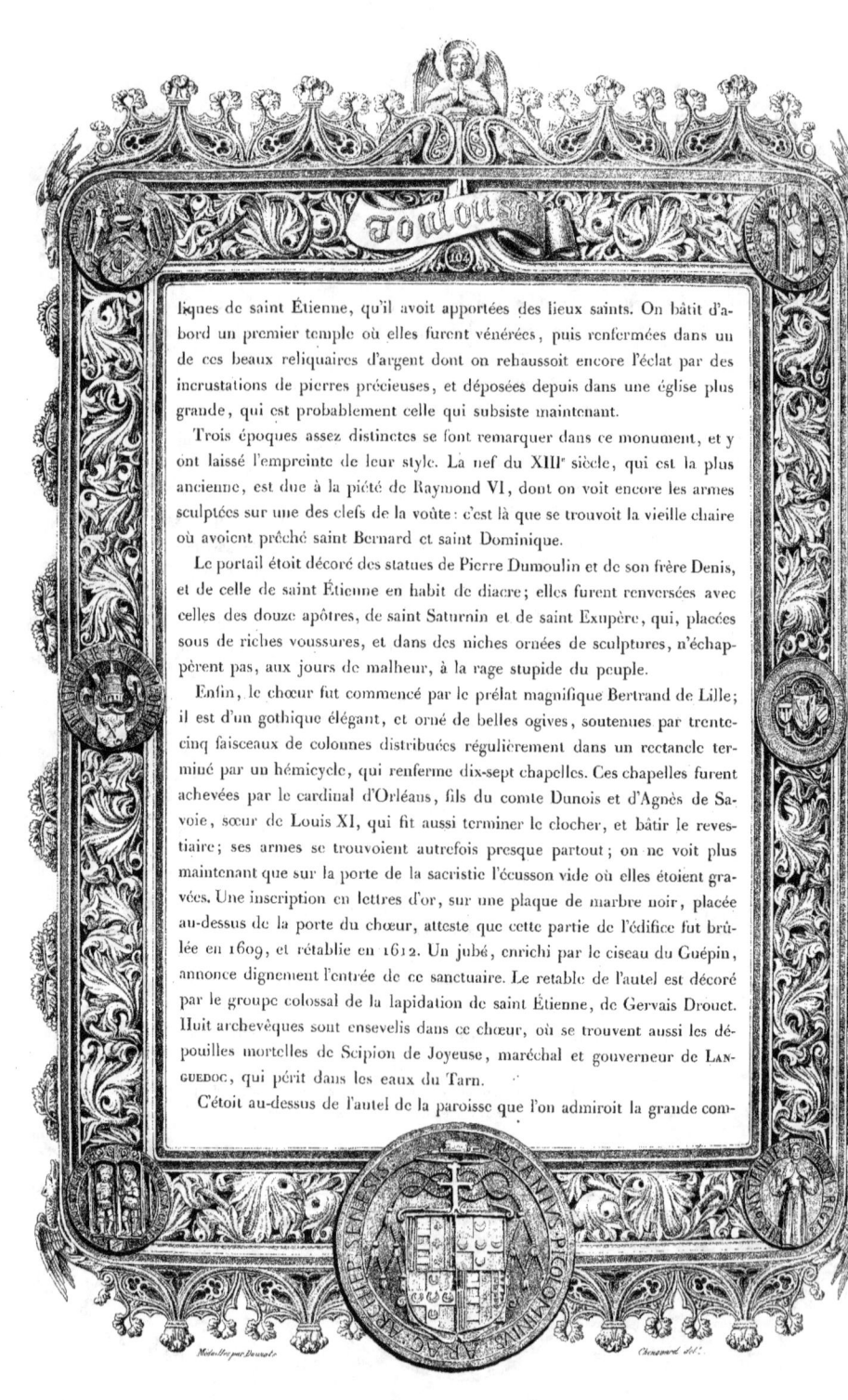

position en sculpture de Bachelier, qui représentoit la mort de la Vierge; et devant le portail de cette église, qui renferme tant de souvenirs, trois fois l'an on colaphisoit le Juif, et on dressoit un échafaud, sur lequel présidoit l'inquisiteur, pour recevoir l'abjuration des erreurs en matières religieuses. Cet appareil expiatoire fut érigé, entre autres fois, pour le fameux Jean de Boyssonné (1).

Le portail de l'église de la Dalbade (2) mérite l'attention du dessinateur et de l'homme de goût; il est du style de cette ravissante architecture de la renaissance, genre éclectique dans les arts, qui emprunta au gothique sa variété, et s'inspira de l'antiquité sans copier sa froideur régulière. Cette église est dédiée à la Vierge. Elle fut donnée à l'abbé de Cluni vers le commencement du XIIe siècle.

L'église de la Daurade mérite aussi l'attention du voyageur; c'est devant cette église que le comte Raymond vint faire sa prière le matin du jour de sa mort, n'osant y entrer à cause de son excommunication.

On doit remarquer ensuite le Capitole, si riche autrefois de constructions architecturales, de sculptures et de peintures ravissantes, que le génie dévastateur de plus d'un siècle a dévorées (3),

Le Pavillon ou son donjon, que l'on se hâtoit d'abattre pendant que nous dessinions; c'est là qu'étoit Duranti avant qu'on le conduisît dans le monastère, à la porte duquel il fut assassiné;

La salle du petit consistoire qui renfermoit les portraits des plus illustres magistrats de TOULOUSE, les belles portes de cette salle et du donjon, dessinées et exécutées par Bachelier, et les parties de l'édifice élevées plus tard

---

(1) Nous renvoyons nos lecteurs, qui désireroient des détails plus circonstanciés sur ce curieux monument, à une excellente notice sur l'église de Saint-Étienne, par M. Aug. d'Adéguier, membre de la *Société archéologique du midi de la France.*

(2) *Dealbata.*

(3) Il reste encore quelques parties de ce bel édifice; l'hôtel de l'académie des sciences, la cour de l'arsenal, la partie du monument occupée maintenant par un roulage, il seroit, peut-être, du devoir des magistrats de TOULOUSE de conserver ce qui reste de ce monument, et d'ordonner la restauration de ces débris précieux de leur vieille capitale.

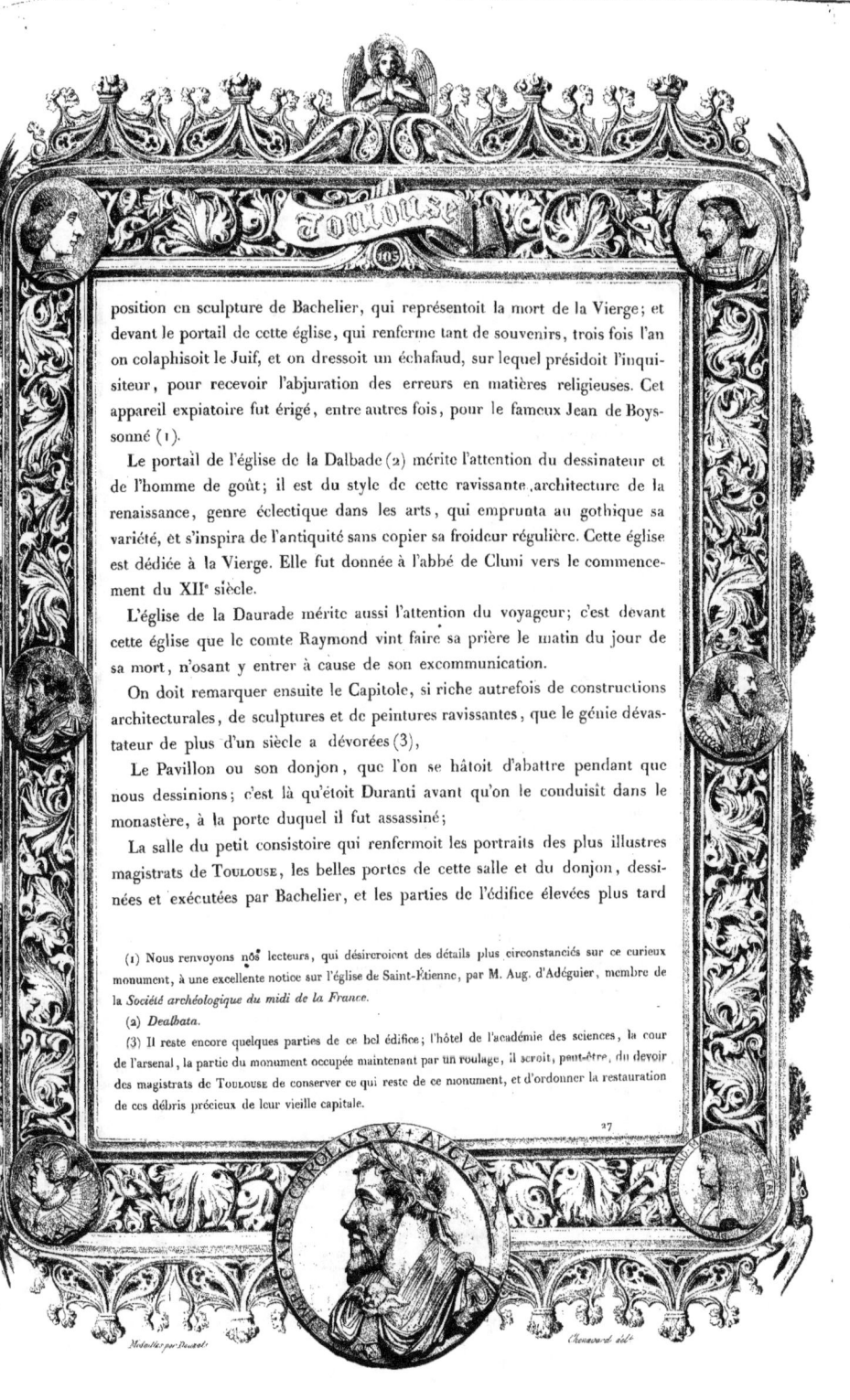

par le fils d'un des plus grands artistes de la France, monumens abandonnés maintenant, tombant presque en ruine, et probablement bientôt détruits pour toujours;

L'hôtel Catelan, l'hôtel d'Assezat, bâti par le Primatice pour la reine Marguerite, monument qui, par la pureté de son architecture, pourroit rivaliser, sinon de grandeur, du moins de noblesse et de beauté avec la cour du Louvre; la belle cour du collège, avec sa voûte hardie, ses colonnes en candélabres et ses médaillons; le bel hôtel Maynier, œuvre de Bachelier, tout couvert à l'intérieur et à l'extérieur de ses divines sculptures; l'hôtel Saint-Jean, grand-prieuré de TOULOUSE, bâti par Jean Pierre Rivalz, l'ami du Poussin qui lui écrivoit : *Pourquoi n'es-tu pas près de moi pour m'aider à représenter nos belles fabriques?* et ce noble hôtel d'Aguin, bâti par Bachelier fils et Souffron, aidés d'Artus et de Guépin, pour François de Clary, poëte, devenu premier président du parlement de TOULOUSE;

Puis enfin ce beau musée, formé dans le cloître de l'ancien couvent des Augustins, et qui rappelle ce magnifique musée du moyen âge qui existoit à Paris, et qu'une honteuse ignorance a fait détruire.

Si TOULOUSE est riche encore d'admirables monumens, elle a perdu cependant, comme le reste de la France, la plus grande partie de ses trésors en ce genre. Cette rage de destruction est une vieille maladie chez nous, et une vaste instruction répandue dans toutes les classes de la nation pourra seule en triompher; souvent encore on voit les magistrats et les notables aussi vandales que le peuple. Sur la rive gauche de la Garonne subsistoit, en 1563, un amphithéâtre de construction romaine presque entier; Charles IX à son passage, ayant ordonné de mettre le château de Saint-Michel-du-Touch en état de défense, les capitouls ordonnèrent de se servir des matériaux de l'édifice romain. Dans ces derniers temps, l'académie de TOULOUSE a ajouté à ses titres honorables en priant l'autorité de faire respecter les derniers débris de la splendeur antique de l'une des plus nobles villes de France. Malheureusement cette académie étoit dispersée, ou sa voix étoit sans force, quand les églises, les cloitres, les statues et les tableaux furent démolis, brisés et déchirés : ce portail de Saint-Saturnin, dont les débris sont au musée; cet hôtel de Saint-Jory, chef-d'œuvre de Bachelier, une partie de l'hôtel de Lasbordes; ces cloîtres des bénédictins de la Daurade et des dominicains, et celui des cordeliers, qui, comme le cloître de Saint-François, à Palerme, et le caveau de Saint-Michel, à Bordeaux, conservoit les dépouilles mortelles qu'on lui confioit; ces tableaux, qui représentoient l'entrée de Louis XI, de Louis XIII et de Louis XIV, et ces annales de TOULOUSE, gardées il y a quarante ans, comme celles de Rome le furent par les flamines, tout avoit péri !

Heureux du moins notre pays, si le passé peut être une leçon pour l'avenir, et si la guerre fatale des partis s'arrête enfin au seuil des temples et des tombeaux !

Vue Générale d'Alby

Saint-Salvi - Alby.

Cloître de St Salvi à Albi.

Grande Place d'Alby.

Porte extérieure de l'Église de S.te Cécile d'Alby, côté du Sud.

Grand porche de l'église S.te Cécile d'Alby

Jubé de l'église de Sainte-Cécile d'Alby

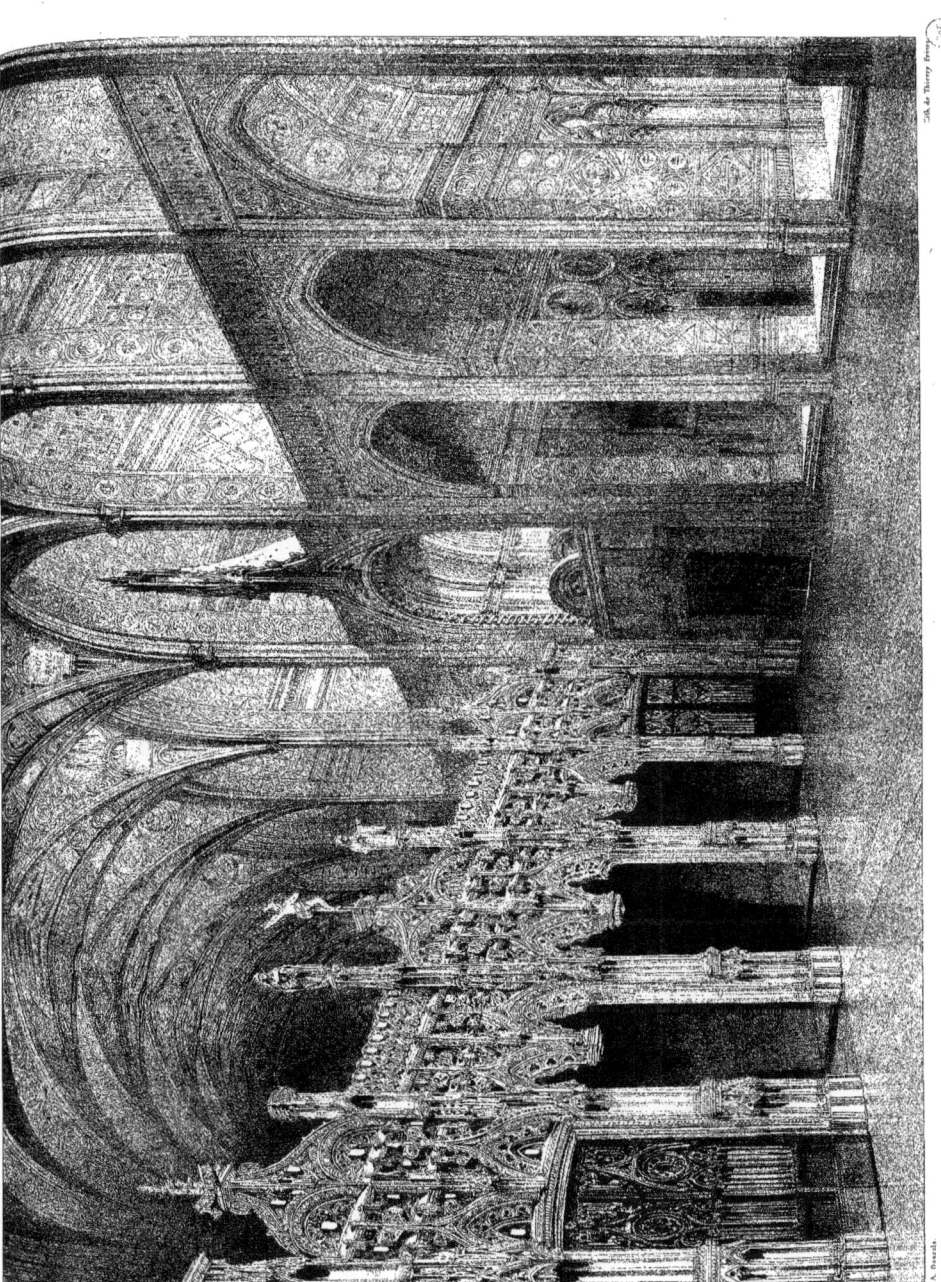

Vue accidentelle du Jubé et de la Nef de l'Église Ste Cécile d'Albi.

Abside de St. Cecile d'Alby.

Ste Cécile d'Alby. Extérieur du chœur.
Languedoc.

Ste Cécile d'Alby, porte du Chœur.

Chœur de l'Église Sainte Cécile d'Alby
Languedoc

Vue générale du Chœur et du Maître-Autel de l'Eglise de S.te Cécile d'Alby.

Détails des Arabesques de la voute Sainte Cécile d'Alby.
Languedoc.

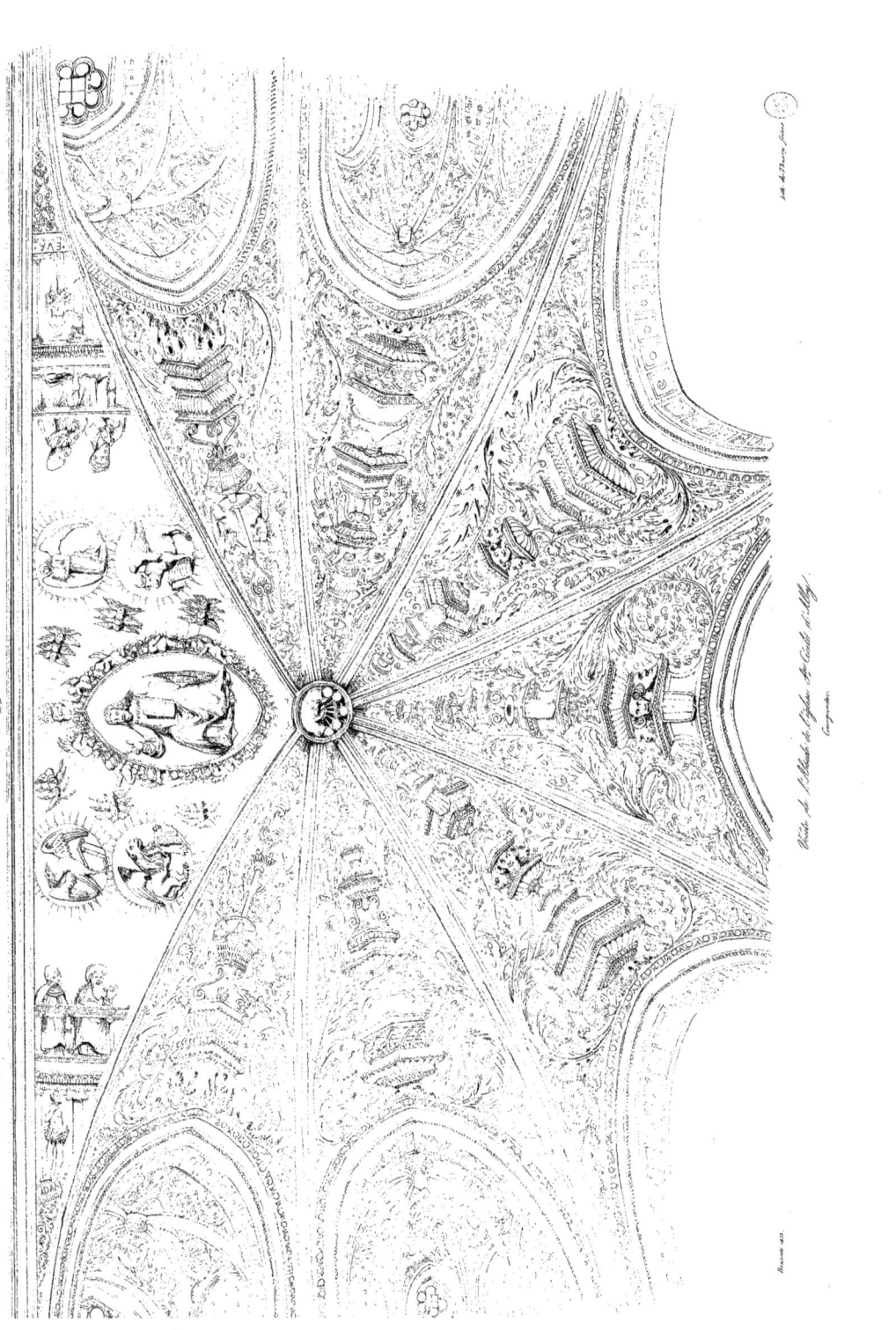

Peintures dans l'Église de Ste Cécile d'Alby.

TABLEAU PEINT À FRESQUE DANS
L'ÉGLISE SAINTE CÉCILE D'ALBY.
LANGUEDOC

Pl. 53.

Ste Cécile d'Albi, Statues du chœur.

L'isle d'Albi.

Albi.

Nous allons maintenant parcourir le haut et le bas Languedoc, et notre première excursion sera vers cette partie de la province que l'on nomme L'Isle d'Albi. La première ville que nous rencontrons est Rabastens d'Albigeois. L'origine du château et de la ville de Rabastens (1) n'est pas connue. Ce n'est que vers le commencement du XIII° siècle que son nom

---

(1) Rabastens, *Castrum-Rabastense, Rapistagnum*. Quelques dictionnaires écrivent *Rabasteins*, qui exprime, d'une manière moins équivoque, la prononciation du mot. Nous suivons cependant l'orthographe de dom Vaissette, qui est essentiellement la bonne, et c'est ici qu'on peut remarquer combien l'étude de l'étymologie est de conséquence dans les questions d'orthographe. *Rabasteins* auroit fait, en latin, *Castrum-Rabastiense* et *Rapistignum*, qui ne sont pas latins. C'est un des grands inconvéniens de l'orthographe irrationnelle de Voltaire, que d'avoir détruit ces précieuses analogies. Notre vieille orthographe du mot *françois* rappelle très-bien *francicus*, qui en est l'origine ; dans l'orthographe voltairienne il ne sauroit venir que de *franciutus*, qui n'est pas latin, comme *palais* vient de *palatium*. Dans un mot moins connu que celui-ci, l'étymologie seroit à jamais perdue, parce qu'on ne la chercheroit pas dans un barbarisme, et l'étymologie d'un mot, dont le sens est oublié, c'est le sens lui-même.

se révèle dans l'histoire, à l'occasion d'une insulte des chevaliers et des habitans de Rabastens envers les magistrats de Toulouse. Les consuls de cette dernière ville en assemblèrent les communes, et s'avancèrent à leur tête, au lieu appelé Saint-Bas, sur l'Agoût, près du confluent de cette rivière et du Tarn. Pilfort, et un autre député de Rabastens, vinrent trouver les consuls de Toulouse, le 10 juin 1202, à l'instant où ils alloient faire passer l'Agoût à leurs troupes; ils proposèrent un accommodement, et offrirent d'ailleurs de s'en remettre au jugement de Raymond, comte de Toulouse, et de sa cour. Les consuls acceptèrent cette dernière proposition, et les députés de Rabastens firent serment entre les mains de Raymond de Recalt, viguier de Toulouse, qui le reçut au nom du comte, de s'en tenir à la décision de ce prince. Ce fait prouve que la ville de Rabastens, avantageusement située sur la rive droite du Tarn, avoit déja quelque importance à cette époque, puisqu'en cette circonstance elle sembloit lutter en quelque sorte avec la capitale des états du comte Raymond.

En 1211, le comte de Toulouse, parcourant le haut Languedoc, s'arrêta à Rabastens le 8 de février. Ce fut alors que plus de cinquante seigneurs et chevaliers, qui possédoient ce château, ce bourg et ses dépendances, lui cédèrent, en leur nom et en celui de leurs commettans, plusieurs de leurs attributions, et entre autres le droit de justice criminelle (1).

Cette même année, Rabastens se soumit à Simon de Montfort. Ce fut après s'être rendu maître par capitulation du château de Montferrand, où commandoit Baudouin, frère de Raymond, que Montfort s'avança vers l'Albigeois, dont il conquit en peu de temps la plus grande partie, non pas par la force des armes, mais par les soins de l'évêque d'Albi.

Avant de prendre Montferrand, le terrible Montfort venoit de mettre à fin une expédition dont les circonstances peignent admirablement le siècle, la guerre des Albigeois, et les hommes qui l'avoient allumée. Le château de Casser, situé dans le Lauraguais, et qui dépendoit du domaine immédiat du comte de Toulouse, avoit été obligé de se rendre, sous condition que Mont-

(1) *Hist. gén. du Languedoc*, D. Vaissette, tom. III.

fort permettroit à la garnison de se retirer où elle voudroit la vie sauve, et qu'on livreroit aux croisés tous les hérétiques qui se trouveroient dans le château.

Dès ce moment, les ecclésiastiques qui accompagnoient l'armée, s'introduisirent dans la place pour y travailler à la conversion des sectaires, qui étoient au nombre de soixante, parmi lesquels on en comptoit une cinquantaine de ceux que ces infortunés fanatiques appeloient *parfaits;* mais leurs exhortations furent vaines, et les prélats, voyant l'obstination de ces malheureux, les abandonnèrent à la merci des croisés, *qui les brûlèrent tout vifs avec une joie extrême.*

L'année suivante, Rabastens revint sous la domination de Raymond; mais Montfort, s'étant dirigé vers cette place, les habitans n'attendirent pas son arrivée pour se soumettre, et lui envoyèrent des députés. Enfin, rendue encore à ses maîtres légitimes, elle fut encore conquise, pour la troisième fois, par l'inévitable Montfort. Après la mort de ce guerrier épique, elle arbora les enseignes du jeune Raymond; celui-ci fut obligé de s'engager par serment proféré en 1229 devant le grand portail de Notre-Dame de Paris, à faire détruire entièrement les murs et les fortifications de trente de ses meilleures places ou châteaux; Rabastens étoit de ce nombre, et perdit alors ses tours, ses portes et ses murailles.

L'année 1551, Gérard de Montfaucon ayant succédé au roi de Navarre dans le gouvernement de LANGUEDOC, ou du moins y exerçant la pleine autorité, en qualité de *capitaine général délégué par le roi,* accorda divers priviléges aux habitans de Rabastens et de l'ISLE D'ALBI, conjointement avec le prieur de Saint-Martin, réformateur général dans la province. Dans le nombre de ces actes, il y en avoit un qui leur donnoit le droit de n'être jamais aliénés du domaine de la couronne. Il est à remarquer dans l'histoire du monde, que les hommes ont presque toujours acheté ce qu'on vouloit bien leur céder d'indépendance, au prix du sang ou de l'or. On vendoit aux communes la liberté; la petite ville de Rabastens en acheta pour quinze cents livres. Déja en 1288, Philippe-le-Bel avoit donné une charte de confirmation des coutumes et lois particulières de Rabastens. On y lit un article qui porte

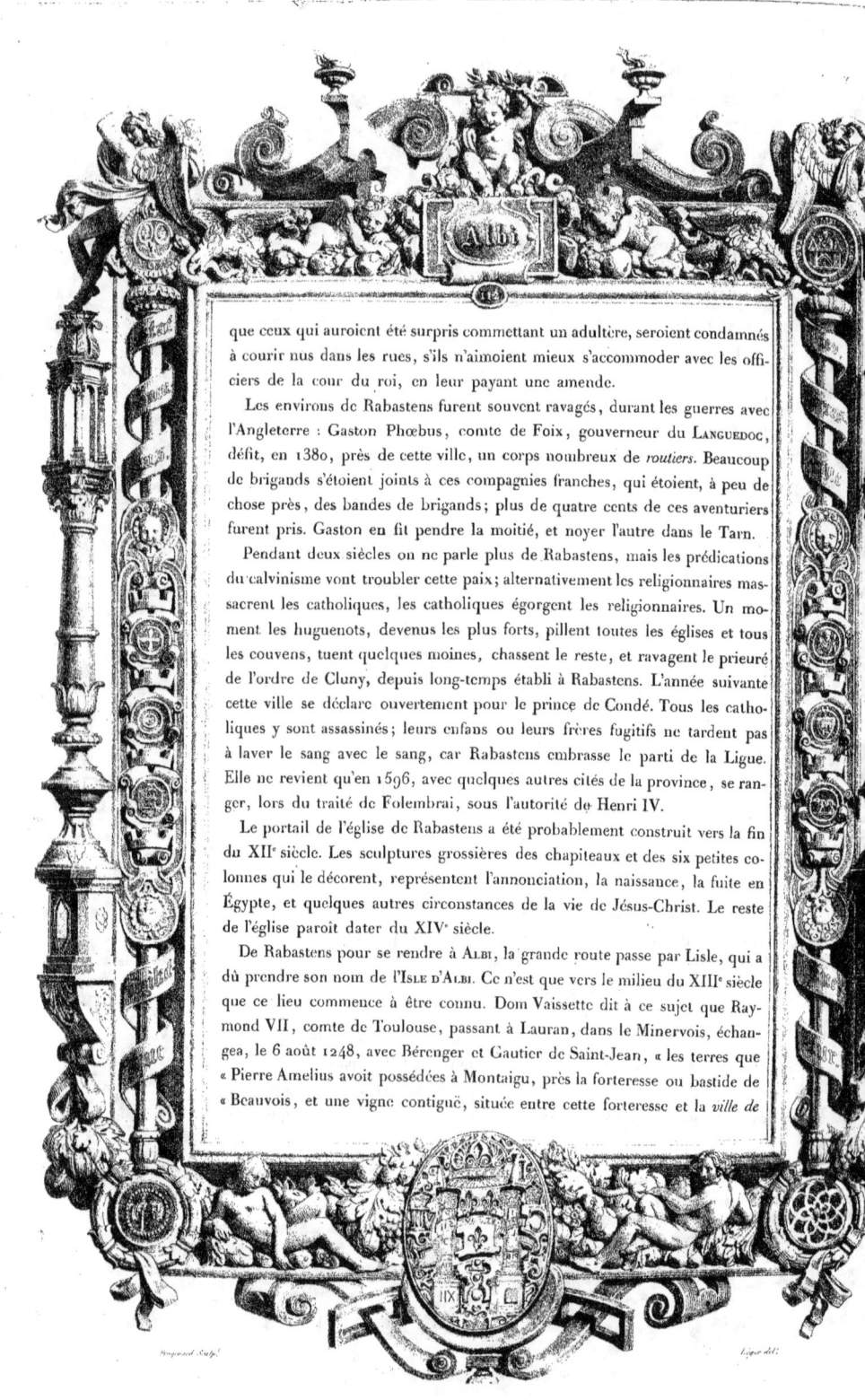

que ceux qui auroient été surpris commettant un adultère, seroient condamnés à courir nus dans les rues, s'ils n'aimoient mieux s'accommoder avec les officiers de la cour du roi, en leur payant une amende.

Les environs de Rabastens furent souvent ravagés, durant les guerres avec l'Angleterre : Gaston Phœbus, comte de Foix, gouverneur du LANGUEDOC, défit, en 1380, près de cette ville, un corps nombreux de *routiers*. Beaucoup de brigands s'étoient joints à ces compagnies franches, qui étoient, à peu de chose près, des bandes de brigands; plus de quatre cents de ces aventuriers furent pris. Gaston en fit pendre la moitié, et noyer l'autre dans le Tarn.

Pendant deux siècles on ne parle plus de Rabastens, mais les prédications du calvinisme vont troubler cette paix; alternativement les religionnaires massacrent les catholiques, les catholiques égorgent les religionnaires. Un moment les huguenots, devenus les plus forts, pillent toutes les églises et tous les couvens, tuent quelques moines, chassent le reste, et ravagent le prieuré de l'ordre de Cluny, depuis long-temps établi à Rabastens. L'année suivante cette ville se déclare ouvertement pour le prince de Condé. Tous les catholiques y sont assassinés; leurs enfans ou leurs frères fugitifs ne tardent pas à laver le sang avec le sang, car Rabastens embrasse le parti de la Ligue. Elle ne revient qu'en 1596, avec quelques autres cités de la province, se ranger, lors du traité de Folembrai, sous l'autorité de Henri IV.

Le portail de l'église de Rabastens a été probablement construit vers la fin du XIIe siècle. Les sculptures grossières des chapiteaux et des six petites colonnes qui le décorent, représentent l'annonciation, la naissance, la fuite en Égypte, et quelques autres circonstances de la vie de Jésus-Christ. Le reste de l'église paroit dater du XIVe siècle.

De Rabastens pour se rendre à ALBI, la grande route passe par Lisle, qui a dû prendre son nom de l'ISLE D'ALBI. Ce n'est que vers le milieu du XIIIe siècle que ce lieu commence à être connu. Dom Vaissette dit à ce sujet que Raymond VII, comte de Toulouse, passant à Lauran, dans le Minervois, échangea, le 6 août 1248, avec Bérenger et Gautier de Saint-Jean, « les terres que « Pierre Amelius avoit possédées à Montaigu, près la forteresse ou bastide de « Beauvois, et une vigne contiguë, située entre cette forteresse et la *ville de*

« *Lille* (1), d'un côté, le chemin public et la rivière de Tarn, de l'autre, dans
« le diocèse d'Albi. Nous remarquons ces choses, ajoute-t-il, parce que c'est
« là le plus ancien monument que nous ayons trouvé, où il soit fait men-
« tion de la ville de Lille en Albigeois, qui est aujourd'hui l'une des principa-
« les du pays. Elle fut bâtie, au XIIIe siècle, des ruines de l'ancien château
« de Montaigu, situé dans le voisinage. »

En 1249, après la mort de Raymond VII, les consuls et prud'hommes de
Lisle, ainsi que ceux de Gaillac, Castelnau de Montmirail, Rabastens et Cordes, prêtèrent serment de fidélité à Alphonse, frère de saint Louis, comte de
Toulouse et de Poitiers, marquis de Provence, à Jeanne, sa femme, fille de
feu Raymond, comte de Toulouse, et à leurs enfans communs, sauf le droit
du roi et de ses héritiers.

Jeanne alloit passer en terre sainte avec son mari; elle fit son testament
à Aiguesmortes, le lundi, veille de Saint-Jean-Baptiste, de l'an 1270. Entre
autres pieuses donations que cet acte contient, on remarque celle de la ville
de Lisle d'Albigeois, à un monastère de filles de l'ordre de Cîteaux, dont
elle ordonna la fondation dans ses domaines.

Dans le XIVe siècle, comme les habitans de Rabastens, ceux de Lisle obtinrent des priviléges à prix d'argent, au même titre, et pour la même somme.

C'est à Lisle que les capitaines, gens d'armes, routiers, dont les bandes
étoient commandées par Bernard de Béarn, bâtard de Foix, et le capitaine
Salazar, firent un arrangement avec le roi Charles VII, forcé qu'il étoit de
prendre ces hommes à son service pour aller combattre le dauphin et les
princes du sang qui s'étoient ligués contre lui. Ces chevaliers de grandes
routes, que l'on nommoit capitaines de gens d'armes et de trait, désoloient
la province par leurs brigandages. Il est à remarquer que plusieurs d'entre
eux étoient fils naturels de hauts et puissans seigneurs. Les principaux, outre
ceux que nous avons déja nommés, étoient Pierre de Murat, Mergon de
Castelnau, Odet, bâtard de Villa, Robinet d'Ensieuville, Rolin Bertrand,
François de Molin, et Jean de Lestin, qui se disoit bâtard d'Armagnac.

(1) Dom Vaissette écrit indifféremment l'Isle et Lille. Les deux orthographes n'ayant ni plus ni
moins d'autorité l'une que l'autre, nous conservons la plus ancienne et la plus étymologique.

Le roi avoit cherché précédemment à délivrer le midi de la France de ces aventuriers; par une ordonnance de 1440, il convoqua les milices de la province contre les routiers, et de plus : « A esté faict, » dit le roi, « certaine re-
« tenue de gens d'armes et de trait, et faict certain payement au bastard de
« Béarn et à plusieurs autres capitaines des gens d'armes et de trait, et in-
« hibition et deffense faicte de par nous et de nostre fils, sur quant que ils
« se pourroient mesfaire envers nous, que eulx ne leurs ne entrassent en
« nostredit païs de Languedoc, pour y séjourner, vivre davantage, piller, ro-
« ber, ne faire tels ne autres semblables maux que routiers et leurs complices
« sont accoutumés de faire; ce nonobstant, nous avons esté et sommes deue-
« ment informez, que ledit bastard de Béarn, accompagné d'un appellé Sala-
« zar, et plusieurs autres routiers en grand nombre de gens d'armes et de
« trait, sont puis naguères entrez en nostredit païs de Languedoc, et encore
« sont vivans et séjournans, en pillant, robant, détroussant, et autrement
« domaigeant nostredit païs, et nos bons loyaux subgiez d'icelui, et que pis
« est, se sont épuisez prendre, et de faict ont pris, pillé, robé et rençonné
« plusieurs villes et lieux, battu, rençonné, meurtri et occis plusieurs per-
« sonnes, forcé femmes, bouté feux, et faict et font incessamment autres in-
« numérables maux et domaiges, on grand mepris et offense de nous, esclan-
« dre et lesion de justice, et destruction de notre seigneurie et de nos sub-
« giez, et plus seroit, se par nous n'y estoit pourveu sur ce de remède con-
« venable. Pourquoy nous voulans pourvoir aux choses dessusdites, préser-
« ver et garder nosdits subgiez de tels maux, oppressions et domaiges, vous
« mandons et estroitement enjoignons, et à chacun de vous, si comme à lui
« appartiendra, ce que incontinent faites ou faites faire exprez commande-
« ment de par nous auxdits bastard de Béarn, Salazar, leurs lieutenans ou
« aucun d'eulx et autres que verrez estre à faire, se bonnement faire se peut,
« et s'il y a seureté, sinon par cri public, ez lieux plus prochain d'eulx, où
« on pourra avoir seureté, que incontinent et sans delay, eulx et leurs gens
« vuident et s'envoisent hors de nostredit païs de Languedoc, sur peine de
« notre indignation, et de confiscation de corps et de biens, etc. Et néant-
« moins pour ce faire et contraindre à ce les dessusdits ainsi abandonnez,

« faites venir et assemblez devers vous les nobles, arbalestriers et autres gens
« de commune de nostredit païs, tels et en tel nombre que verrez estre à
« faire, en faisant commandement, se mestier est, et bon vous semble, par
« cri public, et à son de trompe, à grant et grosse peine, que tous les nobles
« et autres gens de commune dudit païs veignent incontinent par devers vous,
« là où leur ordonnez, et les nobles montez ès armes souffisamment, sur
« peine de confiscation de leur terre et fief, et les autres garnis d'arbalestres
« et harnois, tels qu'ils pourroient finer, et ce fait y procéder par voye de
« faict et main armée, tellement que la force nous en demeure. Donné à
« Nismes le v janvier de l'an de grace MCCCCXXXIX, et de notre règne le XVIII. »

On ne sait si cette ordonnance produisit beaucoup d'effet; mais il est certain que les routiers s'établirent dans plusieurs villes. La compagnie de Rodrigo de Villandraut s'empara de plusieurs châteaux aux environs de celui de Lescure, que ce chef avoit pris et possédoit déjà depuis trois ans. Il s'établit à Alzoune, d'où il fit des courses jusqu'aux portes de Carcassonne, et d'où il alla, chargé de butin, faire de semblables ravages dans le Comminges.

Le bâtard de Béarn et d'Armagnac, et le capitaine Salazar, s'établirent à Lisle d'Albigeois, et la force ne pouvoit rien pour faire sortir le bâtard de Bourbon de la ville et du château de Sainte-Gavelle. De ces divers endroits qu'ils avoient choisis pour repaire, les routiers s'élançoient sur les voyageurs et sur les terres des seigneurs et des vilains. Les états de la province se virent obligés de leur donner trois mille quatre cents écus d'or, au mois de juin, et une plus grosse somme au mois de novembre, pour les engager à se retirer; et les dissensions civiles forcèrent le roi, comme nous l'avons dit, à prendre les plus intrépides à son service.

Au milieu des guerres religieuses, les habitans de Lisle étoient demeurés fidèles au culte de leurs pères. Leur ville étoit regardée comme un poste important sur le Tarn, et les religionnaires de Castres formèrent le projet de s'en emparer. Ils avoient déjà soumis à leur domination trente-trois autres places de l'Albigeois, et les garnisons qu'ils y avoient placées envoyoient au dehors des colonnes qui se soutenoient mutuellement, et dévastoient entièrement ce malheureux pays. Lisle finit par tomber en leur pouvoir. Le der-

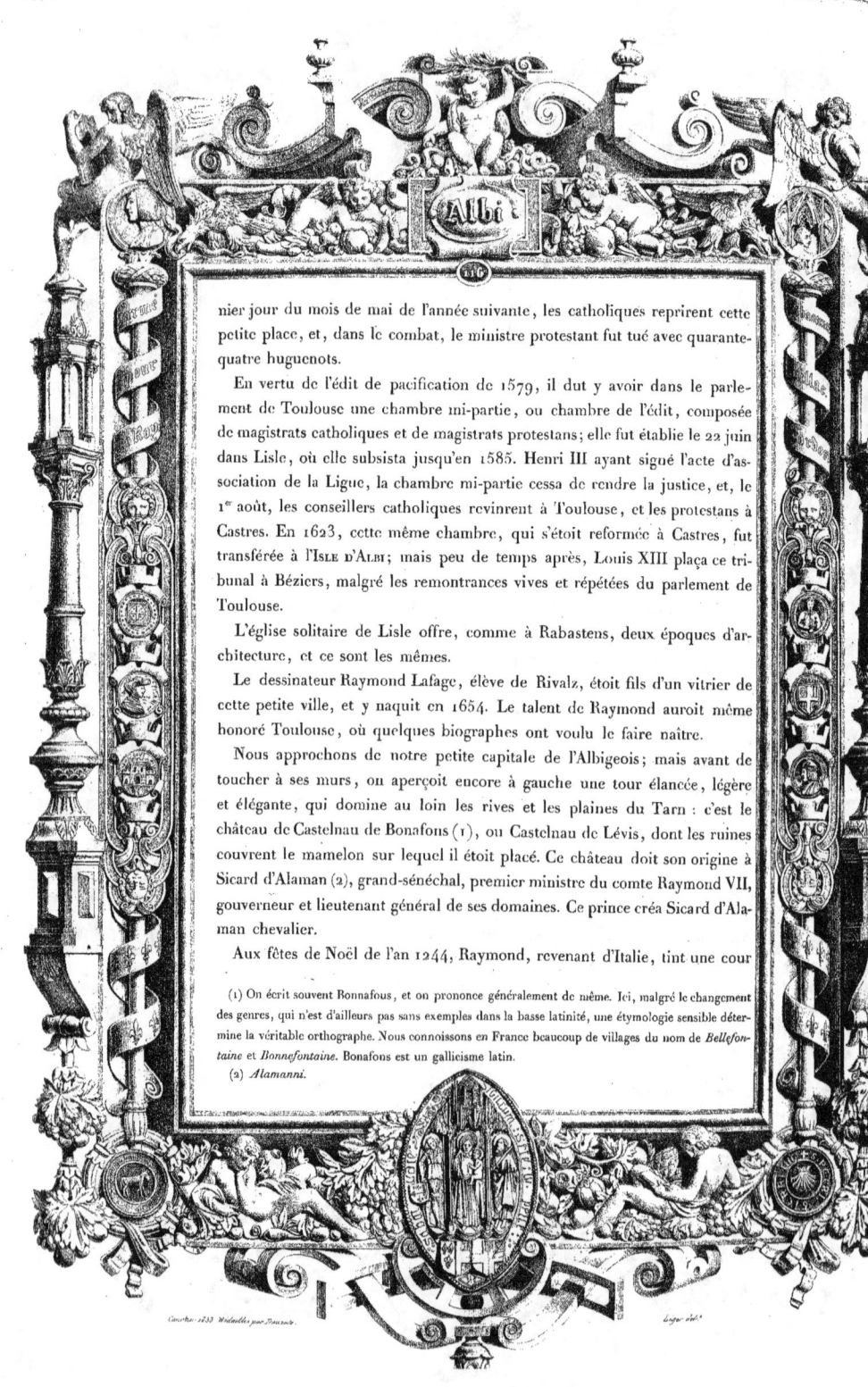

nier jour du mois de mai de l'année suivante, les catholiques reprirent cette petite place, et, dans le combat, le ministre protestant fut tué avec quarante-quatre huguenots.

En vertu de l'édit de pacification de 1579, il dut y avoir dans le parlement de Toulouse une chambre mi-partie, ou chambre de l'édit, composée de magistrats catholiques et de magistrats protestans; elle fut établie le 22 juin dans Lisle, où elle subsista jusqu'en 1585. Henri III ayant signé l'acte d'association de la Ligue, la chambre mi-partie cessa de rendre la justice, et, le 1ᵉʳ août, les conseillers catholiques revinrent à Toulouse, et les protestans à Castres. En 1623, cette même chambre, qui s'étoit reformée à Castres, fut transférée à l'Isle d'Albi; mais peu de temps après, Louis XIII plaça ce tribunal à Béziers, malgré les remontrances vives et répétées du parlement de Toulouse.

L'église solitaire de Lisle offre, comme à Rabastens, deux époques d'architecture, et ce sont les mêmes.

Le dessinateur Raymond Lafage, élève de Rivalz, étoit fils d'un vitrier de cette petite ville, et y naquit en 1654. Le talent de Raymond auroit même honoré Toulouse, où quelques biographes ont voulu le faire naître.

Nous approchons de notre petite capitale de l'Albigeois; mais avant de toucher à ses murs, on aperçoit encore à gauche une tour élancée, légère et élégante, qui domine au loin les rives et les plaines du Tarn : c'est le château de Castelnau de Bonafons (1), ou Castelnau de Lévis, dont les ruines couvrent le mamelon sur lequel il étoit placé. Ce château doit son origine à Sicard d'Alaman (2), grand-sénéchal, premier ministre du comte Raymond VII, gouverneur et lieutenant général de ses domaines. Ce prince créa Sicard d'Alaman chevalier.

Aux fêtes de Noël de l'an 1244, Raymond, revenant d'Italie, tint une cour

(1) On écrit souvent Bonnafous, et on prononce généralement de même. Ici, malgré le changement des genres, qui n'est d'ailleurs pas sans exemples dans la basse latinité, une étymologie sensible détermine la véritable orthographe. Nous connoissons en France beaucoup de villages du nom de *Bellefontaine* et *Bonnefontaine*. Bonafons est un gallicisme latin.

(2) *Alamanni.*

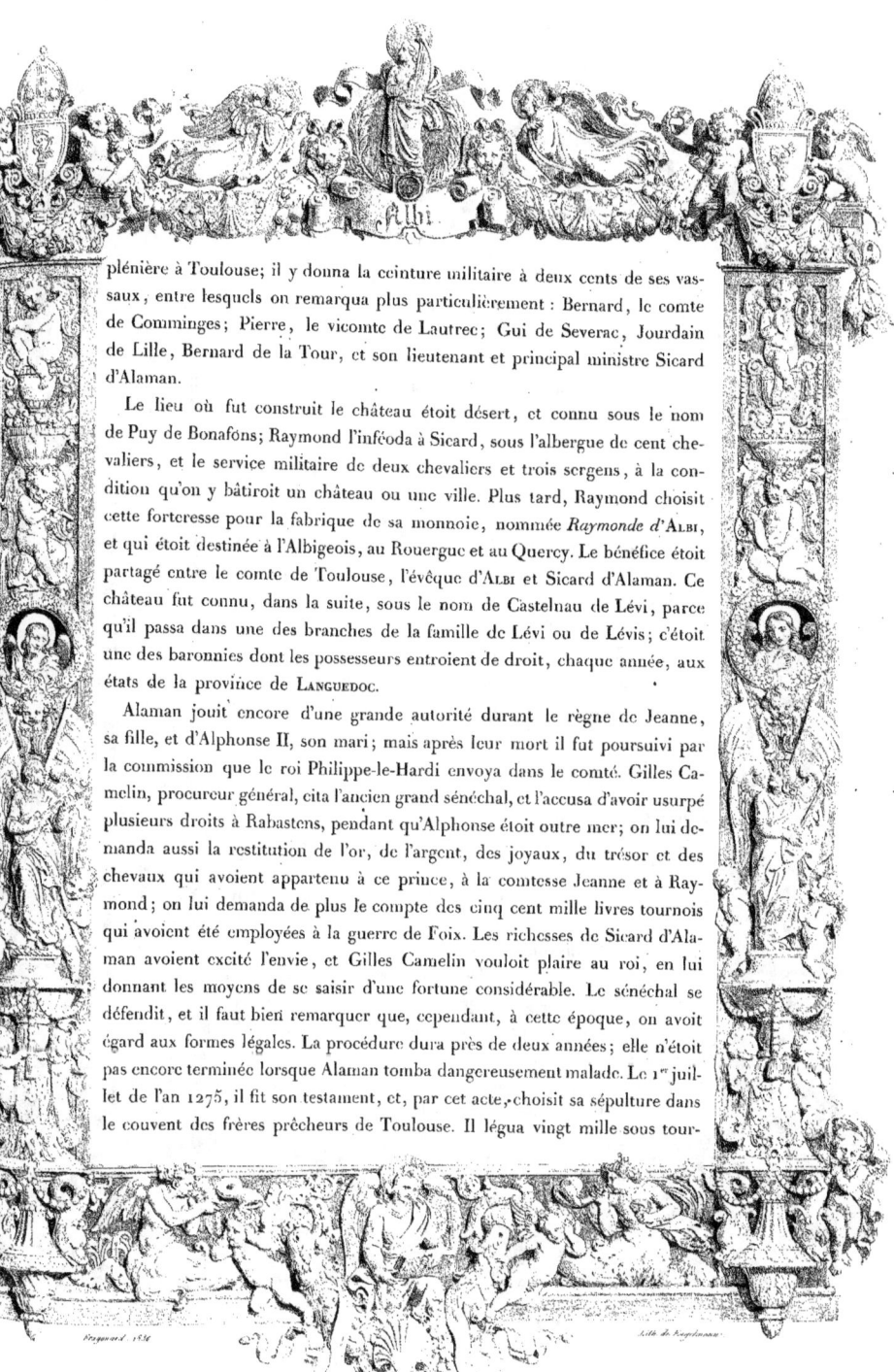

plénière à Toulouse; il y donna la ceinture militaire à deux cents de ses vassaux, entre lesquels on remarqua plus particulièrement : Bernard, le comte de Comminges; Pierre, le vicomte de Lautrec; Gui de Severac, Jourdain de Lille, Bernard de la Tour, et son lieutenant et principal ministre Sicard d'Alaman.

Le lieu où fut construit le château étoit désert, et connu sous le nom de Puy de Bonafons; Raymond l'inféoda à Sicard, sous l'albergue de cent chevaliers, et le service militaire de deux chevaliers et trois sergens, à la condition qu'on y bâtiroit un château ou une ville. Plus tard, Raymond choisit cette forteresse pour la fabrique de sa monnoie, nommée *Raymonde d'*Albi, et qui étoit destinée à l'Albigeois, au Rouergue et au Quercy. Le bénéfice étoit partagé entre le comte de Toulouse, l'évêque d'Albi et Sicard d'Alaman. Ce château fut connu, dans la suite, sous le nom de Castelnau de Lévi, parce qu'il passa dans une des branches de la famille de Lévi ou de Lévis; c'étoit une des baronnies dont les possesseurs entroient de droit, chaque année, aux états de la province de Languedoc.

Alaman jouit encore d'une grande autorité durant le règne de Jeanne, sa fille, et d'Alphonse II, son mari; mais après leur mort il fut poursuivi par la commission que le roi Philippe-le-Hardi envoya dans le comté. Gilles Camelin, procureur général, cita l'ancien grand sénéchal, et l'accusa d'avoir usurpé plusieurs droits à Rabastens, pendant qu'Alphonse étoit outre mer; on lui demanda aussi la restitution de l'or, de l'argent, des joyaux, du trésor et des chevaux qui avoient appartenu à ce prince, à la comtesse Jeanne et à Raymond; on lui demanda de plus le compte des cinq cent mille livres tournois qui avoient été employées à la guerre de Foix. Les richesses de Sicard d'Alaman avoient excité l'envie, et Gilles Camelin vouloit plaire au roi, en lui donnant les moyens de se saisir d'une fortune considérable. Le sénéchal se défendit, et il faut bien remarquer que, cependant, à cette époque, on avoit égard aux formes légales. La procédure dura près de deux années; elle n'étoit pas encore terminée lorsque Alaman tomba dangereusement malade. Le 1ᵉʳ juillet de l'an 1275, il fit son testament, et, par cet acte, choisit sa sépulture dans le couvent des frères prêcheurs de Toulouse. Il légua vingt mille sous tour-

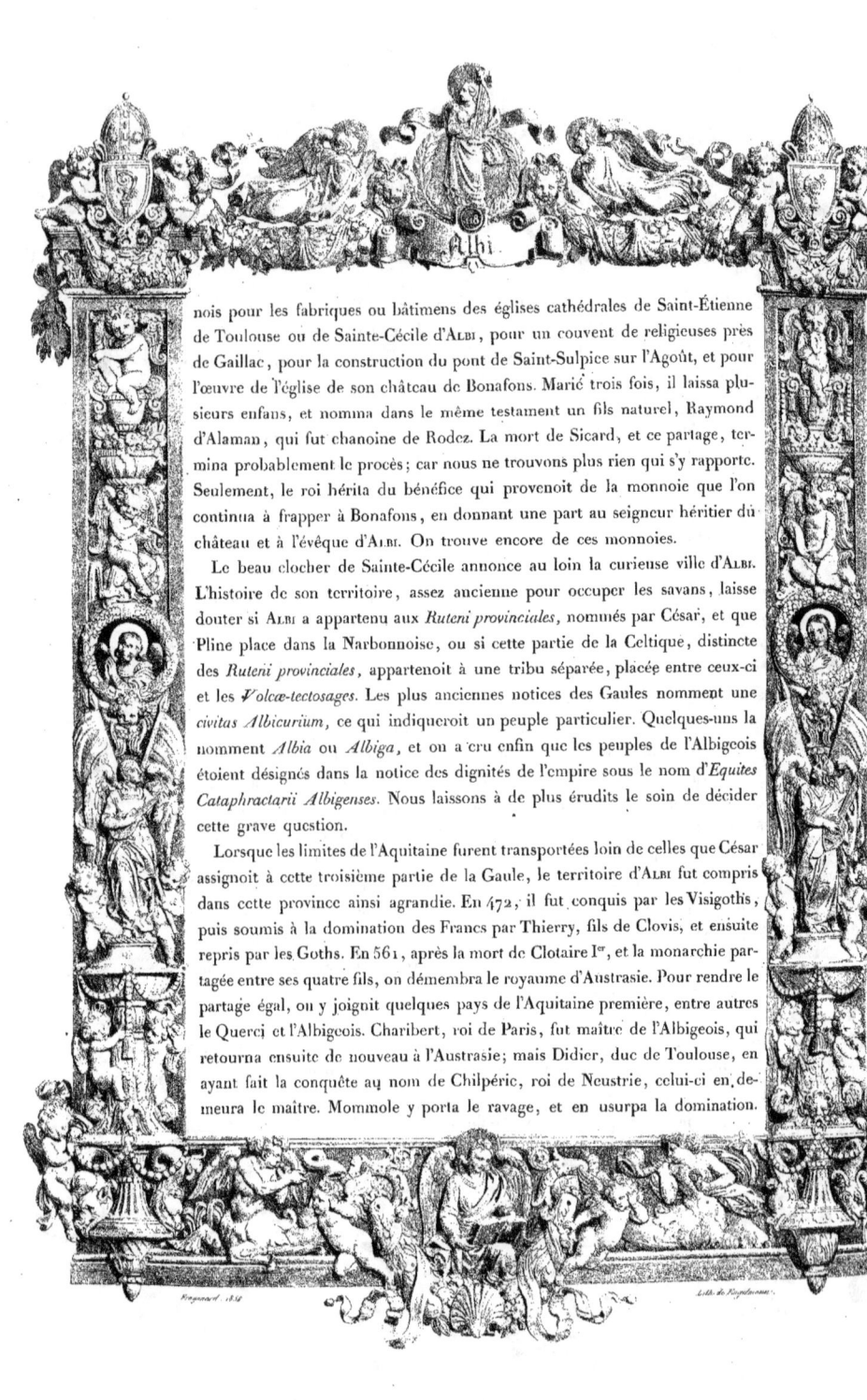

nois pour les fabriques ou bâtimens des églises cathédrales de Saint-Étienne de Toulouse ou de Sainte-Cécile d'ALBI, pour un couvent de religieuses près de Gaillac, pour la construction du pont de Saint-Sulpice sur l'Agoût, et pour l'œuvre de l'église de son château de Bonafons. Marié trois fois, il laissa plusieurs enfans, et nomma dans le même testament un fils naturel, Raymond d'Alaman, qui fut chanoine de Rodez. La mort de Sicard, et ce partage, termina probablement le procès; car nous ne trouvons plus rien qui s'y rapporte. Seulement, le roi hérita du bénéfice qui provenoit de la monnoie que l'on continua à frapper à Bonafons, en donnant une part au seigneur héritier du château et à l'évêque d'ALBI. On trouve encore de ces monnoies.

Le beau clocher de Sainte-Cécile annonce au loin la curieuse ville d'ALBI. L'histoire de son territoire, assez ancienne pour occuper les savans, laisse douter si ALBI a appartenu aux *Ruteni provinciales*, nommés par César, et que Pline place dans la Narbonnoise, ou si cette partie de la Celtique, distincte des *Ruteni provinciales*, appartenoit à une tribu séparée, placée entre ceux-ci et les *Volcæ-tectosages*. Les plus anciennes notices des Gaules nomment une *civitas Albicurium*, ce qui indiqueroit un peuple particulier. Quelques-uns la nomment *Albia* ou *Albiga*, et on a cru enfin que les peuples de l'Albigeois étoient désignés dans la notice des dignités de l'empire sous le nom d'*Equites Cataphractarii Albigenses*. Nous laissons à de plus érudits le soin de décider cette grave question.

Lorsque les limites de l'Aquitaine furent transportées loin de celles que César assignoit à cette troisième partie de la Gaule, le territoire d'ALBI fut compris dans cette province ainsi agrandie. En 472, il fut conquis par les Visigoths, puis soumis à la domination des Francs par Thierry, fils de Clovis, et ensuite repris par les Goths. En 561, après la mort de Clotaire Ier, et la monarchie partagée entre ses quatre fils, on démembra le royaume d'Austrasie. Pour rendre le partage égal, on y joignit quelques pays de l'Aquitaine première, entre autres le Querci et l'Albigeois. Charibert, roi de Paris, fut maître de l'Albigeois, qui retourna ensuite de nouveau à l'Austrasie; mais Didier, duc de Toulouse, en ayant fait la conquête au nom de Chilpéric, roi de Neustrie, celui-ci en demeura le maître. Mommole y porta le ravage, et en usurpa la domination.

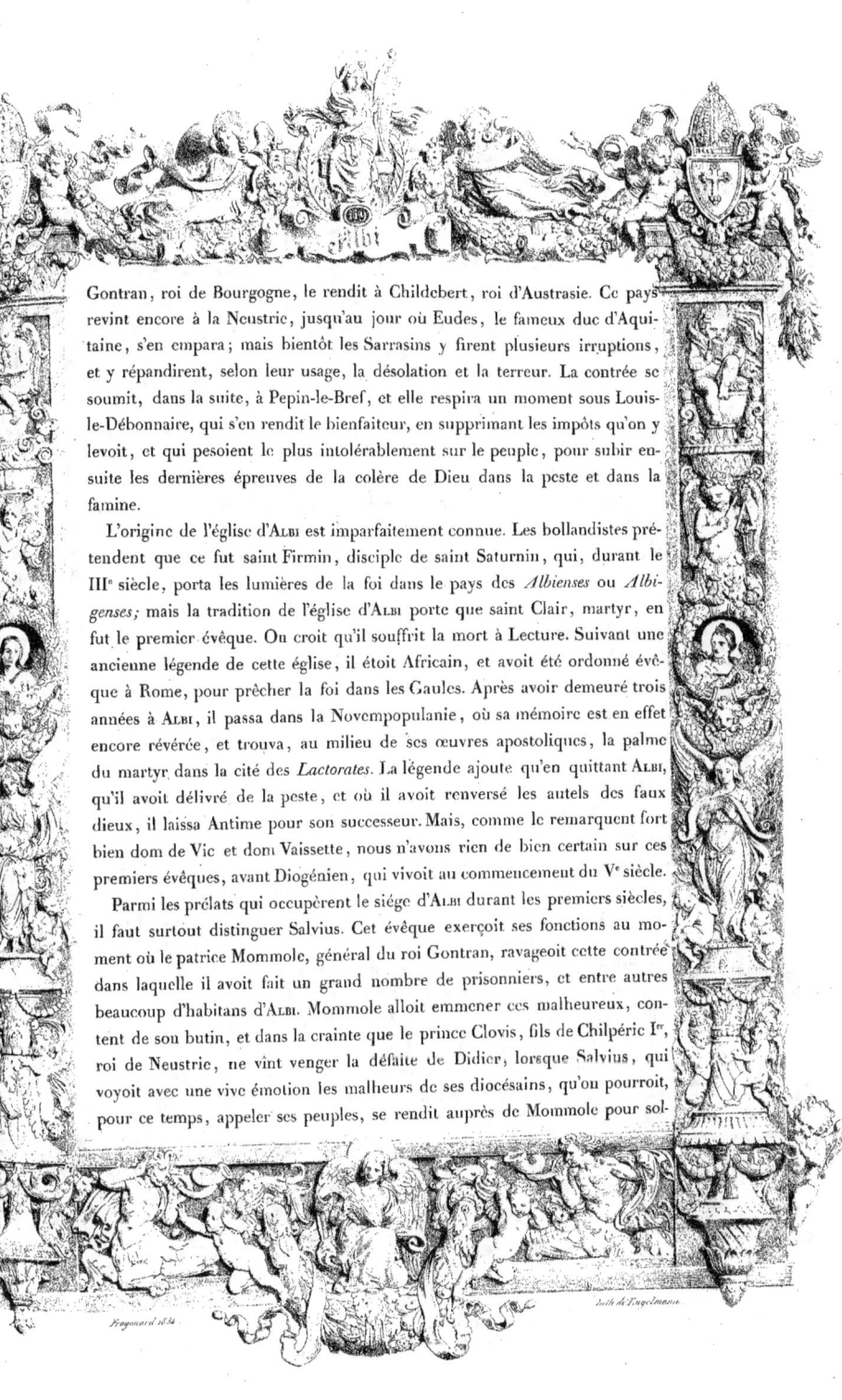

Gontran, roi de Bourgogne, le rendit à Childebert, roi d'Austrasie. Ce pays revint encore à la Neustrie, jusqu'au jour où Eudes, le fameux duc d'Aquitaine, s'en empara; mais bientôt les Sarrasins y firent plusieurs irruptions, et y répandirent, selon leur usage, la désolation et la terreur. La contrée se soumit, dans la suite, à Pepin-le-Bref, et elle respira un moment sous Louis-le-Débonnaire, qui s'en rendit le bienfaiteur, en supprimant les impôts qu'on y levoit, et qui pesoient le plus intolérablement sur le peuple, pour subir ensuite les dernières épreuves de la colère de Dieu dans la peste et dans la famine.

L'origine de l'église d'ALBI est imparfaitement connue. Les bollandistes prétendent que ce fut saint Firmin, disciple de saint Saturnin, qui, durant le IIIe siècle, porta les lumières de la foi dans le pays des *Albienses* ou *Albigenses;* mais la tradition de l'église d'ALBI porte que saint Clair, martyr, en fut le premier évêque. On croit qu'il souffrit la mort à Lecture. Suivant une ancienne légende de cette église, il étoit Africain, et avoit été ordonné évêque à Rome, pour prêcher la foi dans les Gaules. Après avoir demeuré trois années à ALBI, il passa dans la Novempopulanie, où sa mémoire est en effet encore révérée, et trouva, au milieu de ses œuvres apostoliques, la palme du martyr dans la cité des *Lactorates*. La légende ajoute qu'en quittant ALBI, qu'il avoit délivré de la peste, et où il avoit renversé les autels des faux dieux, il laissa Antime pour son successeur. Mais, comme le remarquent fort bien dom de Vic et dom Vaissette, nous n'avons rien de bien certain sur ces premiers évêques, avant Diogénien, qui vivoit au commencement du Ve siècle.

Parmi les prélats qui occupèrent le siége d'ALBI durant les premiers siècles, il faut surtout distinguer Salvius. Cet évêque exerçoit ses fonctions au moment où le patrice Mommole, général du roi Gontran, ravageoit cette contrée dans laquelle il avoit fait un grand nombre de prisonniers, et entre autres beaucoup d'habitans d'ALBI. Mommole alloit emmener ces malheureux, content de son butin, et dans la crainte que le prince Clovis, fils de Chilpéric Ier, roi de Neustrie, ne vînt venger la défaite de Didier, lorsque Salvius, qui voyoit avec une vive émotion les malheurs de ses diocésains, qu'on pourroit, pour ce temps, appeler ses peuples, se rendit auprès de Mommole pour sol-

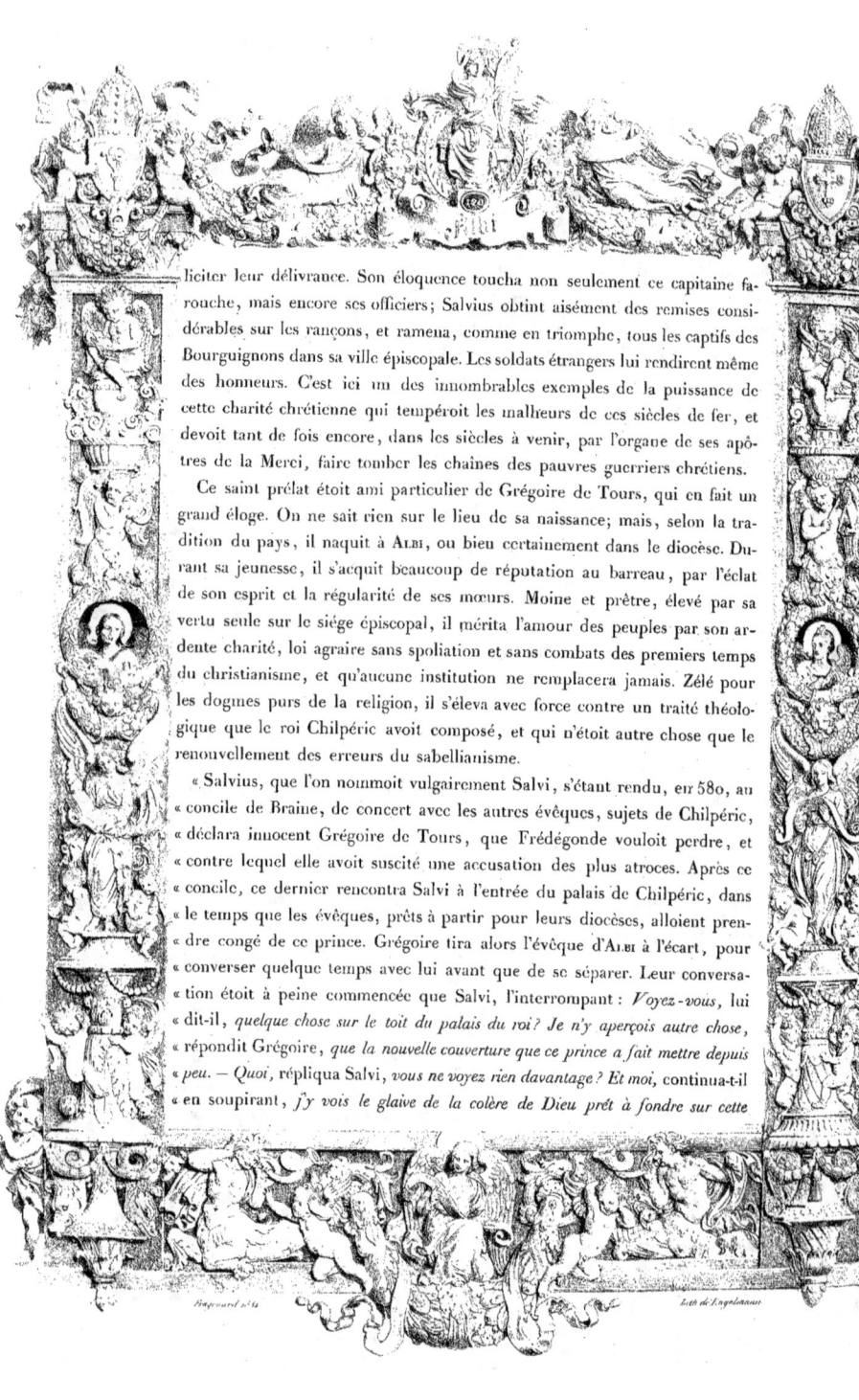

liciter leur délivrance. Son éloquence toucha non seulement ce capitaine farouche, mais encore ses officiers; Salvius obtint aisément des remises considérables sur les rançons, et ramena, comme en triomphe, tous les captifs des Bourguignons dans sa ville épiscopale. Les soldats étrangers lui rendirent même des honneurs. C'est ici un des innombrables exemples de la puissance de cette charité chrétienne qui tempéroit les malheurs de ces siècles de fer, et devoit tant de fois encore, dans les siècles à venir, par l'organe de ses apôtres de la Merci, faire tomber les chaînes des pauvres guerriers chrétiens.

Ce saint prélat étoit ami particulier de Grégoire de Tours, qui en fait un grand éloge. On ne sait rien sur le lieu de sa naissance; mais, selon la tradition du pays, il naquit à Albi, ou bien certainement dans le diocèse. Durant sa jeunesse, il s'acquit beaucoup de réputation au barreau, par l'éclat de son esprit et la régularité de ses mœurs. Moine et prêtre, élevé par sa vertu seule sur le siége épiscopal, il mérita l'amour des peuples par son ardente charité, loi agraire sans spoliation et sans combats des premiers temps du christianisme, et qu'aucune institution ne remplacera jamais. Zélé pour les dogmes purs de la religion, il s'éleva avec force contre un traité théologique que le roi Chilpéric avoit composé, et qui n'étoit autre chose que le renouvellement des erreurs du sabellianisme.

« Salvius, que l'on nommoit vulgairement Salvi, s'étant rendu, en 580, au
« concile de Braine, de concert avec les autres évêques, sujets de Chilpéric,
« déclara innocent Grégoire de Tours, que Frédégonde vouloit perdre, et
« contre lequel elle avoit suscité une accusation des plus atroces. Après ce
« concile, ce dernier rencontra Salvi à l'entrée du palais de Chilpéric, dans
« le temps que les évêques, prêts à partir pour leurs diocèses, alloient pren-
« dre congé de ce prince. Grégoire tira alors l'évêque d'Albi à l'écart, pour
« converser quelque temps avec lui avant que de se séparer. Leur conversa-
« tion étoit à peine commencée que Salvi, l'interrompant : *Voyez-vous*, lui
« dit-il, *quelque chose sur le toit du palais du roi? Je n'y aperçois autre chose,*
« répondit Grégoire, *que la nouvelle couverture que ce prince a fait mettre depuis*
« *peu. — Quoi*, répliqua Salvi, *vous ne voyez rien davantage? Et moi*, continua-t-il
« *en soupirant, j'y vois le glaive de la colère de Dieu prêt à fondre sur cette*

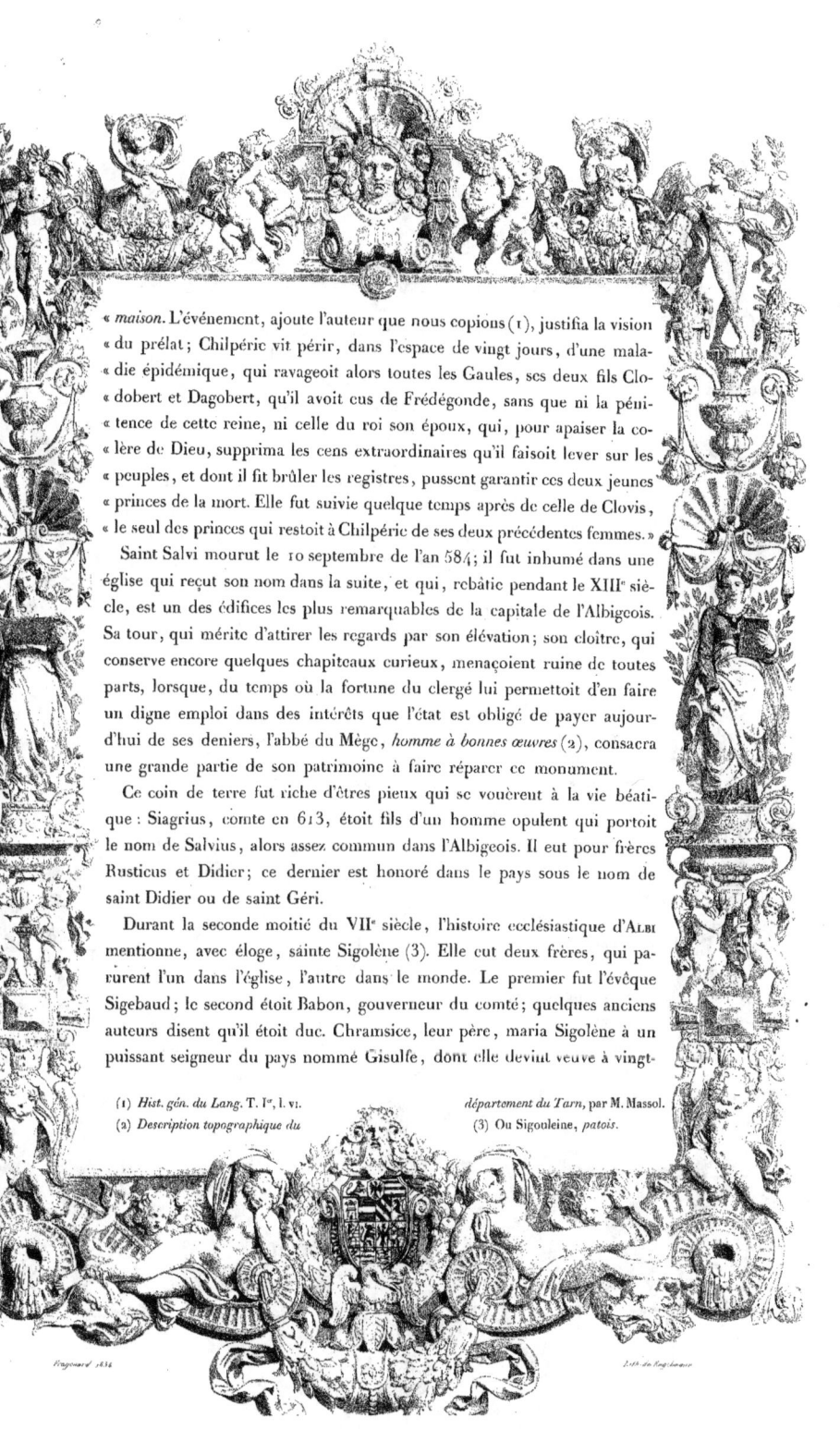

« *maison*. L'événement, ajoute l'auteur que nous copions (1), justifia la vision
« du prélat; Chilpéric vit périr, dans l'espace de vingt jours, d'une mala-
« die épidémique, qui ravageoit alors toutes les Gaules, ses deux fils Clo-
« dobert et Dagobert, qu'il avoit eus de Frédégonde, sans que ni la péni-
« tence de cette reine, ni celle du roi son époux, qui, pour apaiser la co-
« lère de Dieu, supprima les cens extraordinaires qu'il faisoit lever sur les
« peuples, et dont il fit brûler les registres, pussent garantir ces deux jeunes
« princes de la mort. Elle fut suivie quelque temps après de celle de Clovis,
« le seul des princes qui restoit à Chilpéric de ses deux précédentes femmes. »

Saint Salvi mourut le 10 septembre de l'an 584; il fut inhumé dans une église qui reçut son nom dans la suite, et qui, rebâtie pendant le XIIIe siècle, est un des édifices les plus remarquables de la capitale de l'Albigeois. Sa tour, qui mérite d'attirer les regards par son élévation; son cloître, qui conserve encore quelques chapiteaux curieux, menaçoient ruine de toutes parts, lorsque, du temps où la fortune du clergé lui permettoit d'en faire un digne emploi dans des intérêts que l'état est obligé de payer aujourd'hui de ses deniers, l'abbé du Mège, *homme à bonnes œuvres* (2), consacra une grande partie de son patrimoine à faire réparer ce monument.

Ce coin de terre fut riche d'êtres pieux qui se vouèrent à la vie béatique : Siagrius, comte en 613, étoit fils d'un homme opulent qui portoit le nom de Salvius, alors assez commun dans l'Albigeois. Il eut pour frères Rusticus et Didier; ce dernier est honoré dans le pays sous le nom de saint Didier ou de saint Géri.

Durant la seconde moitié du VIIe siècle, l'histoire ecclésiastique d'ALBI mentionne, avec éloge, sainte Sigolène (3). Elle eut deux frères, qui parurent l'un dans l'église, l'autre dans le monde. Le premier fut l'évêque Sigebaud; le second étoit Babon, gouverneur du comté; quelques anciens auteurs disent qu'il étoit duc. Chramsice, leur père, maria Sigolène à un puissant seigneur du pays nommé Gisulfe, dont elle devint veuve à vingt-

(1) *Hist. gén. du Lang.* T. Ier, l. vi.
(2) *Description topographique du* *département du Tarn*, par M. Massol.
(3) Ou Sigouleine, *patois*.

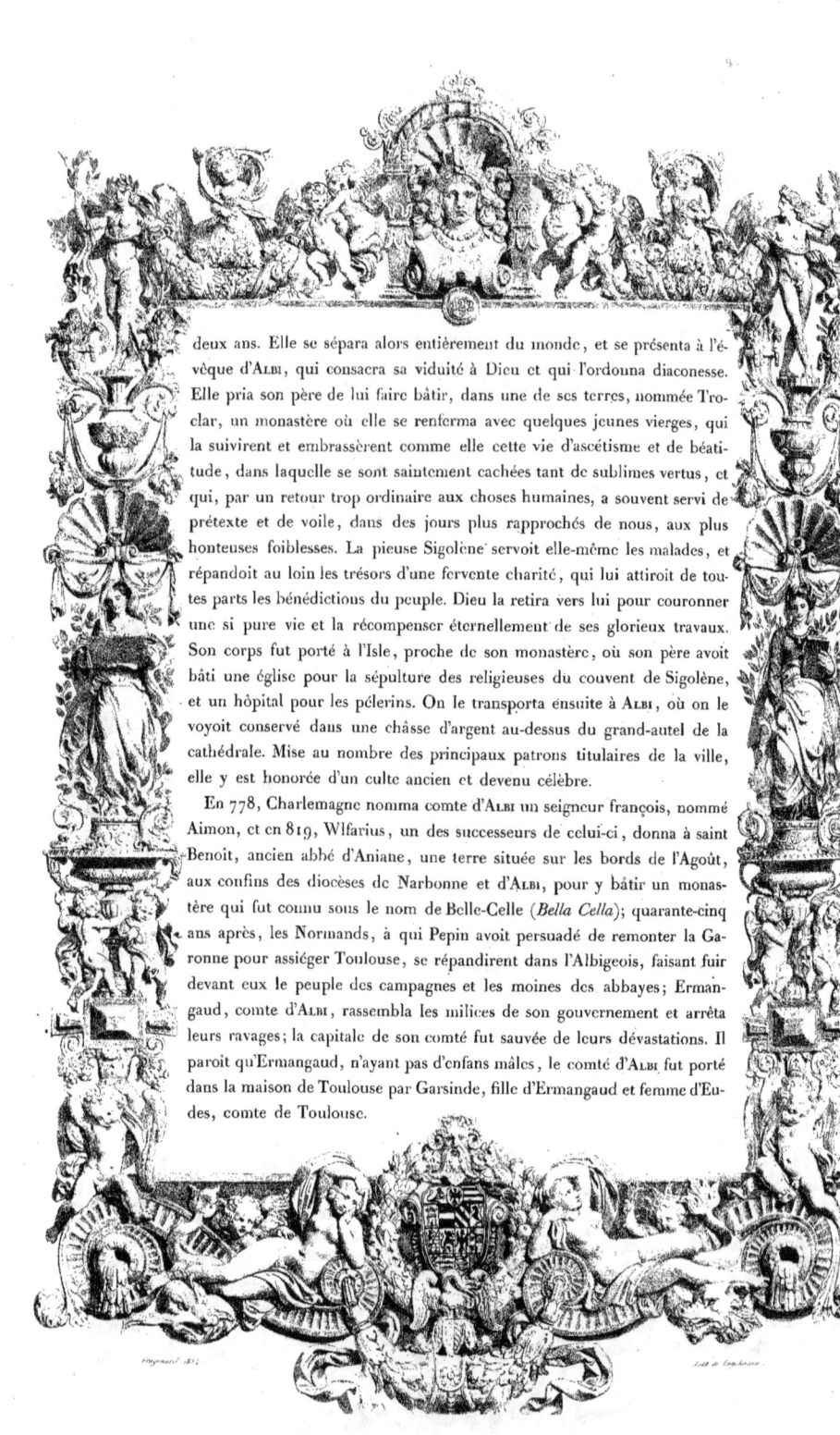

deux ans. Elle se sépara alors entièrement du monde, et se présenta à l'évêque d'Albi, qui consacra sa viduité à Dieu et qui l'ordonna diaconesse. Elle pria son père de lui faire bâtir, dans une de ses terres, nommée Troclar, un monastère où elle se renferma avec quelques jeunes vierges, qui la suivirent et embrassèrent comme elle cette vie d'ascétisme et de béatitude, dans laquelle se sont saintement cachées tant de sublimes vertus, et qui, par un retour trop ordinaire aux choses humaines, a souvent servi de prétexte et de voile, dans des jours plus rapprochés de nous, aux plus honteuses foiblesses. La pieuse Sigolène servoit elle-même les malades, et répandoit au loin les trésors d'une fervente charité, qui lui attiroit de toutes parts les bénédictions du peuple. Dieu la retira vers lui pour couronner une si pure vie et la récompenser éternellement de ses glorieux travaux. Son corps fut porté à l'Isle, proche de son monastère, où son père avoit bâti une église pour la sépulture des religieuses du couvent de Sigolène, et un hôpital pour les pélerins. On le transporta ensuite à Albi, où on le voyoit conservé dans une châsse d'argent au-dessus du grand-autel de la cathédrale. Mise au nombre des principaux patrons titulaires de la ville, elle y est honorée d'un culte ancien et devenu célèbre.

En 778, Charlemagne nomma comte d'Albi un seigneur françois, nommé Aimon, et en 819, Wlfarius, un des successeurs de celui-ci, donna à saint Benoît, ancien abbé d'Aniane, une terre située sur les bords de l'Agoût, aux confins des diocèses de Narbonne et d'Albi, pour y bâtir un monastère qui fut connu sous le nom de Belle-Celle (*Bella Cella*); quarante-cinq ans après, les Normands, à qui Pepin avoit persuadé de remonter la Garonne pour assiéger Toulouse, se répandirent dans l'Albigeois, faisant fuir devant eux le peuple des campagnes et les moines des abbayes; Ermangaud, comte d'Albi, rassembla les milices de son gouvernement et arrêta leurs ravages; la capitale de son comté fut sauvée de leurs dévastations. Il paroit qu'Ermangaud, n'ayant pas d'enfans mâles, le comté d'Albi fut porté dans la maison de Toulouse par Garsinde, fille d'Ermangaud et femme d'Eudes, comte de Toulouse.

Albi

Bien que soumis à l'autorité des comtes, Albi eut encore des seigneurs particuliers qui prirent le titre de vicomte : Aton, Bernard, Roger et Trencavel sont les premiers que cite l'histoire de cette province. Raymond V, comte de Toulouse, engagea une partie du domaine d'Albi au vicomte Raymond Trencavel. L'évêché étoit aussi soumis à l'autorité des comtes, et considéré comme un fief. Entre autres objets, le comte Pons assigna l'évêché d'Albi pour douaire à Majora sa femme, et il en fit autant pour Almadis, sa seconde épouse. Le profit de cet abus simoniaque se partageoit cependant avec le vicomte, et nous voyons le même Pons passer avec lui un autre marché du même genre qui leur rapporta cinquante sous à chacun. Le vicomte avoit aussi droit de prendre la dépouille des évêques à leur mort : et ce fut le vicomte Roger, plus religieux que ses prédécesseurs, qui renonça le premier, en 1144, à cet étrange héritage.

La secte des henriciens avoit fait de grands progrès dans le Languedoc. Le pape Eugène III, qui arrivoit en France pour prêcher la croisade, voulant détruire autant que possible cette hérésie, nomma aussitôt le cardinal Albéric, évêque d'Ostie, légat du saint-siége, en lui ordonnant de se rendre sur les lieux avec l'évêque de Chartres, quelques autres prélats, et l'éloquent saint Bernard, abbé de Clairvaux. Ce dernier, après avoir parcouru le Toulousain, arrive à Albi, précédé de trois jours par le légat, qui avoit été reçu du peuple avec toutes les marques de la dérision. C'étoit la ville du pays la plus infectée de ces restes du manichéisme, car telle est l'opinion qu'en portent les auteurs catholiques du temps, et il faut sans doute y chercher les premiers fermens de la grande hérésie albigeoise. Saint Bernard prêcha, et renversa de sa parole puissante l'erreur de l'apôtre qui connoissoit assez peu les hommes pour leur interdire le culte des morts. La foule encombroit l'église; elle s'anima bientôt, et tout un peuple, à la voix du saint poëte, qui lui faisoit entendre la parole de Dieu, renonça par acclamation, et les mains élevées au ciel, à la doctrine de Henri, qui alla rejoindre Pierre de Bruys; puis convaincu d'hérésie au concile de

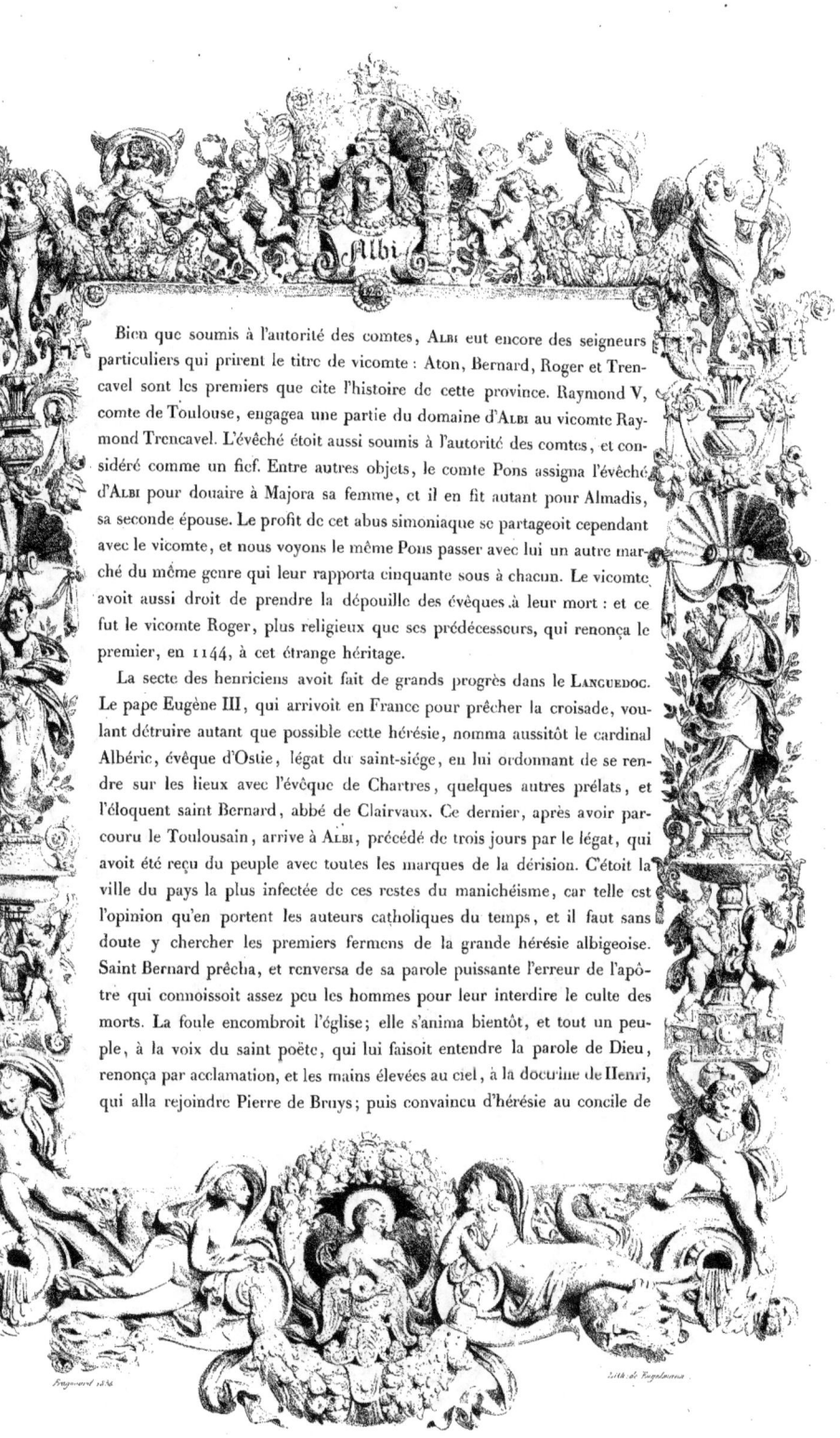

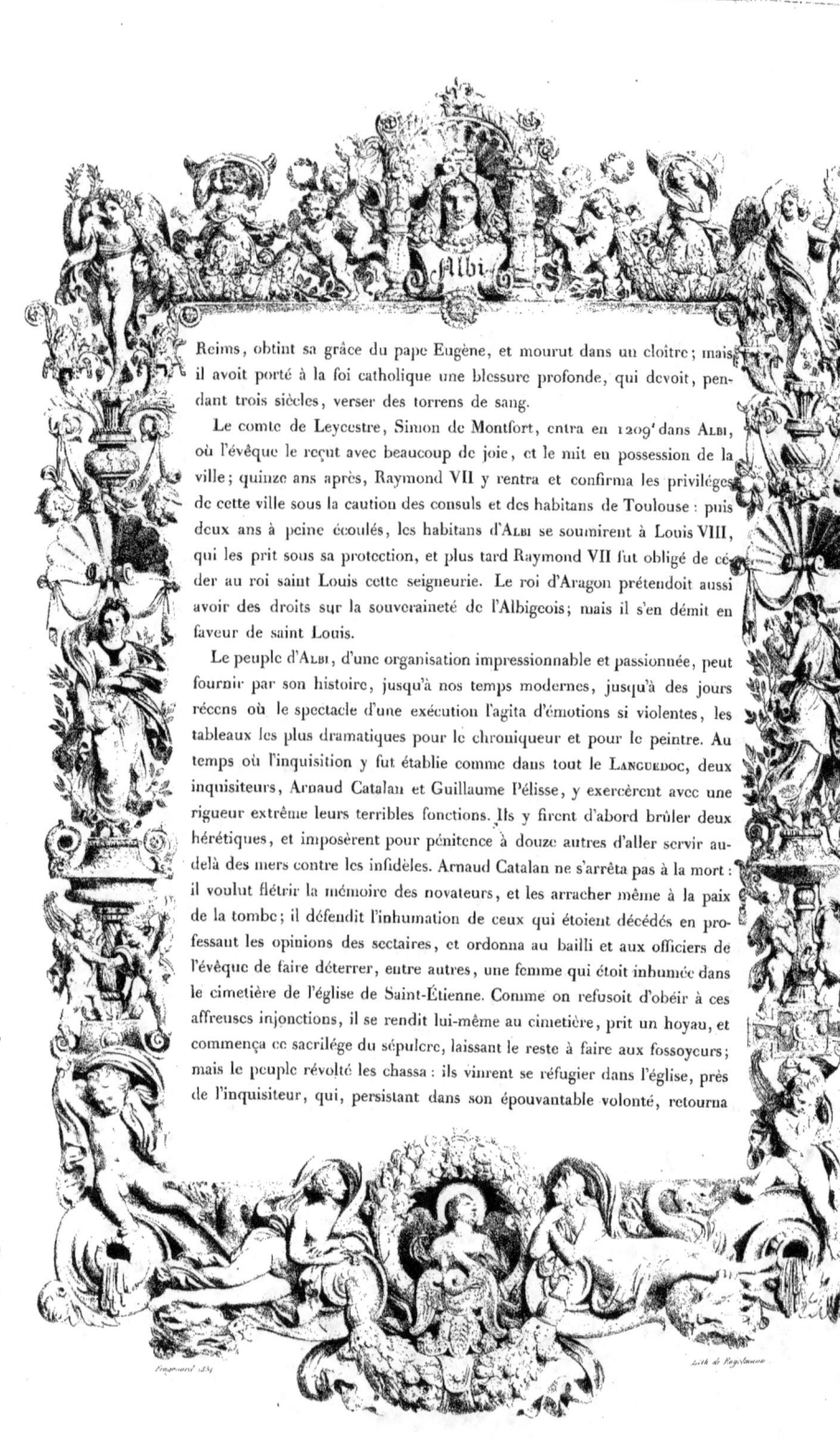

Albi

Reims, obtint sa grâce du pape Eugène, et mourut dans un cloître ; mais il avoit porté à la foi catholique une blessure profonde, qui devoit, pendant trois siècles, verser des torrens de sang.

Le comte de Leycestre, Simon de Montfort, entra en 1209 dans ALBI, où l'évêque le reçut avec beaucoup de joie, et le mit en possession de la ville ; quinze ans après, Raymond VII y rentra et confirma les priviléges de cette ville sous la caution des consuls et des habitans de Toulouse : puis deux ans à peine écoulés, les habitans d'ALBI se soumirent à Louis VIII, qui les prit sous sa protection, et plus tard Raymond VII fut obligé de céder au roi saint Louis cette seigneurie. Le roi d'Aragon prétendoit aussi avoir des droits sur la souveraineté de l'Albigeois ; mais il s'en démit en faveur de saint Louis.

Le peuple d'ALBI, d'une organisation impressionnable et passionnée, peut fournir par son histoire, jusqu'à nos temps modernes, jusqu'à des jours récens où le spectacle d'une exécution l'agita d'émotions si violentes, les tableaux les plus dramatiques pour le chroniqueur et pour le peintre. Au temps où l'inquisition y fut établie comme dans tout le LANGUEDOC, deux inquisiteurs, Arnaud Catalan et Guillaume Pélisse, y exercèrent avec une rigueur extrême leurs terribles fonctions. Ils y firent d'abord brûler deux hérétiques, et imposèrent pour pénitence à douze autres d'aller servir au-delà des mers contre les infidèles. Arnaud Catalan ne s'arrêta pas à la mort : il voulut flétrir la mémoire des novateurs, et les arracher même à la paix de la tombe ; il défendit l'inhumation de ceux qui étoient décédés en professant les opinions des sectaires, et ordonna au bailli et aux officiers de l'évêque de faire déterrer, entre autres, une femme qui étoit inhumée dans le cimetière de l'église de Saint-Étienne. Comme on refusoit d'obéir à ces affreuses injonctions, il se rendit lui-même au cimetière, prit un hoyau, et commença ce sacrilége du sépulcre, laissant le reste à faire aux fossoyeurs ; mais le peuple révolté les chassa : ils vinrent se réfugier dans l'église, près de l'inquisiteur, qui, persistant dans son épouvantable volonté, retourna

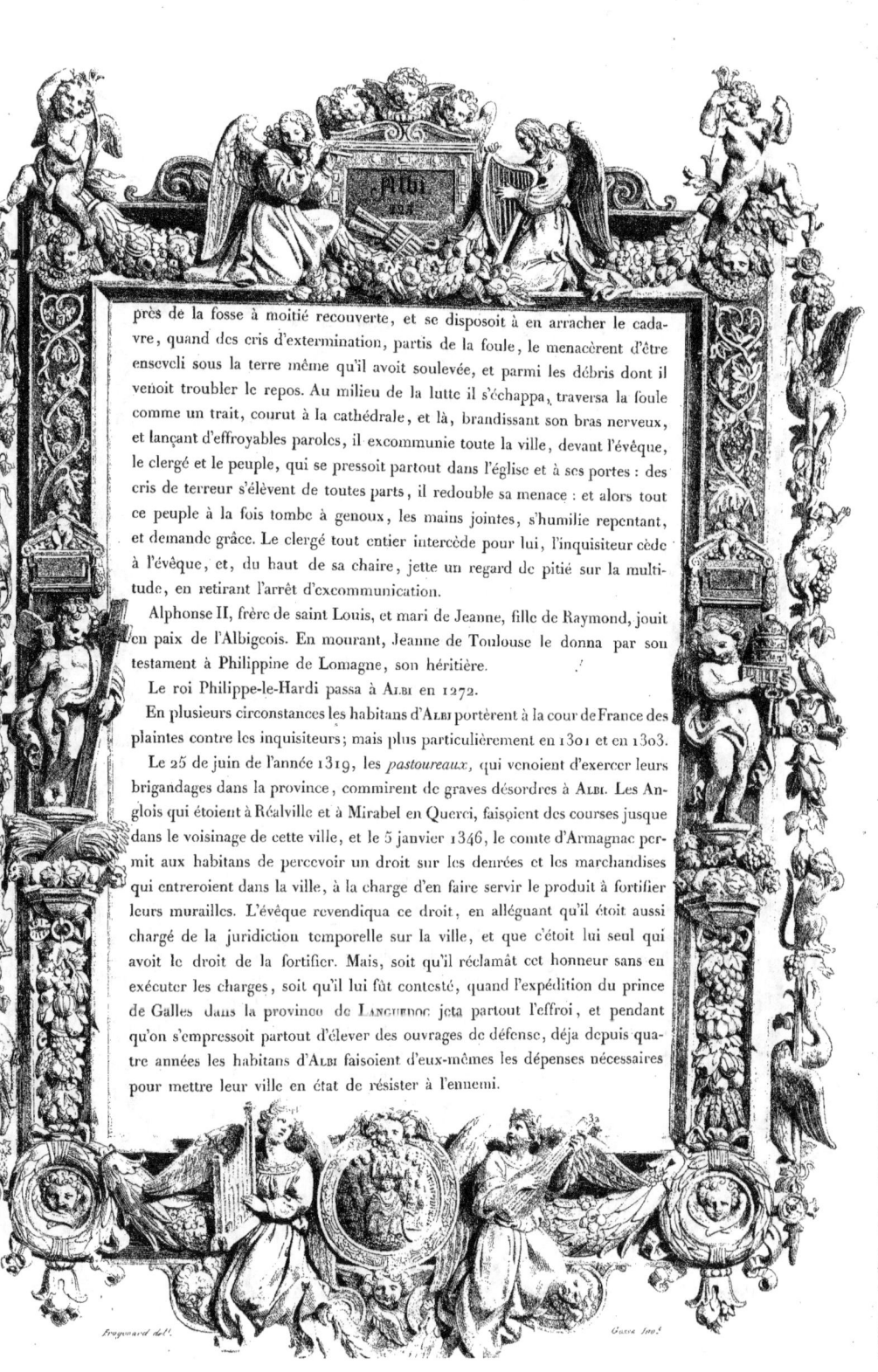

près de la fosse à moitié recouverte, et se disposoit à en arracher le cadavre, quand des cris d'extermination, partis de la foule, le menacèrent d'être enseveli sous la terre même qu'il avoit soulevée, et parmi les débris dont il venoit troubler le repos. Au milieu de la lutte il s'échappa, traversa la foule comme un trait, courut à la cathédrale, et là, brandissant son bras nerveux, et lançant d'effroyables paroles, il excommunie toute la ville, devant l'évêque, le clergé et le peuple, qui se pressoit partout dans l'église et à ses portes : des cris de terreur s'élèvent de toutes parts, il redouble sa menace : et alors tout ce peuple à la fois tombe à genoux, les mains jointes, s'humilie repentant, et demande grâce. Le clergé tout entier intercède pour lui, l'inquisiteur cède à l'évêque, et, du haut de sa chaire, jette un regard de pitié sur la multitude, en retirant l'arrêt d'excommunication.

Alphonse II, frère de saint Louis, et mari de Jeanne, fille de Raymond, jouit en paix de l'Albigeois. En mourant, Jeanne de Toulouse le donna par son testament à Philippine de Lomagne, son héritière.

Le roi Philippe-le-Hardi passa à Albi en 1272.

En plusieurs circonstances les habitans d'Albi portèrent à la cour de France des plaintes contre les inquisiteurs; mais plus particulièrement en 1301 et en 1303.

Le 25 de juin de l'année 1319, les *pastoureaux*, qui venoient d'exercer leurs brigandages dans la province, commirent de graves désordres à Albi. Les Anglois qui étoient à Réalville et à Mirabel en Querci, faisoient des courses jusque dans le voisinage de cette ville, et le 5 janvier 1346, le comte d'Armagnac permit aux habitans de percevoir un droit sur les denrées et les marchandises qui entreroient dans la ville, à la charge d'en faire servir le produit à fortifier leurs murailles. L'évêque revendiqua ce droit, en alléguant qu'il étoit aussi chargé de la juridiction temporelle sur la ville, et que c'étoit lui seul qui avoit le droit de la fortifier. Mais, soit qu'il réclamât cet honneur sans en exécuter les charges, soit qu'il lui fût contesté, quand l'expédition du prince de Galles dans la province de Languedoc jeta partout l'effroi, et pendant qu'on s'empressoit partout d'élever des ouvrages de défense, déja depuis quatre années les habitans d'Albi faisoient d'eux-mêmes les dépenses nécessaires pour mettre leur ville en état de résister à l'ennemi.

En 1357, vers la mi-juillet, le comte d'Armagnac assembla les états de la province d'ALBI pour délibérer sur l'état des affaires, et sur les moyens de s'opposer aux entreprises des Anglois.

A tous les maux qu'amenoit la guerre étrangère dans l'Albigeois, il faut ajouter, jusque pendant la durée des trèves, les ravages commis par les routiers, auxquels s'associa un évêque d'ALBI, qui les encourageoit à dévaster les terres de Sicard, seigneur de Lescure, de Guibert de Cadole et de Salomon de Monestier.

Les officiers de l'évêque et ceux du roi causèrent, par leur rivalité, quelques troubles dans la ville au commencement du XVe siècle; la temporalité du premier fut saisie jusqu'à ce qu'il eût satisfait au monarque; mais ces mouvemens ne faisoient qu'annoncer des dissensions plus graves causées par deux prélats qui portèrent à la fois le titre d'évêques d'ALBI.

L'évêque Pierre Neveu étant mort, le chapitre voulut user de ses droits et procéder à l'élection d'un nouveau prélat, conformément au décret du concile de Bâle, qui rétablissoit les élections, et abolissoit les réserves. Le plus grand nombre choisit Bernard de Casilhac, prévôt de la cathédrale; quelques voix se déclarèrent pour l'évêque de Couserans, et d'autres pour le frère du seigneur de Castelnau de Bretenous en Querci. Bernard obtint, dit-on, moyennant la somme de quinze cents écus d'or, la renonciation du dernier; il s'adressa ensuite au concile de Bâle, alors assemblé, afin d'obtenir sa confirmation; mais par un de ces incidens qui font voir le peu d'ordre qui régnoit dans l'église, un puissant rival vint lui disputer le siége épiscopal.

Robert Dauphin, d'abord religieux de cette abbaye de la Chaise-Dieu, dont nous avons visité la belle église en Auvergne, d'abbé d'Issoire étoit devenu alors évêque de Chartres. Instruit que l'évêché d'ALBI rapportoit des revenus immenses, et que la possession de ce siége donnoit en quelque sorte une autorité souveraine, il s'adressa au pape Eugène IV pour l'obtenir. Le souverain pontife accueillit sa demande et cassa l'élection de Bernard; mais le concile confirma ce dernier, rejeta les instances de Robert, et Casilhac fut sacré dans la cathédrale de Bâle, le 12 février 1436.

De son côté, Robert Dauphin avoit reçu ses bulles, et après avoir prêté

serment de fidélité au roi, il s'achemina vers ALBI pour y prendre possession de son siége. Il étoit accompagné du sénéchal de Carcassonne et de quelques soldats. Les habitans, secondés par un bon nombre d'hommes d'armes, refusèrent d'abord l'entrée de leur ville à Robert; mais ils se soumirent enfin, et Robert eut l'adresse de se créer bon nombre de partisans dans la ville.

A cette nouvelle, Bernard de Casilhac pressa son retour. Robert fut obligé d'aller en Auvergne à l'occasion de la mort de la comtesse de Montpensier, sa sœur; cette circonstance favorisoit Bernard; il pressa les préparatifs d'une attaque contre ALBI. Son frère et le seigneur de la Coste, ayant rassemblé un corps de troupes, s'avancèrent et prirent le château de Combefa, et les autres lieux de la temporalité de l'évêché, entrèrent ensuite, l'épée à la main, dans ALBI, forcèrent les portes de la cathédrale, pillèrent son trésor, et enlevèrent pour cinq mille écus d'or d'objets précieux. L'église de Forgues fut aussi saccagée par eux, et les rapines qu'ils y exercèrent augmentèrent leur butin sacrilége. Ils mirent le feu à la maison de Robert Dauphin, à l'officialité, à la trésorerie, à un des faubourgs de la ville, cherchant partout les habitations des principaux partisans de leur ennemi; puis assiégèrent le château de Berbié, ou de la Verbié, qui est encore aujourd'hui le palais épiscopal.

Ces désastres firent croire à Bernard de Casilhac qu'il étoit devenu possesseur légitime de l'évêché d'ALBI: il donna les ordres et administra les sacremens; mais l'illusion tomba quand il s'aperçut du petit nombre de ses partisans; la crainte s'empara de lui, et il alla s'établir dans la petite ville de Cordes, à quatre lieues du siége de son épiscopat. C'étoit la force qui l'avoit rendu maître de l'évêché; son compétiteur pensa que la force seule pourroit le déposer. Robert Dauphin appela à son secours Rodigo de Villandraut, célèbre *condottiere*, que nous avons déjà vu et que nous retrouverons souvent encore. Mais tandis que celui-ci et le bâtard de Bourbon, son beau-frère, entroient en Albigeois, le château de Berbié, qui par la retraite de Bernard étoit retombé, ainsi que la ville, entre les mains du parti de Robert, s'étoit rendu de nouveau aux partisans de Bernard de Casilhac. On avoit employé, pour *l'entreprendre*, disent les documens de l'époque, *canons, bombardes* et *arbalètes*.

Les *bravi*, qui vendoient ainsi leur courage aux évêques ou aux seigneurs pour se faire la guerre, ne pouvoient qu'aggraver les malheurs du pays; aussi les états du Languedoc s'adressèrent-ils au roi Charles VII pour mettre un terme à leurs excès. On sentit le besoin de faire cesser de si coupables désordres. Le roi donna l'ordre aux sénéchaux de Toulouse, de Rouergue et de Carcassonne, d'ajourner les tenans de Bernard à Albi, Cordes et Gaillac, par cri public, et à leurs chefs de comparoître devant lui; il leur prescrivit en même temps de se rendre sur les lieux avec des troupes, de s'emparer des coupables, et de reprendre les châteaux de Combefa et de Montirot, défendant à toutes les villes de donner des secours ou une retraite aux partisans de Bernard. Mais celui-ci ne se soumit point; il fallut l'assiéger dans Cordes, et la ville, prise d'assaut, fut pillée par les troupes royales. Les sénéchaux attaquèrent ensuite le château de Combefa; cependant la place leur paroissant trop forte pour être réduite en peu de temps, ils traitèrent avec le seigneur de la Coste qui y commandoit, et qui la livra moyennant quinze cents réaux d'or, qui furent payés par Robert Dauphin. Bientôt après le château de Montirot fut réduit. Bernard et les siens, cités à comparoître devant le conseil du roi, n'y parurent point; ils surent se soustraire à l'ordre donné de les arrêter, et Bernard, portant l'affaire au parlement, obtint un relief d'appel. Cette cour rendit même en sa faveur deux arrêts. Les deux ennemis alloient renouveler des combats moins malheureux cette fois pour le peuple, et le succès paroissoit incertain, quand Robert Dauphin mourut en 1461. Cet événement laissa Bernard paisible possesseur de l'évêché, dont il ne jouit pas long-temps. La mort l'enleva à son tour.

La Providence devoit quelque repos à un pays si tourmenté par deux ministres des autels. Un siècle de paix vint effacer dans cette contrée la trace des sanglantes discordes des deux prélats; mais vers 1561 des hommes armés du prétexte de la religion, devoient y brandir de nouvelles torches, y semer de nouvelles alarmes, et porter encore une fois la désolation dans ces malheureuses contrées.

Le protestantisme eut de nombreux sectaires dans l'Albigeois. Castres embrassa la réforme, ainsi qu'une partie des habitans des montagnes voisines.

Gaillac, Lille, Rabastens souffrirent tous les maux qu'amènent les guerres civiles et religieuses, et un fanatisme ardent. En 1568 et 1569, les protestans se rendirent maîtres de trente-huit villes ou bourgs de ces contrées; ils entrèrent même dans les faubourgs d'Albi, les pillèrent et y massacrèrent beaucoup de catholiques.

En 1571, une maladie épidémique, qui fit de grands ravages à Toulouse et à Castres, sévit aussi sur Albi et y moissonna de nombreuses victimes.

Entièrement dévouée au catholicisme, Albi embrassa le parti de la Ligue en 1589.

Trois ans après, le duc de Joyeuse, commandant pour la Ligue en Languedoc, ayant appris que le roi avoit répondu favorablement à presque tous les articles présentés pour la pacification de la province, mais qu'il n'avoit pas jugé à propos de lui accorder satisfaction sur toutes les prétentions de son ambition personnelle, résolut d'exciter de nouveaux troubles, afin de rendre en quelque sorte nécessaire un traité particulier avec lui. Ce fut dans ce dessein qu'il s'empara de Gaillac, d'Albi, et de beaucoup d'autres lieux; mais il fut enfin obligé de se soumettre, et de reconnoître le roi, à l'exemple de tout le reste de la France. Le traité de Folembrai assura cette soumission, et Albi rentra sous la puissance de Henri IV. Peu de temps après, la citadelle de cette ville fut rasée, non seulement comme inutile, mais encore comme propre à favoriser l'accomplissement des projets que pourroient former les factieux.

En 1632, le duc de Montmorency, ayant embrassé le parti de Monsieur, frère du roi, quelques évêques, qui étoient liés avec le duc, firent déclarer en sa faveur leurs villes épiscopales, et Alphonse d'Elbène s'étoit engagé à lui livrer celle d'Albi; mais la fortune ayant été infidèle à la valeur au combat de Castelnaudary, les habitans d'Albi chassèrent violemment leur évêque et se remirent sous l'obéissance du roi.

Tels sont les faits principaux de l'histoire de cette ville, et avant d'y jeter un dernier regard en finissant, nous arrêterons un moment l'attention de nos lecteurs sur le merveilleux temple dédié à sainte Cécile, dont les beautés et la splendeur font une des plus gracieuses et des plus magnifiques églises de France.

Albi possédoit avant, et même pendant le XIIIᵉ et le XIVᵉ siècle, une église cathédrale, dédiée à la sainte Croix. On voit encore les substructions de cet édifice, en face du côté droit de l'évêché et dans le jardin des frères de la doctrine chrétienne. En 1277, Bernard de Castanet jeta les fondemens de celle qui subsiste aujourd'hui, recommandant à son chapitre de faire travailler à l'église avec zèle et constance. Il assigna pour cet objet le vingtième de son revenu pendant vingt années, et le chapitre fit le même don ; tous ses successeurs concoururent après lui à la confection de cet admirable monument. Le cardinal Joffroi, ou Jofredi, y porta les reliques de sainte Cécile, ce qui fait qu'on le plaça sous le vocable de cette sainte, en même temps que sous celui de la sainte Croix ; il fut consacré en 1480.

Cette église fut successivement embellie par tous les évèques qui occupèrent le siége. Le même cardinal Joffroi y fit peindre son portrait et ceux de ses deux frères dans une des chapelles. C'est encore lui qui a enrichi le fond de la nef du côté occidental de cet immense tableau qui représente le jugement universel, au bas duquel des inscriptions en langue françoise indiquent les tourmens des pécheurs et des damnés. Cette curieuse peinture n'a pas été épargnée dès l'époque déja malheureuse qui a précédé le passage de nos barbares modernes, et où des architectes ignorans osèrent entreprendre de reconstruire ou de restaurer nos églises. La formation d'une chapelle, et les orgues, placées par les ordres de l'archevêque Lacroix de Castries, ont horriblement mutilé cette vaste page de l'art du moyen âge. Quelques autres ont été plus heureuses ; il existe dans la chapelle de la Croix, où le cardinal de Joffroi avoit son tombeau, des tableaux peints à fresque qui retracent l'histoire de Constantin. L'un représente le premier empereur chrétien, au moment où il voit, au-dessus de ses aigles, ces mots inscrits sur une croix céleste : *In hoc signo vinces*. Dans un autre tableau, Constantin marche à la rencontre de Maxence ; et dans un troisième, l'empereur païen qui faisoit sacrifier des lions, consultoit les livres sibyllins, faisoit ouvrir le ventre des femmes grosses pour y trouver un augure qui n'eût pas encore menti, pousse son armée contre les chrétiens, et l'empereur inspiré, qui lui oppose le secours de la Divinité et la puissance de son génie. Le quatrième tableau représente le combat de ces deux hommes qui personnifioient deux époques incommensurables, deux mondes et deux civilisations ;

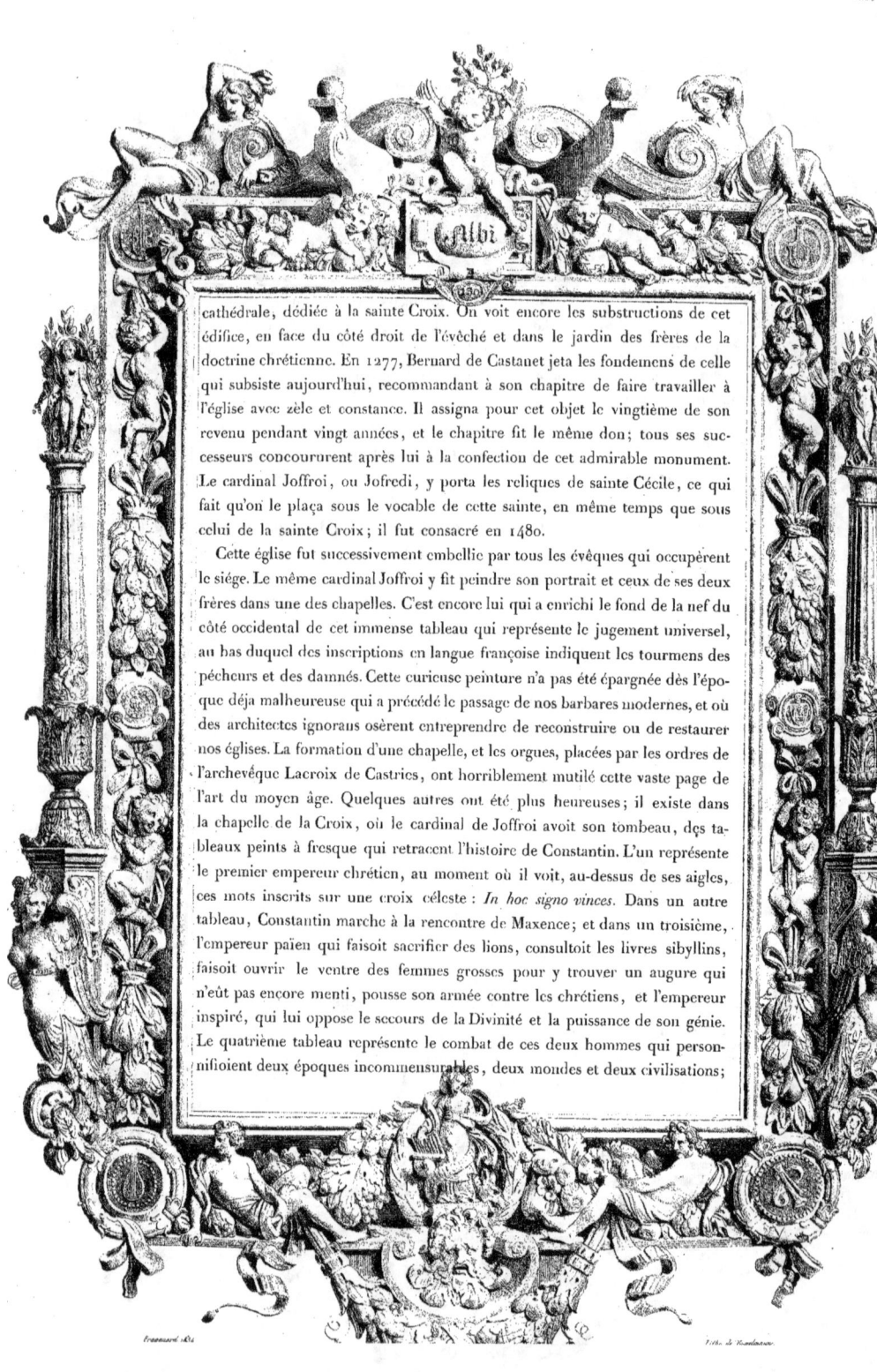

l'histoire du genre humain va être coupée en effet en deux portions distinctes, le polythéisme et l'esclavage passés, le christianisme et la liberté à venir; une armée de dieux combattant pour Maxence, un seul Dieu combattant pour Constantin. Une croix est tracée sur l'étendard qui flotte auprès de l'empereur chrétien, une louve paroît sur ceux de Maxence. Ces peintures, extrêmement curieuses, sont exécutées dans le goût du XVe siècle. Tous les personnages sont vêtus comme les chevaliers françois l'étoient à l'époque où le peintre a composé ses tableaux. Les combattans sont bardés de fer; les chefs, couverts d'armures étincelantes d'or, ont leurs chevaux richement caparaçonnés; ils se précipitent, la lance au poing, les uns contre les autres; mais Constantin a bientôt frappé son adversaire, qui tombe mort, et dont la défaite annonce la fuite de son armée tout entière. Ces compositions sont, à la vérité, plus naïves et moins parfaites que celles dont Jules Romain a enrichi la première *stance* du Vatican; mais elles sont tellement curieuses qu'elles méritent le respect du haut clergé et des autorités d'ALBI.

Dans d'autres tableaux, sainte Hélène, cette pieuse fille d'un hôtelier, qui couvrit la Palestine et la Judée de monuments, arrive à Jérusalem, vêtue, ainsi que ses femmes, dans le costume en usage sous Louis XI; elle est montée sur une haquenée, et accompagnée d'un écuyer qui porte un épervier sur le poing; on croiroit voir une châtelaine. C'est la mère de Constantin, qui entre dans la cité sainte. Le tableau qui sert de pendant à celui-ci représente aussi sainte Hélène, interrogeant les vieillards de Jérusalem, afin de connoître le lieu où la croix à laquelle Jésus-Christ fut attaché, pourroit se retrouver encore. L'impératrice-mère est placée sur un trône qui, aussi bien que les costumes et tous les autres accessoires, rappelle le goût de l'époque où le tableau a été exécuté.

Les vingt-huit chapelles qui environnent la nef et le chœur ont été peintes aussi en entier, soit pendant le XVe siècle, soit dans les premières années du siècle suivant; et quelques-unes de ces peintures, toutes dignes d'exciter la curiosité, sont souvent remarquables par l'exécution, par le style, et par une excellente conservation. C'est l'école de l'immortel Hemling, moins sa science, sa profondeur et sa vérité, plus peut-être ce caractère de nature choisie et

idéale de la sublime Italie, qui alloit donner Raphaël. A tous ces ornemens, à toutes ces décorations qui indiquent la magnificence et le goût des prélats et du clergé de cette époque, précieuses qualités que laisse regretter un siècle plus avancé en perfectionnemens, il faut joindre les ouvrages qui décorent les voûtes de cette église : dans toute sa longueur, depuis la tour ou l'entrée de la chapelle Sainte-Clair, jusqu'à celle de la chapelle placée au dos de l'édifice, c'est-à-dire dans un espace de plus de deux cent soixante-dix pieds, sur une largeur de près de quarante-cinq, cette voûte n'offre qu'un tableau immense que les nervures divisent en brillans compartimens. Tout ce vaste champ est peint en azur, et sur ce fond d'outre-mer, une riche imagination a fait courir, avec une grâce infinie, d'élégans rinceaux d'acanthe, dont les enroulemens sont remplis de sujets tirés des livres saints; des images allégoriques y sont représentées avec un sentiment profond du sujet, et toujours heureusement inventées, dans l'intérêt bien entendu de l'unité des décorations du temple. Les arabesques sont en blanc et rehaussées d'or; les moulures des nervures, les arrêtes des voûtes sont dorées; mais ce ne sont point de longues lignes, riches seulement du métal brillant qui les recouvre; elles présentent des encadremens ornés avec un goût exquis. Des devises italiennes (et même sans elles il n'y auroit jamais à douter sur l'école d'où sont sorties toutes ces merveilles) indiquent que cet ouvrage inouï est dû à des artistes qui appartenoient à la brillante aurore des arts de l'Italie, et dont les études s'étoient formées devant les fresques admirables qui couvrent tant de monumens élevés sur cette terre, la plus riche des productions de l'art et la plus parée du monde entier. Les traditions du chapitre d'ALBI veulent que ces artistes soient sortis de l'école de Raphaël, et qu'ils aient apporté en France le goût qui a présidé à l'illustration des loges du Vatican. C'est une erreur : quoique contemporains de Raphaël, ils ne sortoient point d'une école formée par lui; l'école qui les avoit élevés avoit fondé la sienne en Italie, et créé les inspirations qui devoient bientôt animer le génie divin de ce grand homme. Les élèves de Raphaël ne travaillèrent seuls qu'après la mort de leur maitre en 1520.

Ce fut Louis d'Amboise, évêque d'ALBI, qui fit commencer, en 1502, cette magnifique décoration, à laquelle on ne peut rien comparer en France. Les

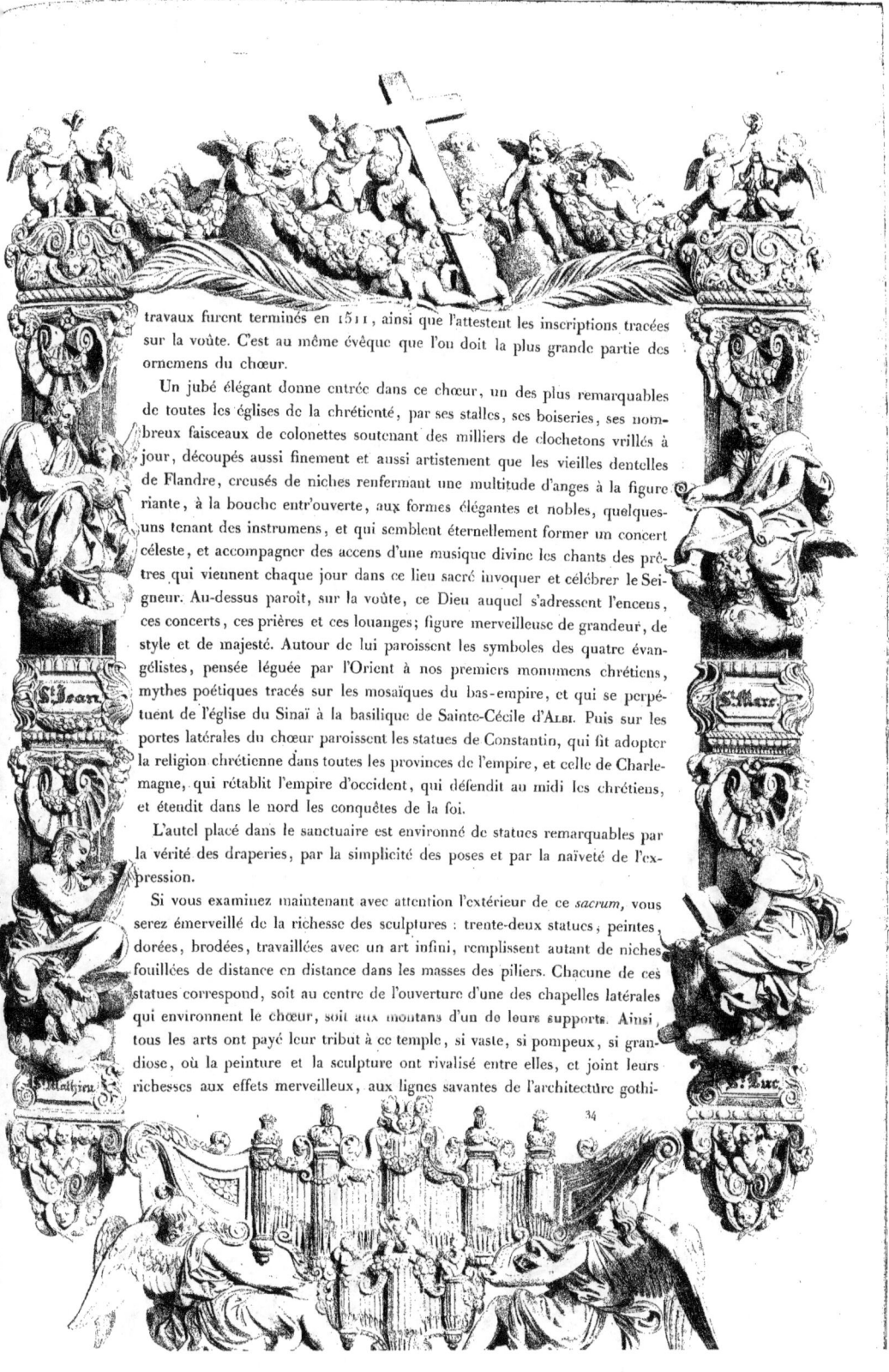

travaux furent terminés en 1511, ainsi que l'attestent les inscriptions tracées sur la voûte. C'est au même évêque que l'on doit la plus grande partie des ornemens du chœur.

Un jubé élégant donne entrée dans ce chœur, un des plus remarquables de toutes les églises de la chrétienté, par ses stalles, ses boiseries, ses nombreux faisceaux de colonettes soutenant des milliers de clochetons vrillés à jour, découpés aussi finement et aussi artistement que les vieilles dentelles de Flandre, creusés de niches renfermant une multitude d'anges à la figure riante, à la bouche entr'ouverte, aux formes élégantes et nobles, quelques-uns tenant des instrumens, et qui semblent éternellement former un concert céleste, et accompagner des accens d'une musique divine les chants des prêtres qui viennent chaque jour dans ce lieu sacré invoquer et célébrer le Seigneur. Au-dessus paroît, sur la voûte, ce Dieu auquel s'adressent l'encens, ces concerts, ces prières et ces louanges; figure merveilleuse de grandeur, de style et de majesté. Autour de lui paroissent les symboles des quatre évangélistes, pensée léguée par l'Orient à nos premiers monumens chrétiens, mythes poétiques tracés sur les mosaïques du bas-empire, et qui se perpétuent de l'église du Sinaï à la basilique de Sainte-Cécile d'Albi. Puis sur les portes latérales du chœur paroissent les statues de Constantin, qui fit adopter la religion chrétienne dans toutes les provinces de l'empire, et celle de Charlemagne, qui rétablit l'empire d'occident, qui défendit au midi les chrétiens, et étendit dans le nord les conquêtes de la foi.

L'autel placé dans le sanctuaire est environné de statues remarquables par la vérité des draperies, par la simplicité des poses et par la naïveté de l'expression.

Si vous examinez maintenant avec attention l'extérieur de ce *sacrum*, vous serez émerveillé de la richesse des sculptures : trente-deux statues, peintes, dorées, brodées, travaillées avec un art infini, remplissent autant de niches fouillées de distance en distance dans les masses des piliers. Chacune de ces statues correspond, soit au centre de l'ouverture d'une des chapelles latérales qui environnent le chœur, soit aux montans d'un de leurs supports. Ainsi tous les arts ont payé leur tribut à ce temple, si vaste, si pompeux, si grandiose, où la peinture et la sculpture ont rivalisé entre elles, et joint leurs richesses aux effets merveilleux, aux lignes savantes de l'architecture gothi-

que, dans laquelle les lumières, ménagées avec un art sublime, ne laissent pénétrer les rayons de l'éblouissant soleil du midi que pour qu'il vienne, comme par magie, éclairant, reflétant, chatoyant tour à tour les multiples travaux de pierres, de marbres, de bois précieux, d'azur et d'or, donner à cet édifice un caractère que l'on ne retrouve nulle autre part; temple vraiment digne par son éclat et sa magnificence du Dieu des chrétiens, et du peuple et des arts qui ont si honorablement employé leur foi et leur génie à la louange et à la gloire de la religion et de la divinité.

Il est assez curieux de remarquer que les nombreuses statues qui ornent toutes les parties de ce monument, sont d'un galbe un peu court, observation, au reste, qui s'applique à toute la sculpture de cet âge, par opposition avec les premières statues mérovingiennes qui étoient si élancées ; les unes ouvroient la marche des arts du moyen âge, elles étoient sveltes ; celles-ci étoient fortes, parce qu'elles alloient la fermer.

Si nous passons à l'extérieur de cette cathédrale, l'effet général méritera moins d'étonnement, quoique certes ce soit la plus énorme masse construite en briques qui existe en France, et que sa vaste solidité soit bien faite pour fixer l'attention ; mais un ornement remarquable en embellit l'ensemble : c'est sa tour élégante qui s'élève à plus de quatre cents pieds au-dessus du niveau du Tarn, dont les eaux baignent le tertre sur lequel l'église est bâtie. C'est surtout de la campagne que cette vue prend une étrange noblesse, et devient tout-à-fait imposante.

Un premier portail latéral, construit par Dominique de Florence, évêque d'Albi, donne entrée sur un vaste escalier qui, par une pente douce, conduit sur un terre-plein où quatre arcs se croisent et forment le plus splendide portique du midi, et un des plus magnifiques de l'Europe; la pierre en est découpée en ornemens délicats et percés à la lumière, et tout son ensemble compose un des chefs-d'œuvre et des modèles de l'architecture gothique du XVe siècle. Par son originalité, par sa grandeur, par sa majesté, par le pittoresque de son ordonnance, ce portique prépare aux effets étonnans qui attendent le spectateur, dès qu'il aura dépassé le seuil de la porte de l'église, spectacle éblouissant et qui arrachera des cris d'admiration à tous les hommes qui ont le sentiment de la poésie et des arts.

Ce splendide édifice est digne de la sainte sous la protection de laquelle il a

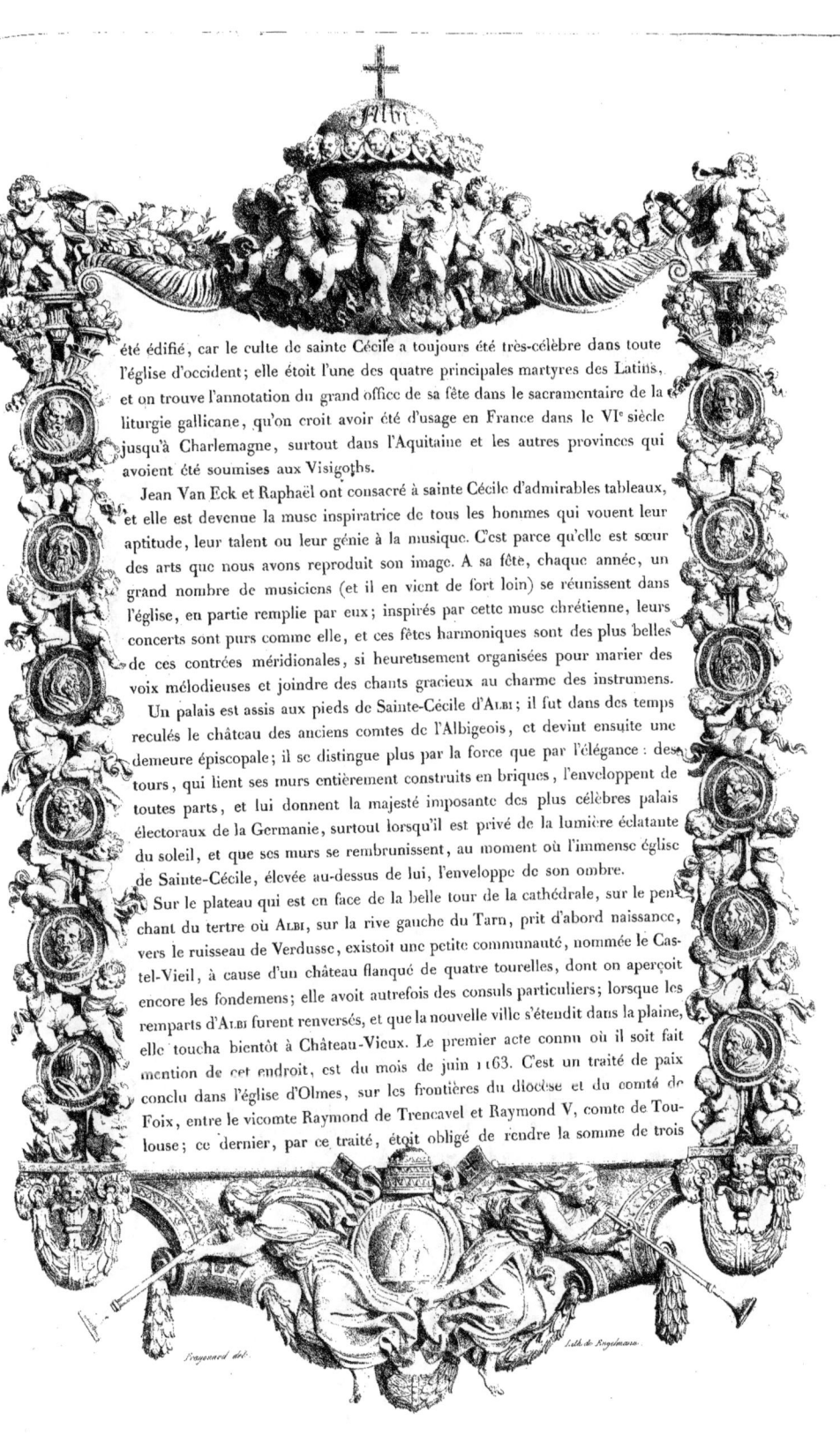

été édifié, car le culte de sainte Cécile a toujours été très-célèbre dans toute l'église d'occident; elle étoit l'une des quatre principales martyres des Latins, et on trouve l'annotation du grand office de sa fête dans le sacramentaire de la liturgie gallicane, qu'on croit avoir été d'usage en France dans le VIe siècle jusqu'à Charlemagne, surtout dans l'Aquitaine et les autres provinces qui avoient été soumises aux Visigoths.

Jean Van Eck et Raphaël ont consacré à sainte Cécile d'admirables tableaux, et elle est devenue la muse inspiratrice de tous les hommes qui vouent leur aptitude, leur talent ou leur génie à la musique. C'est parce qu'elle est sœur des arts que nous avons reproduit son image. A sa fête, chaque année, un grand nombre de musiciens (et il en vient de fort loin) se réunissent dans l'église, en partie remplie par eux; inspirés par cette muse chrétienne, leurs concerts sont purs comme elle, et ces fêtes harmoniques sont des plus belles de ces contrées méridionales, si heureusement organisées pour marier des voix mélodieuses et joindre des chants gracieux au charme des instrumens.

Un palais est assis aux pieds de Sainte-Cécile d'ALBI; il fut dans des temps reculés le château des anciens comtes de l'Albigeois, et devint ensuite une demeure épiscopale; il se distingue plus par la force que par l'élégance : des tours, qui lient ses murs entièrement construits en briques, l'enveloppent de toutes parts, et lui donnent la majesté imposante des plus célèbres palais électoraux de la Germanie, surtout lorsqu'il est privé de la lumière éclatante du soleil, et que ses murs se rembrunissent, au moment où l'immense église de Sainte-Cécile, élevée au-dessus de lui, l'enveloppe de son ombre.

Sur le plateau qui est en face de la belle tour de la cathédrale, sur le penchant du tertre où ALBI, sur la rive gauche du Tarn, prit d'abord naissance, vers le ruisseau de Verdusse, existoit une petite communauté, nommée le Castel-Vieil, à cause d'un château flanqué de quatre tourelles, dont on aperçoit encore les fondemens; elle avoit autrefois des consuls particuliers; lorsque les remparts d'ALBI furent renversés, et que la nouvelle ville s'étendit dans la plaine, elle toucha bientôt à Château-Vieux. Le premier acte connu où il soit fait mention de cet endroit, est du mois de juin 1163. C'est un traité de paix conclu dans l'église d'Olmes, sur les frontières du diocèse et du comté de Foix, entre le vicomte Raymond de Trencavel et Raymond V, comte de Toulouse; ce dernier, par ce traité, étoit obligé de rendre la somme de trois

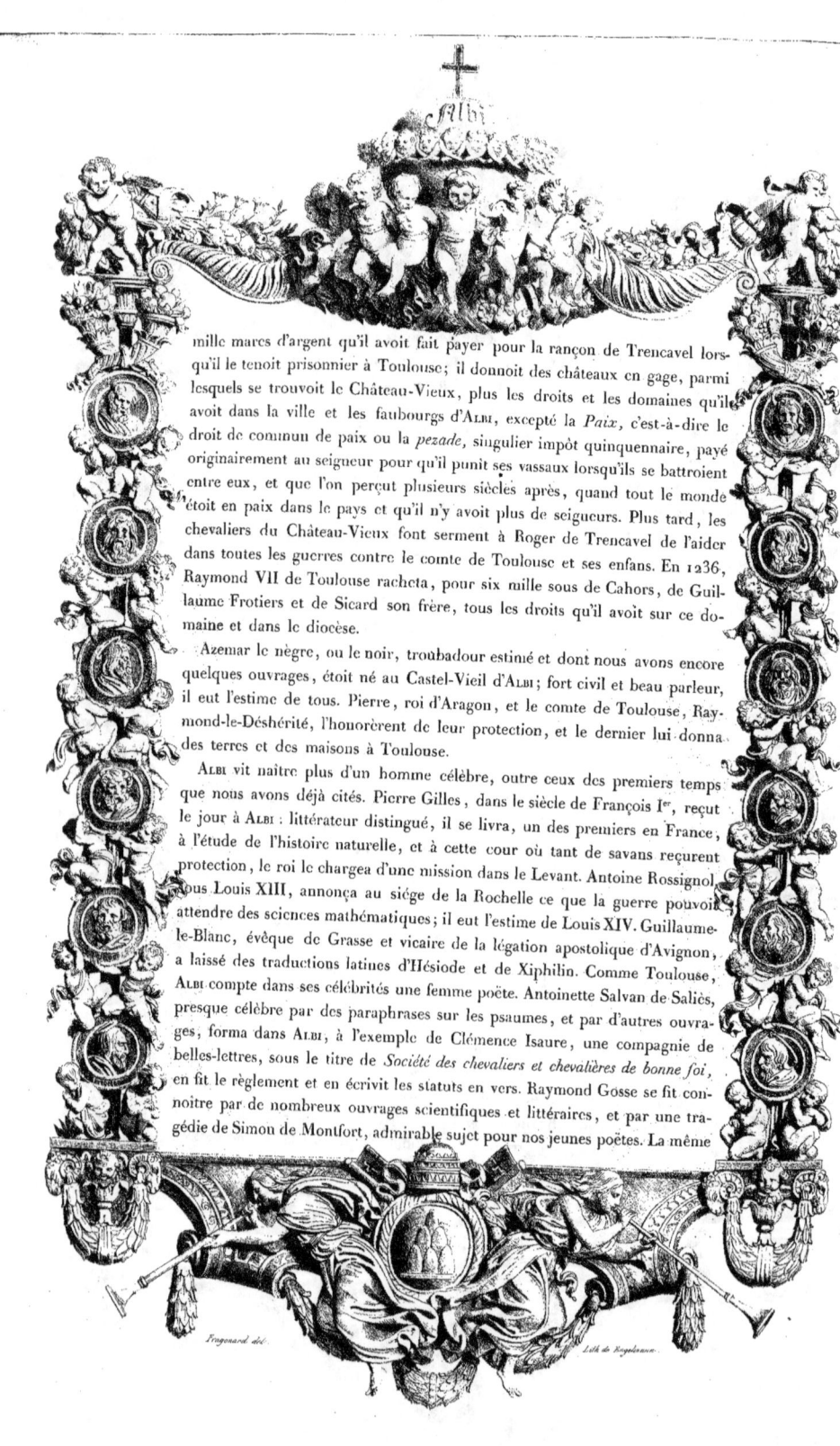

mille marcs d'argent qu'il avoit fait payer pour la rançon de Trencavel lorsqu'il le tenoit prisonnier à Toulouse; il donnoit des châteaux en gage, parmi lesquels se trouvoit le Château-Vieux, plus les droits et les domaines qu'il avoit dans la ville et les faubourgs d'Albi, excepté la *Paix*, c'est-à-dire le droit de commun de paix ou la *pezade*, singulier impôt quinquennaire, payé originairement au seigneur pour qu'il punit ses vassaux lorsqu'ils se battroient entre eux, et que l'on perçut plusieurs siècles après, quand tout le monde étoit en paix dans le pays et qu'il n'y avoit plus de seigneurs. Plus tard, les chevaliers du Château-Vieil font serment à Roger de Trencavel de l'aider dans toutes les guerres contre le comte de Toulouse et ses enfans. En 1236, Raymond VII de Toulouse racheta, pour six mille sous de Cahors, de Guillaume Frotiers et de Sicard son frère, tous les droits qu'il avoit sur ce domaine et dans le diocèse.

Azemar le nègre, ou le noir, troubadour estimé et dont nous avons encore quelques ouvrages, étoit né au Castel-Vieil d'Albi; fort civil et beau parleur, il eut l'estime de tous. Pierre, roi d'Aragon, et le comte de Toulouse, Raymond-le-Déshérité, l'honorèrent de leur protection, et le dernier lui donna des terres et des maisons à Toulouse.

Albi vit naître plus d'un homme célèbre, outre ceux des premiers temps que nous avons déjà cités. Pierre Gilles, dans le siècle de François Ier, reçut le jour à Albi : littérateur distingué, il se livra, un des premiers en France, à l'étude de l'histoire naturelle, et à cette cour où tant de savans reçurent protection, le roi le chargea d'une mission dans le Levant. Antoine Rossignol, sous Louis XIII, annonça au siége de la Rochelle ce que la guerre pouvoit attendre des sciences mathématiques; il eut l'estime de Louis XIV. Guillaume-le-Blanc, évêque de Grasse et vicaire de la légation apostolique d'Avignon, a laissé des traductions latines d'Hésiode et de Xiphilin. Comme Toulouse, Albi compte dans ses célébrités une femme poëte. Antoinette Salvan de Saliés, presque célèbre par des paraphrases sur les psaumes, et par d'autres ouvrages, forma dans Albi, à l'exemple de Clémence Isaure, une compagnie de belles-lettres, sous le titre de *Société des chevaliers et chevalières de bonne foi*, en fit le règlement et en écrivit les statuts en vers. Raymond Gosse se fit connoître par de nombreux ouvrages scientifiques et littéraires, et par une tragédie de Simon de Montfort, admirable sujet pour nos jeunes poëtes. La même ville s'honore d'avoir produit le comte de Panat, que son intrépidité porta aux premiers honneurs de la marine; et surtout un homme dont le nom dépasse tous ces noms, la Pérouse, qui a fait flotter glorieusement le drapeau françois autour du monde, au milieu des orages des océans, pour que le nom françois n'eût point de rivaux dans ce genre de gloire, jusqu'à ce que, après avoir indiqué et relevé tant de dangers pour les navigateurs à venir, au moment où il retournoit dans sa patrie recevoir de justes récompenses nationales, son vaisseau se brisa aux mers lointaines sur des récifs inconnus. Quarante ans la France ignora jusqu'au lieu de son naufrage; et maintenant qu'elle en a recueilli quelques débris, ce n'est pas seulement dans un musée qu'ils doivent être conservés, mais sur un glorieux cénotaphe, dans un monument digne de la mémoire de la Pérouse.

Village et Château de Castelsarrasin

Ruines du Château de Castelnaudary

Église Saint-Michel à Lesaure
Languedoc

Intérieur de l'Église de S.t Michel de l'Ecuire.

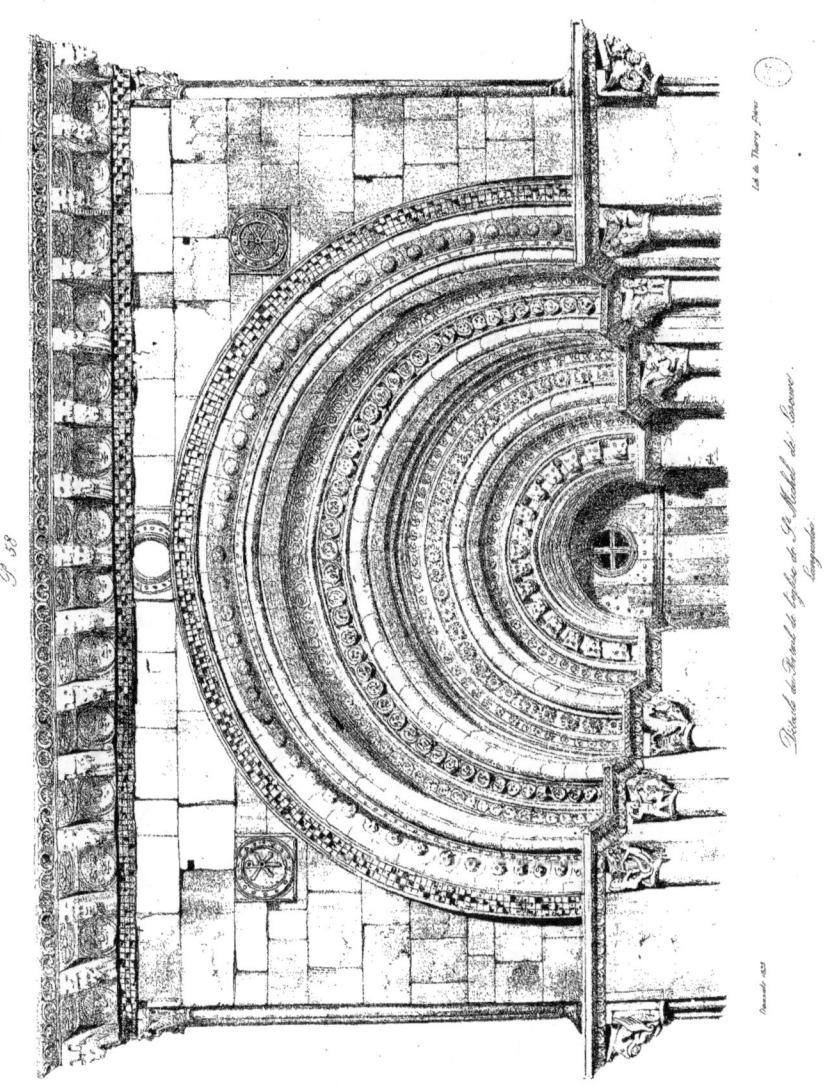

Détail du Portail de l'Église de St Michel de Sarrans.
Limousin.

Ruines du Château de Fougeret.
Angoulême.

Porte latérale de l'Église de Surlain
Languedoc

Les Environs d'Albi.

Les environs d'Albi sont riches en monumens curieux de plusieurs époques importantes de notre histoire. Prenant la capitale de l'ancien Albigeois pour point central de nos excursions, nous irons quelquefois au loin chercher des ruines à demi cachées par des constructions plus récentes,

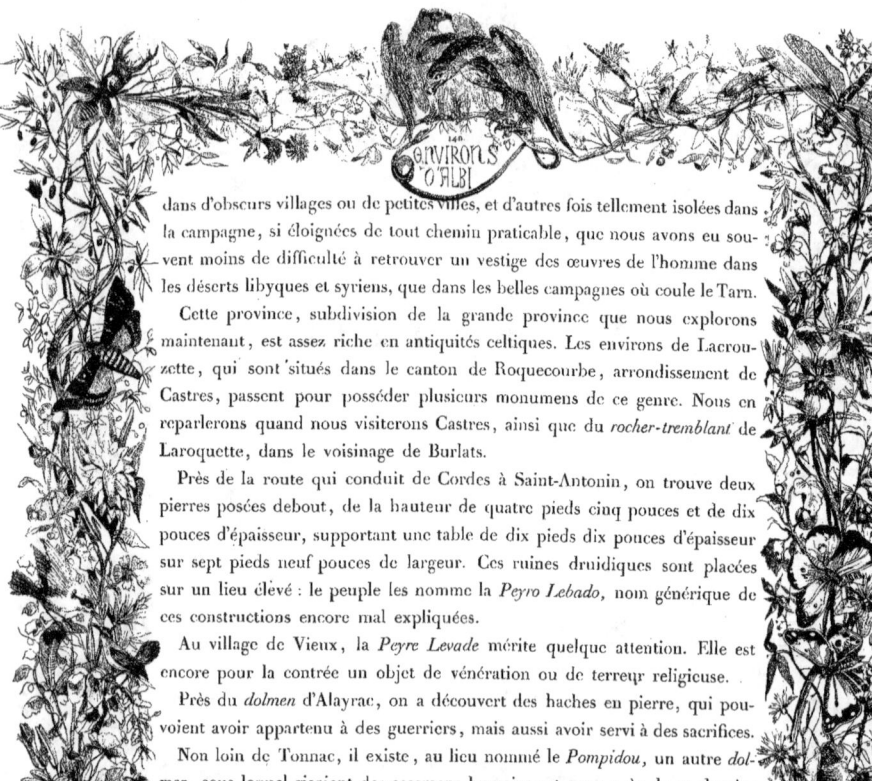

ENVIRONS D'ALBI

dans d'obscurs villages ou de petites villes, et d'autres fois tellement isolées dans la campagne, si éloignées de tout chemin praticable, que nous avons eu souvent moins de difficulté à retrouver un vestige des œuvres de l'homme dans les déserts libyques et syriens, que dans les belles campagnes où coule le Tarn.

Cette province, subdivision de la grande province que nous explorons maintenant, est assez riche en antiquités celtiques. Les environs de Lacrouzette, qui sont situés dans le canton de Roquecourbe, arrondissement de Castres, passent pour posséder plusieurs monumens de ce genre. Nous en reparlerons quand nous visiterons Castres, ainsi que du *rocher-tremblant* de Laroquette, dans le voisinage de Burlats.

Près de la route qui conduit de Cordes à Saint-Antonin, on trouve deux pierres posées debout, de la hauteur de quatre pieds cinq pouces et de dix pouces d'épaisseur, supportant une table de dix pieds dix pouces d'épaisseur sur sept pieds neuf pouces de largeur. Ces ruines druidiques sont placées sur un lieu élevé : le peuple les nomme la *Peyro Lebado*, nom générique de ces constructions encore mal expliquées.

Au village de Vieux, la *Peyre Levade* mérite quelque attention. Elle est encore pour la contrée un objet de vénération ou de terreur religieuse.

Près du *dolmen* d'Alayrac, on a découvert des haches en pierre, qui pouvoient avoir appartenu à des guerriers, mais aussi avoir servi à des sacrifices.

Non loin de Tonnac, il existe, au lieu nommé le *Pompidou*, un autre *dolmen*, sous lequel gisoient des ossemens humains; et assez près de ce dernier point, du côté de Verdier, on voit une table de pierre énorme, posée sur trois autres pierres enfoncées perpendiculairement dans la terre.

Comme dans quelques dialectes de l'Albigeois le mot *pompi* signifie *assommer*, le nom de *pompidou*, donné au lieu où ces monumens sont élevés, peut faire penser qu'il s'accomplissoit là quelque horrible mystère de la religion des Gaulois, et que ces *dolmens* leur servoient d'échafauds ou d'autels.

Une tradition, qui remonte aux temps les plus reculés, et se conserve encore dans les lieux montagneux qui dépendent du village d'Andouque, a consacré le souvenir de trois monumens placés sur une sommité nommée le *Pioch de la Cavalerie* ou *lou tombel des très Reyses*. Les histoires que le peuple raconte ne sont pas toujours écrites dans l'histoire des peuples et des

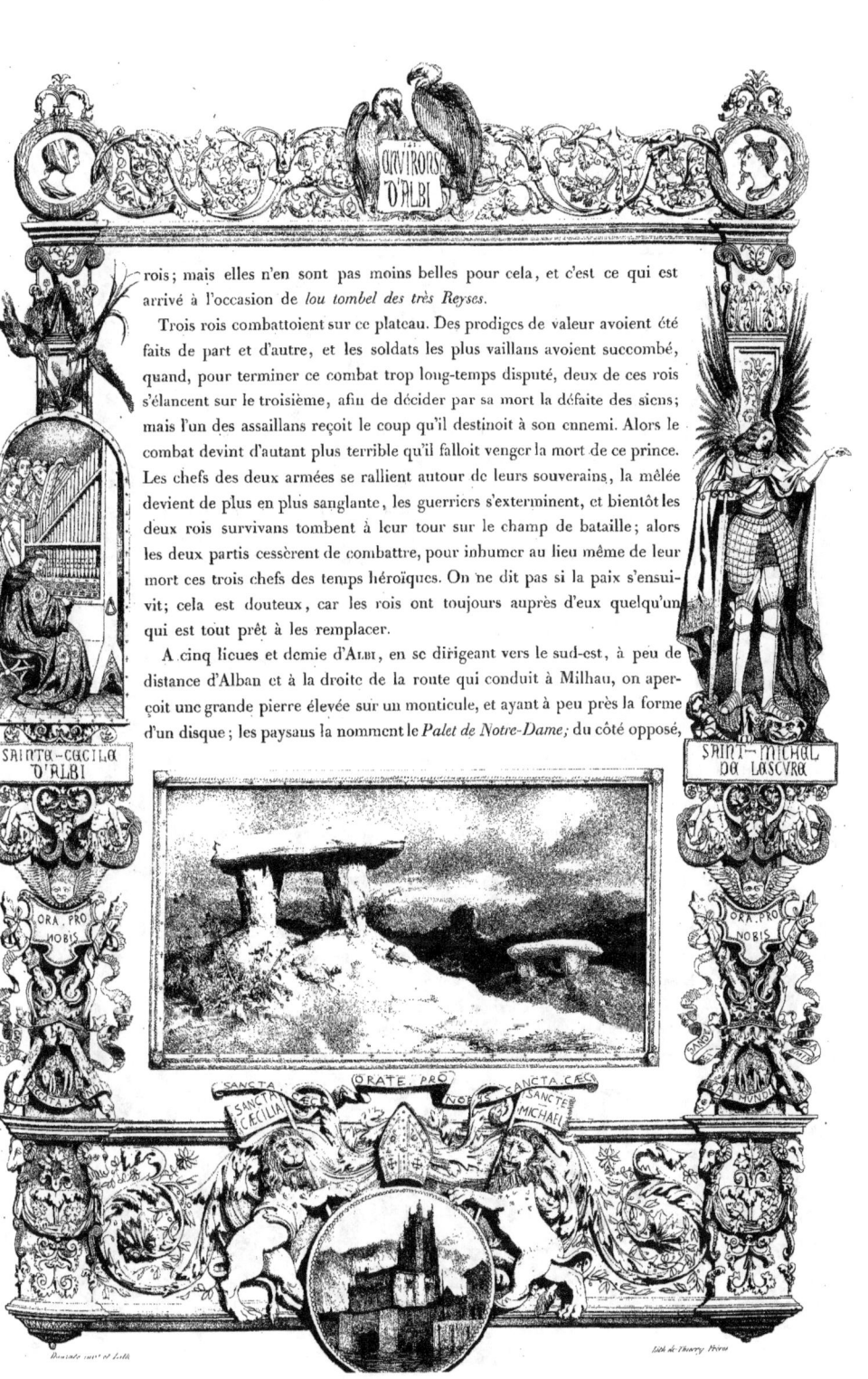

rois ; mais elles n'en sont pas moins belles pour cela, et c'est ce qui est arrivé à l'occasion de *lou tombel des très Reyses*.

Trois rois combattoient sur ce plateau. Des prodiges de valeur avoient été faits de part et d'autre, et les soldats les plus vaillans avoient succombé, quand, pour terminer ce combat trop long-temps disputé, deux de ces rois s'élancent sur le troisième, afin de décider par sa mort la défaite des siens; mais l'un des assaillans reçoit le coup qu'il destinoit à son ennemi. Alors le combat devint d'autant plus terrible qu'il falloit venger la mort de ce prince. Les chefs des deux armées se rallient autour de leurs souverains, la mêlée devient de plus en plus sanglante, les guerriers s'exterminent, et bientôt les deux rois survivans tombent à leur tour sur le champ de bataille; alors les deux partis cessèrent de combattre, pour inhumer au lieu même de leur mort ces trois chefs des temps héroïques. On ne dit pas si la paix s'ensuivit; cela est douteux, car les rois ont toujours auprès d'eux quelqu'un qui est tout prêt à les remplacer.

A cinq lieues et demie d'ALBI, en se dirigeant vers le sud-est, à peu de distance d'Alban et à la droite de la route qui conduit à Milhau, on aperçoit une grande pierre élevée sur un monticule, et ayant à peu près la forme d'un disque ; les paysans la nomment le *Palet de Notre-Dame;* du côté opposé,

en revenant vers le midi, sur le chemin d'Alban à Réalmont, est une autre grande pierre, appelée le *Palet du Diable*.

Certaines coutumes de ces cantons paroissent remonter aux croyances celtiques. A côté du Sacellum de Saint-Stapin est une source sacrée, appelée *Moniés*. Le peuple y va en secret faire des offrandes, et ce seroit encourir sa haine que de ne pas croire aux vertus de cette fontaine.

Vers le milieu de l'été, à l'époque du solstice, quand la multitude célèbre, en allumant des feux, l'apôtre évangélistaire; chaque matin, au moment où le soleil baigne ses rayons dans les ondes de la source miraculeuse qui jaillissent alors avec abondance, elles reflètent la foule des femmes et des enfans qui viennent y prier. A une petite lieue d'Albi, à la fontaine de Saint-Éloi, on jette des pièces d'argent dans ses eaux, et on s'en abreuve ensuite comme d'un remède souverain contre diverses maladies. Il ne résulte peut-être pas nécessairement de là que ces usages ont tiré leur origine de la religion barbare des vieux Celtes. Nous avons vu des femmes turques chercher un abri contre la fièvre, à Naplous, dans les ruines de la maison de Jacob; nous avons vu des Arabes s'enfermer pendant quarante jours dans la grotte de saint Antoine, au Liban, pour y attendre un soulagement à leurs maux. Nous les avons vus sortir guéris. C'est que la sensibilité pieuse du peuple est partout la même, chez tous les peuples et dans tous les temps. Les Gaulois ont pu venir sans doute à ces fontaines exprimer aussi des vœux et des espérances; mais le culte des fontaines, qui ne rappeloit en général que des idées de volupté sous le culte des naïades, appartient tout entier depuis long-temps, aux vierges du christianisme. Sainte Geneviève de Nanterre et sainte Clotilde des Andelys ont signalé leur intercession par trop de miracles, pour qu'il soit nécessaire de chercher au-delà l'origine de ces heureuses croyances. Si les femmes et les enfans du canton de Dourgne ne vont que secrètement à la fontaine de Saint-Stapin, c'est qu'un pasteur philosophe leur aura défendu ces pratiques superstitieuses, en leur apprenant que Dieu ne porte de guérison qu'aux maux de l'ame.

Après ces premiers monumens de la Gaule, l'Albigeois compte aussi quelques débris romains : aux environs de Cordes, une voie désignée par les

ENVIRONS D'ALBI

habitans sous le nom de *Lou Cami de Roumo*, le chemin de Rome, subsiste encore, et ce qui reste de ses débris donne lieu de croire qu'elle se dirigeoit vers le midi de la Gaule. A Montans, les médailles du Haut-Empire, en or, en argent et en bronze, se rencontrent souvent. Les champs voisins sont couverts de briques et de nombreux fragmens de poterie antique rouge, ornée de figures et d'enroulemens. Une voie maintenant impraticable conduisoit de ce lieu à *Albiga* et porte encore le nom de chemin d'ALBI; elle passoit dans la commune de Brens, où elle a pris le nom de *route ferrée*, et l'on reconnoît qu'à la manière de quelques chemins modernes de l'Angleterre, construits d'après le système de Mac-Adams, qui sans doute a profondément étudié l'antiquité, sa base étoit formée d'une agrégation de chaux et de cailloux; toutefois, dans presque toutes les voies romaines, cette base étoit couverte de larges pierres ou de dalles, sur lesquelles marchoient les piétons ou rouloient les chars.

Les trottoirs de la magnifique rue d'Alexandrie, à Canope, qui, au temps des Ptolémées, avoit une grande lieue de longueur, étoient recouverts de

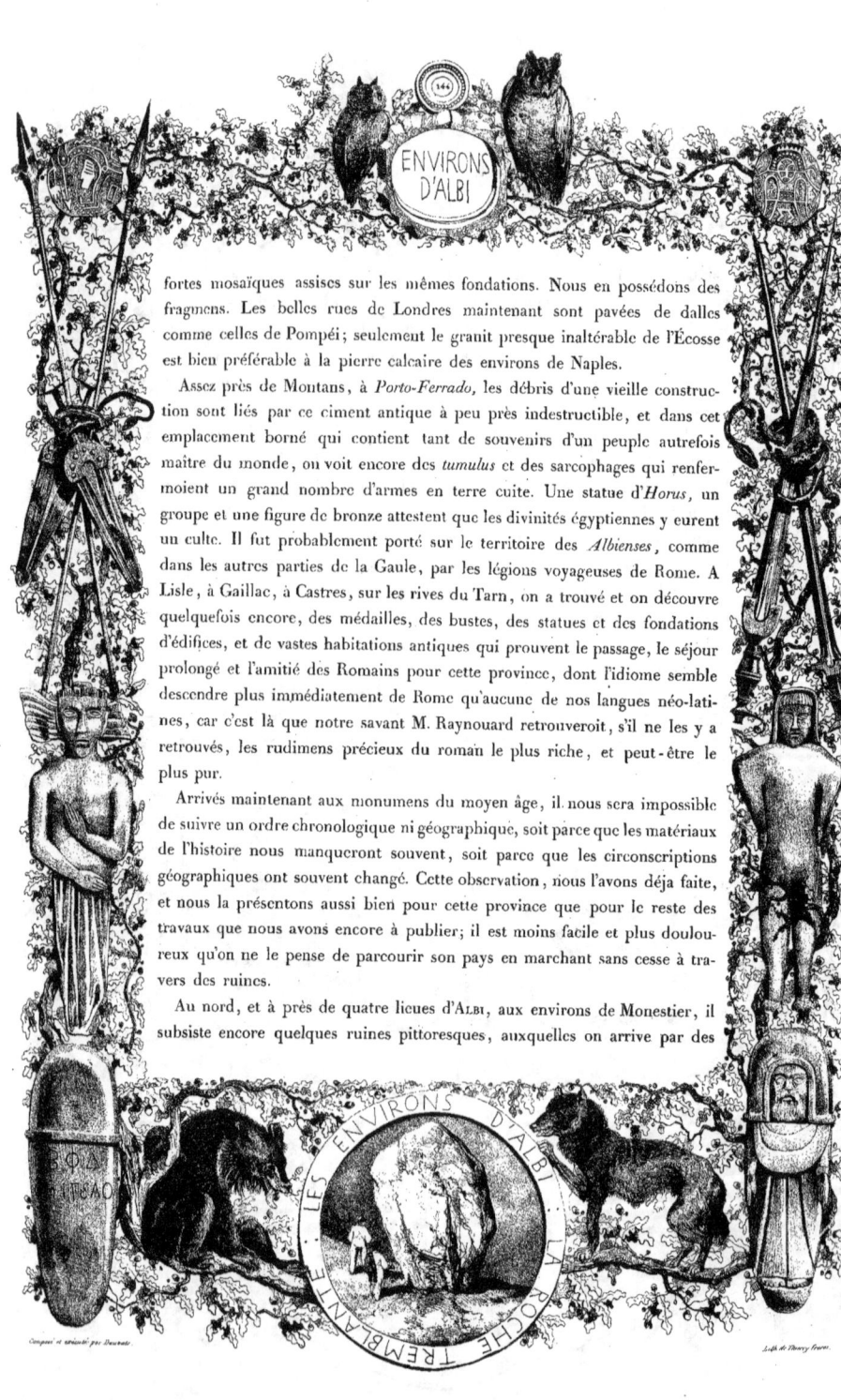

ENVIRONS D'ALBI

fortes mosaïques assises sur les mêmes fondations. Nous en possédons des fragmens. Les belles rues de Londres maintenant sont pavées de dalles comme celles de Pompéi; seulement le granit presque inaltérable de l'Écosse est bien préférable à la pierre calcaire des environs de Naples.

Assez près de Montans, à *Porto-Ferrado,* les débris d'une vieille construction sont liés par ce ciment antique à peu près indestructible, et dans cet emplacement borné qui contient tant de souvenirs d'un peuple autrefois maître du monde, on voit encore des *tumulus* et des sarcophages qui renfermoient un grand nombre d'armes en terre cuite. Une statue d'*Horus,* un groupe et une figure de bronze attestent que les divinités égyptiennes y eurent un culte. Il fut probablement porté sur le territoire des *Albienses,* comme dans les autres parties de la Gaule, par les légions voyageuses de Rome. A Lisle, à Gaillac, à Castres, sur les rives du Tarn, on a trouvé et on découvre quelquefois encore, des médailles, des bustes, des statues et des fondations d'édifices, et de vastes habitations antiques qui prouvent le passage, le séjour prolongé et l'amitié des Romains pour cette province, dont l'idiome semble descendre plus immédiatement de Rome qu'aucune de nos langues néo-latines, car c'est là que notre savant M. Raynouard retrouveroit, s'il ne les y a retrouvés, les rudimens précieux du roman le plus riche, et peut-être le plus pur.

Arrivés maintenant aux monumens du moyen âge, il nous sera impossible de suivre un ordre chronologique ni géographique, soit parce que les matériaux de l'histoire nous manqueront souvent, soit parce que les circonscriptions géographiques ont souvent changé. Cette observation, nous l'avons déja faite, et nous la présentons aussi bien pour cette province que pour le reste des travaux que nous avons encore à publier; il est moins facile et plus douloureux qu'on ne le pense de parcourir son pays en marchant sans cesse à travers des ruines.

Au nord, et à près de quatre lieues d'Albi, aux environs de Monestier, il subsiste encore quelques ruines pittoresques, auxquelles on arrive par des chemins assez difficiles. Des murs renversés, des tours entr'ouvertes, sont les seuls restes du château de Combefa. Cette place étoit autrefois très-forte, et nous trouvons qu'en 1360, le comte de Poitiers, commandant en LANGUEDOC, ordonna de faire une bonne garde dans ce château, où les habitans de la baronnie de Monestier, qui avoient abandonné les lieux ouverts, s'étoient retirés pour n'être pas surpris par les Anglois.

Une guerre assez vive ayant eu lieu en 1363 entre Hugues d'Aubert, évêque d'ALBI, soutenu des habitans de cette ville, et Sicard, seigneur de Lescure, Gilbert de Cadole, seigneur de Curvale, Salomon et Guillaume, seigneurs de Cunnac, qui appelèrent Bertrand, vicomte de Montclar, et plusieurs autres gentilshommes à leur secours, ceux-ci, après divers combats, assiégèrent leur évêque dans le château de Combefa, où il s'étoit réfugié.

On pressoit les attaques avec vigueur, et l'évêque, craignant d'être forcé de se rendre, excommunia ses ennemis et leurs adhérens, jeta l'interdit sur leurs terres, et confisqua les biens de Gilbert de Cadole, dont il se prétendoit le suzerain. Mais enfin ils souscrivirent un compromis, le 5 de mai de

la même année, entre les mains de Raymond de Sainte-Gemme, docteur ès-droits et notaire du pape, et de Gui, seigneur d'Asay, sénéchal de Toulouse, qui rendirent une sentence arbitrale deux jours après. Les arbitres ordonnèrent qu'on mettroit bas les armes de part et d'autre; que le seigneur de Lescure rendroit les prisonniers qu'il avoit faits, et que l'évêque d'ALBI lèveroit l'excommunication.

Nous avons déjà dit dans notre discours sur ALBI, ce qui advint du château de Combefa en 1437, lors des différends à main armée qui s'élevèrent entre les prétendans à l'évêché d'ALBI. Le roi, ayant ordonné de soumettre par la force les partisans de Bernard, et de reprendre sur eux les châteaux de Montizat et de Combefa, ce dernier château ne se rendit que moyennant quinze cents écus d'or, comptés entre les mains du seigneur de la Coste, qui y commandoit.

Dix ans auparavant, en 1426, « André de Ribes, qui se faisoit appeler le « *bâtard d'Armagnac,* quoiqu'il ne le fût pas, et qui étoit au service des An- « glois, favorisé secrètement par le comte d'Armagnac, s'étant mis à la tête « d'une troupe de brigands, fit des courses dans la sénéchaussée de Toulouse, « jusqu'aux portes de cette ville, et comme le pays étoit sans défense, il s'y « empara de divers châteaux de gré ou de force, entre autres de Pavie, dans « le diocèse d'Auch, et de la judicature de Rivière, dont il fit sa principale « place d'armes, de la Pujade, Stelle, Mousseur, Montorsier, Orgueil, Cour- « barrieu et Riuperouls, de la ville de Lautrec et du château de Combefa « en Albigeois (1). »

Maître de cette place, André de Ribes levoit des contributions dans tout le pays, et les malheureux habitans ne parvenoient à éloigner ses routiers qu'en faisant des *pastis* ou accords avec lui, arrangemens toujours très-onéreux. Dans cette dernière circonstance, les habitans de Gaillac firent ce sacrifice pour le repos du pays.

Le château de Combefa étoit une des plus belles habitations de la province. Sans trop nuire à la gravité de sa décoration, les embellissemens de l'intérieur en avoient rendu les appartemens commodes et agréables; mais un jour,

(1) *Hist. gén. du Languedoc*, tom. IV, liv. 34.

un archevêque d'ALBI, se rendant dans cette terre, eut sa voiture brisée à peu de distance du château. Dès lors il y renonça pour toujours. On fit plus; on en ordonna la démolition. La chapelle, décorée avec magnificence par Joffroi, cardinal d'Arras et évêque d'ALBI, à qui on doit aussi les premières peintures qui décorent la cathédrale, ne fut pas épargnée. Quelques foibles débris de toutes ces richesses antiques furent transportés à l'église de Monestier; les figures colossales de pierre, peintes et dorées selon le goût du temps, que l'on voit encore dans cette église, ont été soustraites par le hasard à cet acte de vandalisme archiépiscopal.

Nous sommes près de Cordes, où nous allons nous arrêter un moment. L'histoire se tait sur cette ville jusqu'à cette époque terrible où le LANGUEDOC fut ravagé par les croisés armés contre les hérétiques albigeois. Cordes, situé sur un lieu élevé, au bas duquel coule le Céron, à environ quatre lieues d'Albi, avoit autrefois le titre de château; c'est aujourd'hui une petite ville. En 1227, Humbert de Beaujeu fit une course dans l'Albigeois, menaça Cordes et en ravagea les environs pendant trois jours. Les croisés en firent le

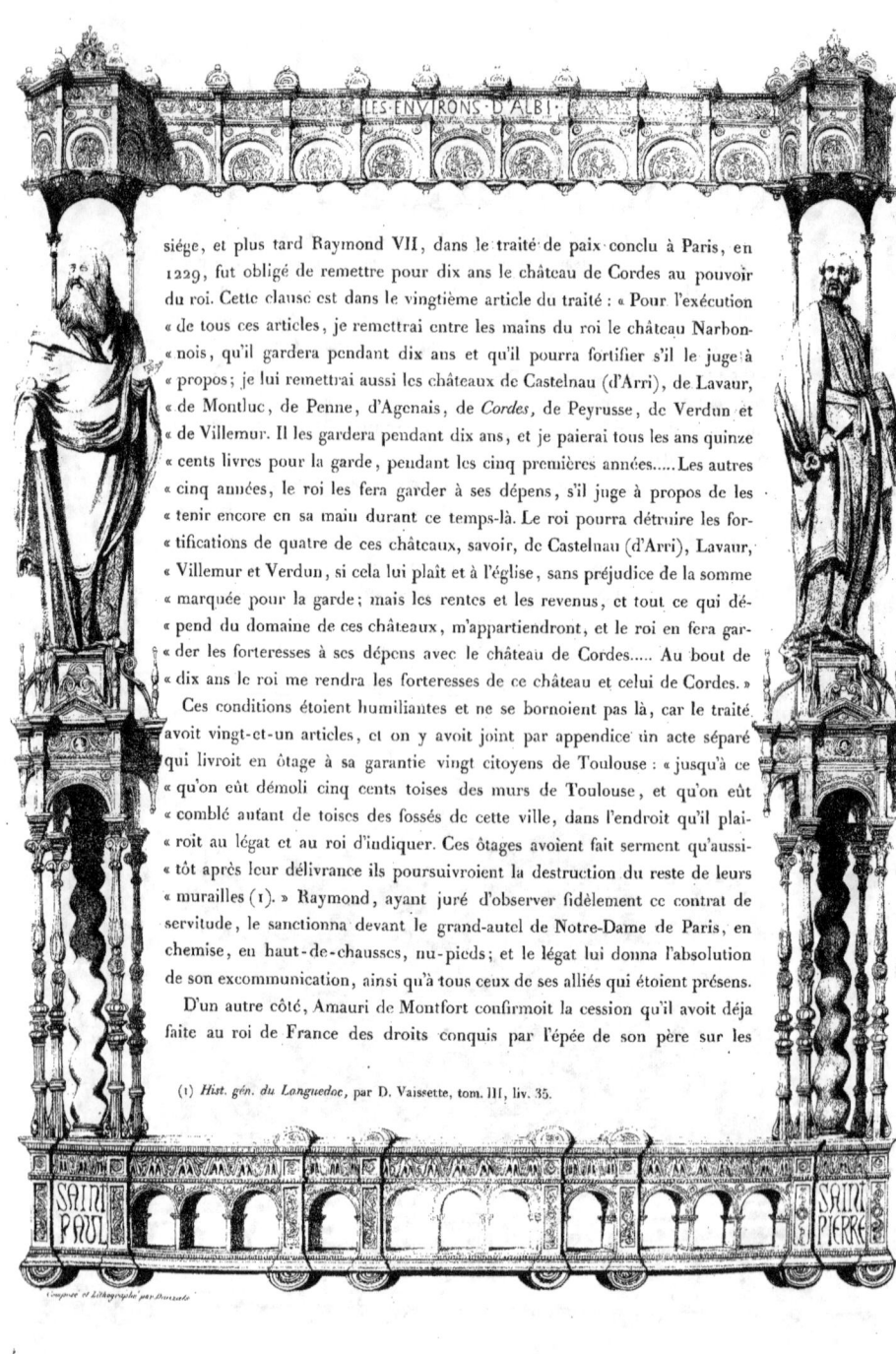

LES ENVIRONS D'ALBI.

siége, et plus tard Raymond VII, dans le traité de paix conclu à Paris, en 1229, fut obligé de remettre pour dix ans le château de Cordes au pouvoir du roi. Cette clause est dans le vingtième article du traité : « Pour l'exécution « de tous ces articles, je remettrai entre les mains du roi le château Narbon- « nois, qu'il gardera pendant dix ans et qu'il pourra fortifier s'il le juge à « propos ; je lui remettrai aussi les châteaux de Castelnau (d'Arri), de Lavaur, « de Montluc, de Penne, d'Agenais, de *Cordes*, de Peyrusse, de Verdun et « de Villemur. Il les gardera pendant dix ans, et je paierai tous les ans quinze « cents livres pour la garde, pendant les cinq premières années..... Les autres « cinq années, le roi les fera garder à ses dépens, s'il juge à propos de les « tenir encore en sa main durant ce temps-là. Le roi pourra détruire les for- « tifications de quatre de ces châteaux, savoir, de Castelnau (d'Arri), Lavaur, « Villemur et Verdun, si cela lui plaît et à l'église, sans préjudice de la somme « marquée pour la garde ; mais les rentes et les revenus, et tout ce qui dé- « pend du domaine de ces châteaux, m'appartiendront, et le roi en fera gar- « der les forteresses à ses dépens avec le château de Cordes..... Au bout de « dix ans le roi me rendra les forteresses de ce château et celui de Cordes. »

Ces conditions étoient humiliantes et ne se bornoient pas là, car le traité avoit vingt-et-un articles, et on y avoit joint par appendice un acte séparé qui livroit en ôtage à sa garantie vingt citoyens de Toulouse : « jusqu'à ce « qu'on eût démoli cinq cents toises des murs de Toulouse, et qu'on eût « comblé autant de toises des fossés de cette ville, dans l'endroit qu'il plai- « roit au légat et au roi d'indiquer. Ces ôtages avoient fait serment qu'aussi- « tôt après leur délivrance ils poursuivroient la destruction du reste de leurs « murailles (1). » Raymond, ayant juré d'observer fidèlement ce contrat de servitude, le sanctionna devant le grand-autel de Notre-Dame de Paris, en chemise, en haut-de-chausses, nu-pieds ; et le légat lui donna l'absolution de son excommunication, ainsi qu'à tous ceux de ses alliés qui étoient présens.

D'un autre côté, Amauri de Montfort confirmoit la cession qu'il avoit déja faite au roi de France des droits conquis par l'épée de son père sur les

(1) *Hist. gén. du Languedoc*, par D. Vaissette, tom. III, liv. 35.

états de Raymond; et la politique habile de saint Louis réunissoit un royaume à son royaume.

En 1274, Sicard d'Alaman, fondateur et possesseur du château de Castelnau de Bonafous, étoit seigneur de celui de Cordes, et les sénéchaux de Carcassonne et de Toulouse reçurent l'ordre de les défendre contre l'évêque d'ALBI, qui avoit tenté de s'en emparer à main armée.

Les inquisiteurs de Toulouse et de Carcassonne, et le vicaire-général de l'évêque d'ALBI, vinrent à Cordes vers la fin du mois de juin de l'année 1321: c'étoit pour une prédication; elle commença dans la place du marché par un sermon en langue vulgaire, qui fut prononcé par le provincial des jacobins: il avoit à peine fini que les consuls, leurs assesseurs et conseillers, demandèrent, au nom de tout le peuple qui étoit présent, l'absolution générale de leurs actes et méfaits passés, soit contre l'évêque Bernard de Castanet, soit contre l'inquisition; ils en témoignèrent un grand regret, et obtinrent le pardon qu'ils sollicitèrent, après que les citoyens eurent promis d'obéir à l'avenir sans réserve et sans examen aux ordres de l'église. Les inquisiteurs et le

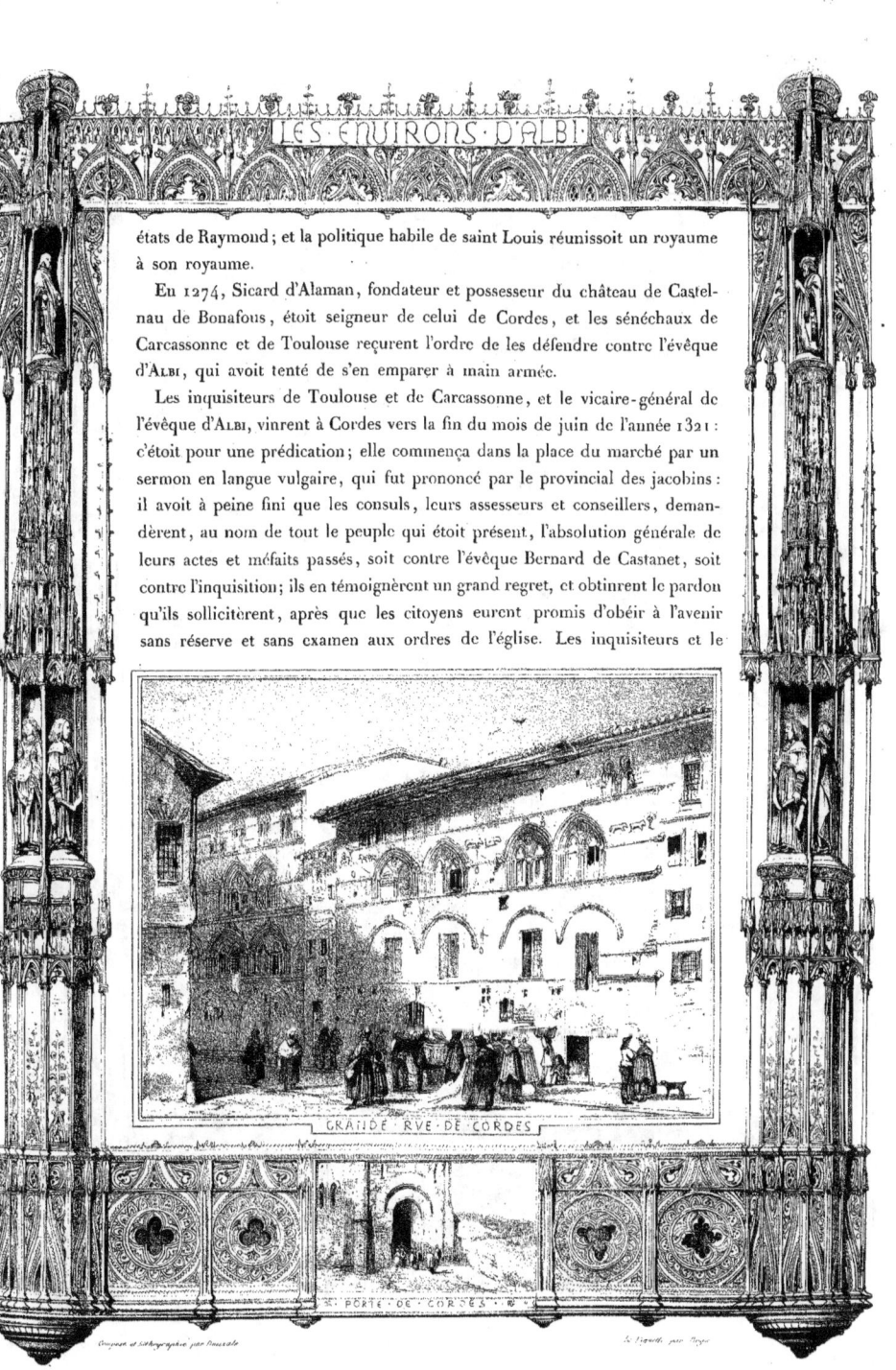

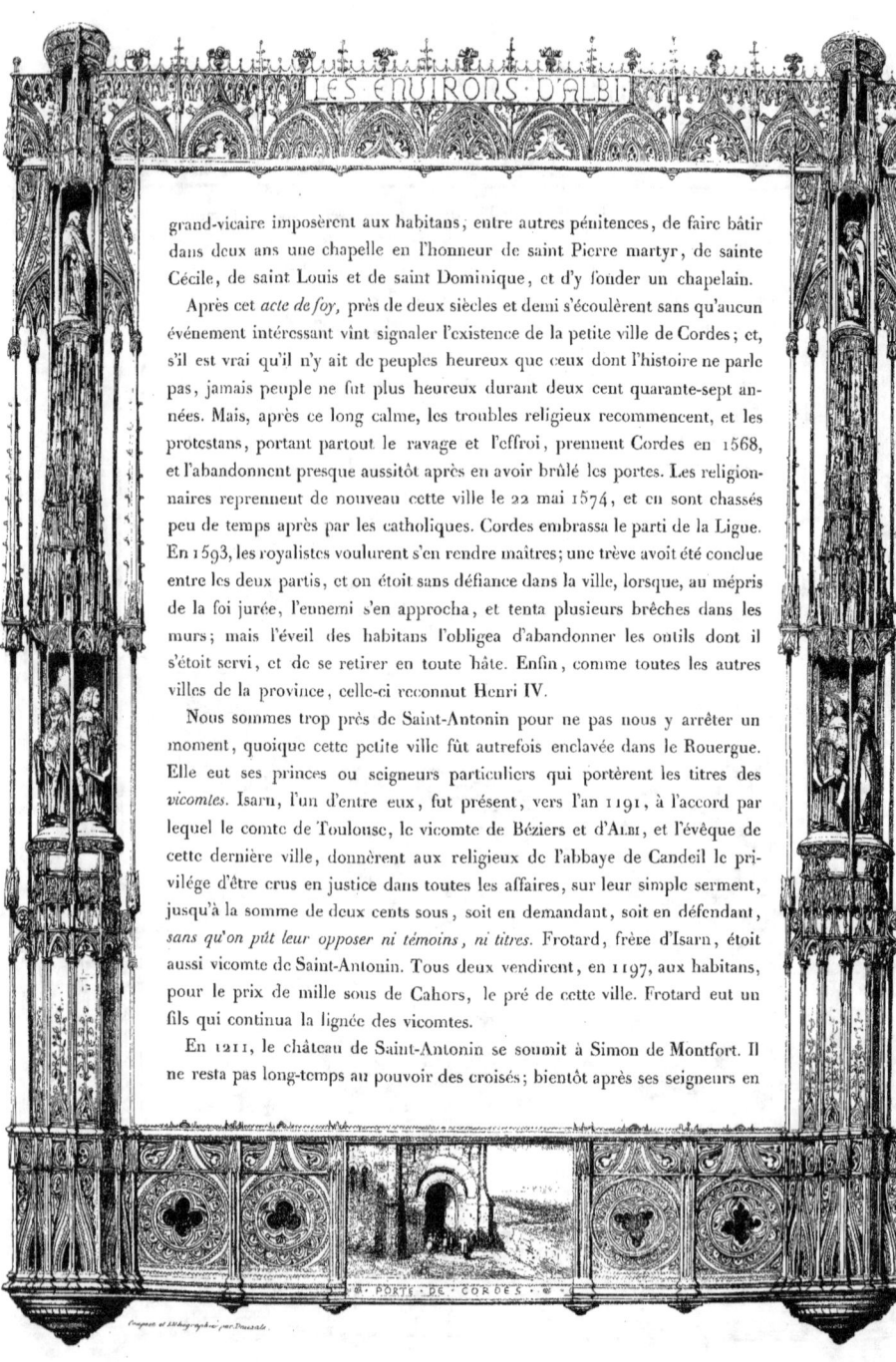

grand-vicaire imposèrent aux habitans, entre autres pénitences, de faire bâtir dans deux ans une chapelle en l'honneur de saint Pierre martyr, de sainte Cécile, de saint Louis et de saint Dominique, et d'y fonder un chapelain.

Après cet *acte de foy*, près de deux siècles et demi s'écoulèrent sans qu'aucun événement intéressant vint signaler l'existence de la petite ville de Cordes; et, s'il est vrai qu'il n'y ait de peuples heureux que ceux dont l'histoire ne parle pas, jamais peuple ne fut plus heureux durant deux cent quarante-sept années. Mais, après ce long calme, les troubles religieux recommencent, et les protestans, portant partout le ravage et l'effroi, prennent Cordes en 1568, et l'abandonnent presque aussitôt après en avoir brûlé les portes. Les religionnaires reprennent de nouveau cette ville le 22 mai 1574, et en sont chassés peu de temps après par les catholiques. Cordes embrassa le parti de la Ligue. En 1593, les royalistes voulurent s'en rendre maîtres; une trêve avoit été conclue entre les deux partis, et on étoit sans défiance dans la ville, lorsque, au mépris de la foi jurée, l'ennemi s'en approcha, et tenta plusieurs brèches dans les murs; mais l'éveil des habitans l'obligea d'abandonner les outils dont il s'étoit servi, et de se retirer en toute hâte. Enfin, comme toutes les autres villes de la province, celle-ci reconnut Henri IV.

Nous sommes trop près de Saint-Antonin pour ne pas nous y arrêter un moment, quoique cette petite ville fût autrefois enclavée dans le Rouergue. Elle eut ses princes ou seigneurs particuliers qui portèrent les titres des *vicomtes*. Isarn, l'un d'entre eux, fut présent, vers l'an 1191, à l'accord par lequel le comte de Toulouse, le vicomte de Béziers et d'Albi, et l'évêque de cette dernière ville, donnèrent aux religieux de l'abbaye de Candeil le privilége d'être crus en justice dans toutes les affaires, sur leur simple serment, jusqu'à la somme de deux cents sous, soit en demandant, soit en défendant, *sans qu'on pût leur opposer ni témoins, ni titres*. Frotard, frère d'Isarn, étoit aussi vicomte de Saint-Antonin. Tous deux vendirent, en 1197, aux habitans, pour le prix de mille sous de Cahors, le pré de cette ville. Frotard eut un fils qui continua la lignée des vicomtes.

En 1211, le château de Saint-Antonin se soumit à Simon de Montfort. Il ne resta pas long-temps au pouvoir des croisés; bientôt après ses seigneurs en

LES ENVIRONS D'ALBI

reprirent possession. Montfort, sentant la nécessité de posséder cette place, résolut de l'assiéger. Pons, vicomte de Saint-Antonin, n'avoit fait aucuns préparatifs de défense. Raymond VI y envoya un chevalier, nommé Adhémar Jourdain, avec quelques hommes d'armes. L'avant-garde de l'armée ennemie, conduite par l'évêque d'ALBI, parut bientôt sur les bords de l'Aveyron, au pied de la colline où étoient assises les vieilles murailles des vicomtes. Sommé de se rendre, le gouverneur répondit : *Que le comte de Montfort sache que jamais les Bourdonniers ne viendront à bout de prendre mon château.* Il nommoit ainsi les croisés par dédain, parce qu'ils portoient des bourdons pour marque de leur pélerinage. Montfort, instruit de la réponse d'Adhémar, jura de l'en faire repentir : ses soldats se chargèrent promptement de l'exécution du serment de leur chef. Les *Bourdonniers* avoient à peine planté leur camp, que le soir même les habitans de Saint-Antonin firent une sortie et vinrent l'assaillir. Ils furent repoussés avec vigueur jusque dans la place par les sergens de Montfort, qui, profitant audacieusement de ce premier succès, sans ordre de leurs généraux, attaquèrent trois barbacanes des ouvrages extérieurs et s'en rendirent maîtres ; la nuit seule mit un terme à leurs

LE SAUT-DU-SABO

LES ENVIRONS D'ALBI

progrès; l'épouvante s'empara des assiégés : à la faveur des ténèbres, une partie d'entre eux prit la fuite par une porte qui n'étoit point bloquée par les soldats de Montfort; mais ceux-ci, s'apercevant de cette retraite, les poursuivirent et firent main basse sur les fuyards qu'ils purent atteindre. A minuit, le vicomte Pons, s'attendant bien que le lendemain la ville ne pourroit résister, envoya dire à Montfort qu'il lui remettroit les clefs de la place, à condition qu'il pourroit se retirer où il voudroit avec ses gens. Montfort refusa d'accéder à cette demande. Pons se rendit à discrétion. Les croisés le chargèrent de fers, et il fut traîné, ainsi que le gouverneur et les chevaliers restés à Saint-Antonin, dans les cachots de la cité de Carcassonne. Les vainqueurs entrèrent ensuite dans la ville de très-grand matin; elle fut livrée au pillage et entièrement dévastée; on n'épargna ni le clergé séculier, ni les moines; trente des principaux habitants furent livrés aux bourreaux, et le terrible Simon n'accorda de grâce au reste que pour ne pas dépeupler entièrement les murs qu'il venoit d'ensanglanter. Baudouin, frère de Raymond VI, qui s'étoit rendu coupable de félonie au château de Bruniquel, en trahissant son souverain et en joignant sa bannière aux étendards de ses ennemis, fut nommé gouverneur de Saint-Antonin et s'établit dans cette place avec une nombreuse garnison. En 1226, Gui de Montfort céda cette place au roi de France, et aussitôt Louis VIII y envoya frère Ébrard, chevalier du Temple, pour en prendre possession, et recevoir le serment de soumission et de fidélité des habitants. Les pauvres bourgeois de ce temps où l'Europe entière étoit divisée et déchirée par mille pouvoirs étrangers les uns aux autres, souvent ennemis et toujours rivaux, ne se décidoient qu'en tremblant à faire acte de fidélité envers des partis que la fortune pouvoit abandonner le lendemain. Ceux de Saint-Antonin n'osèrent se déclarer ouvertement, dans la crainte d'exciter la colère du comte de Toulouse, toujours maître d'attaquer leur ville et de ravager leur territoire. Ils firent cependant le serment demandé, en priant les vainqueurs de ne pas ébruiter cette action par laquelle ils se détachoient de l'obéissance qu'ils avoient promise à Raymond, et de tenir leur obligation secrète. Ils se réservoient même pour condition que leurs nouveaux maîtres obtiendroient du cardinal-légat la levée de l'interdit qui avoit été lancé sur leur ville. Ces *municipes* de l'une des petites villes frontières du Rouergue et de l'Albigeois, courbés sous l'épée des hommes de guerre, craignant à la fois leurs anciens et leurs nouveaux souverains, souples et rusant avec

LES ENVIRONS D'ALBI

les hommes qui portoient le heaume et la cuirasse, afin d'obtenir de l'Église ce qu'il auroit fallu payer dans une autre occasion, ménageant tous les partis, et pensant à leurs deniers sans oublier le salut de leur âme, représentent dans un seul tableau, plein d'énergie et de vérité, toute l'histoire et toutes les mœurs d'un siècle.

D'après les articles du traité de paix conclu, en 1229, entre le roi et le comte Raymond VII, la ville de Saint-Antonin devoit être restituée à ce dernier, ainsi que celle de Cahors et quelques autres fiefs du Querci. Mais saint Louis conçut le désir de garder les places dont il étoit possesseur, et le comte fut forcé de les céder au roi, qui, en dédommagement, renonça à quinze cents livres tournois que Raymond devoit lui payer chaque année pour la garde des châteaux qu'il remettoit en garantie de ses promesses.

Les fils de ces bons bourgeois qui avoient si bien négocié pour obtenir gratis l'absolution, de la colère d'un pape, embrassèrent le calvinisme avec une ardeur remarquable. Mais, au milieu des divers combats qui eurent lieu dans leurs contrées entre les catholiques et les protestans, ils se distinguèrent constamment par leur bravoure. Cependant, en 1622, le sort leur fut bien contraire. Après la prise de Négrepelisse, livrée au feu et au pillage par les troupes royales, Louis XIII s'avança vers Saint-Antonin pour accélérer le siège que le duc de Vendôme et le maréchal de Themines avoient commencé quelques jours auparavant : les approches en avoient été défendues avec intrépidité ; mais plusieurs batteries, bien placées et bien dirigées, malgré la difficulté du terrain, répandirent la terreur et la mort dans la ville : elle capitula le 22 juin. Tous les soldats protestans qui n'étoient point nés dans Saint-Antonin furent désarmés, et mis hors la ville un bâton blanc à la main. Quinze habitans furent arrêtés et onze d'entre eux livrés au supplice. Parmi ces derniers, on distinguoit le capitaine de la ville, nommé Valiergue, le procureur du roi, et un ministre qui avoit été cordelier. Si l'on en croit un auteur contemporain, tandis qu'on pendoit le ministre, un soldat catholique faisoit des vers que nous ne rapportons pas, parce qu'ils ne font connoître que le mauvais goût du poète et le peu de générosité du vainqueur.

Parmi les anciens seigneurs de Saint-Antonin, on distingue surtout le troubadour Raymond Jourdain, qui acquit beaucoup de renommée par ses *cansons* amoureuses. On le connoit surtout sous le titre de *lo Vescoms de San-Antoni*. Il

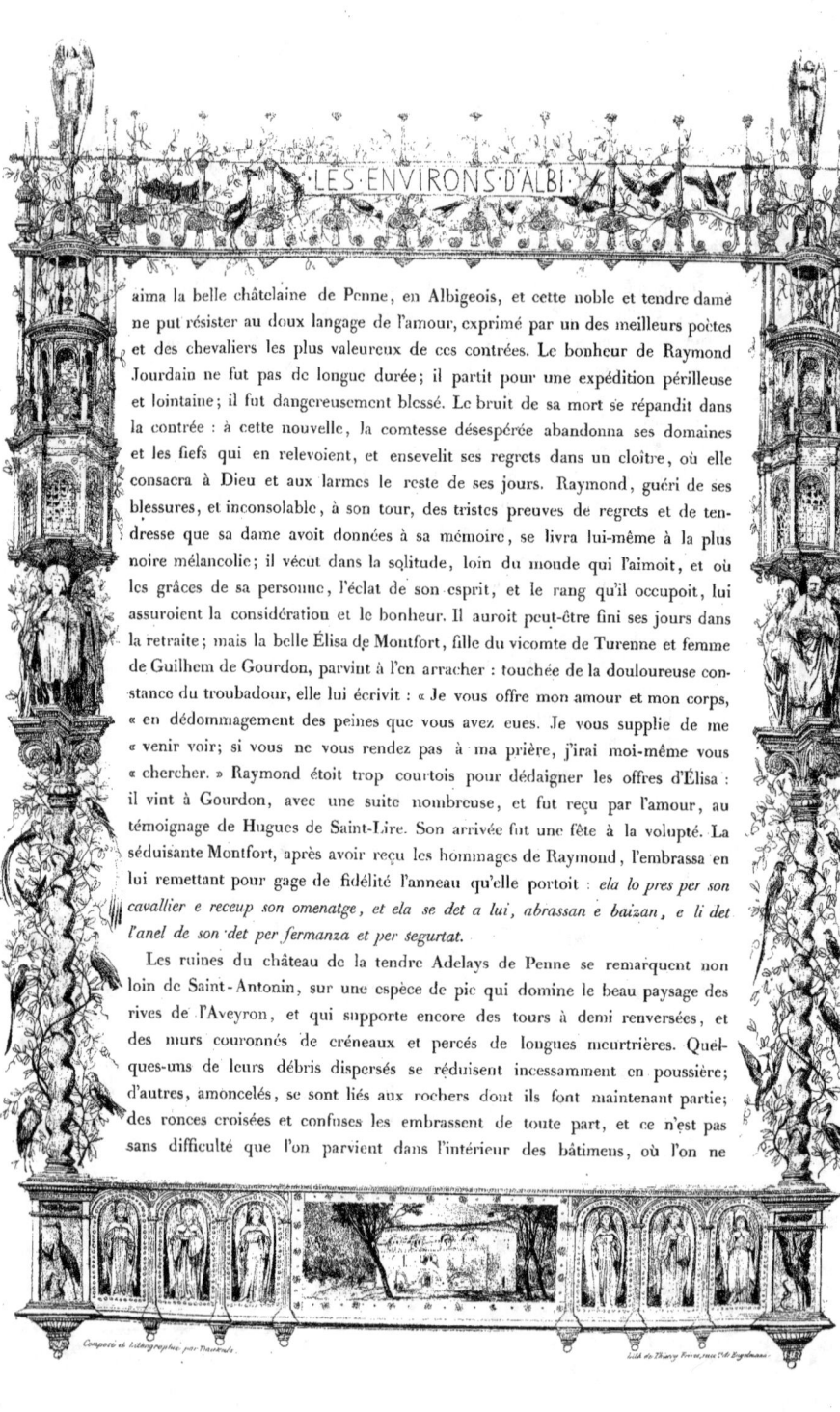

LES ENVIRONS D'ALBI

aima la belle châtelaine de Penne, en Albigeois, et cette noble et tendre dame ne put résister au doux langage de l'amour, exprimé par un des meilleurs poètes et des chevaliers les plus valeureux de ces contrées. Le bonheur de Raymond Jourdain ne fut pas de longue durée; il partit pour une expédition périlleuse et lointaine; il fut dangereusement blessé. Le bruit de sa mort se répandit dans la contrée : à cette nouvelle, la comtesse désespérée abandonna ses domaines et les fiefs qui en relevoient, et ensevelit ses regrets dans un cloître, où elle consacra à Dieu et aux larmes le reste de ses jours. Raymond, guéri de ses blessures, et inconsolable, à son tour, des tristes preuves de regrets et de tendresse que sa dame avoit données à sa mémoire, se livra lui-même à la plus noire mélancolie; il vécut dans la solitude, loin du monde qui l'aimoit, et où les grâces de sa personne, l'éclat de son esprit, et le rang qu'il occupoit, lui assuroient la considération et le bonheur. Il auroit peut-être fini ses jours dans la retraite; mais la belle Élisa de Montfort, fille du vicomte de Turenne et femme de Guilhem de Gourdon, parvint à l'en arracher : touchée de la douloureuse constance du troubadour, elle lui écrivit : « Je vous offre mon amour et mon corps, « en dédommagement des peines que vous avez eues. Je vous supplie de me « venir voir; si vous ne vous rendez pas à ma prière, j'irai moi-même vous « chercher. » Raymond étoit trop courtois pour dédaigner les offres d'Élisa : il vint à Gourdon, avec une suite nombreuse, et fut reçu par l'amour, au témoignage de Hugues de Saint-Lire. Son arrivée fut une fête à la volupté. La séduisante Montfort, après avoir reçu les hommages de Raymond, l'embrassa en lui remettant pour gage de fidélité l'anneau qu'elle portoit : *ela lo pres per son cavallier e receup son omenatge, et ela se det a lui, abrassan e baizan, e li det l'anel de son det per fermanza et per segurtat.*

Les ruines du château de la tendre Adelays de Penne se remarquent non loin de Saint-Antonin, sur une espèce de pic qui domine le beau paysage des rives de l'Aveyron, et qui supporte encore des tours à demi renversées, et des murs couronnés de créneaux et percés de longues meurtrières. Quelques-uns de leurs débris dispersés se réduisent incessamment en poussière; d'autres, amoncelés, se sont liés aux rochers dont ils font maintenant partie; des ronces croisées et confuses les embrassent de toute part, et ce n'est pas sans difficulté que l'on parvient dans l'intérieur des bâtimens, où l'on ne

Environs d'Albi

trouve plus de traces de leur ancienne magnificence. Où la belle châtelaine avoit écouté ces doux chants d'amour :

> Sos amics son e serai
> Aitan quan la vida m dur ;
> E non crezatz que m pejur,
> Enans mi meillurarai ;
> Qu'el pais on ilh estai
> Azor, soplei et acli

Ruines du Castrou de Penne

Environs d'Albi

> Ab cor fi,
> E lai vir soven
> Mos olhs, tan l'am firmamem.
> Ailas! tan destressa m fai
>
> De lei vezer tor e mur!
> Mas d'aisso m'en assegur
> Per un messatgier qu'ieu n'ai,
> Mon cor que soven lai vai..... (1),

on n'y entend plus que le vent qui siffle dans les fissures du rocher, dans les crevasses d'une vieille tour couronnée de pierres noircies et ébranlées par la foudre, et que le premier ouragan renversera; les croassements des corbeaux, le grincement des éperviers, le cri lugubre de la chouette, et le bruit sourd et sauvage de l'Aveyron. En suivant son cours jusqu'à Bruniquel, dont nous reparlerons plus tard, en côtoyant un petit torrent nommé la Vère, resserré au milieu de rochers qui le pressent et qu'il ronge, on arrive à d'autres ruines éparses sur une montagne escarpée. Ce sont celles de Puycelsi (*Podium Celsum*), qui porta le titre de château et qui renferme les restes d'un vaste couvent de Templiers.

En 1211, Puycelsi reconnut l'autorité du comte de Montfort. La même année Raymond VI étant entré dans l'Albigeois, Puycelsi, Rabastens, Gaillac, et presque toutes les autres places de l'Albigeois revinrent sous son obéissance. Deux ans après Gui de Montfort l'assiégea sans succès, et il renonça à son entreprise sous le prétexte d'aller à Castelnaudary, pour assister à la cérémonie dans laquelle Simon de Montfort devoit donner la ceinture militaire à Amauri, son fils.

L'importance de ce château comme poste militaire le fit comprendre au nombre de ceux dont les fortifications devoient être démolies, à la suite du traité de Paris, de 1229, dont nous avons souvent parlé. En 1247, le roi rendit Puycelsi au comte de Toulouse, et il devint propriété particulière de ce prince après la réunion du comté de Toulouse à la couronne.

> (1) Son ami je suis et serai
> Autant que la vie me dure;
> Et ne croyez que je me parjure,
> Au contraire je m'améliorerai;
> Car le pays où elle est j'adore,
> Je supplie et je révère
> D'un cœur fidèle;
>
> Et là je tourne souvent
> Mes yeux, tant je l'aime fermement.
> Hélas! tel empêchement me fait
> De la voir tour et muraille!
> Mais de cela je m'en rassure
> Par un messager que j'en ai,
> Mon cœur, qui souvent va là.

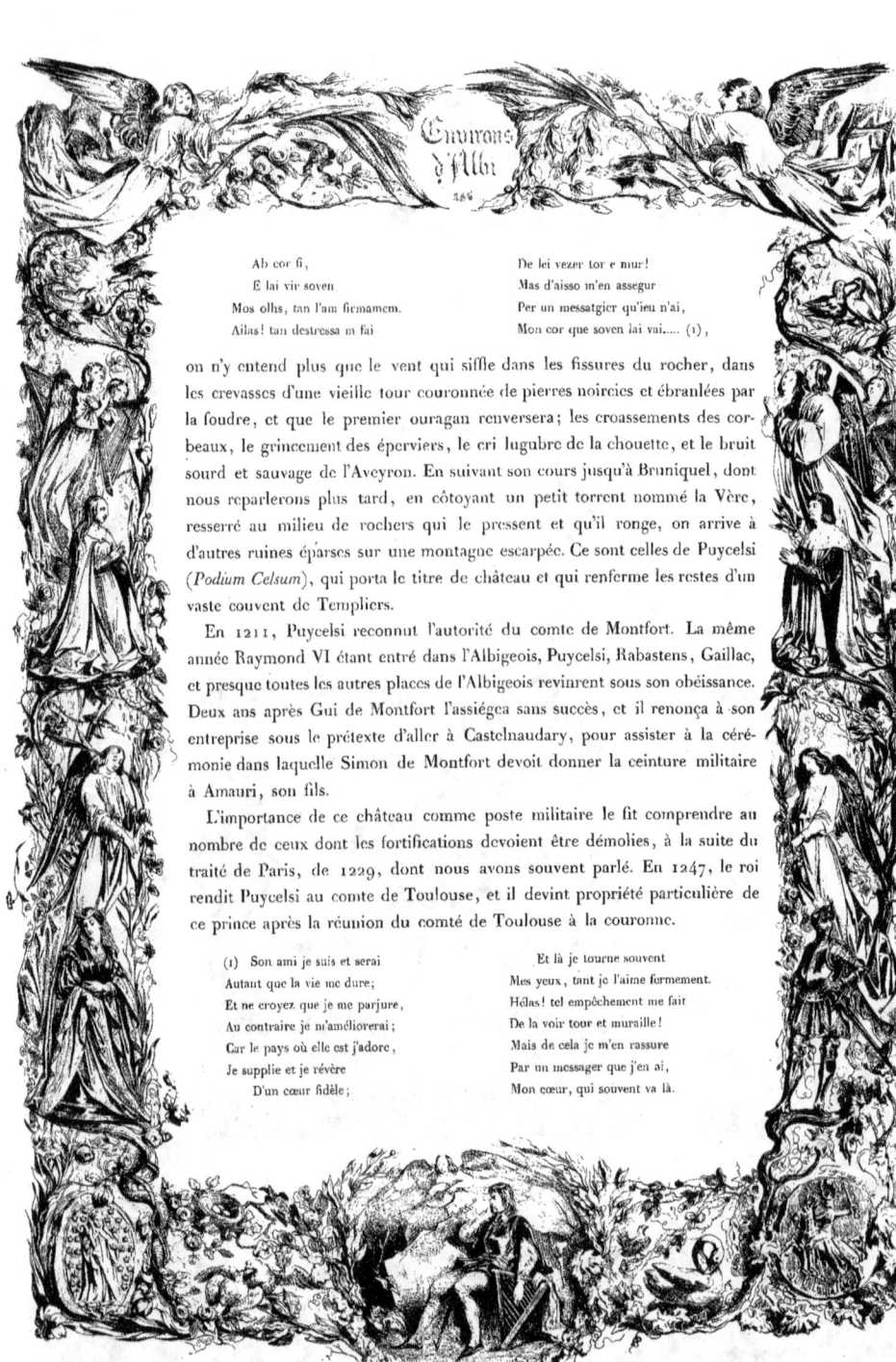

Une des plus nobles gloires de ces vieilles murailles est de n'avoir jamais porté l'étendard des Anglais, durant les longues guerres dont ces contrées eurent tant à souffrir, et quoiqu'ils ne cessassent de tourmenter de leurs excursions les environs de Puycelsi.

Il reste plusieurs sceaux des anciens seigneurs de Puycelsi, ou des familles nobles qui l'habitèrent. Ceux de Raymond et de Garsinde offrent : le premier la croix de Toulouse vuidée, clechée et pommetée d'or en champ d'azur; autour on lit : Raimund. de Podio celso. Le deuxième est ovale; il porte aussi la croix de Toulouse en champ d'azur; au sommet ou au chef est une fleur de lys d'or; au fond est l'agneau qui fait partie des armes de la ville de Toulouse. Autour on lit seulement : Podio celsi.... le nom de Garsinde y fut empreint autrefois. Ces deux sceaux datent de l'année 1262.

Ruines du Chateau de la Reine Brunehaut à Bruniquel.

Nous quittons ces ruines pour nous diriger vers Gaillac, Lavour et Castres. On ne rencontre sur cette route, sans doute assez pittoresque, mais fort pénible, que Castelnau de Montmirail, qui passa des d'Armagnacs, par don de Louis XI, à George de la Trimouille, revint sous Charles VIII à Charles d'Armagnac, qui y mourut et y fut inhumé sous le grand autel de l'église du château, puis reçut enfin Louis XIII, vainqueur de plusieurs places de la Guyenne, qui alloit s'enrôler à Toulouse dans la confrérie des pénitens bleus, pour obtenir le succès de ses armes, et faire heureusement le siége de Montpellier.

Comme on a trouvé des médailles en assez grand nombre, des fragmens de poterie, et une belle tête en marbre blanc, aux environs de Gaillac, on a souvent attribué une origine antique à la ville qui porte ce nom; mais l'histoire ne fait aucune mention de Gaillac avant la seconde moitié du VIIe siècle.

Saint Didier, duc de Marseille, puis évêque de Cahors, frère de Siagrius, et né à ALBI d'une de ces nobles familles gauloises qu'on appeloit alors romaines, possédoit de vastes seigneuries qu'il tenoit de ses pères, ou de la libéralité des rois Dagobert et Sigebert. Dans le nombre de ses immenses domaines, on comptoit Gaillac, qui par conséquent jouissoit déjà de quelque réputation, et qui est devenue après ALBI la principale ville de la contrée.

Au Xe siècle Gaillac possédoit une abbaye sous l'invocation de saint Michel, qui fut dotée en 972 par Raymond, comte de Toulouse et d'ALBI, qu'on regarde comme son fondateur. Ce monastère passa dans la suite sous la dépendance de l'abbaye de la Chaise-Dieu, qui le réforma : notre vieille abbaye de la Haute-Auvergne, dont les murs sont verts comme les sapins qui l'entourent, et qui est maintenant si pauvre et si désolée, avoit été suzeraine et despotique : le monastère de Saint-Michel fut sécularisé vers la fin du XVIe siècle.

L'acte de consécration d'un autel qu'érigea Frotaire, évêque d'ALBI, dans l'église de l'abbaye de Saint-Michel de Gaillac, existe encore. Ce prélat donnoit au monastère, à cette occasion, en présence du comte Raymond, son seigneur, de la comtesse Garsinde, sa dame, et de Fulcrand, évêque de Lo-

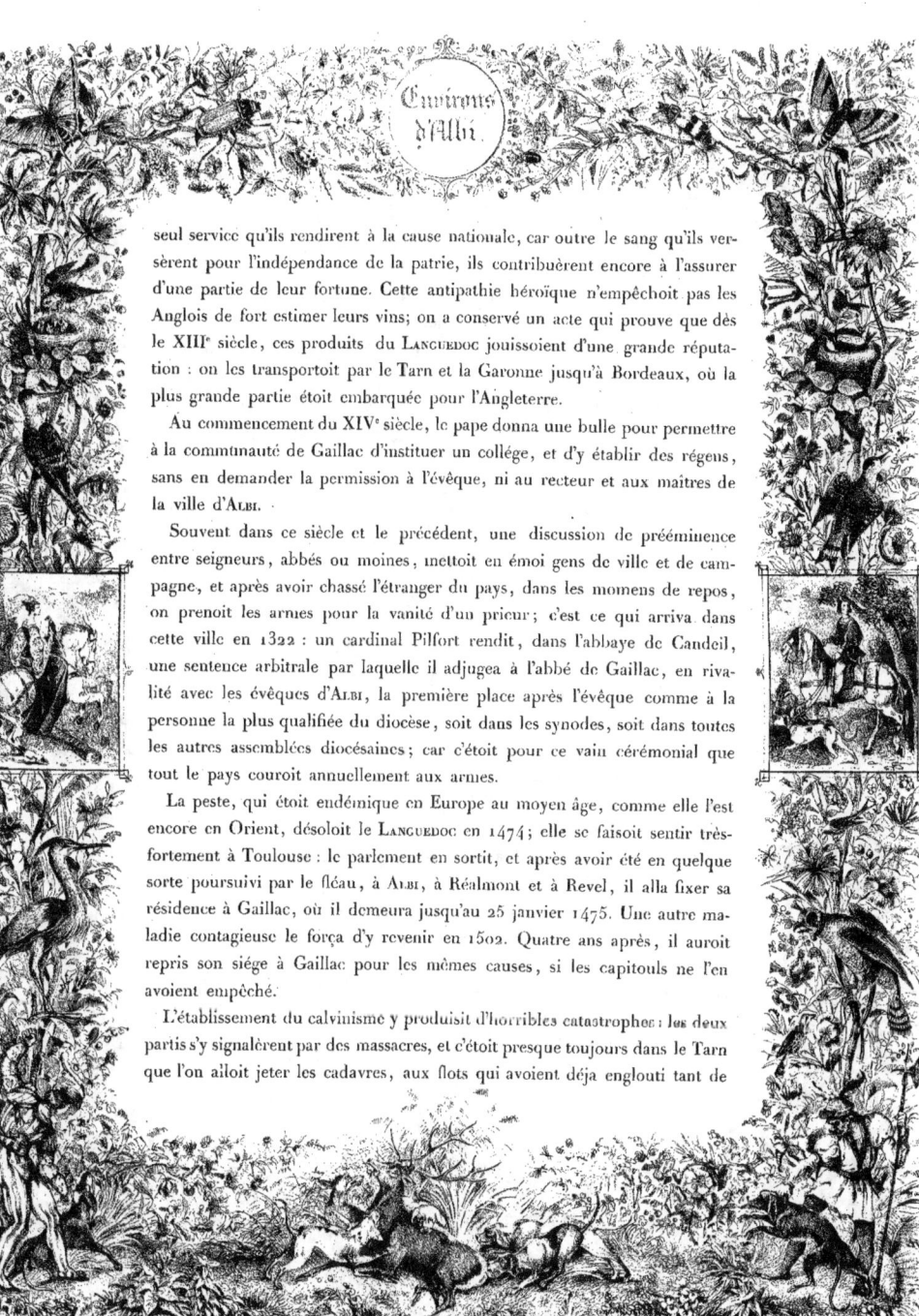

Environs d'Albi

seul service qu'ils rendirent à la cause nationale, car outre le sang qu'ils versèrent pour l'indépendance de la patrie, ils contribuèrent encore à l'assurer d'une partie de leur fortune. Cette antipathie héroïque n'empêchoit pas les Anglois de fort estimer leurs vins; on a conservé un acte qui prouve que dès le XIIIe siècle, ces produits du Languedoc jouissoient d'une grande réputation : on les transportoit par le Tarn et la Garonne jusqu'à Bordeaux, où la plus grande partie étoit embarquée pour l'Angleterre.

Au commencement du XIVe siècle, le pape donna une bulle pour permettre à la communauté de Gaillac d'instituer un collége, et d'y établir des régens, sans en demander la permission à l'évêque, ni au recteur et aux maîtres de la ville d'Albi.

Souvent dans ce siècle et le précédent, une discussion de prééminence entre seigneurs, abbés ou moines, mettoit en émoi gens de ville et de campagne, et après avoir chassé l'étranger du pays, dans les momens de repos, on prenoit les armes pour la vanité d'un prieur; c'est ce qui arriva dans cette ville en 1322 : un cardinal Pilfort rendit, dans l'abbaye de Candeil, une sentence arbitrale par laquelle il adjugea à l'abbé de Gaillac, en rivalité avec les évêques d'Albi, la première place après l'évêque comme à la personne la plus qualifiée du diocèse, soit dans les synodes, soit dans toutes les autres assemblées diocésaines; car c'étoit pour ce vain cérémonial que tout le pays couroit annuellement aux armes.

La peste, qui étoit endémique en Europe au moyen âge, comme elle l'est encore en Orient, désoloit le Languedoc en 1474; elle se faisoit sentir très-fortement à Toulouse : le parlement en sortit, et après avoir été en quelque sorte poursuivi par le fléau, à Albi, à Réalmont et à Revel, il alla fixer sa résidence à Gaillac, où il demeura jusqu'au 25 janvier 1475. Une autre maladie contagieuse le força d'y revenir en 1502. Quatre ans après, il auroit repris son siége à Gaillac pour les mêmes causes, si les capitouls ne l'en avoient empêché.

L'établissement du calvinisme y produisit d'horribles catastrophes : les deux partis s'y signalèrent par des massacres, et c'étoit presque toujours dans le Tarn que l'on alloit jeter les cadavres, aux flots qui avoient déjà englouti tant de

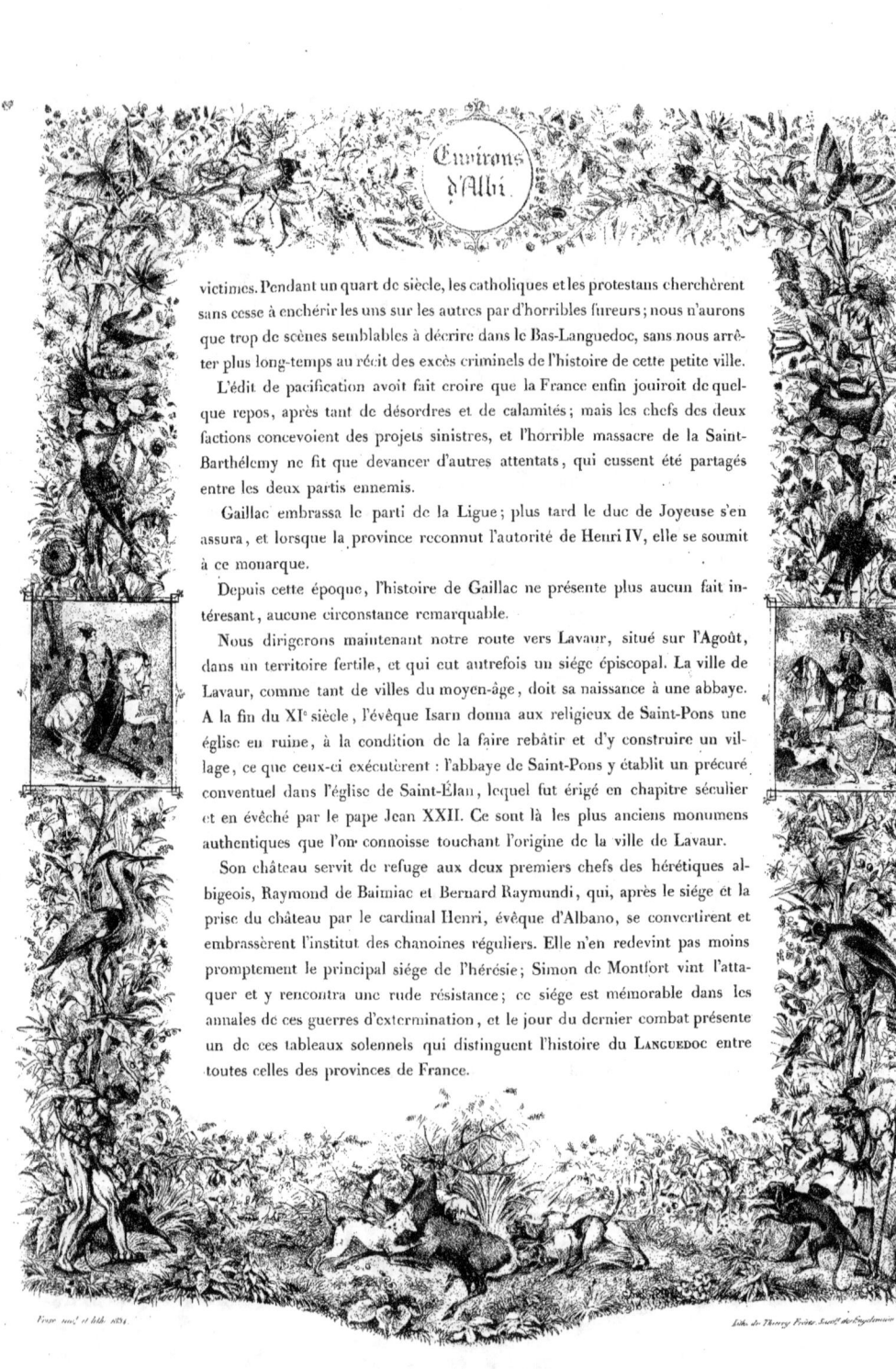

Environs d'Albi

victimes. Pendant un quart de siècle, les catholiques et les protestans cherchèrent sans cesse à enchérir les uns sur les autres par d'horribles fureurs ; nous n'aurons que trop de scènes semblables à décrire dans le Bas-Languedoc, sans nous arrêter plus long-temps au récit des excès criminels de l'histoire de cette petite ville.

L'édit de pacification avoit fait croire que la France enfin jouiroit de quelque repos, après tant de désordres et de calamités ; mais les chefs des deux factions concevoient des projets sinistres, et l'horrible massacre de la Saint-Barthélemy ne fit que devancer d'autres attentats, qui eussent été partagés entre les deux partis ennemis.

Gaillac embrassa le parti de la Ligue ; plus tard le duc de Joyeuse s'en assura, et lorsque la province reconnut l'autorité de Henri IV, elle se soumit à ce monarque.

Depuis cette époque, l'histoire de Gaillac ne présente plus aucun fait intéressant, aucune circonstance remarquable.

Nous dirigerons maintenant notre route vers Lavaur, situé sur l'Agoût, dans un territoire fertile, et qui eut autrefois un siége épiscopal. La ville de Lavaur, comme tant de villes du moyen-âge, doit sa naissance à une abbaye. A la fin du XIe siècle, l'évêque Isarn donna aux religieux de Saint-Pons une église en ruine, à la condition de la faire rebâtir et d'y construire un village, ce que ceux-ci exécutèrent : l'abbaye de Saint-Pons y établit un prieuré conventuel dans l'église de Saint-Élan, lequel fut érigé en chapitre séculier et en évêché par le pape Jean XXII. Ce sont là les plus anciens monumens authentiques que l'on connoisse touchant l'origine de la ville de Lavaur.

Son château servit de refuge aux deux premiers chefs des hérétiques albigeois, Raymond de Baimiac et Bernard Raymundi, qui, après le siège et la prise du château par le cardinal Henri, évêque d'Albano, se convertirent et embrassèrent l'institut des chanoines réguliers. Elle n'en redevint pas moins promptement le principal siège de l'hérésie ; Simon de Montfort vint l'attaquer et y rencontra une rude résistance ; ce siège est mémorable dans les annales de ces guerres d'extermination, et le jour du dernier combat présente un de ces tableaux solennels qui distinguent l'histoire du LANGUEDOC entre toutes celles des provinces de France.

Environs d'Albi

dève, plusieurs terres ou villages dans l'Albigeois, avec leurs églises. Le comte Raymond confirma cette donation, et celle de la ville de Gaillac. Il y ajouta même de nouveaux présents, et cette libéralité l'a fait considérer par la suite comme le véritable fondateur.

Gaillac tomba au pouvoir de Simon de Montfort, se révolta en faveur de ses souverains légitimes, et perdit enfin ses fortifications, comme les vingt-cinq villes ou châteaux que le dernier Raymond fut forcé de sacrifier avec la plus grande partie de ses domaines à la politique de saint Louis.

Amauri de Montfort avoit fait cession à la couronne de France de tous les droits qu'il avoit sur la ville d'ALBI; mais il s'éleva de longs différends entre les officiers royaux et l'évêque Bernard de Combret, au sujet de la juridiction temporelle que chacun d'eux prétendoit sur cette ville. Pierre de Colmieu, vice-légat du saint-siége, tâcha de les terminer par une sentence arbitrale qui ne satisfit aucun des partis, et l'évêque et les habitans chassèrent de la ville le bailli royal, et empêchèrent qu'on ne levât le péage du roi. Ayant appris que saint Louis avoit été fait prisonnier à *la Masoure*, comme disent les vieux historiens, les révoltés formèrent diverses ligues ou associations, et ils auroient tué le bailli royal qui étoit revenu, si l'un des vicomtes de Lautrec ne l'eût fait évader. Bernard de Combret, profitant de cette exaltation du peuple, leva un corps de troupes, se rendit vassal de l'archevêque de Bourges son métropolitain, et lui fit hommage pour sa ville épiscopale. Au moment où il attaquoit l'abbé de Gaillac, il vendoit aux habitans de cette ville le droit de *Pézade* qu'il avoit chez eux, pour fournir aux frais de la guerre, et des membres d'une même famille noble prenoient diversement fait et cause dans ces discordes meurtrières entre deux hommes d'église; les vicomtes Isarn et Amalric ou Amauri de Lautrec soutinrent Bernard de Combret; le jeune Bertrand de Lautrec, en compagnie d'un seigneur de Bruniquel, soutenoit l'abbé de Gaillac : tous ces féaux ne sembloient chercher qu'un motif de se battre, et la cause étoit toujours bonne de l'un et l'autre côté, pourvu qu'elle procurât l'occasion, même entre frères ou cousins, de rompre ensemble une lance ou une épée. L'évêque Bernard de Combret fit prisonnier le vicomte Bertrand de Bruniquel et grand nombre de seigneurs; et tous ces troubles

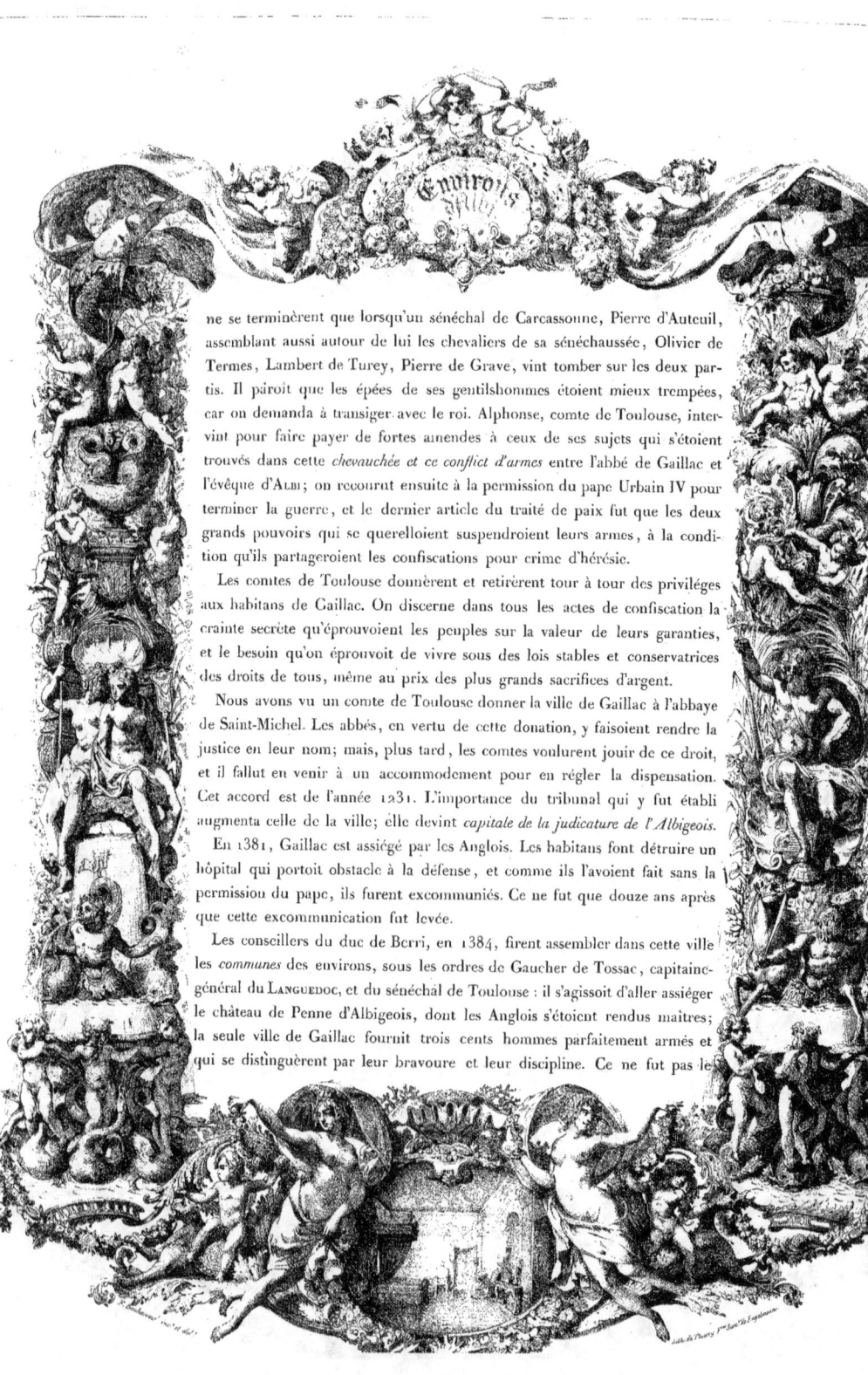

ne se terminèrent que lorsqu'un sénéchal de Carcassonne, Pierre d'Auteuil, assemblant aussi autour de lui les chevaliers de sa sénéchaussée, Olivier de Termes, Lambert de Turey, Pierre de Grave, vint tomber sur les deux partis. Il paroit que les épées de ses gentilshommes étoient mieux trempées, car on demanda à transiger avec le roi. Alphonse, comte de Toulouse, intervint pour faire payer de fortes amendes à ceux de ses sujets qui s'étoient trouvés dans cette *chevauchée et ce conflict d'armes* entre l'abbé de Gaillac et l'évêque d'ALBI; on recourut ensuite à la permission du pape Urbain IV pour terminer la guerre, et le dernier article du traité de paix fut que les deux grands pouvoirs qui se querelloient suspendroient leurs armes, à la condition qu'ils partageroient les confiscations pour crime d'hérésie.

Les comtes de Toulouse donnèrent et retirèrent tour à tour des priviléges aux habitans de Gaillac. On discerne dans tous les actes de confiscation la crainte secrète qu'éprouvoient les peuples sur la valeur de leurs garanties, et le besoin qu'on éprouvoit de vivre sous des lois stables et conservatrices des droits de tous, même au prix des plus grands sacrifices d'argent.

Nous avons vu un comte de Toulouse donner la ville de Gaillac à l'abbaye de Saint-Michel. Les abbés, en vertu de cette donation, y faisoient rendre la justice en leur nom; mais, plus tard, les comtes voulurent jouir de ce droit, et il fallut en venir à un accommodement pour en régler la dispensation. Cet accord est de l'année 1231. L'importance du tribunal qui y fut établi augmenta celle de la ville; elle devint *capitale de la judicature de l'Albigeois*.

En 1381, Gaillac est assiégé par les Anglois. Les habitans font détruire un hôpital qui portoit obstacle à la défense, et comme ils l'avoient fait sans la permission du pape, ils furent excommuniés. Ce ne fut que douze ans après que cette excommunication fut levée.

Les conseillers du duc de Berri, en 1384, firent assembler dans cette ville les *communes* des environs, sous les ordres de Gaucher de Tossac, capitaine-général du LANGUEDOC, et du sénéchal de Toulouse : il s'agissoit d'aller assiéger le château de Penne d'Albigeois, dont les Anglois s'étoient rendus maîtres; la seule ville de Gaillac fournit trois cents hommes parfaitement armés et qui se distinguèrent par leur bravoure et leur discipline. Ce ne fut pas le

Après des efforts surhumains pour combler les fossés et approcher les machines de guerre qui devoient battre en brèche, et sur lesquelles les assiégés jetoient sans cesse en combattant de prodigieuses quantités de tisons allumés, de la graisse bouillante, des pieux aiguisés, pendant que d'autres guerriers, pour prouver leur mépris des attaques impuissantes des croisés, se promenoient bardés de fer, armés de toutes pièces, à cheval, sur les remparts; que les assiégeans, travaillant à la sape, tomboient écrasés sous les pierres lancées du haut des tours, les évêques et l'abbé de la Cour-Dieu, tout le clergé de l'armée des croisés, chantoient le *Veni, Creator*, et demandoient à Dieu la victoire par de ferventes prières. Enfin les travailleurs ayant percé la muraille, ils entrent comme un torrent qui déborde, et, sans distinction ni d'âge ni de sexe, tout tombe et meurt sous le fer. Un chevalier, dont malheureusement l'histoire n'a pas conservé le nom, demande la grace de quelques femmes qui tenoient leurs enfans dans leurs bras, et Simon au cœur de fer, qui chaque fois qu'il prenoit une ville avoit les pieds trempés dans le sang, en dédaigne quelques flots de plus, et accorde cette grace. Ce fut le troisième jour de mai 1211 que Lavaur tomba ainsi. Tous les hérétiques furent brûlés. Simon de Montfort disposa de la ville en faveur de Bouchard de Marli. Un concile célèbre s'y tint contre les Albigeois. Raymond VII la reprit sur Amauri de Montfort; on en détruisit les fortifications, et elle fut remise au roi pour dix ans. En 1359, les états-généraux de la province y furent convoqués. Le parlement de Toulouse s'y transféra au temps de la peste, et la réforme y porta tous ses ravages; les maisons des catholiques tombèrent en proie au pillage, et leurs maîtres, chassés du patrimoine de leurs pères, ne le recouvrèrent qu'après maints combats. La plus grande partie du diocèse étoit au pouvoir des religionnaires; Lavaur fut obligé de se jeter dans le parti opposé, et se déclara pour la Ligue. En 1540 et en 1556, les états-généraux de Languedoc s'y assemblèrent de nouveau dans le couvent des cordeliers, et ceux des états de la partie de la province qui avoient embrassé la cause de la Ligue s'y réunirent en 1589, convoqués par le maréchal de Joyeuse, et par ordre du duc de Mayenne, lieutenant-général de l'état et couronne de France, et du conseil général de l'Union établi à Paris : c'est encore dans le couvent des cordeliers qu'ils se

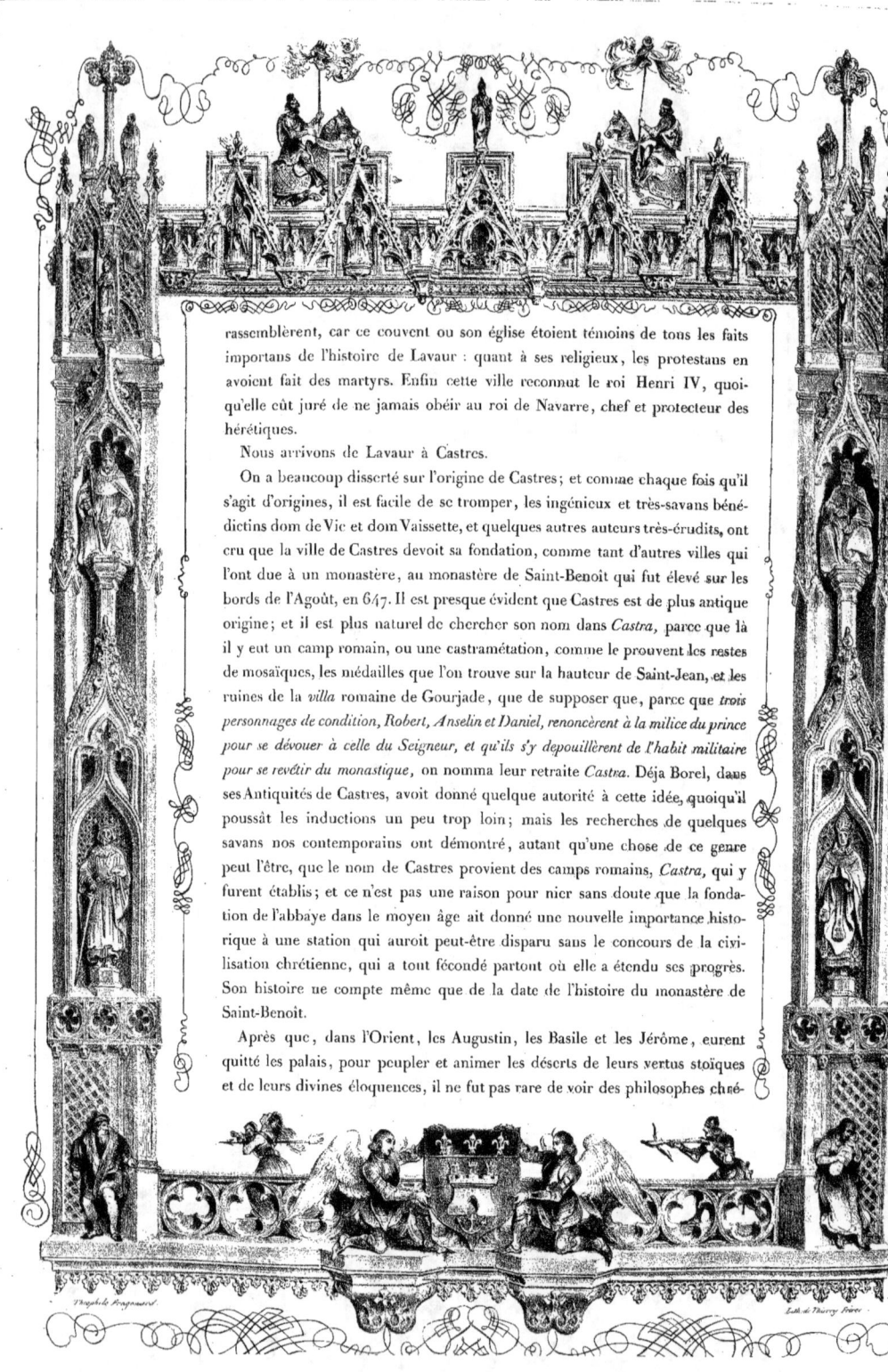

rassemblèrent, car ce couvent ou son église étoient témoins de tous les faits importans de l'histoire de Lavaur : quant à ses religieux, les protestans en avoient fait des martyrs. Enfin cette ville reconnut le roi Henri IV, quoiqu'elle eût juré de ne jamais obéir au roi de Navarre, chef et protecteur des hérétiques.

Nous arrivons de Lavaur à Castres.

On a beaucoup disserté sur l'origine de Castres; et comme chaque fois qu'il s'agit d'origines, il est facile de se tromper, les ingénieux et très-savans bénédictins dom de Vic et dom Vaissette, et quelques autres auteurs très-érudits, ont cru que la ville de Castres devoit sa fondation, comme tant d'autres villes qui l'ont due à un monastère, au monastère de Saint-Benoît qui fut élevé sur les bords de l'Agoût, en 647. Il est presque évident que Castres est de plus antique origine; et il est plus naturel de chercher son nom dans *Castra*, parce que là il y eut un camp romain, ou une castramétation, comme le prouvent les restes de mosaïques, les médailles que l'on trouve sur la hauteur de Saint-Jean, et les ruines de la *villa* romaine de Gourjade, que de supposer que, parce que *trois personnages de condition, Robert, Anselin et Daniel, renoncèrent à la milice du prince pour se dévouer à celle du Seigneur, et qu'ils s'y depouillèrent de l'habit militaire pour se revêtir du monastique*, on nomma leur retraite *Castra*. Déjà Borel, dans ses Antiquités de Castres, avoit donné quelque autorité à cette idée, quoiqu'il poussât les inductions un peu trop loin; mais les recherches de quelques savans nos contemporains ont démontré, autant qu'une chose de ce genre peut l'être, que le nom de Castres provient des camps romains, *Castra*, qui y furent établis; et ce n'est pas une raison pour nier sans doute que la fondation de l'abbaye dans le moyen âge ait donné une nouvelle importance historique à une station qui auroit peut-être disparu sans le concours de la civilisation chrétienne, qui a tout fécondé partout où elle a étendu ses progrès. Son histoire ne compte même que de la date de l'histoire du monastère de Saint-Benoît.

Après que, dans l'Orient, les Augustin, les Basile et les Jérôme, eurent quitté les palais, pour peupler et animer les déserts de leurs vertus stoïques et de leurs divines éloquences, il ne fut pas rare de voir des philosophes chré-

tiens de l'Occident abandonner des villes dégoûtantes de sang ou de hideuses voluptés, pour aller demander, bien loin de la capitale du monde, de nouvelles inspirations à la solitude, pleurer sur l'humanité et prier pour elle.

Benoît, fils d'Eutrobius et d'Abundantia, sorti d'une famille libre, de cette liberté qui faisoit autrefois la noblesse des Romains, naquit vers l'an 480, dans le territoire de Norsie, petite ville en Ombrie, aujourd'hui le duché de Spolette. Il fut élevé à Rome et y étudia. Ses progrès dans les lettres humaines furent rapides; et comme l'instruction insensée des peuples ne lui sembloit aboutir de son temps qu'à leur corruption, il préféra le désert au monde. Une caverne près de Subiaco devint sa demeure; l'Aniène, que le peuple italien nomme maintenant le Teverone, qui sortoit d'un lac (1) formé par les eaux claires et froides des montagnes, et qui avoit embelli autrefois, à côté de cette retraite austère, près de *Simbruina Stagna*, la splendide *villa* que Néron avoit fait bâtir, et où, dans une de ses orgies, le tonnerre renversa sa table, perçant dans sa chute, au dire de Philostrate, la coupe dans laquelle il alloit boire; l'Aniène baignoit le pied des rochers qui renfermoient cette grotte célèbre, et qui supportent maintenant un vaste monastère, surmonté d'énormes aiguilles qui surplombent et se penchent sur ses toits, retenus seulement au-dessus de ces abimes, selon les bons moines qui l'habitent, par la merveilleuse ceinture de saint Benoît. A travers des amas de rocs et des gorges profondes, le Teverone poursuit son cours, et va à Tibur former ces cascades immortelles qui rafraichissoient l'air des jardins voluptueux d'Horace et de Mécènes.

C'est dans cette solitude que Benoît résolut la fondation d'un ordre qui accéléra la restauration des lettres; c'est de cette caverne qu'il dicta des lois à des milliers d'hommes, et qu'il soutint, durant des siècles, par ses phalanges religieuses, ce pouvoir pontifical qui gouverna le monde. C'est dans ce couvent que ses disciples établirent la première imprimerie que posséda l'Italie, les glorieuses presses de Subiaco.

Saint Benoît avoit trente-deux ans quand il se renferma dans la solitude de

(1) *Sublaqueum.*

Sublac; mais bientôt elle perdit l'apparence et le nom de désert; on venoit en foule demander à marcher sous la conduite du saint, et les sages se glorifioient de se nommer ses disciples; il leur donna des retraites près de lui, et bâtit jusqu'à douze monastères à Subiaco et aux environs, constructions fort simples, composées de quelques fragmens de rochers. Il mit dans chaque monastère douze religieux sous un supérieur, et en retint quelques autres dans des cellules qu'il fit faire autour de sa grotte. Quelques fils de sénateurs romains qui venoient eux-mêmes s'offrir à saint Benoît pour être formés à la piété, et se nourrir à son école des leçons qui enseignent la charité et la sainteté des mœurs, devinrent célèbres à leur tour. C'est un des plus grands spectacles de l'histoire du monde que cette fièvre de régénération qui s'empare des hommes à cette époque, qui les fait quitter de somptueux palais pour la caverne des solitaires, qui les force à se purifier dans une désespérante méditation pour devenir dignes de fonder des sociétés austères, sur les décombres encore resplendissans de tous les temples, de tous les palais, de toutes les richesses, de toutes les joies d'une civilisation morte suicide au milieu de l'athéisme et de la débauche.

Benoît abandonna vers l'an 529 la retraite de Sublac, qu'il avoit tant aimée, et si heureusement peuplée, pour se rendre au Mont-Cassin, cette belle montagne qui domine, aux extrémités de l'ancien Latium vers la Campanie, les magnifiques contrées du royaume de Naples. Il instruisit les peuples de la montagne et du voisinage avec un désintéressement semblable à celui des premiers apôtres. Puis il jeta les fondemens du célèbre monastère qui a été depuis considéré comme le lieu de l'origine et le centre de son ordre. Il y vécut encore quatorze années, visité par les saints et par les rois, et y mourut vers le milieu du VIe siècle, persuadé que les Lombards ne tarderoient pas à troubler sa cendre.

Basile avoit fondé les ordres religieux en Orient. Saint Benoît est le patriarche des moines d'Occident; et sa règle est le plus ancien modèle qui en reste. Il la commence par la distinction de quatre sortes de religieux : les cénobites vivant dans une communauté réglée sous la conduite d'un abbé; les anachorètes ou ermites qui, après s'être long-temps exercés dans une

communauté, se retiroient pour mener seuls une vie encore plus austère, et deux autres sortes de moines dont il désapprouve le genre de vie et l'existence : les saraboïtes, qui demeuroient deux ou trois ensemble, ou entièrement seuls, vivant à leur fantaisie, sans suivre de règles, et les girogaves, qui couroient continuellement de monastère en monastère (1). Mais ce que nous lui devons plus particulièrement, c'est l'institution de cet ordre de bénédictins érudits, sages et nobles conservateurs des vieilles, des admirables histoires de nos provinces de France.

C'est une tradition généralement reçue que l'abbaye de Castres, déja célèbre au commencement du VIIIᵉ siècle, est un des premiers monastères de l'ordre de Saint-Benoît qui furent établis en France. On vit long-temps ses ruines sur les bords de l'Agoût, au lieu même où s'élevoient encore il y a quelques années les restes d'un couvent de dominicains. Bâti sur la forme d'une croix, le vieux

(1) *Hist. ecclésiast. de* Fleury, t. VII.

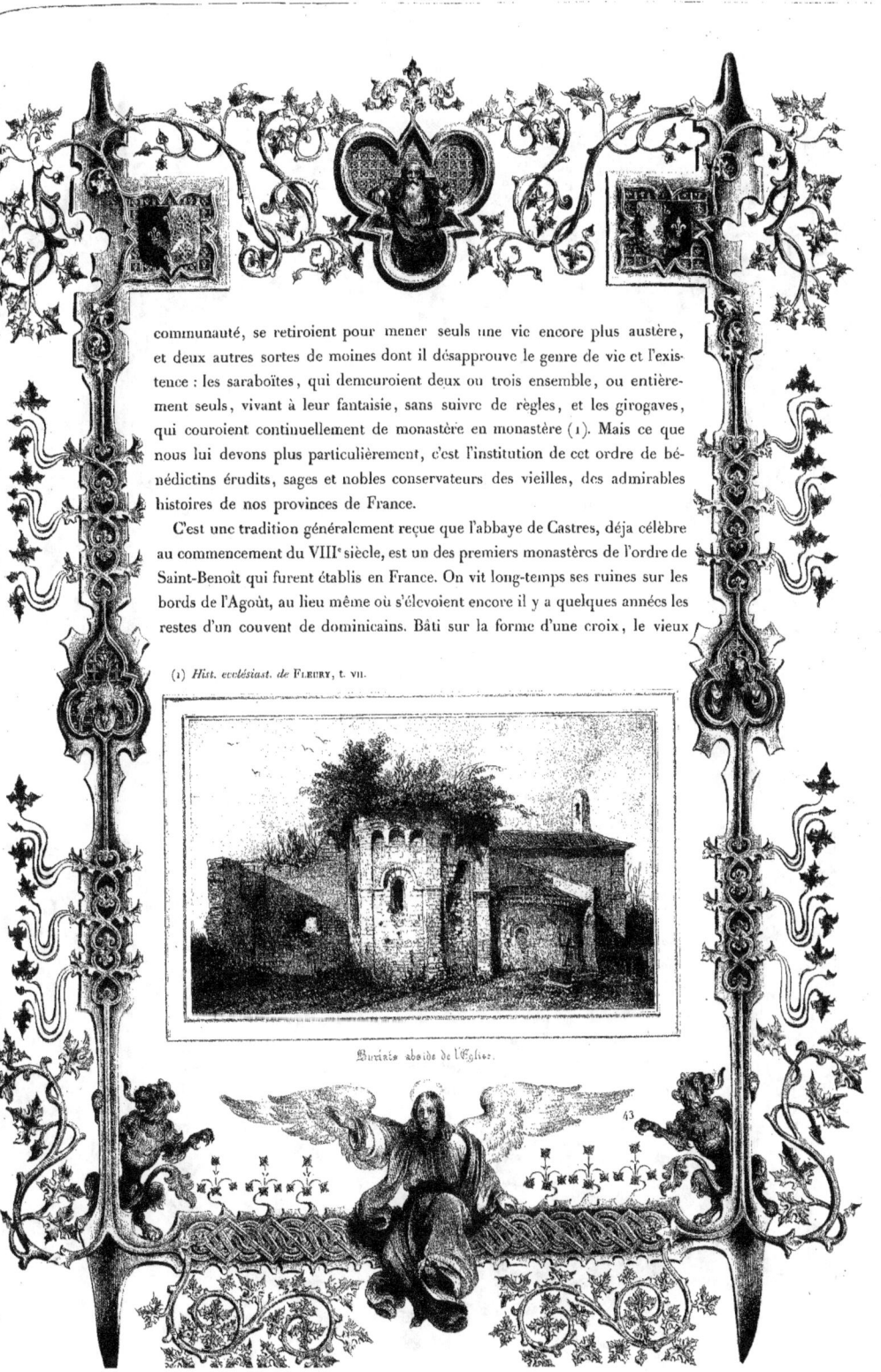

Burinis abside de l'Église.

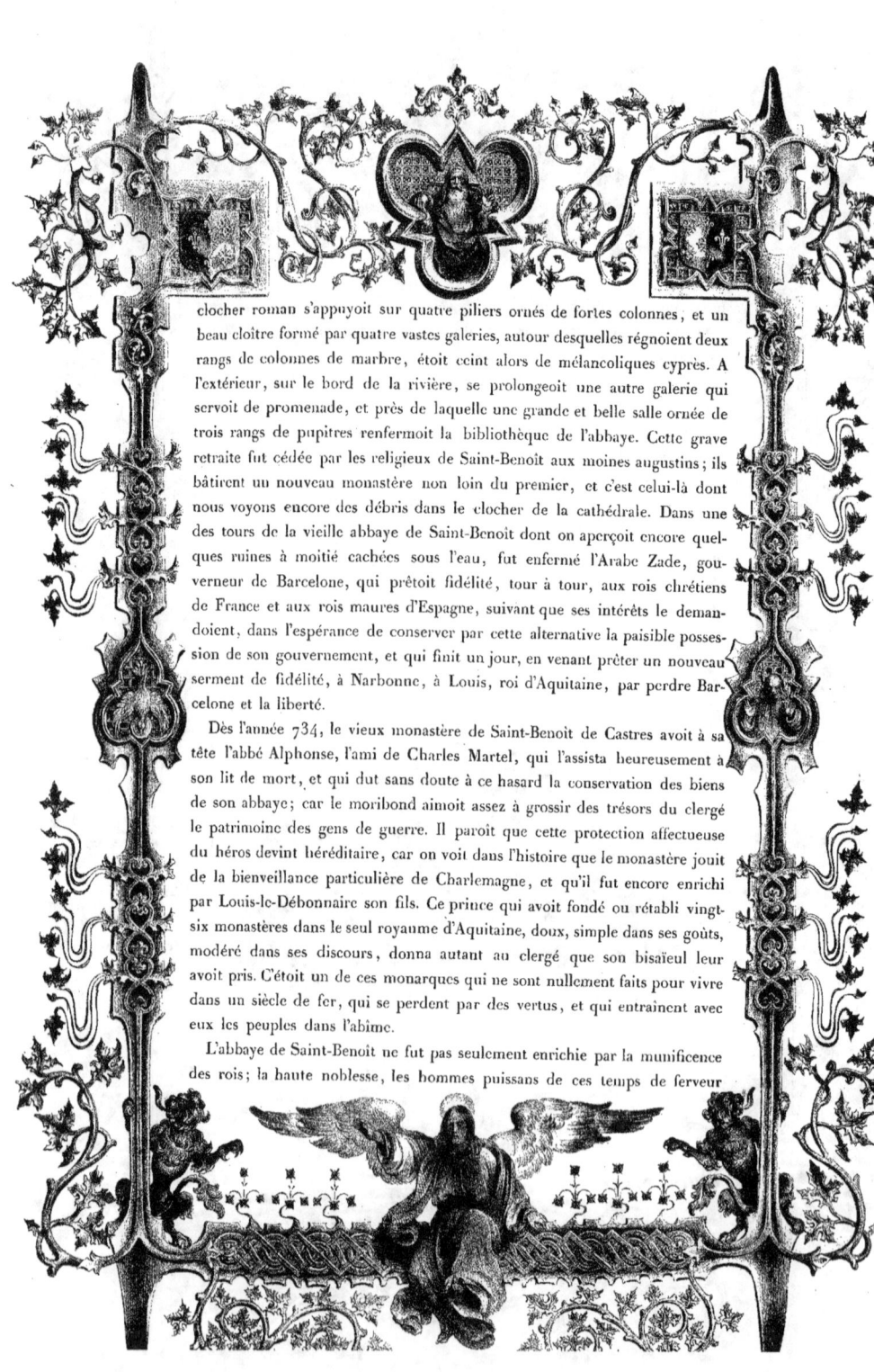

clocher roman s'appuyoit sur quatre piliers ornés de fortes colonnes, et un beau cloître formé par quatre vastes galeries, autour desquelles régnoient deux rangs de colonnes de marbre, étoit ceint alors de mélancoliques cyprès. A l'extérieur, sur le bord de la rivière, se prolongeoit une autre galerie qui servoit de promenade, et près de laquelle une grande et belle salle ornée de trois rangs de pupitres renfermoit la bibliothèque de l'abbaye. Cette grave retraite fut cédée par les religieux de Saint-Benoît aux moines augustins; ils bâtirent un nouveau monastère non loin du premier, et c'est celui-là dont nous voyons encore des débris dans le clocher de la cathédrale. Dans une des tours de la vieille abbaye de Saint-Benoît dont on aperçoit encore quelques ruines à moitié cachées sous l'eau, fut enfermé l'Arabe Zade, gouverneur de Barcelone, qui prêtoit fidélité, tour à tour, aux rois chrétiens de France et aux rois maures d'Espagne, suivant que ses intérêts le demandoient, dans l'espérance de conserver par cette alternative la paisible possession de son gouvernement, et qui finit un jour, en venant prêter un nouveau serment de fidélité, à Narbonne, à Louis, roi d'Aquitaine, par perdre Barcelone et la liberté.

Dès l'année 734, le vieux monastère de Saint-Benoît de Castres avoit à sa tête l'abbé Alphonse, l'ami de Charles Martel, qui l'assista heureusement à son lit de mort, et qui dut sans doute à ce hasard la conservation des biens de son abbaye; car le moribond aimoit assez à grossir des trésors du clergé le patrimoine des gens de guerre. Il paroit que cette protection affectueuse du héros devint héréditaire, car on voit dans l'histoire que le monastère jouit de la bienveillance particulière de Charlemagne, et qu'il fut encore enrichi par Louis-le-Débonnaire son fils. Ce prince qui avoit fondé ou rétabli vingt-six monastères dans le seul royaume d'Aquitaine, doux, simple dans ses goûts, modéré dans ses discours, donna autant au clergé que son bisaïeul leur avoit pris. C'étoit un de ces monarques qui ne sont nullement faits pour vivre dans un siècle de fer, qui se perdent par des vertus, et qui entraînent avec eux les peuples dans l'abîme.

L'abbaye de Saint-Benoît ne fut pas seulement enrichie par la munificence des rois; la haute noblesse, les hommes puissans de ces temps de ferveur

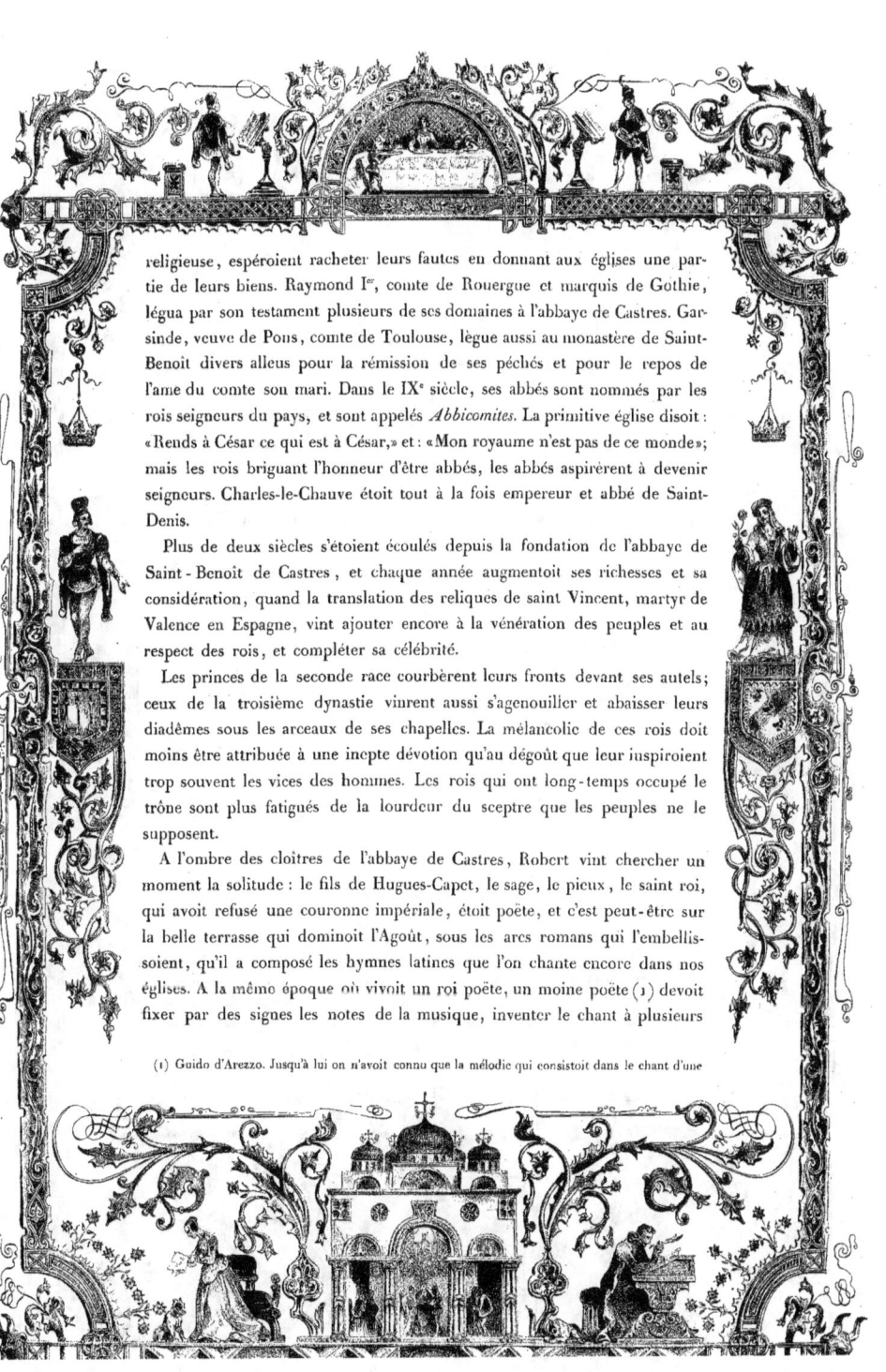

religieuse, espéroient racheter leurs fautes en donnant aux églises une partie de leurs biens. Raymond Ier, comte de Rouergue et marquis de Gothie, légua par son testament plusieurs de ses domaines à l'abbaye de Castres. Garsinde, veuve de Pons, comte de Toulouse, lègue aussi au monastère de Saint-Benoît divers alleus pour la rémission de ses péchés et pour le repos de l'ame du comte son mari. Dans le IXe siècle, ses abbés sont nommés par les rois seigneurs du pays, et sont appelés *Abbicomites*. La primitive église disoit : « Rends à César ce qui est à César, » et : « Mon royaume n'est pas de ce monde » ; mais les rois briguant l'honneur d'être abbés, les abbés aspirèrent à devenir seigneurs. Charles-le-Chauve étoit tout à la fois empereur et abbé de Saint-Denis.

Plus de deux siècles s'étoient écoulés depuis la fondation de l'abbaye de Saint-Benoit de Castres, et chaque année augmentoit ses richesses et sa considération, quand la translation des reliques de saint Vincent, martyr de Valence en Espagne, vint ajouter encore à la vénération des peuples et au respect des rois, et compléter sa célébrité.

Les princes de la seconde race courbèrent leurs fronts devant ses autels ; ceux de la troisième dynastie vinrent aussi s'agenouiller et abaisser leurs diadèmes sous les arceaux de ses chapelles. La mélancolie de ces rois doit moins être attribuée à une inepte dévotion qu'au dégoût que leur inspiroient trop souvent les vices des hommes. Les rois qui ont long-temps occupé le trône sont plus fatigués de la lourdeur du sceptre que les peuples ne le supposent.

A l'ombre des cloîtres de l'abbaye de Castres, Robert vint chercher un moment la solitude : le fils de Hugues-Capet, le sage, le pieux, le saint roi, qui avoit refusé une couronne impériale, étoit poète, et c'est peut-être sur la belle terrasse qui dominoit l'Agoût, sous les arcs romans qui l'embellissoient, qu'il a composé les hymnes latines que l'on chante encore dans nos églises. A la même époque où vivoit un roi poète, un moine poète (1) devoit fixer par des signes les notes de la musique, inventer le chant à plusieurs

(1) Guido d'Arezzo. Jusqu'à lui on n'avoit connu que la mélodie qui consistoit dans le chant d'une

parties, et dans les chœurs créer une harmonie qui alloit rendre la poésie religieuse plus suave et plus divine.

Les rois continuent à se rendre en pélerinage dans ce monastère : Louis-le-Gros et Louis-le-Jeune, son fils, viennent le visiter.

Les amis des belles-lettres doivent des actions de grace aux écoles des cathédrales du moyen âge et aux religieux des couvens, qui, dans la tranquillité du cloître et dans les momens que leur laissoient les prières, ne cessoient de copier des livres, et nous perpétuoient les richesses de l'antiquité, qui, sans eux, étoient perdues pour nous (1). Ces institutions n'ont pas toujours été impuissantes pour le bonheur de l'humanité et les progrès de la civilisation. A ces titres le vieux monastère de Saint-Benoît revendique ses droits à notre admiration, et sa première bibliothèque, qui fut incendiée en 1082, étoit certes une des plus riches de l'Europe (2). Tous ces travaux, dans l'intérêt des sciences et des lettres, étoient faits sans espérance de gloire ni de renommée. Au VIII° siècle, un bibliothécaire de cette abbaye, Jacques d'Austria, issu de sang royal, avoit une érudition si étendue, qu'il composa des traités qui embrassoient l'ensemble des connoissances humaines à cette époque; ses ouvrages devinrent la proie des flammes, lors de l'incendie qui consuma cette admirable bibliothèque.

L'abbaye de Castres ne fut pas la seule dans ces contrées qui jouit d'une

seule voix, ou de plusieurs voix toujours à l'unisson ou à l'octave. Il trouva les lignes, la gamme, et les six fameuses syllabes, qu'il prit, dit-on, dans la première strophe de l'hymne de saint Jean :

Ut queant laxis Resonare fibris
Mira gestorum, Famuli tuorum,
Solve polluti Labiis reatum, etc.

Dans les siècles précédens, on se servoit de points et de lettres pour marquer le degré de gravité ou d'élévation que l'on devoit donner à chaque son. Quelques savans prétendent que l'invention de ces notes remonte jusqu'à l'antiquité égyptienne, et que Pythagore les avoit fait connoître aux Grecs à son retour d'Égypte. Quoi qu'il en soit, on n'en avoit aucune idée en Occident, lorsque Guido les imagina. Le *si*, qui manquoit, a été ajouté il y a environ cent soixante ans, par un François nommé Lemaire.

(1) Le président Hénault, tom. 1ᵉʳ, pag. 197.
(2) Borel, liv. 2, pag. 1.

pieuse célébrité et attira ces nombreux pèlerins qui portoient leurs vœux et leurs prières aux pieds des saints consacrés à la vénération publique : l'abbaye de Bellecelle, fondée près de Castelnau de Brassac par Wlfarius, comte d'Albigeois, sous l'invocation de saint Benoît, élevoit aussi ses colonnes, ses arceaux et ses tours romanes, sur les bords de l'Agoût. Saint Benoît d'Aniane, qui vivoit au VIIIe siècle, et qu'il ne faut pas confondre avec son homonyme le fondateur des ordres cénobitiques, y établit douze religieux; et un roi, Louis-le-Débonnaire, la prit sous sa protection. On ignore l'époque de sa destruction, la tradition même de ses ruines s'est éteinte. L'abbaye de Sainte-Marie de Sorèze, située sur la petite rivière de Sor, au pied de la montagne Noire, qui fait partie de la chaîne des Cévennes, à l'entrée de la plaine de Revel, a été plus heureuse; on ne connoît pas l'époque précise de sa fondation, mais on croit généralement que c'est sous le règne de Pepin qu'une maison religieuse peu splendide, sous le nom de Notre-Dame de la *Sanhe* ou de la paix, donna naissance, dans ces retraites imposantes, au monastère qui devoit perpétuer sa renommée, et l'augmenter encore, en voyant fleurir plus tard dans ses murs des jeunes gens destinés à devenir l'orgueil de la patrie. Elle fut sou-

Abbaye de Vielmur

Composé par J. Taylor 1834.   Vignette par Villeneuve.   Lithographié par Weber

mise à Durand, abbé de Saint-Victor de Marseille; puis en 1119, Bernard Aton, qui dominoit sur le pays de Lauragois, voulut rétablir la régularité dans l'abbaye de Sorèze, qui étoit devenue toute séculière, et la soumit à Roger, abbé de Moïssac, et à ses religieux. Pendant que ce seigneur établissoit cette réforme, Cécile de Provence, sa femme, fondoit le monastère d'Ardorel, non loin de la petite rivière de Thoré, dans les forêts de ces lieux déserts. La rare beauté de cette châtelaine attira à ses pieds les chevaliers les plus renommés de son temps; resplendissante de grace et de beauté sur la terre, elle voulut cacher ses dépouilles dans une solitude, et les ruines d'Ardorel couvrent maintenant le tombeau de leur noble bienfaitrice. Cette abbaye fut détruite au XVIe siècle, pendant les guerres de religion. La chapelle, qui renfermoit les cendres d'une femme, ne fut même pas à l'abri des fureurs stupides des guerres civiles et des vengeances des hommes.

Que de ravages ont exercés les fureurs des partis! ces solitudes avoient été peuplées par la foi, les passions les ont rendues sauvages et désertes : où étoient la vie et l'espérance, elles ont laissé la désolation, après avoir troublé le repos de la mort.

Nous avons encore un souvenir à accorder à des ruines monastiques, à celles de l'abbaye de Vielmur, situées au milieu d'un paysage d'une délicieuse fraicheur; c'étoit un couvent de femmes fondé par les vicomtes de Lautrec, et soumis ensuite à l'église de Notre-Dame du Puy.

Maintenant, en suivant ces bords fortunés de l'Agoût qui réfléchissent tant de sites romantiques, à deux lieues au-dessus de Castres, on découvre les vieilles murailles du château de la célèbre comtesse de Burlats, Adélaïde de Toulouse : elle étoit fille du comte Raymond V et de la reine Constance, qui avoit été femme de roi et qui étoit fille de roi, ce qui ne l'empêcha pas d'être répudiée par un comte.

Née dans ce château, Adélaïde y revint pleurer, lorsque des malheurs pareils à ceux de sa mère lui firent verser des larmes semblables. Dans les ames tendres la solitude fait germer l'amour. Elle étoit venue demander à ces vieux murs les souvenirs du passé; l'amour fit oublier le passé, peupla le vieux château et l'embellit des illusions de l'avenir.

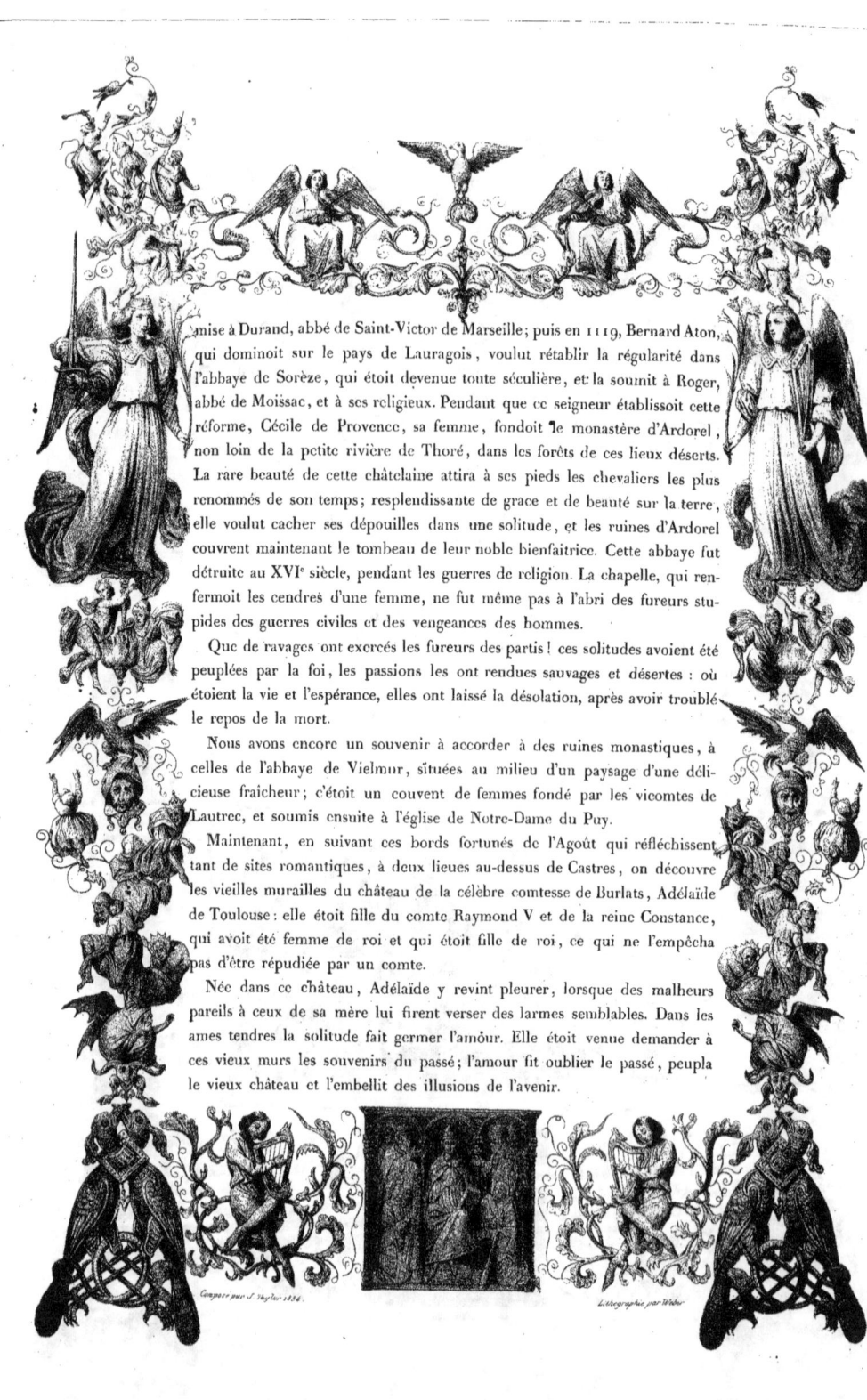

La beauté d'Adélaïde attira près d'elle une cour plus nombreuse et plus riche peut-être que celle que lui avoit valu la puissance : un roi s'y présenta avec sa couronne, un poëte avec sa harpe; le roi s'appeloit Alphonse d'Aragon, le poëte Arnaud de Marviell. Arnaud de Marviell fut préféré.

La jalousie d'Alphonse (il étoit trouvère aussi) ne laissa point Arnaud jouir long-temps de son bonheur : l'amant dédaigné employa toute sa puissance pour éloigner l'amant heureux. Marviell exilé quitta le château de Burlats. Ses chants, échos harmonieux, indiquent quelque temps encore sa trace à la cour de Guillaume de Montpellier, puis, s'éloignant bientôt des villes et des hommes, vont se perdre dans les plaines de la Provence, où le tombeau se ferme sur le troubadour et sur sa harpe muette.

Adélaïde de Toulouse mourut vers la même époque (1), doublement malheureuse, et de ses propres infortunes et de celles de son fils, le vicomte Roger. Ce jeune guerrier s'étoit jeté dans Carcassonne pour défendre cette

(1) L'année 1220.

Tour de l'Abbaye de Sorèze.

ville contre les croisés : bientôt ses exploits merveilleux enlevèrent tout espoir de réussite au légat du pape qui commandoit le siége. Il fit offrir un accommodement à Roger; celui-ci, sans défiance, l'accepta, et se rendit dans le camp ennemi pour traiter de la paix : chargé de chaînes et traîné dans une prison, il y mourut bientôt après, comptant à peine vingt-quatre années. Il laissoit un fils, âgé de quatre ans, héritier de la maison des Trencavel.

Simon de Montfort, qui s'étoit déja fait céder par la veuve du malheureux Roger les droits qu'elle avoit sur plusieurs domaines de son mari, songea à s'approprier les biens de l'orphelin, après avoir dépouillé la veuve : il fit souscrire à un pauvre et foible enfant une donation du domaine de Trencavel; et, par une précaution qui a les apparences d'une raillerie, l'acte porte que cette cession est faite du propre mouvement du donataire, libre qu'il est de toute suggestion, de toute crainte, et par le seul effet de sa libéralité. Ce domaine se composoit des vicomtés de Beziers, de Carcassonne, d'Albi et de Rasez. Huit ans après, lorsque Simon de Montfort tomba mort sous les murs de Toulouse, ses conquêtes se divisèrent entre ses héritiers, qui, moins puissans peut-être pour conserver que Simon ne l'avoit été pour acquérir, les laissèrent peu à peu échapper de leurs mains; Amauri, son fils, qui lui avoit succédé, céda tous ses droits au roi Louis VIII; il ne restoit que la seigneurie de Castres, qui avoit été inféodée à Gui de Montfort, frère puîné de Simon, tige des seigneurs de Castres de son nom, seigneurie érigée en comté en 1356 par le roi Jean en faveur de Jean de Bourbon.

Cependant ce domaine rentra bientôt à la couronne; Louis VIII l'acquit par sa politique et le légua à Louis IX, qui reconnut le fils de Gui, Philippe Ier de Montfort, sous la foi de l'hommage lige.

Depuis vingt ans, Philippe de Montfort étoit en possession de sa seigneurie, lorsque Louis IX résolut de faire une nouvelle tentative pour délivrer la Terre-Sainte; Philippe fut l'un des premiers à répondre à son appel, et Joinville, dans ces annales écrites sur l'arçon de la selle avec la pointe de l'épée, a consacré le souvenir de plusieurs de ses actions. Mansour le vit combattre entre Robert d'Artois et Raoul de Coucy, qui tombèrent tous deux à ses côtés, et saint Louis, partant pour sa captivité, remit à sa sagesse et à

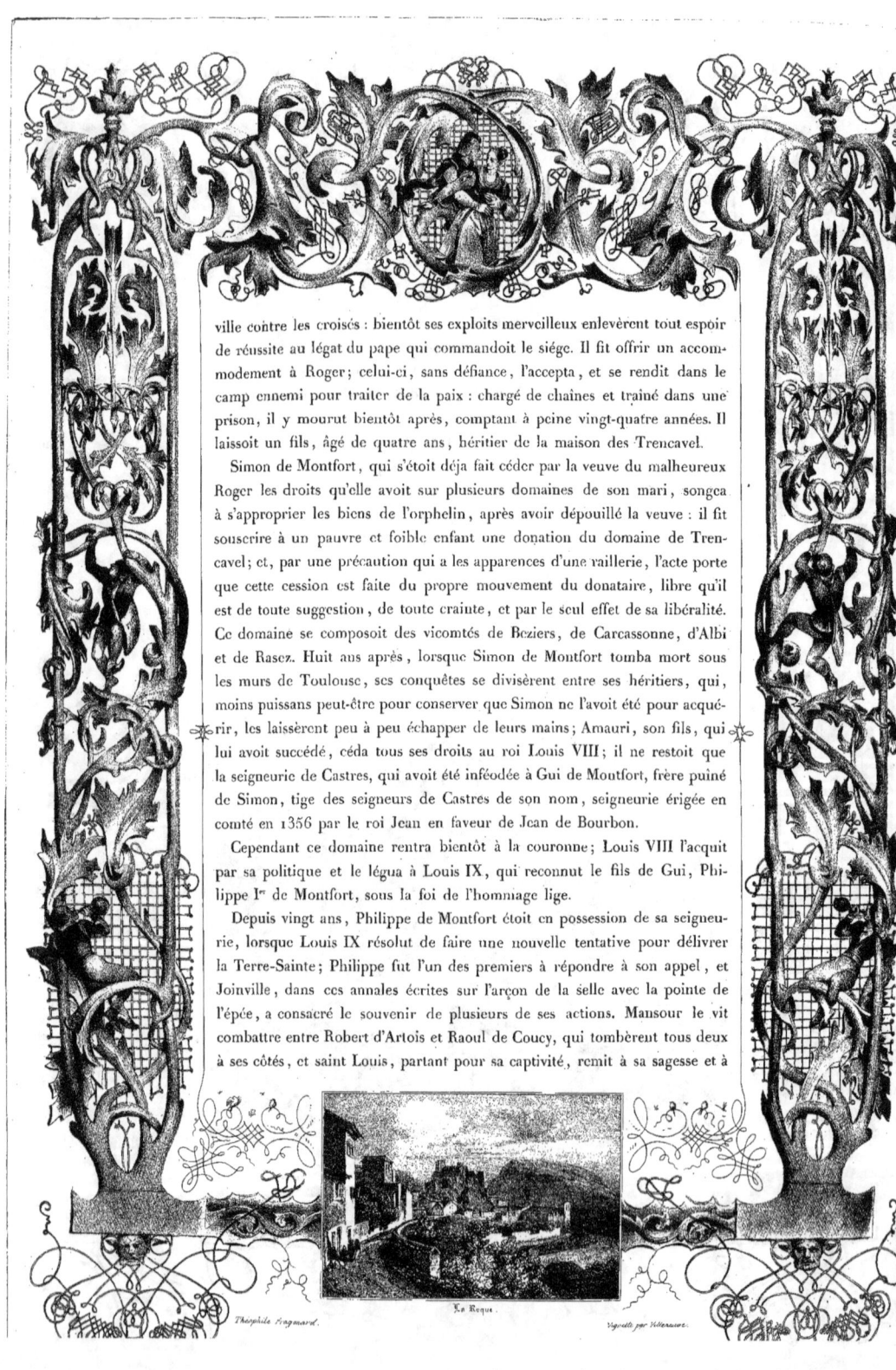

La Roque.

sa fidélité le soin de conclure la trêve de dix ans qui fut signée peu de temps après entre lui et le soudan.

Bientôt comme une esclave soumise, *Sur* (1) la mahométane, l'antique Tyr, reconnoît la domination de Montfort, qui, oubliant la terre où il est né pour celle où il veut mourir, donne à son fils Philippe II sa seigneurie de France : pensée sublime de ces héros qui, après avoir conquis un tombeau, restoient leur vie entière à sa garde, et abandonnoient même les biens de la patrie, afin qu'aucun intérêt mondain ne détournât leurs yeux fixés sur un sépulcre. Quatre ans après, le nom du fils retentissoit avec autant d'éclat dans les plaines de Bénévent que celui du père l'avoit fait sur les rives du Nil, et tandis que Philippe Ier ajoute à ses titres celui de seigneur de Tyr, Philippe II ajoute aux siens celui de vice-roi de Sicile.

Puis, comme si toute cette famille étoit la chose du roi, saint Louis, après avoir conduit le frère aîné pour combattre avec lui à Mansour, revient chercher le frère cadet pour mourir avec lui à Tunis.

(1) Sour.

Pont du saut du Sabot.

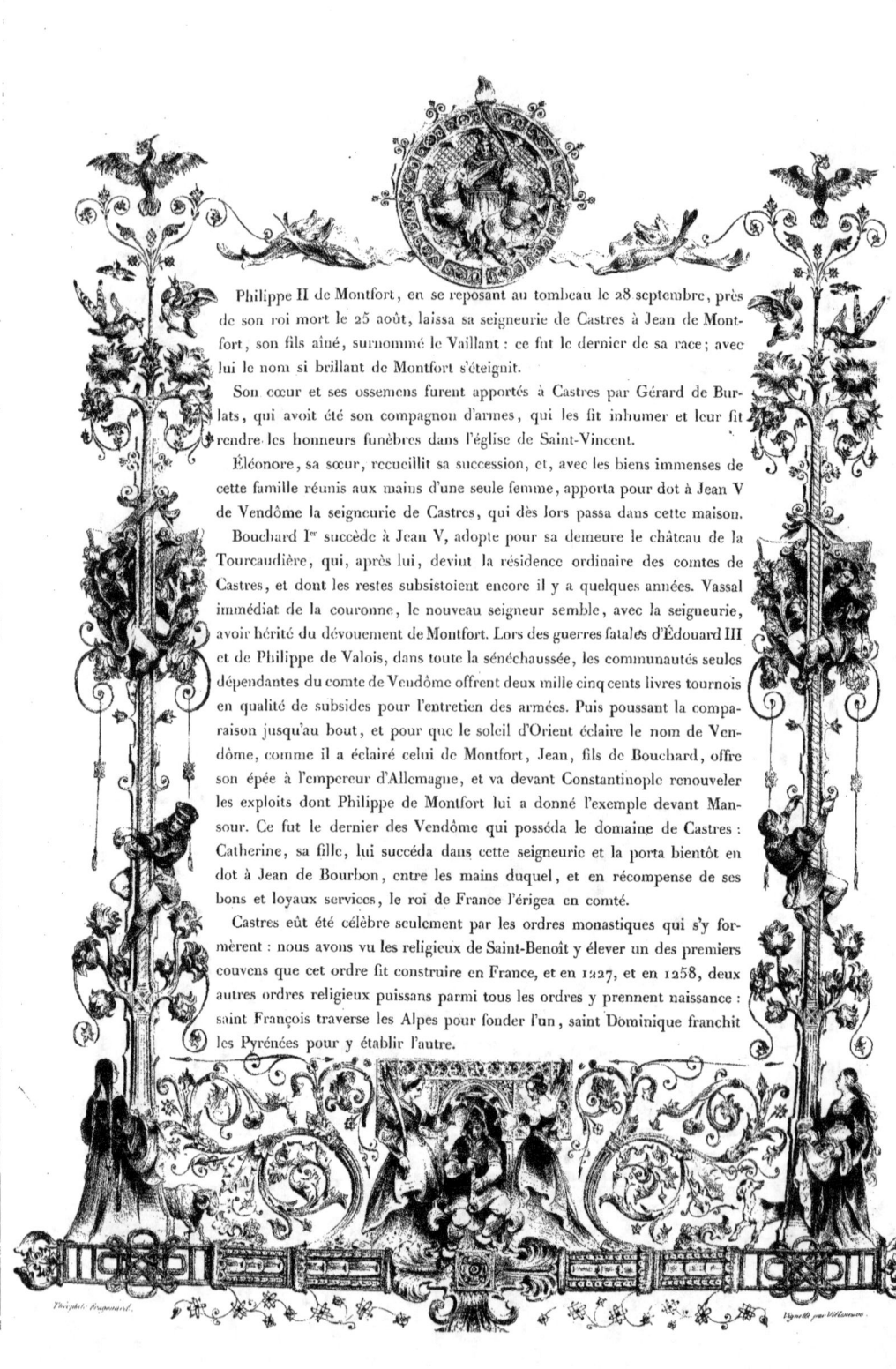

Philippe II de Montfort, en se reposant au tombeau le 28 septembre, près de son roi mort le 25 août, laissa sa seigneurie de Castres à Jean de Montfort, son fils aîné, surnommé le Vaillant : ce fut le dernier de sa race ; avec lui le nom si brillant de Montfort s'éteignit.

Son cœur et ses ossemens furent apportés à Castres par Gérard de Burlats, qui avoit été son compagnon d'armes, qui les fit inhumer et leur fit rendre les honneurs funèbres dans l'église de Saint-Vincent.

Éléonore, sa sœur, recueillit sa succession, et, avec les biens immenses de cette famille réunis aux mains d'une seule femme, apporta pour dot à Jean V de Vendôme la seigneurie de Castres, qui dès lors passa dans cette maison.

Bouchard Ier succède à Jean V, adopte pour sa demeure le château de la Tourcaudière, qui, après lui, devint la résidence ordinaire des comtes de Castres, et dont les restes subsistoient encore il y a quelques années. Vassal immédiat de la couronne, le nouveau seigneur semble, avec la seigneurie, avoir hérité du dévouement de Montfort. Lors des guerres fatales d'Édouard III et de Philippe de Valois, dans toute la sénéchaussée, les communautés seules dépendantes du comte de Vendôme offrent deux mille cinq cents livres tournois en qualité de subsides pour l'entretien des armées. Puis poussant la comparaison jusqu'au bout, et pour que le soleil d'Orient éclaire le nom de Vendôme, comme il a éclairé celui de Montfort, Jean, fils de Bouchard, offre son épée à l'empereur d'Allemagne, et va devant Constantinople renouveler les exploits dont Philippe de Montfort lui a donné l'exemple devant Mansour. Ce fut le dernier des Vendôme qui posséda le domaine de Castres : Catherine, sa fille, lui succéda dans cette seigneurie et la porta bientôt en dot à Jean de Bourbon, entre les mains duquel, et en récompense de ses bons et loyaux services, le roi de France l'érigea en comté.

Castres eût été célèbre seulement par les ordres monastiques qui s'y formèrent : nous avons vu les religieux de Saint-Benoît y élever un des premiers couvens que cet ordre fit construire en France, et en 1227, et en 1258, deux autres ordres religieux puissans parmi tous les ordres y prennent naissance : saint François traverse les Alpes pour fonder l'un, saint Dominique franchit les Pyrénées pour y établir l'autre.

Long-temps après l'érection de l'abbaye de Saint-Benoît en évêché, un ordre beaucoup plus ancien que ceux de Saint-Dominique et de Saint-François, l'ordre des chartreux, fut établi près de Castres. Il y avoit plus de deux cent cinquante ans que saint Bruno avoit fondé sa chartreuse dans les montagnes du Dauphiné près de Grenoble, lorsque, vers les années 1351 ou 1359, Raymond Saisse et Centulia de Brètes, sa femme, bâtirent sur les rives de l'Agoût la chartreuse de Saix, un des plus beaux de ces palais du silence, de la mélancolie et de la mort, que nous eussions en France; elle fut connue d'abord sous le nom de *Notre-Dame de Beauvoir-les-Castres* ou *Belvésé* (1). La religion dans des contrées voisines nous a conservé jusqu'à ce jour quelques-uns des admirables monumens de ces religieux qui alloient labourer les déserts et donnoient le produit de leurs travaux aux malheureux d'abord, et aux arts ensuite, pour produire les chartreuses de Pavie et de Séville. En l'absence de la religion, Romano et Murillo les sauveront-ils maintenant de

(1) *Bellivisus.*

la barbarie et de la philosophie qui se donnent la main pour essayer encore de renverser ces derniers édifices, fruits si riches du génie de l'homme, de sa puissante raison et de sa sainte philosophie libérale?

On offrira peut-être un dépôt de mendicité aux hommes qui demanderont les baumes de la solitude pour leur désespoir, et si nos progrès avoient prévalu déjà au XVe siècle, on auroit donné probablement un hôpital aux Rancé et aux Commingcs pour consolation à leurs infortunes, et pour guérir les blessures de leurs ames ardentes et pieuses. Maintenant ces mêmes hommes se feroient chefs de partisans dans vos sociétés, faute de trouver un asile pour calmer l'ivresse et le délire de leurs passions.

Ce fut quelques jours avant la bataille de Poitiers, et comme s'il eût pressenti les grands avenirs de la maison de Bourbon, que le roi de France érigea le domaine de Castres en comté, en faveur de son nouveau seigneur, et celui-ci, de son côté, fidèle à son ami, comme l'avoient été ses devanciers aux leurs, partagea la fortune de Jean, comme les Montfort celle de saint Louis. Fait prisonnier avec lui, il l'accompagna en Angleterre, et en échange de son épée de comte qu'il avoit rendue à l'ennemi, son royal compagnon lui donna celle de connétable, qu'il rendit à Duguesclin.

La seigneurie de Castres, érigée ainsi en comté sous Jean de Bourbon, se composoit de tout le pays que Philippe Ier de Montfort avoit reçu de Louis XI sous la foi de l'hommage lige; elle étoit formée de la baronnie de Lesignan, dans le diocèse de Narbonne; des vicomtés d'Ambialet, de Paulin, de Murat, dans le diocèse d'ALBI; des baronnies de Lombers, de Berens et de Curvale dans l'Albigeois, auxquelles il faut joindre les villes de Viane, de Lacaune, de Brassac, Saint-Amans, Roquecourbe et Boissezon : quant à la ville d'ALBI, si elle n'étoit pas comprise dans l'étendue du comté de Castres, il est au moins certain que Castel-Vieil, qui forme maintenant un des faubourgs de cette ville, en faisoit partie.

Ce fut le troisième fils de Jean et de Catherine de Vendôme, Jacques de Bourbon, que la fameuse Jeanne de Naples choisit pour époux, qu'elle fit roi de trois royaumes, qu'elle chassa du trône qu'il voulut reconquérir, et qui, trahi par la fortune comme par sa femme, revint mourir à Besançon

Église de Rabastens.

sous l'habit de saint François, laissant pour souvenir de sa toute-puissance éphémère, une cloche de quatre-vingts quintaux, au couvent de Saint-Antoine en Viennois, qui devoit sonner et qui sonna tous les jours de sa vie autant de coups qu'il avoit d'années.

En se retirant du monde le même roi en avoit transporté tous les biens à sa fille Éléonore de Bourbon; il vit donc de son vivant passer la belle seigneurie de Castres aux mains d'un Armagnac, fils de celui qui fut massacré par le peuple, père de celui qui fut tué par un roi.

Tout le monde connoît le supplice de Jacques d'Armagnac, duc de Nemours, dont le sang tomba comme une rosée mortelle sur ses fils placés sous l'échafaud. La race et le nom de Nemours s'éteignit vingt ans après à la bataille de Cérignole, par la mort illustre du duc qui commandoit les François, le fils du supplicié.

Bouffil de Juges, qui avoit signé la condamnation du proscrit, et qui avoit lui-même provoqué le supplice par la délation, reçut en récompense de l'arrêt qu'il avoit rendu, la seigneurie de Castres des mains de Louis XI, qui

Castres

le récompensoit non-seulement de sa complaisance, mais encore de son habileté; car c'étoit à lui qu'il devoit l'acquisition du Roussillon. Cette seigneurie ne resta pas long-temps entre ses mains; il en fit donation en 1497 à Jean d'Albert, auquel le parlement l'arracha en 1519, pour la réunir à la couronne de France.

Soixante-dix ans s'écoulent, et en ramenant les yeux sur la ville de Castres, on aperçoit sur la place publique un bûcher, sur ce bûcher un homme, et autour de ce bûcher et de cet homme, une grande foule qui le regarde mourir. Cet homme, c'est le calviniste Martini, qui supporta la mort avec un tel courage, que, bravant l'inquisition qui veilloit à son supplice, une voix partit de la foule et lui cria : *Martyr, élève les yeux au ciel, et te fie en la grâce et miséricorde de Dieu qui te recevra aujourd'hui en son royaume!* Ces paroles tombent sur ce peuple comme la semence sur la terre, et cinq ans après, la nouvelle religion exerçoit publiquement son culte dans la ville de Castres. Deux ans après, un édit accordoit aux calvinistes le libre exercice de leur culte, et l'église de la Platé fut le premier temple de cette ville, où pour faire le prêche, on brisa les images et les autels, et les quatre consuls de l'année 1562 furent tous choisis dans les notables faisant partie de la religion réformée.

Joyeuse, qui vécut comme Alcibiade et mourut comme Épaminondas, reprit en 1563 la ville sur les calvinistes, qui la reprirent sur lui en 1567. Gontaut de Byron, envoyé par Coligny, vint bientôt offrir aux Castrois l'appui de son nom et le secours de son épée; en moins d'un mois Burlats, Montfa, Moutpinié et Brassac lui ouvrirent leurs portes, et il alloit entreprendre le siège de Saix et de Labruyère, lorsqu'il fut rappelé par les princes, pour venir mourir quelques mois après à la bataille de Montcontour. Gabriel de Montgommery le remplaça; c'étoit le même qui, dans le tournoi des Tournelles, avoit frappé mortellement Henri II.

En l'année 1569, les habitans de Castres travaillèrent à fortifier leur ville; ils élevèrent sept bastions. Castres devenoit une place importante pour les calvinistes. La paix y fut publiée le 3 septembre 1570, et d'après les conditions du traité, la ville reçut une garnison catholique. Jean de Nadal, seigneur de Lacrouzette, en prit possession à la tête de deux compagnies, et pendant cette paix le tocsin de la Saint-Barthélemi bourdonna à Paris du haut de la tour de l'horloge, et s'en fut bruissant par toute la France donner le signal des massacres qui terminoient avec le poignard cette guerre qui avoit commencé par la parole, et qui s'étoit soutenue pendant un demi-siècle avec l'épée.

Jean de Nadal n'exécuta pas les ordres de la cour, et où les calvinistes avoient versé tant de sang catholique, les calvinistes dans ces jours de terreur pour eux ne furent point massacrés.

En 1574, la ville, défendue par des troupes corses et albanaises, est attaquée et prise d'assaut par Bouffard Lagrange : les calvinistes pour reconnoitre la conduite noble et généreuse de Lacrouzette, assaillent et tuent les malheureux habitans.

Une nouvelle paix autorise l'exercice public du calvinisme dans tout le royaume, sous la dénomination de religion prétendue réformée; puis le sang recommence à couler.

Prise et reprise plusieurs fois dans les derniers mouvemens de l'agonie de la religion calviniste, Castres nous jette de temps en temps parmi ses assié-

Anciens murs de la Chartreuse de Saix.

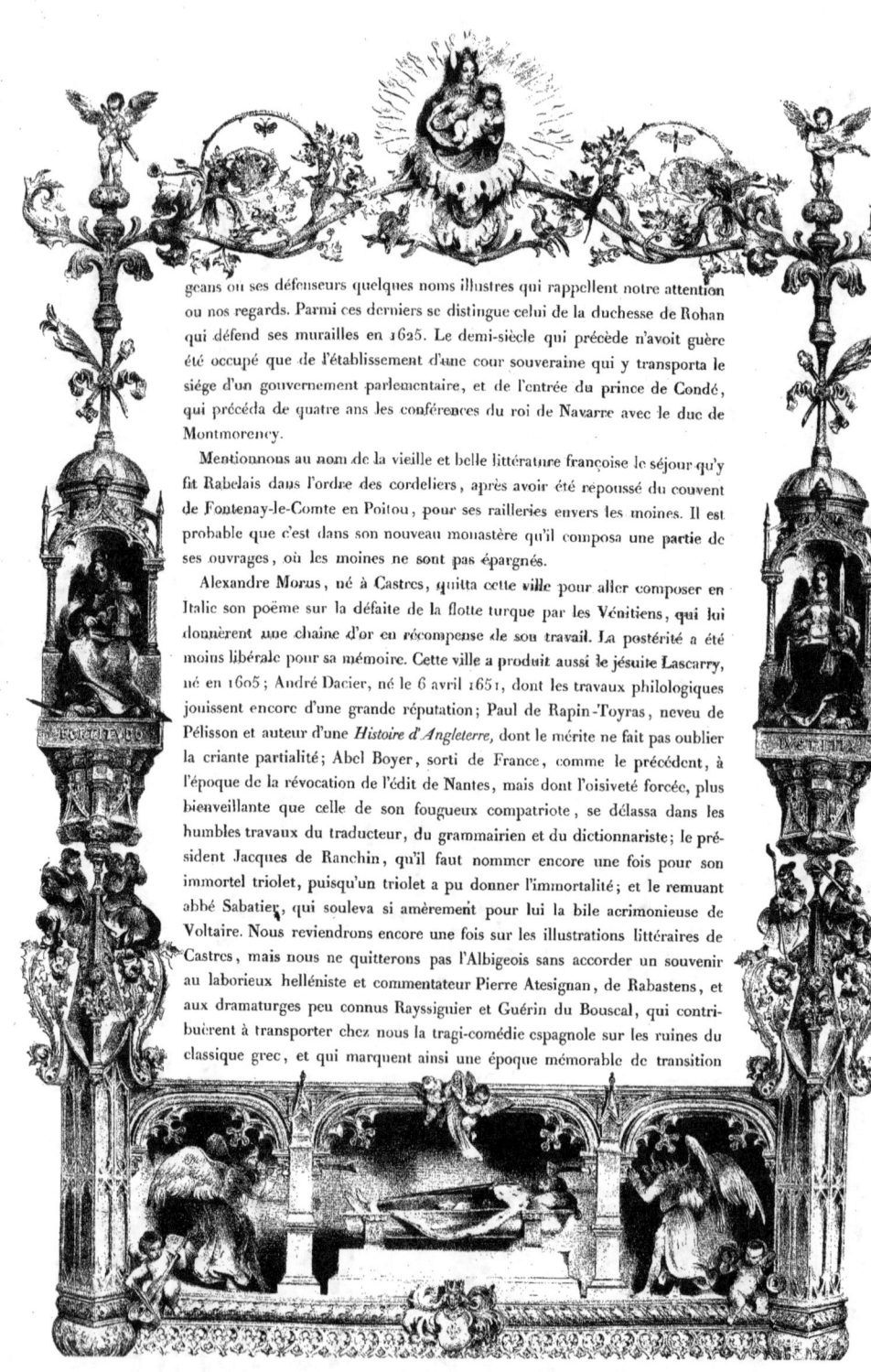

geans ou ses défenseurs quelques noms illustres qui rappellent notre attention ou nos regards. Parmi ces derniers se distingue celui de la duchesse de Rohan qui défend ses murailles en 1625. Le demi-siècle qui précède n'avoit guère été occupé que de l'établissement d'une cour souveraine qui y transporta le siége d'un gouvernement parlementaire, et de l'entrée du prince de Condé, qui précéda de quatre ans les conférences du roi de Navarre avec le duc de Montmorency.

Mentionnons au nom de la vieille et belle littérature françoise le séjour qu'y fit Rabelais dans l'ordre des cordeliers, après avoir été repoussé du couvent de Fontenay-le-Comte en Poitou, pour ses railleries envers les moines. Il est probable que c'est dans son nouveau monastère qu'il composa une partie de ses ouvrages, où les moines ne sont pas épargnés.

Alexandre Morus, né à Castres, quitta cette ville pour aller composer en Italie son poème sur la défaite de la flotte turque par les Vénitiens, qui lui donnèrent une chaîne d'or en récompense de son travail. La postérité a été moins libérale pour sa mémoire. Cette ville a produit aussi le jésuite Lascarry, né en 1605; André Dacier, né le 6 avril 1651, dont les travaux philologiques jouissent encore d'une grande réputation; Paul de Rapin-Toyras, neveu de Pélisson et auteur d'une *Histoire d'Angleterre*, dont le mérite ne fait pas oublier la criante partialité; Abel Boyer, sorti de France, comme le précédent, à l'époque de la révocation de l'édit de Nantes, mais dont l'oisiveté forcée, plus bienveillante que celle de son fougueux compatriote, se délassa dans les humbles travaux du traducteur, du grammairien et du dictionnariste; le président Jacques de Ranchin, qu'il faut nommer encore une fois pour son immortel triolet, puisqu'un triolet a pu donner l'immortalité; et le remuant abbé Sabatier, qui souleva si amèrement pour lui la bile acrimonieuse de Voltaire. Nous reviendrons encore une fois sur les illustrations littéraires de Castres, mais nous ne quitterons pas l'Albigeois sans accorder un souvenir au laborieux helléniste et commentateur Pierre Atesignan, de Rabastens, et aux dramaturges peu connus Rayssiguier et Guérin du Bouscal, qui contribuèrent à transporter chez nous la tragi-comédie espagnole sur les ruines du classique grec, et qui marquent ainsi une époque mémorable de transition entre Garnier et Corneille. Auger ou Augier Gaillard ou Galliard, leur compatriote, mérite mieux des biographes qui l'ont injustement oublié. Il fut le dernier troubadour de sa vieille langue romane, ou le premier poëte de son gracieux patois, et la faveur des rois Charles IX, Henri III et Henri IV, couronna les ingénieux travaux de sa muse rustique. Le fameux Goudouly lui-même ne l'a pas fait entièrement oublier des amateurs de cette muse naïve, dont les chants sont si précieux pour l'histoire des dialectes. Le jésuite Gaubil, né à Gaillac vers la fin du XVIIe siècle, envoyé missionnaire à la Chine, et qui mourut mandarin à Pékin, a laissé la réputation d'un habile observateur, d'un profond linguiste, et, pour tout dire, d'un des grands hommes des missions. Enfin, Gaillac s'honore aussi d'avoir produit Joseph Vaissette, qui y naquit en 1685, historien érudit, exact et judicieux, qui nous a servi de guide dans la plupart de nos recherches sur le LANGUEDOC, membre illustre d'une congrégation dont ses travaux ont augmenté la gloire, et qui aura un monument dans l'Albigeois quand ses concitoyens auront acquis assez de lumières pour savoir s'enorgueillir des hommes qui illustrèrent leur patrie. L'ami,

Château de Burlats

le collaborateur de dom Vaissette, dom de Vic, est né à Sorrèze, foyer célèbre d'instruction et de science, auquel son honorable souvenir ajoute encore quelque éclat.

Nous avons promis de revenir, en finissant, sur les hommes célèbres de Castres, parce que nous nous sommes réservé de payer un juste tribut d'estime et de reconnoissance à Pierre Borel, médecin, qui y naquit en 1620 d'un père exercé aux bonnes lettres et à la poésie, et qui fut lui-même un des plus riches esprits dont l'Albigeois puisse s'honorer. Ses *Antiquités de Castres*, publiées en 1649, et dont l'extrême rareté fait desirer une bonne réimpression, renferment une foule de faits intéressants et des recherches d'histoire naturelle, dans lesquelles on desireroit plus d'observations et de critique, mais qui resteront toujours instructives et curieuses. Son *Trésor des Recherches des antiquités gauloises* étoit, pour le temps, un excellent ouvrage, dont on se sert souvent encore sans le citer. Son *Discours sur la pluralité des mondes* est daté de l'année où Fontenelle arriva dans celui-ci. A supposer qu'il y ait un plagiaire entre les deux, il ne sera pas difficile à trouver. Philosophe, historien, antiquaire, naturaliste, chimiste, et surtout philologue très-distingué, Borel est un de ces grands hommes qui n'ont pas obtenu leur part légitime de renommée dans l'estime de la postérité. Il mourut cependant membre de l'académie des sciences, mais il est un peu moins connu que Ranchin, qui avoit fait ce beau triolet.

Après Richelieu et Louis XIII, la centralisation du pouvoir, qui va toujours se resserrant entre les mains des rois, éteignit peu à peu l'influence individuelle des provinces, et le LANGUEDOC vient concourir à son tour, il est vrai, à la grande histoire monarchique; mais il cesse d'avoir et même de mériter une histoire particulière, en perdant son individualité de domaine et de peuple, pour devenir une annexe territoriale du royaume. Castres, de comtesse qu'elle étoit, devint simple sujette; sa couronne perlée ne fut plus qu'un fleuron de la couronne fleurdelisée, et ses modestes annales, englouties dans l'océan des nôtres, ne sont plus, comme celles de toutes les cités secondaires de France, qu'un épisode de gazette ou d'almanach.

Une route facile conduit près de Castres à une petite ville qui eut aussi une grande illustration : c'est Lautrec. Au milieu des guerres interminables de la féodalité, apparoissent les vicomtes de Lautrec qui préludent dans leurs montagnes par des combats particuliers contre les vicomtes de Carcassonne, aux expéditions transalpines de Louis XII contre Jules II. Les Lautrec arrosent l'Italie de leur sang. François Ier, contre Charles-Quint à Pavie, conserve le double souvenir de la défaite du roi et de la vengeance qui y exercèrent les armes d'un Lautrec, son fidèle lieutenant, et le voyageur peut y voir, dans le même jour, la prison où le roi-chevalier écrivit le fameux billet dont l'histoire a perdu l'original, mais dont la France a gardé la copie, et la brèche sur laquelle deux ans après flottoit une bannière victorieuse et sanglante, ornée d'une croix de Toulouse au chef chargé d'un lion passant, cimier à tête d'aigle couronnée : ces armes étoient celles de Lautrec.

Lautrec possède encore un attrait pour nous, deux vénérables familles, souches d'hommes à talents : Alaux et Dauzats, qui nous aident, à travers la France, à décrire toutes ses ruines, sont nés dans cette petite ville, maintenant solitaire, veuve de ses vieilles tours et de ses remparts, et cependant si belle et si parée de poétiques souvenirs.

Les environs de Castres sont assez riches en monumens druidiques, quoique tous les morceaux de pierre auxquels on donne un nom celtique ne méritent pas bien authentiquement cet honneur. Mais les rochers de Sidobre en possédoient un grand nombre, et ils renfermoient plus particulièrement un admirable *dolmen*, dont on peut voir encore les ruines : la table actuellement brisée étoit portée par des piliers qui avoient environ quinze pieds de haut. Chaque jour maintenant, on vient mutiler encore les restes mutilés de ce monument que le temps respecta pendant plus de deux mille ans.

Mais ce qui attire surtout l'attention du peuple, ce sont les pierres qu'on appelle *branlantes*, et quelques-unes sont bien *druidiques*; cependant le plus grand nombre ne doit, selon toute apparence, la singularité qui les fait remarquer qu'à l'action du temps qui a rongé leur base vers le point où elles adhéroient au sol ou se lioient à d'autres rochers.

Les *rocs del Pioch*, situés dans le lieu nommé *Caut-Souleil*, le rocher placé sur le penchant d'une colline nommée *Pioch del Biscay* et le rocher *Clabado*

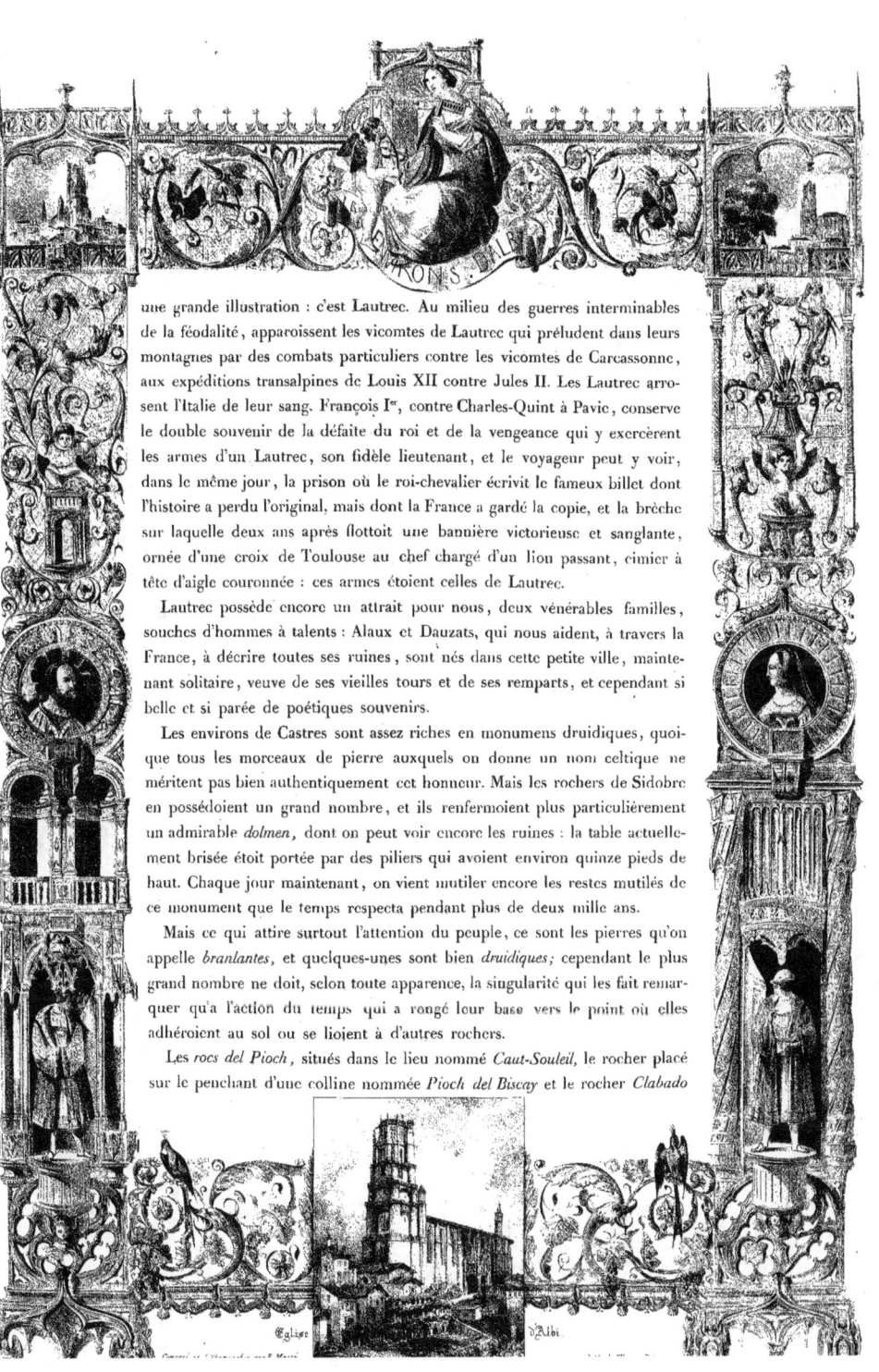

Église d'Albi.

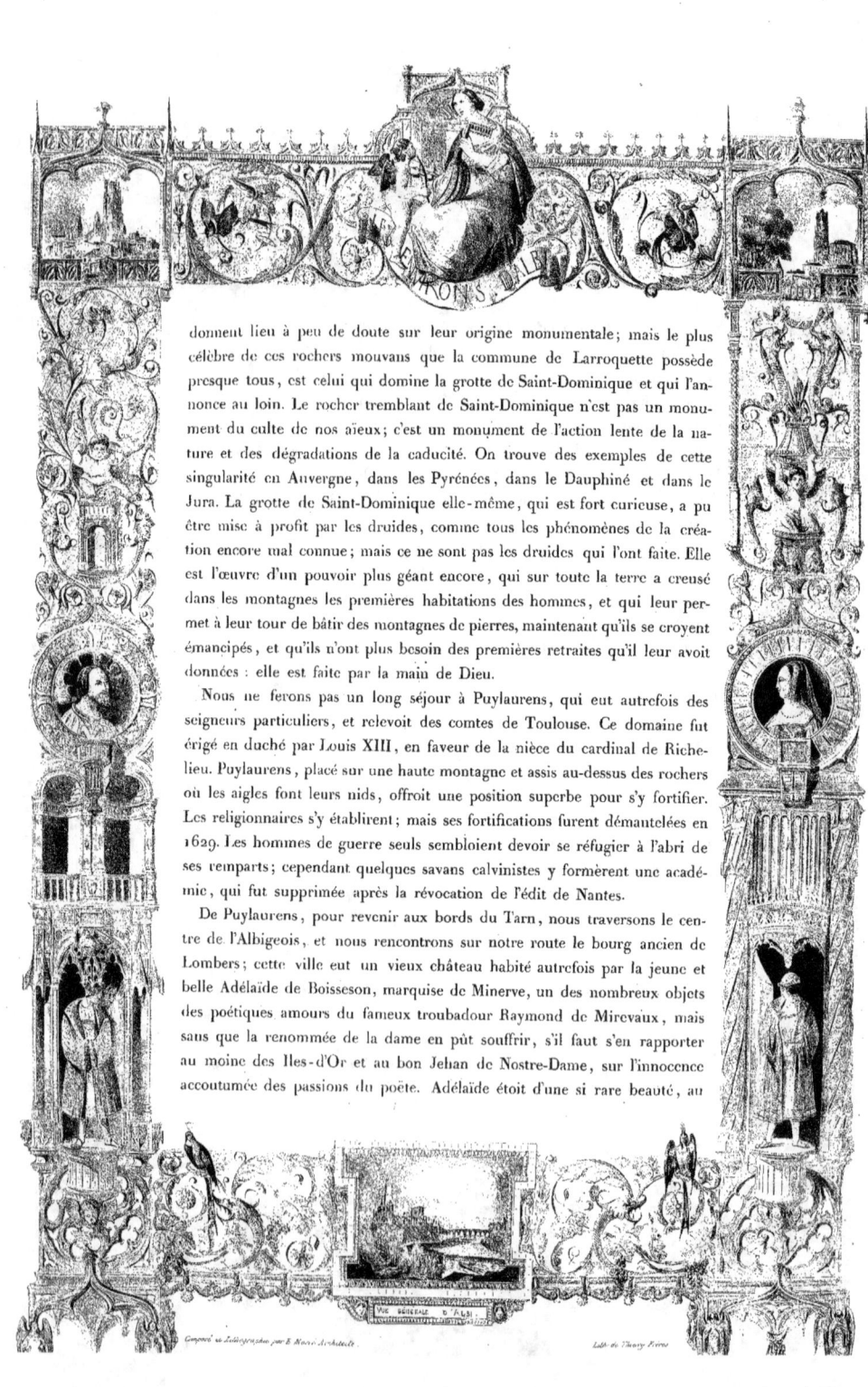

donnent lieu à peu de doute sur leur origine monumentale; mais le plus célèbre de ces rochers mouvans que la commune de Larroquette possède presque tous, est celui qui domine la grotte de Saint-Dominique et qui l'annonce au loin. Le rocher tremblant de Saint-Dominique n'est pas un monument du culte de nos aïeux; c'est un monument de l'action lente de la nature et des dégradations de la caducité. On trouve des exemples de cette singularité en Auvergne, dans les Pyrénées, dans le Dauphiné et dans le Jura. La grotte de Saint-Dominique elle-même, qui est fort curieuse, a pu être mise à profit par les druides, comme tous les phénomènes de la création encore mal connue; mais ce ne sont pas les druides qui l'ont faite. Elle est l'œuvre d'un pouvoir plus géant encore, qui sur toute la terre a creusé dans les montagnes les premières habitations des hommes, et qui leur permet à leur tour de bâtir des montagnes de pierres, maintenant qu'ils se croyent émancipés, et qu'ils n'ont plus besoin des premières retraites qu'il leur avoit données : elle est faite par la main de Dieu.

Nous ne ferons pas un long séjour à Puylaurens, qui eut autrefois des seigneurs particuliers, et relevoit des comtes de Toulouse. Ce domaine fut érigé en duché par Louis XIII, en faveur de la nièce du cardinal de Richelieu. Puylaurens, placé sur une haute montagne et assis au-dessus des rochers où les aigles font leurs nids, offroit une position superbe pour s'y fortifier. Les religionnaires s'y établirent; mais ses fortifications furent démantelées en 1629. Les hommes de guerre seuls sembloient devoir se réfugier à l'abri de ses remparts; cependant quelques savans calvinistes y formèrent une académie, qui fut supprimée après la révocation de l'édit de Nantes.

De Puylaurens, pour revenir aux bords du Tarn, nous traversons le centre de l'Albigeois, et nous rencontrons sur notre route le bourg ancien de Lombers; cette ville eut un vieux château habité autrefois par la jeune et belle Adélaïde de Boisseson, marquise de Minerve, un des nombreux objets des poétiques amours du fameux troubadour Raymond de Mirevaux, mais sans que la renommée de la dame en pût souffrir, s'il faut s'en rapporter au moine des Iles-d'Or et au bon Jehan de Nostre-Dame, sur l'innocence accoutumée des passions du poète. Adélaïde étoit d'une si rare beauté, au moins dans les vers de Raymond, que le roi Pierre d'Aragon, qui fut tué depuis par Simon de Montfort, en devint éperdûment amoureux sans l'avoir jamais vue, sur le récit que lui fit de ses charmes le chevalier-troubadour, dont il avoit fait son ami. Elle reçut de lui plusieurs bijoux de prix, et peu de temps après, le roi d'Aragon fit un voyage exprès à Lombers pour la voir. Ce voyage fut, dit-on, heureux pour le roi, et le troubadour en quitta sa cour de dépit.

En 1165, se tint à Lombers le premier concile où les hérétiques albigeois furent condamnés.

Le roi Philippe-le-Hardi visita Lombers, et y augmenta de deux deniers, les huit deniers de gages qu'avoient par jour les *sergens* dans ses châteaux royaux des alentours et de la sénéchaussée de Carcassonne.

Lombers subit tous les hasards des guerres sans fin qui désolèrent pendant plusieurs siècles ces terres si souvent abreuvées du sang de leurs enfans.

De retour aux bords du Tarn, un touchant souvenir nous arrête non loin de Saint-Michel de Lescure, entre les villages d'Arthès et de Saint-Juery. La rivière y est barrée dans toute sa largeur par un banc immense de schiste; le courant ne s'échappe de cette digue qu'en passant par des cavités, au-delà desquelles il se précipite en nappes brillantes dans des flots d'écume. Au bas de cette cataracte, il se trouve un espace où les eaux sont resserrées dans un canal qui n'a pas vingt pieds de large. C'est là qu'est arrivée, vers le XIe siècle, une aventure douloureuse que la tradition a conservée.

Le village d'Arthès est séparé de Saint-Juery par le Tarn. Dans l'un de ces villages étoit une jeune fille: elle se nommoit Indie, au teint brun et animé, aux grands yeux noirs qui inspirent la passion et révèlent une ame tendre et aimante; Indie avoit captivé tous les soins, tout l'amour d'un pâtre qui habitoit la rive opposée. Saho (c'étoit son nom) étoit enivré de cette passion qui nourrit un tendre retour: rempli de courage, comme Léandre il auroit traversé aussi l'Hellespont pour voir sa bien-aimée Le plus profond mystère

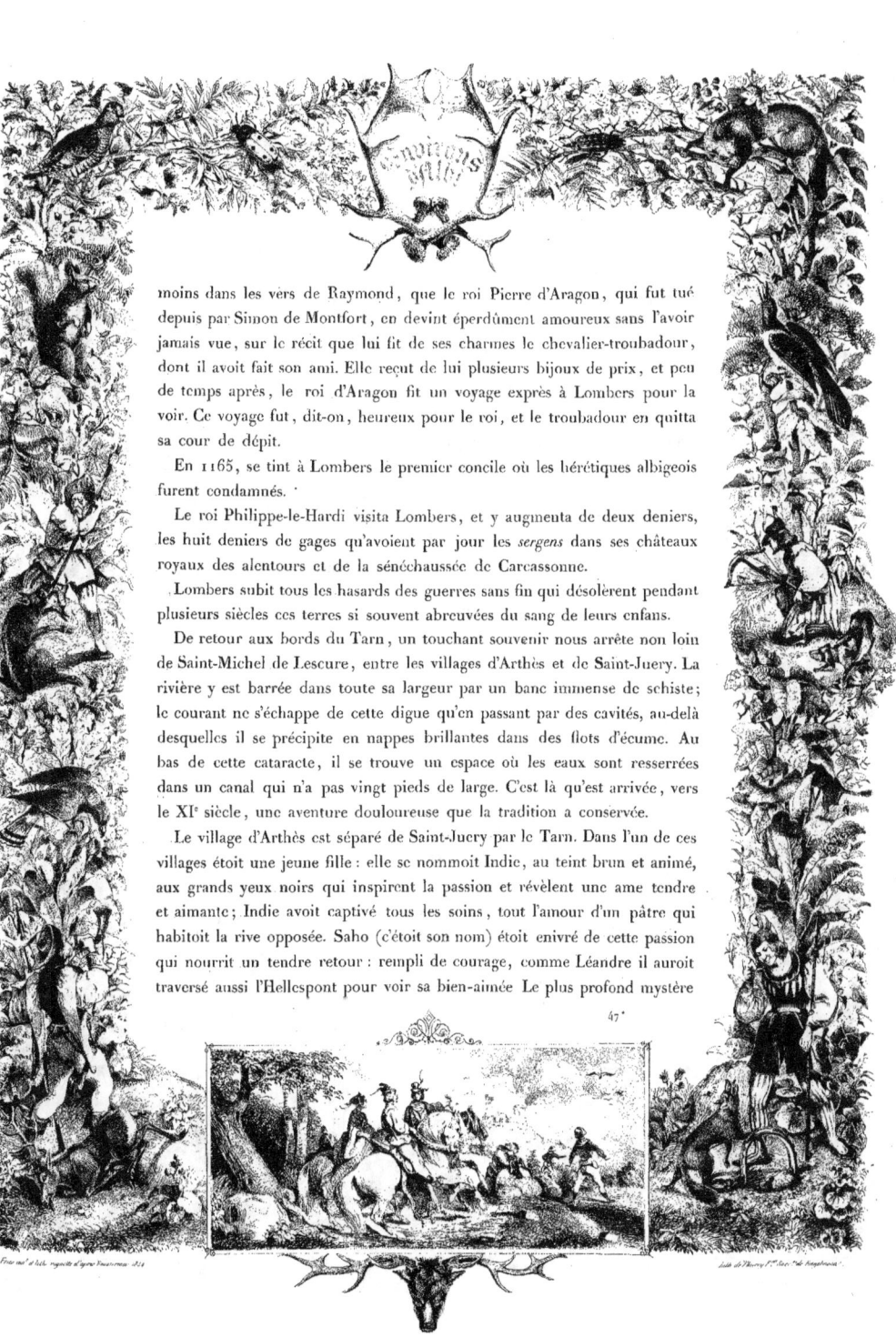

enveloppoit leurs amours, ils le croyoient ; mais la jalousie veilloit : un rival avoit vu plusieurs fois Saho s'élancer dans le fleuve et lutter contre la rapidité du torrent ; il avoit remarqué que le berger ne se hasardoit ainsi que lorsque, pendant le jour, une guirlande de fleurs avoit paru se balançant aux branches d'un des arbres qui ombrageoient sur l'autre rive les eaux transparentes du Tarn. Il comprit le bonheur de Saho, et la jalousie lui inspira un crime. Le rocher, sur lequel l'amant heureux devoit passer, s'inclinoit vers la rivière par une pente rapide et glissante ; il y plaça quelques cailloux arrondis et mobiles, que le moindre ébranlement étoit capable d'entraîner à l'abîme. Saho, sans défiance, y pose son pied et s'élance, mais la trahison a rendu ses efforts inutiles ; il glisse et roule dans les vagues bouillonnantes, et un courant rapide le porte mort et déchiré jusqu'au pied des ogives élevées du vieux pont d'ALBI. Indie, moins heureuse que Héro, ne reçut point ses dépouilles ; la tradition ne dit pas si elle imita le dévouement de la prêtresse de Sestos.

Cette mélancolique histoire de l'amant qui meurt dans les flots en allant voir sa maîtresse, se retrouve dans les traditions des peuples, au bord de tous les fleuves et de tous les détroits, comme à ceux du Tarn et de l'Hellespont. Elle nous a été racontée plus d'une fois en Normandie et en Franche-Comté, comme dans le LANGUEDOC.

En se rapprochant de la capitale de ces belles contrées, on aperçoit le bourg de Lescure, dont la vieille église mérite toute notre attention. On trouve le nom de Lescure dans un acte de l'an 1165, et il avoit le titre de château en 1181. Cette année, Henri, abbé de Clairvaux, évêque d'Albano et cardinal délégué par le pape Alexandre III contre les hérétiques albigeois, y donna audience, le premier juillet, à l'abbé de Sainte-Croix de Bordeaux, qu'il y avoit ajourné avec l'abbé de Saint-Sever-Cap, pour les entendre sur leurs prétentions réciproques à la suzeraineté du monastère de Souillac.

Une lettre du pape Innocent III témoigne que le roi d'Aragon, seigneur

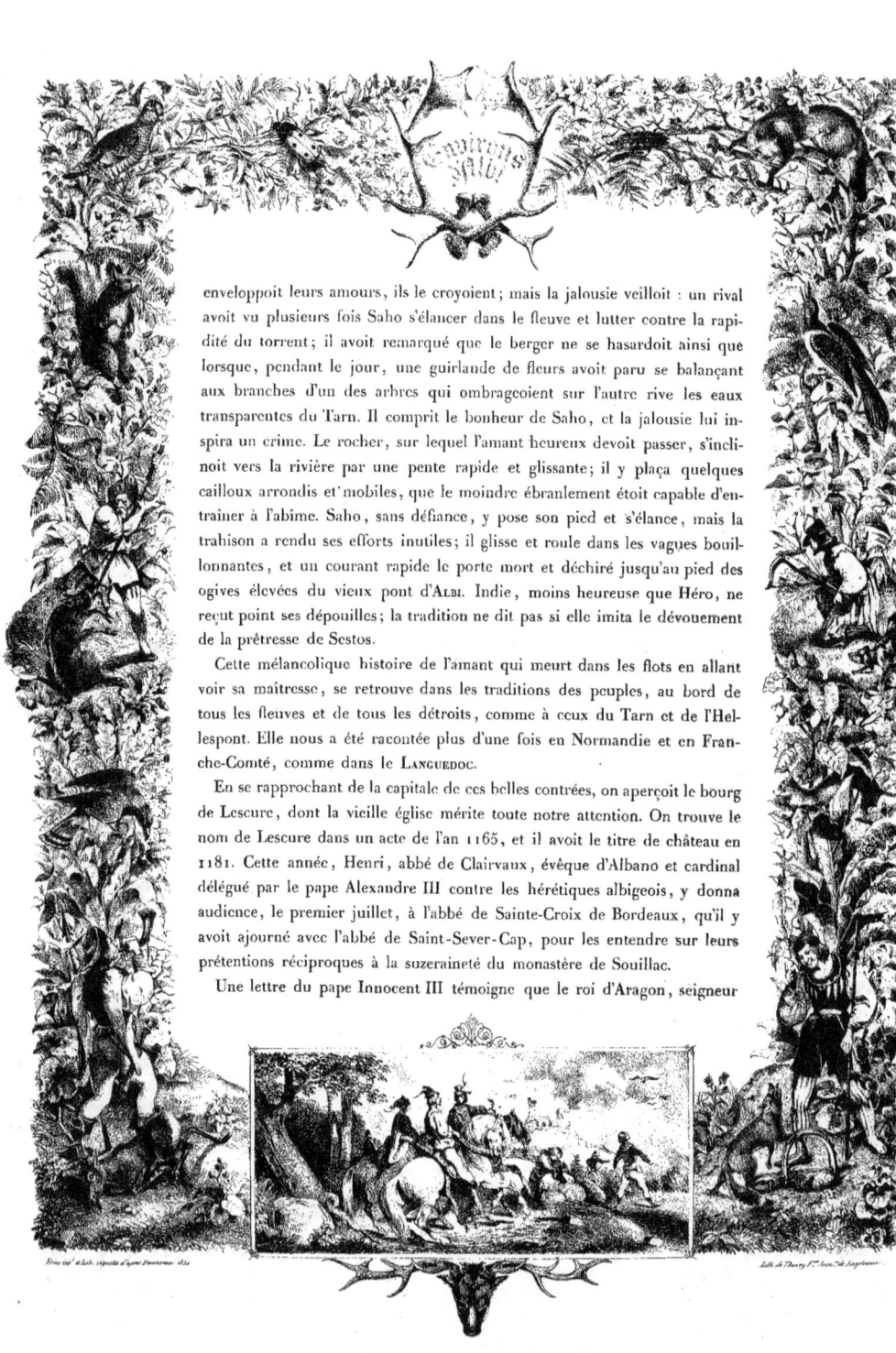

ENVIRONS D'ALBI

de Montpellier, avoit pris, en 1205, le château de Lescure sur les Albigeois. Le pape dit à ce sujet à ses légats, en leur prescrivant de remettre en fief au roi Pierre d'Aragon le château de Lescure (*Scurræ*) : « que ce château avoit « été recouvré par ce prince sur les hérétiques, et qu'il le lui concédoit sous « réserve d'en faire un certain cens annuel à l'église romaine, la propriété « appartenant à saint Pierre. » En effet, le château de Lescure, sur le Tarn, étoit considéré comme domaine de l'église, et les seigneurs se disoient *hommagers* du pape. Plus tard, on voulut les considérer comme hérétiques, afin de leur enlever ce droit de possession. Ainsi, en 1223, Amauri de Montfort, marchant au secours de Penne en Albigeois, ayant pris sa route par le diocèse d'ALBI, s'empara du château de Lescure et le rasa. Il appartenoit alors à Saisse, veuve de Guillaume-Bernard de Lescure, comme tutrice de ses deux fils Guillaume-Bernard et Bertrand.

Il fut rebâti ensuite, et vers l'année 1426, les routiers s'y établirent.

Uni aux protestans, le duc de Montmorency envoya, en 1580, divers corps de troupes, parmi lesquelles parurent des troupes franches assez analogues aux anciennes bandes de routiers, pour assaillir différentes places catholiques. Bacon, chef de l'un de ces corps, surprit le château de Lescure et fit des courses sur ALBI ; il en désola le territoire et obligea les habitans de demander grace au duc qui la leur octroya, mais qui n'empêcha point Bacon de piller le château.

Dans l'accommodement qui eut lieu en 1584, on convint que les *voleurs* quitteroient les châteaux dont ils étoient les maîtres. Bacon reçut du diocèse d'ALBI trois mille écus pour évacuer celui de Lescure. A quelque temps de là, les ligueurs s'en emparèrent ; et, forcés de l'abandonner de nouveau, de nouveau ils l'assiégèrent en 1595 ; mais le duc de Ventadour les obligea bientôt à lever le siége.

Lescure n'est plus aujourd'hui qu'un petit bourg, situé à une lieue environ d'ALBI ; on y voit encore une ancienne porte et quelques restes de remparts ; mais l'église de Saint-Michel, qui est en dehors des murs, construite sur une petite élévation, est seule digne d'y arrêter quelque temps les pas de l'archéologue et de l'artiste.

ENVIRONS D'ALBI

Les arcs à plein cintre, les colonnes à cannelures, les ornemens des chapiteaux et la masse générale de cet édifice, tout annonce qu'il appartient au XIe siècle. La disposition intérieure confirme encore cette pensée. Comme dans la plupart des monumens romans, les chapiteaux sont ornés de bas-reliefs : c'est Abraham prêt à sacrifier son fils Isaac pour obéir au Seigneur (ce sujet est répété dans l'intérieur de l'église). C'est la puissance et la sagesse de Dieu, représentées par un vieillard qui abrite dans son sein l'âme du juste ; c'est Satan, le mauvais génie, qui enlève et étreint l'âme du méchant ; c'est Adam et Ève aux deux côtés de l'arbre de la science du bien et du mal, dont ils ont déjà cueilli le fruit funeste, et que le serpent séducteur embrasse de ses longs replis.

Deux de ces chapiteaux représentent les supplices du péché sous la figure de démons qui tourmentent un avare, et de reptiles hideux qui enlacent et dévorent les membres nus de la luxure.

Toute la façade offre des détails curieux, qui se retrouvent d'ailleurs dans la plupart des monumens religieux de ce siècle. Les anciens archéologues ont souvent cherché bien loin la traduction des symboles chrétiens, et ils ont dépensé plus de savoir qu'il n'en falloit pour expliquer les décorations naïves de nos premiers artistes néophytes. Le culte de Mithra, les mystères mythologiques des Persans et des Égyptiens, ont plusieurs fois été fouillés pour expliquer les devises, les légendes les plus simples, ou les sujets si admirablement poétiques de notre vieille histoire sainte. Quoique nous ne contestions pas que beaucoup de mythes et de symboles antiques aient pu nous fournir aussi des mythes et des symboles, nous sommes loin d'accorder tant de latitude à ces inductions savantes. Chaque religion a porté sa poésie avec elle, et le christianisme étoit assez riche dans ses inspirations pour se passer d'Osiris et de Mithra.

L'église de Saint-Michel de Lescure n'est point un temple mithriaque, et le système de Dupuis n'expliquera rien ici. Il en est de même de beaucoup d'opinions du même genre. Nous comprenons à peine sur quoi a pu se fonder celle qui explique l'antique monogramme du Christ, placé originairement sur les monnoies impériales, puis sur les tombeaux des premiers chrétiens,

puis sur la porte de leurs églises, par les mots *Alexander Pontifex Maximus*, ou *Anna Perenna mater*. Il faut avoir la manie du paradoxe et de l'impossible pour recourir à de telles interprétations. Ce monogramme, figuré ☧, comprenoit le X et le P grecs, qui sont les deux premières lettres de *Christos*. Il est inutile de dire pourquoi elles furent placées entre l'A et le Ω, emblèmes de l'immensité de Dieu, consacrés par sa propre parole. Le Sauveur, ayant annoncé par la bouche du sublime poëte de l'*Apocalypse*, qu'il étoit l'*alpha* et l'*oméga*, c'est-à-dire le commencement et la fin de toutes choses, on a jugé convenable d'accompagner le saint monogramme des deux lettres qui expliquent cette pensée divine. Les artistes grecs du Bas-Empire ont particulièrement employé ce chiffre et ces symboles, imités bientôt par tous les chrétiens d'Occident. On les a sculptés au-dessus du portail de l'église de Lescure, entre l'archivolte et l'architrave, dans un cadre circulaire, et des signes semblables sont placés à la droite et à la gauche de l'archivolte, ornée à son extrémité par un damier continu qui se termine de chaque côté sur la corniche que supportent les chapiteaux des colonnes. Ces colonnes, au nombre de six, soutiennent quatre arcs à plein cintre, dont l'un repose sur un piédroit. Chacun de ces arcs est subdivisé en moulures, et quelques-unes sont couvertes d'ornemens variés. Les signes du zodiaque et des figures emblématiques, ou peut-être purement fantastiques, achèvent de compléter sur la façade la décoration de ce vénérable et curieux monument.

Après avoir consacré quelques momens aux études de cette vieille église, il faut trouver la grande route qui conduit d'Albi à Rodez, et aller sur un plateau qui domine la plaine où coule le Tarn, donner quelques momens encore, avant de quitter l'Albigeois, à l'antique chapelle élevée pour le pélerinage de Notre-Dame de la Drèche, qui, placée dans un site austère, se distingue par ses tours et ses murs crénelés ; elle est appelée, dit-on, Notre-Dame de la Drèche ou de la *Droite*, parce que, parvenu au bout de la voie et sur le plateau qui porte le modeste édifice, il faut se tourner à droite pour arriver à l'oratoire.

L'intérieur, qui est petit, est malheureusement très-mal restauré ; mais la croix vuidée, cléchée et pommetée des comtes de Toulouse, brille encore

sur les voûtes : ce signe semble indiquer que les souverains de cette ville ont été ou les fondateurs ou les bienfaiteurs de l'humble église de Notre-Dame de la Drèche.

C'est, en effet, sous le règne de l'un de ces princes que cette église a été fondée.

Une image miraculeuse apparut dans un buisson, au lieu même où s'élève aujourd'hui la pieuse chapelle, comme à Notre-Dame de l'Épine en Champagne, et dans une multitude de chapelles, fondées en vertu de la même tradition, et donna naissance au pélerinage de la Drèche. Les peuples de cette contrée ont, depuis six siècles, honoré d'un culte particulier dans cette image la Vierge mère du Christ. Des maladies pestilentielles désoloient-elles Albi? l'archevêque et les consuls faisoient un vœu à Notre-Dame de la Drèche, et, après la cessation du fléau, le chœur étoit rempli de fleurs; les cierges, les lampes et l'encens brûloient de toutes parts, et de riches dons étoient appendus aux retables des autels, aux ogives et aux murs de l'édifice sacré. Craignoit-on pour les jours d'un père, d'une mère, d'une épouse, d'un enfant? on les vouoit à cette Notre-Dame chérie et protectrice, l'espérance et la consolation de tous les malheurs. Les registres de l'église attestent ces faits, et les murs encore chargés d'*ex voto* de toutes espèces en conservent les monuments. Il faut peut-être avoir parcouru et visité quelques-unes de ces demeures, rendez-vous de la foi vive de nos pères, Notre-Dame de Nazareth, celle de Lorette en Italie, celle du Mont-Serrat en Espagne, celle du Puy en Velay, celle de Rocamadour que nous décrirons bientôt, pour se représenter le tableau touchant de cette foule immense, recueillie et pieuse, dont les chants portoient à l'Éternel de tendres actions de grace, et qui, quelquefois à genoux, gravissoit des montagnes ou de rudes escaliers taillés dans le roc. Dans notre patrie, ces tableaux poétiques sont perdus; cependant le pélerinage à cette vierge devenue bien pauvre a conservé encore quelque faveur auprès du peuple; peut-être le doit-il à l'austérité de son sol, à la misère actuelle même de sa sainte bienfaitrice; car ici rien ne distrait le pélerin de sa dévotion, tout se rapporte seulement au culte consacré à Marie, tout rappelle et les croyances des ancêtres et leur tendre confiance en l'intercession de la reine des anges et des cieux.

Un bon curé, bien charitable et bien fervent, qui autrefois, aux pieds des Pyrénées, défendit son pays sous un général célèbre, garde la pauvre église et sa madone. Un vieux soldat, dont les lauriers sont cachés par une étole, et qui perpétue un culte si pur, vaut tous les trésors que la vierge Marie possédoit sur ce coin de terre.

TABLE DES ARTISTES.

PREMIÈRE PARTIE DU PREMIER VOLUME.

AVIS AU RELIEUR.

N. B. Les Planches précèdent toujours le texte dans chaque chapitre. Cette Table indique l'ordre dans lequel elles doivent être placées. Nous recommandons au relieur d'y faire la plus scrupuleuse attention, d'autant plus que le lithographe a encore commis plus d'erreur dans ces quatre volumes de la province du Languedoc que dans les volumes qui renferment les provinces de Normandie, de Franche-Comté et d'Auvergne. Ce ne sont donc pas les numéros lithographiés sur les Planches que le relieur doit suivre, mais l'ordre indiqué par cette Table. Il ne faut pas croire, lorsqu'il arrive que les numéros ne se suivent pas, qu'il manque des Planches; ces numéros se trouvent aux Vignettes; et, dans tous les cas, les Souscripteurs ont toujours eu plus de lithographies que l'Éditeur n'en avoit promis.

Faux Titre.

Titre. On y remarque une vignette représentant Clémence Isaure. M. Jurand del. M. Fragonard sculpt.

Faux Titre portant le mot Languedoc, dessiné par M. Chenavard, lithographié par M. Fragonard.

Frontispice. M. Chenavard del. M. Fragonard sculpt.

Introduction. Vignette représentant le martyre de saint Saturnin, composée par M. Sigmol et lithographiée par M. Weber, avec encadrement par M. Danjoy.

Planche 2. Chœur de l'église de Saint-Étienne, à Toulouse, Languedoc, par M. A. Dauzats.

Pl. 3. Les orgues de Saint-Étienne, à Toulouse, Languedoc, par M. A. Dauzats.

TABLE DES ARTISTES.

Pl. 4. Vue de la nef de l'église de Saint-Étienne, à Toulouse, Languedoc, M. J. TAYLOR del. M. MACKENSIE sculpt.

Pl. 4 *bis*. Plan de l'église de Saint-Étienne, à Toulouse, Languedoc, par M. CHAPUY.

Pl. 5. Chœur de Saint-Saturnin, à Toulouse, Languedoc, par MM. CHAPUY et Victor ADAM.

Pl. 6. Vue des croisillons, Saint-Sernin ou Saint-Saturnin, à Toulouse, Languedoc, par MM. JOLY et COURTIN.

Pl. 7. Galerie supérieure de la nef de Saint-Saturnin, à Toulouse, Languedoc, par M. BOUTON.

Pl. 8. Galerie supérieure du croisillon méridional, église Saint-Saturnin, à Toulouse, Languedoc, par M. CHAPUY.

Pl. 9. Vue générale intérieure de l'abside de Saint-Saturnin, à Toulouse, Languedoc, par M. CHAPUY.

Pl. 10. Porte de l'un des bas-côtés de la nef de Saint-Saturnin, à Toulouse, Languedoc, par M. FRAGONARD.

Pl. 11. Vue extérieure d'une partie de l'abside de Saint-Saturnin, à Toulouse, Languedoc, par M. CHAPUY.

Pl. 12. Vue générale extérieure de Saint-Saturnin, à Toulouse, Languedoc, par M. CHAPUY.

Pl. 12 *bis*. Miniatures de l'évangélistaire de Charlemagne, Jésus-Christ, abbaye de Saint-Saturnin, à Toulouse, Languedoc, par M. A. DAUZATS.

Pl. 12 *ter*. Miniatures de l'évangélistaire de Charlemagne, Saint-Jean, et Saint-Matthieu, abbaye de Saint-Saturnin, à Toulouse, Languedoc, par M. A. DAUZATS.

Pl. 12 *quater*. Miniatures de l'évangélistaire de Charlemagne, Saint-Marc et Saint-Luc, abbaye de Saint-Saturnin, à Toulouse, Languedoc, par M. A. DAUZATS.

Pl. 13. Intérieur de l'église des Jacobins, à Toulouse, Languedoc, par M. BOUTON.

Pl. 14. Vue extérieure du cloître et de l'église des Jacobins, à Toulouse, Languedoc, par M. FRAGONARD.

Pl. 15. Portail de l'église de la Dalbade, à Toulouse, Languedoc, M. CHAPUY del. M. LÉGER sculpt.

Pl. 16. Hôtel Catalan, à Toulouse, Languedoc, par M. LÉGER.

Pl. 17. Côté du nord, cloître des Augustins, Musée de Toulouse, 1831, Languedoc, par M. A. DAUZATS.

Pl. 18. Côté du midi, cloître des Augustins, Musée de Toulouse, 1835, Languedoc, par M. A DAUZATS.

Pl. 18 *bis*. Côté de l'ouest, cloître des Augustins, Musée de Toulouse, 1835, Languedoc, par M. A. DAUZATS.

Pl. 18 *ter*. Côté de l'est, cloître des Augustins, Musée de Toulouse, 1831, Languedoc, par M. A. DAUZATS.

Pl. 18 *quater*. Côté de l'ouest, cloître des Augustins, Musée de Toulouse. Côté du nord, cloître des Augustins, Musée de Toulouse, Languedoc, par M. A. DAUZATS.

Pl. 19. Hôtel d'Assezat, à Toulouse, Languedoc, M. BLOUET del. M. MASSÉ sculpt.

Pl. 19 *bis*. Détails de l'hôtel d'Assezat, à Toulouse, Languedoc, M. CHAPUY del. M. BULTON sculpt.

Pl. 19 *ter*. Élévation d'une partie de l'hôtel d'Assezat, à Toulouse, Languedoc, M. CHAPUY del. M. BULTON sculpt.

Pl. 19 *quater*. Cour de l'hôtel d'Assezat, à Toulouse, par M. CHAPUY.

PREMIÈRE PARTIE.

Pl. 20. Cour du collége, rue des Balances, à Toulouse, Languedoc, par M. A. Dauzats.

Pl. 20 bis. Portes de l'hôtel Palamini, à Toulouse, Languedoc, M. Chapuy direx. M. Dumouza sculpt.

Pl. 21. Cour du palais du Capitole, à Toulouse, Languedoc, par M. Fragonard.

Pl. 21 bis. Portail de la première cour du palais du Capitole, à Toulouse. Porte de l'hôtel Catellan, à Toulouse, Languedoc, M. Chapuy del. M. Olivier sculpt.

Pl. 22. Seconde cour du Capitole, à Toulouse, Languedoc, par M. A. Dauzats.

Pl. 23. Cour du donjon du Capitole de Toulouse, Languedoc, par M. A. Dauzats.

Pl. 23 bis. Salle du petit consistoire du Capitole de Toulouse, Languedoc, par M. Renoux.

Pl. 24. Portail de l'arsenal, troisième cour du Capitole, à Toulouse, Languedoc, par M. A. Dauzats.

Pl. 24 bis. Tombeau derrière l'ancienne église Saint-Pierre, à Toulouse, Languedoc, par M. Chapuy.

Pl. 25. Escalier de l'arsenal du Capitole, à Toulouse, Languedoc, par M. A. Dauzats.

Pl. 26. La Commutation, à Toulouse, Languedoc, par M. Courtin.

Pl. 27. Hôtel du président de Clary, à Toulouse, Languedoc, par M. A. Dauzats.

Pl. 28. Hôtel Maynier ou Lasbordes, à Toulouse, Languedoc, par M. Chapuy.

Pl. 28 bis. Porte d'entrée dans la cour de l'hôtel Maynier, ou Lasbordes, à Toulouse, Languedoc, par M. A. Dauzats.

Pl. 28 ter. Cheminée de l'hôtel Maynier ou Lasbordes, et meubles du cabinet de M. Dumége, à Toulouse, Languedoc, M. Villemin, sculpt. M. Chapuy direx.

Pl. 28 quater. Bas-reliefs de l'hôtel Maynier ou Lasbordes, Languedoc, M. Alaux del. M. Dumouza sculpt.

Pl. 29. Détails extérieurs de Saint-Saturnin, à Toulouse, Languedoc, par M. Chapuy.

Pl. 30. Détails du cloître du Musée de Toulouse, Languedoc, M. Chapuy del. M. Dumouza sculpt.

Pl. 30 bis. Fragments de tombeaux gothiques, Musée de Toulouse, Languedoc, par MM. A. Dauzats et Oscar Gué.

Pl. 30 bis idem. Détails du Musée de Toulouse, Languedoc, par M. A. Dauzats.

Pl. 30 ter. Statue du cloître de la Daurade et de Saint-Étienne, Musée de Toulouse, Languedoc, par M. A. Dauzats.

Pl. 30 quater. Fragments tirés du baptistère de Saint-Saturnin et d'une chapelle de Saint-Étienne, Musée de Toulouse, Languedoc, par M. A. Dauzats.

Pl. 31. Tombeau, style byzantin, premiers temps du christianisme, Musée de Toulouse, Languedoc, par MM. A. Dauzats et Mayer.

Pl. 31 bis. Frises et pilastres, Musée de Toulouse, Languedoc, par MM. A. Dauzats et Mayer.

Pl. 31 ter. Chapiteaux et base romane, Musée de Toulouse, Languedoc, M. Chapuy del. M. Dumouza sculpt.

Pl. 31 quater. Chapiteaux romans. — Colonnes géminées. — Fragments de sculpture romane, Musée de Toulouse, Languedoc, M. Chapuy del. M. Dumouza sculpt.

Pl. 31 quinquiès. Chapiteaux romans. — Console avec blason, Musée de Toulouse, Languedoc, par M. A. Dauzats.

Pl. 32. Portail de la chapelle du chapitre de

TABLE DES ARTISTES,

Saint-Étienne, Musée de Toulouse, Languedoc, M. CHAPUY del. M. DUMOUZA sculpt.

Pl. 32 bis. Monuments et tombeaux de la renaissance, Musée de Toulouse, Languedoc, M. CHAPUY del. M. VILLEMIN sculpt.

Pl. 32 ter. Meubles du cabinet de M. Dumége, à Toulouse, Languedoc, M. CHAPUY del. M. BULTON sculpt.

Pl. 32 quater. Meubles du cabinet de M. Dumége, fragments d'une maison, à Toulouse, Languedoc, M. ALAUX del. M. DUMOUZA sculpt.

Pl. 32 quinquiès. Détails, chapiteaux, meubles, à Toulouse, Languedoc, par M. A. DAUZATS.

Pl. 32 sexiès. Divers fragments, détails du Musée de Toulouse, Languedoc, par M. A. DAUZATS.

Pl. 32 septiès. Meubles, Toulouse, Languedoc, par M. A. DAUZATS.

Pl. 33. Miniatures d'un antiphonaire, Société archéologique du midi de la France, Toulouse, Languedoc, par M. WEBER.

Pl. 33 bis. Miniatures d'un antiphonaire, Société archéologique du midi de la France, Toulouse, Languedoc, par M. WEBER.

Pl. 33 ter. Entrée de Louis XIII à Toulouse. Sortie de Louis XIII de Toulouse. Livre des Capitouls, Toulouse, Languedoc, par M. WEBER.

Pl. 33 quater. Portraits des Capitouls; livre des Capitouls, Toulouse, Languedoc, par M. WEBER.

Pl. 33 quinquiès. Livre des Capitouls, Toulouse, Languedoc, par M. WEBER.

Pl. 33 sexiès. Feuille du livre des Capitouls, 1453. — Lafaille, premier volume, page 218, Toulouse, Languedoc, par M. WEBER.

Pl. 33 septiès. Feuille du livre des Capitouls, 1442-1443-1444, Toulouse, Languedoc, par W. WEBER.

Pl. 33 octiès. Feuillets du livre des Capitouls, 1500, cabinet de M. Bequillet; Toulouse, Languedoc, M. VILLEMIN sculpt. M. CHAPUY direx.

Pl. 33 noniès. Feuille du livre des Capitouls, cabinet de M. Bequillet, Toulouse, Languedoc, M. VILLEMIN sculpt. M. CHAPUY direx.

Pl. 33 deciès. Feuillets du livre des Capitouls, cabinet de M. Bequillet, Toulouse, Languedoc, M. VILLEMIN sculpt. M. CHAPUY direx.

Pl. 33 undeciès. Feuillets du livre des Capitouls, cabinet de M. Bequillet, Toulouse, Languedoc, M. VILLEMIN sculpt. M. CHAPUY direx.

Ces fragments proviennent d'un admirable ouvrage manuscrit qui existoit autrefois dans les archives des Capitouls de Toulouse. Au moment des ravages que les représentants du peuple exerçoient sur les monuments des arts, en 1793, ces manuscrits furent déchirés et brûlés. Le hasard en a conservé quelques feuillets. Un volume est resté aux archives de Toulouse, et quelques-unes des miniatures de l'ouvrage se trouvent dans le cabinet de l'honorable M. Bequillet, qui a bien voulu nous les communiquer pour les faire calquer et lithographier avec tout le soin que nous avons apporté jusqu'à ce jour dans ces sortes de travaux.

Nous croyons utile de donner à l'appui de nos dessins l'extrait des registres de la mairie de Toulouse, qui explique comment ces actes de vandalisme se sont opérés en 1793, afin que ces détails de l'histoire de notre révolution préviennent le retour de pareils actes de barbarie.

Extrait des registres de la mairie de Toulouse.

La ville de Toulouse étoit administrée depuis un temps immémorial par des magistrats an-

PREMIÈRE PARTIE.

nuels et électifs, qui, au nombre des priviléges que leur donnoit leur élection, avoient celui de devenir nobles, eux et leur postérité, et de plus le droit d'image.

Ces magistrats municipaux qui prenoient le titre de Capitouls, sans doute du nom de l'hôtel de ville (le Capitole), étoient très-jaloux de leurs prérogatives, pour la conservation desquelles ils luttoient constamment avec le parlement et les autres juridictions que renfermoit la ville.

Ils avoient le plus grand soin d'entretenir un peintre habile qui étoit chargé de peindre leurs portraits, d'abord de grandeur naturelle pour en orner les salles de l'hôtel de ville, et ensuite en miniature pour être conservés dans les registres en vélin des annales de la ville, écrites chaque année par le chef du consistoire.

Cette coutume s'étoit conservée jusqu'en 1789, époque de l'abolition du capitoulat par l'établissement des municipalités décrétées par l'assemblée nationale en décembre de la même année.

La collection des annales étoit composée de douze grands in-folio. Le premier étoit uniquement formé par une série de tableaux représentant les entrées des rois ou des princes qui avoient visité la cité, ainsi que les portraits des capitouls depuis le douzième siècle jusqu'en 1533; les onze registres restants contenoient l'histoire de la ville, et à chaque commencement d'année étoit adapté un tableau où étoient peints les capitouls, et souvent des vignettes qui rappeloient un événement remarquable.

En 1792, la convention nationale promulgua un décret qui proscrivoit tout ce qui étoit relatif à l'ancienne noblesse et qui ordonnoit la destruction de tous les insignes de la féodalité partout où ils se trouveroient, même dans les monuments les plus intéressants à conserver comme témoins historiques et comme objets d'art.

On se borna à Toulouse à détruire les bustes et statues des rois, qui décoroient quelques monuments publics, mais on ne pensa point alors aux portraits des capitouls. Ce ne fut que le 8 août 1793 que les représentants du peuple en mission à Toulouse rendirent l'arrêté suivant:

Claude Alexandre Isabeau, représentant du peuple à l'armée des Pyrénées occidentales;

Augustin Jacques Leyris, représentant du peuple à l'armée des Pyrénées orientales;

Marc Antoine Baudot, représentant du peuple à Montauban, dans le département du Lot et départements environnants;

Considérant que l'orgueil des individus seroit la ruine de l'égalité entre tous les citoyens, si les titres qui constatent des distinctions personnelles pouvoient exister en même temps que la déclaration des droits de l'homme;

Considérant que le capitoulat étoit une institution perverse de la tyrannie pour opprimer le peuple par le peuple même, en arrachant de son sein ceux qui, s'abandonnant à une vanité ridicule, payoient chèrement le droit de ne point partager les vertus de leurs égaux, pour acquérir les vices des usurpateurs de la souveraineté nationale;

Voulant rappeler les citoyens aux sentiments d'amitié et de fraternité que se doivent tous les Français qui vivent sous l'égide des mêmes lois, et bannir pour toujours le souvenir des titres personnels que la malveillance pourroit faire servir à être les instruments de la division; voulant surtout consacrer cette unité de principes et de sentiments dans un jour destiné à célébrer la commémoration de la liberté et de l'égalité dans toute la république,

TABLE DES ARTISTES.

Arrêtent :

Art. 1. Que tous les ci-devant capitouls de Toulouse, et tous ceux qui ont des titres de capitoulat et qui sont en ce moment à Toulouse, les remettront dans vingt-quatre heures au citoyen président de la société populaire, qui les recevra dans la salle même de la société sans donner de reçu, et constatera seulement sur un registre qu'ils ont été remis, et l'article de remise sera signé du donateur et du receveur.

Art. 2. Seront également remis au président de la société populaire de Toulouse les portraits des capitouls et les registres de capitoulat qui seront conservés à l'hôtel commun.

Art. 3. Le terme fatal de remise des titres et des portraits expirera le 10 août, à midi.

Art. 4. Ceux qui se trouvent dans le cas de la présente réquisition, et qui sont hors de Toulouse, mais dans le département de la Haute-Garonne, munis de passe-ports antérieurs à ce jour, seront tenus de s'y conformer dans la huitaine.

Art. 5. Ceux qui pourroient se trouver dans le cas d'une prolongation de temps par un éloignement hors du département, se pourvoiront dans l'espace de vingt jours par-devant les représentants du peuple en séance à Toulouse.

Art. 6. Ceux qui ne se soumettront pas à l'arrêté des représentants du peuple, seront traités comme suspects et leurs biens mis provisoirement en séquestre, jusqu'à ce que la convention ait prononcé définitivement.

Art. 7. Tous les titres du capitoulat et les portraits des capitouls, remis avant le 10 août, à midi, au président de la société populaire, seront brûlés sur l'autel de la patrie à six heures du soir, aux cris de Vive l'Égalité.

Art. 8. Le dénonciateur des contrevenants sera récompensé par la république ; les dénonciations seront faites au comité de sûreté générale de la société populaire.

Art. 9. La municipalité de Toulouse demeure chargée de la publication, de l'impression et de l'exécution de cet arrêté, sous la responsabilité générale et particulière de tous les individus qui la composent.

Arrêté à Toulouse le huit août, l'an deux de la république française une et indivisible. — Baudot, Læyris et Isabeau, signés à l'original.

Séance de la Société populaire.

Du 8 août 1793.

Baudot est monté à la tribune ; il a fait part de plusieurs mesures de salut public qu'il doit prendre de concert avec ses collègues. Il a été souvent interrompu par les plus vifs applaudissements. Il a proposé de faire brûler les titres des capitouls le jour du dix août, d'effacer le mot *Capitolium* qui est sur la maison commune, et de faire brûler les tableaux qui y sont encore, d'arracher les armoiries qui sont à la voûte, et toutes les effigies du despotisme et des grands et petits despotes.

Toutes ces propositions ont été adoptées au milieu des acclamations.

Extrait du Registre des délibérations du Conseil général de Toulouse.

Séance du 9 août 1793.

Le Conseil général extraordinairement convoqué, étant assemblé dans le consistoire de la maison commune ;

Lecture ayant été faite de l'arrêté des représentants du peuple près les armées des Pyrénées orientales et occidentales, en date du huitième

PREMIÈRE PARTIE.

du courant; l'article 7 porte : « Tous les titres du capitoulat et les portraits des capitouls, remis avant le 10 août à midi, au président de la Société populaire, seront brûlés sur l'autel de la patrie, à six heures du soir, aux cris de : Vive l'Égalité !

Sur quoi le procureur de la commune ouï, qui a requis l'exécution du susdit arrêté;

Il a été délibéré d'exécuter avec empressement ledit arrêté; et à cet effet, les registres appelés d'histoire, contenant les portraits des capitouls, ayant été portés sur le bureau, ainsi que les registres des titres de la ville de Toulouse, et les nominations des capitouls faites par le roi;

Il a été également délibéré de les faire transporter de suite chez le président de la Société populaire, ainsi que tous les grands tableaux qui étoient dans les galeries, de même qu'un grand tableau qui avoit été commencé par le citoyen Laberie, dont il réclame la toile.

Et dans l'instant le citoyen Baudot, représentant du peuple, est entré dans la salle de l'assemblée; le citoyen maire lui ayant fait part du délibéré qui venoit d'être pris, et le représentant du peuple ayant jeté les yeux sur les différents registres qui étoient ouverts sur le bureau, il a fait observer au conseil que l'intention des représentants du peuple n'étoit pas de détruire les monuments d'histoire qui devoient être conservés, conformément aux décrets, mais que les feuilles contenant l'image des capitouls doivent être brûlées. En conséquence toutes les feuilles ont été arrachées des susdits registres, et le tout a été porté chez le président de la Société populaire, ainsi que les registres contenant des titres de la ville et les nominations des capitouls ci-dessus énoncées.

— DUPUGET, officier municipal, signé au registre.

La précipitation avec laquelle on se livra à la lacération des tableaux contenus dans les livres des annales, fit que quelques-uns échappèrent à ce vandalisme d'un nouveau genre, c'est ce qui explique leur présence dans un volume du dix-septième siècle. La beauté du dessin, le fini de ces charmantes miniatures, tout nous fait vivement regretter la destruction des autres, et surtout de celles qui datoient du douzième siècle. On auroit pu suivre pas à pas les progrès, quelquefois même la décadence de l'art, durant sept siècles consécutifs, année par année.

Il est douteux qu'on trouve ailleurs une série chronologique de tableaux, pareille à celle qui a péri dans cet auto-da-fé.

L'arrêté des représentants fut exécuté le dix août 1793, dans tout son contenu.

Le soussigné, archiviste de la mairie de Toulouse, certifie la vérité de la relation ci-dessus, ainsi que la copie conforme de l'arrêté des représentants et de la délibération de la municipalité.

Toulouse, le 21 avril 1837.

Scipion GOUDET.

Texte. Chapitre de Toulouse, composé de vingt-sept feuilles, 1, 2, 3, 4, 5, 6, 7, 8, 9, 10, 11, 12, 13, 14, 15, 16, 17, 18, 19, 20, 21, 22, 23, 24, 25, 26, 27.

Les encadrements de tout ce chapitre sont composés par M. CHENAVARD et lithographiés par MM. FRAGONARD, ALAUX, COURTIN et Justin OUVRIÉ. On y remarque des médailles par M. DAUZATS.

TABLE DES ARTISTES,

A la troisième page de la dernière feuille est une vignette représentant les états de LANGUEDOC.

Pl. 33 *duodeciès*. (Cette planche porte par erreur 33 *bis*). Vue générale d'Alby, Languedoc, par M. VILLENEUVE.

Pl. 34. Saint-Salvi, à Alby, Languedoc, par M. A. DAUZATS.

Pl. 35. Cloître de Saint-Salvi, à Alby, Languedoc, par M. A. DAUZATS.

Pl. 36. Grande place d'Alby, Languedoc, par M. A. DAUZATS.

Pl. 37. Côté du sud, porte extérieure de l'église de Sainte-Cécile d'Alby, Languedoc, par M. A. DAUZATS.

Pl. 38. Grand porche de l'église de Sainte-Cécile d'Alby, Languedoc, par M. A. DAUZATS.

Pl. 39. Jubé de l'église de Sainte-Cécile d'Alby, Languedoc, par M. A. DAUZATS.

Pl. 40. Vue accidentelle du jubé et de la nef de l'église de Sainte-Cécile d'Alby, Languedoc, par M. A. DAUZATS.

Pl. 41. Abside de l'église de Sainte-Cécile d'Alby, Languedoc, par M. A. DAUZATS.

Pl. 42. Extérieur du chœur, Sainte-Cécile d'Alby, Languedoc, par M. A. DAUZATS.

Pl. 43. Porte du chœur, Sainte-Cécile d'Alby, Languedoc, par M. A. DAUZATS.

Pl. 44. Chœur de l'église de Sainte-Cécile d'Alby, Languedoc, par M. A. DAUZATS.

Pl. 45. Vue générale du chœur et de l'église de Sainte-Cécile d'Alby, Languedoc, par M. A. DAUZATS.

Pl. 46. Détails du chœur, Sainte-Cécile d'Alby, Languedoc, par M. A. DAUZATS.

Pl. 47. Détails du jubé, Sainte-Cécile d'Alby, Languedoc, par M. A. DAUZATS.

Pl. 48. Détails des arabesques de la voûte de l'église de Sainte-Cécile d'Alby, Languedoc, par M. A. DAUZATS.

Pl. 49. Voûte de l'abside de l'église de Sainte-Cécile d'Alby, Languedoc, par M. A. DAUZATS.

Pl. 50. Peintures dans l'église de Sainte-Cécile d'Alby, Languedoc, par M. A. DAUZATS.

Pl. 51. Tableau peint à fresque dans l'église de Sainte-Cécile d'Alby, Languedoc, par M. A. DAUZATS.

Pl. 52. Statues du chœur, Sainte-Cécile d'Alby, Languedoc, par M. A. DAUZATS.

Pl. 53. Statues du chœur, Sainte-Cécile d'Alby, Languedoc, par M. A. DAUZATS.

Texte. Chapitre de l'île d'Alby, composé de sept feuilles et demie, 28, 29, 30, 31, 32, 33, 34, 35. Les encadrements des sept feuilles de ce chapitre sont de MM. FRAGONARD, LÉGER, GOSSE et COURTIN. On y remarque des médailles par M. A. DAUZATS.

La demi-feuille est ornée d'une vignette représentant Sainte-Cécile. Cette vignette a été composée par M. BOUTERWECK, et lithographiée par M. WEBER. — L'encadrement de la vignette est de M. ALAUX.

Pl. 54. Village et château de Castelnau de Levy, Languedoc, par M. VILLENEUVE.

Pl. 55. Ruines du château de Castelnau de Levy, Languedoc, par M. VILLENEUVE.

Pl. 56. Église de Saint-Michel de Lescure, Languedoc, par M. VILLENEUVE.

Pl. 57. Intérieur de l'église de Saint-Michel de Lescure, Languedoc, par M. BOUTON.

Pl. 58. Détails de l'église de Saint-Michel de Lescure, Languedoc, par M. A. DAUZATS.

Pl. 59. Notre-Dame de la Drèche, Languedoc, M. J. Taylor del. M. HARDING sculpt.

PREMIÈRE PARTIE

Pl. 60. Ruines du château de Puycelsi, Languedoc, par M. Jaime.

Pl. 60 bis. Porte latérale de l'église de Burlats, Languedoc, par M. A. Dauzats.

Texte. Chapitre des environs d'Alby, composé de quatorze feuilles, 36, 37, 38, 39, 40, 41, 42, 43, 44, 45, 46, 47, 47*, 47**.

La première page de la première feuille de ce chapitre a une vignette représentant une tuilerie, et la troisième page, une vignette représentant des monuments celtiques, par M. Deroy.

Tous les encadrements de cette feuille sont de M. A. Dauzats. On remarque à celui des troisième et quatrième pages une sainte Cécile d'Alby et un saint Michel de Lescure.

La première page de la seconde feuille a une vignette représentant les ruines d'un dolmen dans les rochers du Cidobre, et la troisième page, une vignette représentant la grotte de Saint-Dominique, par M. Deroy.

Tous les encadrements de cette feuille sont de M. A. Dauzats. On remarque à celui des première et deuxième pages une vignette représentant la roche tremblante, et à celui des troisième et quatrième pages une vignette représentant la cathédrale d'Alby.

La première page de la troisième feuille a une vignette qui représente les ruines du château de Combfa, par M. Villeneuve. La troisième page a une vignette représentant la grande rue de Cordes, par M. T. Boys.

Tous les encadrements de cette feuille sont de M. A. Dauzats. On remarque à celui des troisième et quatrième pages une vignette représentant la porte de Cordes.

La première page de la quatrième feuille a une vignette représentant le saut du Saho, par M. Villeneuve. Tous les encadrements de cette feuille sont de M. A. Dauzats.

La première page de la cinquième feuille a une vignette représentant les ruines du château de Penne, par M. Deroy; la troisième page a une vignette représentant les ruines du château de la reine Brunehault, à Bruniquel, dessinée par M. J. Taylor et lithographiée par M. Deroy.

L'encadrement des première et seconde pages de cette feuille est de M. Gigoux; celui des troisième et quatrième pages est composé par M. Foussereau et lithographié par M. Gué.

L'encadrement des première et deuxième pages de la sixième feuille est de M. Fries, celui des troisième et quatrième pages est de M. Bonhommé. On remarque à ce dernier encadrement une vignette qui représente un appartement du château de Combfa.

Tous les encadrements de la septième feuille sont de M. Théophile Fragonard.

La première page de la huitième feuille a une vignette représentant l'abside de l'église de Burlats, par M. Villeneuve.

Tous les encadrements de cette feuille sont de M. Théophile Fragonard.

La première page de la neuvième feuille a une vignette représentant l'abbaye de Vielmur, et la troisième page une vignette représentant la tour de l'abbaye de Sorèze, par M. Villeneuve.

L'encadrement des première et deuxième pages de cette feuille est composé par M. J. Taylor et lithographié par M. Weber; celui des troisième et quatrième pages de cette feuille est de M. Théophile Fragonard. On y remarque, à la quatrième page, une vignette représentant la Roque.

TABLE DES ARTISTES, PREMIÈRE PARTIE.

La première page de la dixième feuille a une vignette représentant le pont du saut du Saho, par M. Villeneuve. La troisième page a une vignette représentant les bords du Tarn et la ville d'Alby, par M. Deroy.

L'encadrement des première et deuxième pages de cette feuille est de M. Théophile Fragonard; celui des troisième et quatrième pages est de M. Fries. On y remarque, à la quatrième page, une vignette représentant l'église de Rabastens.

La première page de la onzième feuille a une vignette représentant Castres, et la troisième page a une vignette représentant les anciens murs de la Chartreuse de Saix, par M. Villeneuve.

Tous les encadrements de cette feuille sont de M. Théophile Fragonard.

La première page de la douzième feuille a une vignette représentant les ruines du château de Burlats, par M. Villeneuve.

L'encadrement des première et deuxième pages de cette feuille est de M. Théophile Fragonard; celui des troisième et quatrième pages est de M. Massé. On remarque dans ces encadrements, à la seconde page, un hameau entre Figeac et Toulouse; à la troisième page, une vignette représentant l'église d'Alby, et, à la quatrième, une vue générale de cette ville.

L'encadrement des première et deuxième pages de la treizième feuille est de M. Fries; celui des troisième et quatrième pages est de M. Dauzats. On remarque au premier de ces encadrements une vignette représentant une chasse au faucon composée par M. Foussereau.

L'encadrement des première et deuxième pages de la quatorzième feuille est composé par M. J. Taylor et lithographié par M. Weber; celui de la troisième page est de M. A. Dauzats. On remarque à ce dernier encadrement une vignette qui représente Notre-Dame de la Drèche.

FIN DE LA PREMIÈRE PARTIE DU PREMIER VOLUME.

B.on TAYLOR

VOYAGES
PITTORESQUES
DANS
L'ANCIENNE FRANCE

LANGUEDOC

www.ingramcontent.com/pod-product-compliance
Lightning Source LLC
Chambersburg PA
CBHW060547230426
43670CB00011B/1719